기업사회 일본과
노동운동의 형성

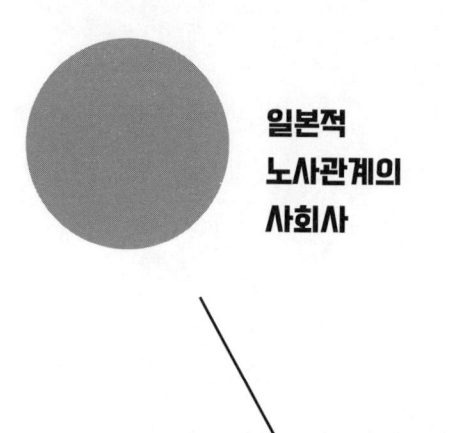

일본적
노사관계의
사회사

기업사회 일본과
노동운동의 형성

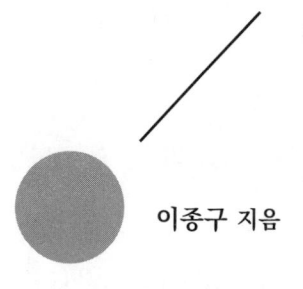

이종구 지음

북인더갭
BOOKintheGAP

<일러두기>

1. 본문에 쓰인 주요 단체의 약어는 아래와 같다.

경단련: 일본경제단체연합회(日本経済団体連合会)
공노협: 공공기업체등노동조합협의회(公共企業体等労働組合協議会)
국노: 국철노동조합(国鉄労働組合)
동노: 국철동력차노동조합(国鉄動力車労働組合)
동맹: 전일본노동총동맹(全日本労働総同盟)
산별회의: 전일본산업별노동조합회의(全日本産業別労働組合会議)
산보: 산업보국회(産業報国会)
신산별: 전국산업별노동조합연합(全国産業別労働組合連合)
연합: 일본노동조합총연합회(日本労働組合総連合会)
일경련: 일본경영자단체연맹(日本経営者団体連盟)
전노련: 전국노동조합총연합(全国労働組合総連絡)
전노협: 전국노동조합연락협의회(全国労働組合連絡協議会)
전산: 전기산업노동조합연합회(電気産業労働組合連合会)
전전통: 전국전기통신노동조합(全国電気通信労働組合)
전체: 전국체신종업원조합(全国通信従業員組合), 전국체신노동조합(全逓信労働組合, 1957.5.
   이후),
중립노련: 중립노동조합연락회의(中立労働組合連絡会議)
총동맹: 일본노동총동맹(日本労働総同盟, 戰前), 일본노동조합총동맹(日本労働組合総同盟,
   戰後)
총평: 일본노동조합총평의회(日本労働組合総評議会)

들어가며: 일본 연구의 시각과 과제

1. 일본 연구와 '일본적 노사관계'

일본은 한국의 사회과학자들에게 여전히 '가깝고도 먼 나라'로 남아 있다. 이미 1965년에 한일 국교정상화가 이루어졌지만 일본에 대한 한국 내부의 여론 동향은 아직도 '경계론'과 '선망론'이 교차하고 있다. 일본은 정치·경제적으로 협력관계를 유지해야 하는 중요한 우방이자 지식과 정보의 주요 공급원이지만 여전히 불신의 대상이기도 하다. 이러한 상황 때문에 국내 학계에서 일본 연구는 섣불리 손대기 어려운 기피 영역으로 남아 있다. 즉, 한국은 일본을 중요하지만 깊게 알고 싶지 않은 상대로 여긴다. 특히 중국의 국제적 위상이 높아짐에 따라 대학에서도 일본 연구에 대한 관심과 열의는 저하되는 경향이 있다.

1960년대 이후 미국과 유럽의 학계에서는 자본주의적 근대화에 성공한 유일한 비서양 사회라는 측면에서 일본에 대한 관심이 고조되었다.

특히, 1980년대에 들어서는 선진국만이 아니라 발전도상국에서도 세계 정상급의 국제경쟁력을 발휘하는 일본의 경제적 성공이 관심의 초점이 되었다. 세계적으로 확산된 일본모델에 대한 동경과 구미 학계의 일본 연구 업적은 한국에도 영향을 미쳤다. 이와 함께 경제발전을 통해 한국의 국제적 위상이 올라가고 사회적 대외개방이 확대되면서 일본에 대한 체계화된 지식과 정보에 대한 수요가 늘어나기 시작했다. 또한 1990년대 이후 식민지 시대를 직접 경험하지 않은 전후 세대 연구자가 활동하기 시작하였다. 이들은 과학적 논리에 입각한 방법론을 확립하고 현지조사를 통해 1차 자료를 축적함으로써 국내 일본 연구의 자립화를 추진하려 시도했다.

일본 연구에서 노사관계는 가장 많은 관심을 받은 영역이다. 그러나 '일본적 노사관계'가 경제적으로 성공한 일본모델의 비밀을 푸는 열쇠로 알려진 탓에 학계, 기업, 시민의 관심은 도구적 기법과 효용성에 집중되었다. 반면 '일본적 노사관계'가 성립된 사회적 조건이나 형성 과정에 대한 고찰은 상대적으로 소홀하게 이루어졌다. 이와 함께 세계적으로 일본의 문화적 특수성을 내세워 미국, 유럽과 이질적인 일본의 고용 관행을 설명하는 풍조가 확산되었다. 일본적 특수성론의 유행은 한국도 예외가 아니었으며 일본에서 발생하는 각종 사회 현상에 대한 객관적 인식을 저해하는 중요한 원인의 하나로 작용했다. 역사적·사회적 맥락과 괴리된 일본에 대한 단편적 정보의 범람은 정부와 기업을 막론하고 정책 논의를 할 때 일본의 경험과 사례를 편의적으로 인용하는 폐단을 낳았다. 여기에 덧붙여 식민지 지배자와 근대화 모델이라는 일본의 이중적 이미지는 한국 사회에서 현재의 일본을 종합적으로 이해하려는 연구자와 시민의 활동을 제약하는 요인으로 작용했다. 이러한 상황을 극복하려면 일본을 연구하는 연구자 집단부터 실증적 조사연구의 축적과 이론적 시각의 세련화를 동시에 추진하는 직업정신을 발휘할 수밖에 없다.

2. 조사 과정과 자료의 성격

이 책은 위에서 언급한 바와 같이 사회 현실과 학계 동향에 대한 문제의식에서 출발했다. 주요 내용은 노동운동을 포함한 넓은 의미의 노사관계에 초점을 맞춰 일본 사회를 바라본 사회사적 고찰이라고 할 수 있다. 집필 과정을 구체적으로 말하면 이 책은 도쿄(東京)대학 대학원에 제출하여 1991년 2월에 통과된 필자의 박사학위 논문 및 귀국 이후의 연구생활 중 작성한 보고서와 논문을 수정·보완하여 만들어졌다. 박사학위 논문은 고도경제성장 시대가 끝나는 1973년 발생한 석유파동에서 시작하여 1989년 '일본노동조합총연합회'가 결성되어 노조 전국 중앙조직의 통합이 이루어지는 시점에 이르는 기간을 다루었다. 그러나 이 책은 국가총동원법이 공포, 시행된 1938년에서 거품경기가 사라지고 장기불황이 지속되는 2000년대에 이르는 기간으로 고찰 대상을 확대하였다. 전전(戰前)으로 거슬러 올라갈 때는 미군정기를 포함한 전후기(戰後期, 1945~1955) 노사관계의 변화를 중점적으로 다룬 석사학위 논문이 징검다리가 되었다. 1980년대 중반 이후의 노사관계 변화에 대한 기술은 박사학위 논문 작성을 위한 조사 활동과 유학을 마치고 귀국한 이후 실시한 조사 활동의 성과이다. 역사적 배경과 사실에 대해서는 문헌자료에 의존하였다. 산업보국회, 노동개혁, 고도경제성장기의 노사관계는 전적으로 기존 연구의 정리와 재해석을 통하여 작성할 수밖에 없었다.

유학 시절 필자는 일본의 전후 노사관계에 대한 방대한 문헌자료를 소장하고 있는 도쿄대학교 사회과학연구소(이하 샤켄)의 도서관과 자료실을 자유롭게 이용할 수 있었다. 원로 노동법학자인 성균관대 탁희준 교수의 소개로 일본 노동성 산하 연구기관인 '일본노동협회' 자료실도 편의를 제공했다. 외국인 유학생의 입장에서는 산적한 문헌자료를 선별하기 이전에 일본의 노사관계가 형성되는 과정의 역사적 맥락과 현재의 상황을 파악할 수 있는 좋은 안내자를 만나는 것이 중요했다.

대학원 사회학연구과의 논문 지도교수인 쇼지 코키치(庄司興吉) 교수는 항상 이론적 구성의 중요성을 강조하였으며 사회학의 시각에서 일본 노동문제를 다룬 선행 연구와 연구자를 소개했다. 쇼지 교수는 노동운동을 포함한 일본의 사회운동을 연구하려면 계급투쟁의 제도화가 진행된 후기자본주의 사회라는 맥락을 이해할 필요가 있다는 준거틀(frame of references)을 항상 상기시켰다. 그러나 치열한 민주화 운동의 소식을 항상 접하던 한국인 연구자에게는 준거틀을 바꾸는 발상의 전환이 가장 어려운 일이었다.

현재 도쿄여자대학에 재직하는 나카무라 마사토(中村真人) 교수는 당시에 노동문제를 전공하는 동료 대학원생으로서 학계 동향에 대해 많은 정보를 제공해주었으며 실증적 조사연구를 수행하는 사회학 연구자들이 모인 노동사회학연구회 월례 세미나에 필자를 소개했다.

1986년 4월부터 시작된 박사과정에서는 외국인 유학생과 연구자가 일본인 대학원생보다 많은 샤켄의 야마모토 키요시(山本潔) 교수의 노동경제학 세미나에 참가하여 일본만이 아니라 다양한 국가의 노사관계 현황에 대한 정보를 얻을 수 있었다. 1986년 가을 야마모토 교수는 전후 노동운동사 자료조사를 위해 샤켄을 방문한 호주국립대학(ANU)의 죠 모어(Joe Moore) 교수가 노동운동사 분야의 전문가를 연속적으로 만나 대화하는 자리를 만들었다. 비교적 원만하게 영어로 의사소통이 가능한 대학원생이라는 이유로 모어 교수의 조사 활동을 돕게 된 필자도 그 자리에 동석하여 집중적으로 전후 노동사에 대한 지식과 정보를 획득할 수 있었으며 샤켄 내부에 축적된, 아직 분류도 되지 않은 자료에 접근할 기회를 가질 수 있었다. 2000년대에 들어와 샤켄의 운영방침이 전환되면서 그 자료들은 사이타마(埼玉)대학 경제학부 자료실로 옮겨졌다. 2000년대 중반 어느 때인가 사이타마대학을 방문했을 때 필자가 박사학위 논문을 제출하고 나서 야마모토 교수의 요청으로 샤켄에 남겨놓은, 토시바(東芝) 노조가 간행한 각종 문건의 사본이 보관되어 있는 것을 확인했다. 야마모토 교수는 세미나에 참가하는 대학원생들과 공장을 견학하고 관계자들과 면담하며 현장 자료를 수집하는 활동을 하고 있었으므로 필자도 개인적으로는 접근이 어려운 대기업의 공장 내부를 관찰하고 녹음을 풀어 보고서를 작성하는 경험을 쌓을 수 있었다.

특히 개혁·개방이 되어 유학을 나온 중국 학생들로부터 문화대혁명의 실상을 듣는 귀중한 경험도 할 수 있었다. 중국 유학생들은 한국의 경제발전을 부러워하며 한국 유학생들이 사회주의 체제에 관심을 보이는 것을 이상하게 여기고 있었다. 샤켄의 토츠카 히데오(戸塚秀雄) 교수의 배려로 1986년부터 필자는 30명 정원제로 운영되는 노동문제연구회 월례 세미나에 옵저버 자격으로 참가하여 일본의 노동연구 현황에 대한 최신 정보를 흡수할 수 있었다.

1987년 봄학기에 샤켄의 토츠카 교수와 경제학부의 효토 츠토무(兵藤釗) 교수는 도쿄대학에 있는 외국인 노동연구자들에게 일본의 노사관계에 대한 기본 지식과 정보를 압축적으로 제공하는 세미나를 주 1회 영어로 진행하였다. 필자는 이 세미나에서 영미권의 젊은 연구자들과 교류할 수 있었으며 영어로 출판된 일본 노사관계에 대한 문헌을 집중적으로 소개받았다. 미국의 브라운대학에서 온 유학생은 오로지 생산성과 노사협조에만 관심이 있었다. 나중에 호주 애드레이드대학 교수가 된 캐나다 교포 세진 박(Sejin Pak)은 일본에 필드워크(현장 조사)를 하러 온 하버드대 사회학 박사과정 대학원생이었으며 야마모토 교수의 대학원 세미나에도 참가하고 있었다. 영어, 일본어만 사용해 동포라고 생각하지 않았던 세진 박이 어느날 갑자기 한국어로 말을 걸어와 놀랐다. 얘기를 나누어보니 미국에서도 학벌, 계보, 사상을 따지는 한국 유학생들의 추태를 많이 목격한 탓에 일부러 거리를 둘 수밖에 없는 사정을 이해할 수 있었다. 세진 박은 일본 대기업 히타치(日立)의 협조를 받아 세탁기 생산라인에서 참여관찰을 하며 원하청 관계를 조사하고 있었다. 외국인 노동연구자를 위한 영어 세미나가 끝나면 대학 앞의 술집에서 자유롭게 대화하는 시간을 가졌다. 영국 공무원노조 출신 여성 활동가의 주량이 제일 셌는데 그녀는 노조 일을 하려면 술을 마셔야 한다는 지론을 가지고 있었다. 얘기를 듣다보니 웹(S. & B. Webb)의 『노동조합운동사』(The History of Trade Unionism)에 등장하는 것처럼 노조 조직 활동을 술집(Pub)에서 하는 노동자의 생활문화를 실감할 수 있었다. 전시에 육군사관학교 생도였다가 패전 후 도쿄대학생으로 신분이 바뀌었고, 공산당계 학생운동에도 참가했던 경력이 있는 토츠카 교수는 필자에게 "내가 만난 한국 유학생 중에 가장 리버럴하다. 앞으로 한국의 대학에는 당신과 같은 자유주의자가 필요하다. 정치적 사건에 휘말려 귀국하지 못하는 일이 없도록 조심해야 한다"고 타일렀다. 실제로 1970년대와 80년대는 해외 동포나 유학생을 제물로 삼은 간첩단 사건이 수두룩했으니 교수들의 걱정도 무리가 아니었다. 한국 유학생들도 노동문제와 같은 위험한 주제를 다루면 귀국하지 못할 수도 있다며 필자를 걱정해주었다. 토츠카 교수는 정년퇴직 이후에도 노동문제에 관심을 가진 진보적 연구자와 활동가의 국제 네트워크를 만들어 활동했다.

박사 학위논문 작성 과정에서 야마모토 키요시 교수는 자신의 경험에 비추어 노동연구자가 아무리 문헌자료를 많이 확보해도 필드워크 과정을 거치지 않으면 현장 감각이 생기지 않고 자료 해석을 할 수 없다는 현실적인 충고를 했다. 야마모토 교수의 도움으로 샤켄에 정리되지 않은 상태로 보관되어 있던 일본의 정상급 전기전자업체인 토시바에 대한 방대한 자료를 이용할 수 있었다. 또한 야마모토 교수는 미군정기에 전개된 토시바의 노동운동사를 조사하면서 인연을 맺어 신뢰관계가 형성되었던 내부 활동가들에게 필자를 연결시켜주었다. 야마모토 교수는 필자가 활동가들과 접촉할 때마다 결과를 확인하며 조사 방향을 정확하게 설정하도록 지도하면서도 군사정권 하에 있던 당시 한국의 상황을 고려해 이들과 거리를 두도록 항상 주의를 환기시켰다.

노동 분야에서도 필드워크를 하려면 실질적으로 조사연구에 참여하는 협력자들과 신뢰관계(rapport)를 형성하는 과정을 반드시 거쳐야 했다. 공안 사건이 수시로 발생하는 군사정권 하의 한국에서 온 유학생은 사상적 계보가 복잡한 활동가들을 일단 경계해야 하는 곤혹스러운 상황을 수시로 경험할 수밖에 없었다. 그러나 쟁의단이 먼저 필자를 배려하여 행사 사진을 찍을 때는 빠지도록 미리 얘기해주었다. 그들은 쟁의단 뉴스레터에 필자가 기고한 원고의 문장을 세심하게 교정해 외국인이 간여하고 있다는 사실을 외부에서 눈치채지 못하도록 챙겼다. 이때

화자가 와다쿠시(私, '나'의 격식을 차린 용어)라는 주어를 생략해야 자연스럽다는 사실을 처음 알았다. 이탈리아 대사관 문화원이 주최한 그람시 서거 50주년 기념심포지엄에서 필자는 주도적으로 활동하던 쟁의단원과 마주친 적도 있었다. 그 토시바 노동자는 심포지엄을 마치고 지하철역까지 같이 걸으며 난데없이 그람시 이론에 비추어 일본 운동의 단계는 진지전인가, 기동전인가를 고민하는 속내를 털어놓아 필자를 놀라게 했다. 나중에 쟁의단의 활동가들은 "이 정도의 행사에 오는 사람이면 신뢰할 수 있다"는 판단을 내리고 돕기로 했다는 에피소드를 전해주었다. 1987년 가을로 기억되는 그 심포지엄에는 최장집 교수도 참가해 한국 사례를 발표했다. 당시 일본 사회에는 6·29 선언 이후 한국에서 일어난 변화가 제대로 전달되지 않았다. 최장집 교수도 예정에 없었던 샤켄 교수들과 토론하는 일정이 생겼고, 통역은 필자의 몫이었다.

토시바의 소수파 노동운동을 조사하는 과정을 거치면서 필자는 사실상 20대에서 70대에 이르는 다양한 연령층의 혁신세력 내지는 좌파에 속하는 사회운동 활동가들과 접촉하는 귀중한 경험을 할 수 있었다. 노사관계만이 아니라 일본의 사회운동을 현장에서 살펴볼 수 있는 좋은 기회였다. 웬만한 경력이 있는 활동가들은 한국에서 온 유학생이라는 말을 듣고는 '김대중 구명'을 요구하는 서명에 참가했다며 친근감을 표시했다. 필자도 말이 통하는 상대라는 점을 확인시키기 위해 고맙다는 인사를 하며 현장 이야기를 물어볼 수 있었다. 1987년 여름 일어난 한국 노동자의 대규모 투쟁도 일본 활동가들과 대화를 쉽게 나눌 수 있는 계기가 되었다. 또한 필자는 노동연구자들로부터 요청을 받아 학계 원로들이 참석한 사회정책학회, 노동사회학연구회 석상에서 한국의 노동운동에 대해 설명했다. 1987년 말 노동사회학연구회에서 발표할 때는

좌장인 도쿄여자대학의 카마타 토시코(鎌田とし子) 교수가 유학생을 보호해야 하므로 녹음을 하지 말고 발표자의 이름도 외부에 발설해서는 안 된다고 참가자들에게 단단히 주의를 환기시켰다. 반면에 이러한 기회를 통해 필자는 노동연구자들과 인사를 나누고 한국의 산업화와 노동운동에 대한 일본 학계의 관심을 파악할 수 있었다. 1987년 말, 대선이 끝나고 전두환 정권의 퇴진이 확실해진 다음에 치바(千葉)대학 카와니시 히로스케(河西宏祐) 교수의 요청으로 노동자대투쟁을 소개하는 짧은 글을 노동사회학연구회 회보[1]에 실명으로 게재했다. 그러나 토츠카 히데오 교수가 소개한 노동운동 단체가 운영하는 잡지 『노동정보』(労働情報)[2]는 필자의 입장을 배려해 가명으로 게재했다.

1980년대 후반 관찰한 소수파 노동운동은 일본의 상호신뢰적 노사관계의 그늘진 부분을 보여주는 사례였다. 그러나 역설적으로 이를 통해 기업의 상황을 관찰할 수 있었다. 종업원이 의사결정 과정에 참가하고 있다는 의식을 고무하는 각종 캠페인과 집단 간 경쟁의 조직화가 민간 대기업 내부를 통합하는 기제였다. 이와 함께 비정규 종업원이 정규 종업원을 대체함에 따라 결국 사회 전체적으로 효율적인 노동력 동원 기제가 작동하고 있었다. 따라서 필자는 노동시장의 유연성을 보장하는 시장 기제와 집단 간의 세력관계에 입각해 '일본적 노사관계'의 특성을 기본적으로 설명할 수 있다고 생각하게 되었다. 이는 '일본적 노사관계'도 선진자본주의 사회에서 보편적으로 나타나는 사회 현상의 하나이며, 문화적 전통에 입각한 설명은 제한된 범위에서만 인정할 수 있

---

1. 「例会報告32 韓国の経済開発と労働運動の展開」, 『労働社会学研究会 会報』 No. 14, 1988. 6. 25.
2. 在日研究者 趙寛洙, 「一九八七年夏の自主的労働運動」, アジアの労働運動研究会 編, 『労働情報 増刊号 アジアの労働運動』, 労働情報編集委員会, 1988. 10. 20.

다는 시각이다. 실제로 글로벌라이제이션, 기업내 국제분업, 인사노무 관리의 유연성 확보와 취업형태의 다양화, 비정규직 노동자의 증가 등은 일본에서만 나타나는 특유한 현상이 아니며 국제적 맥락에서 이해할 필요가 있다. 또한 이러한 변화와 함께 기업은 장기고용 관행을 비롯한 연공제를 종업원의 위상에 따라 차별적으로 적용하고 있으므로 '기업사회'에 일체감을 느끼는 시민의 비중도 구조적으로 축소되고 있다. 현재 일본 연구는 일본 내부의 사회적 균열이 더욱 심화되고 있다는 현실 인식에서 출발할 필요가 있다.

3. 구성과 내용

민간대기업 노동자의 참가적 통합과 이의제기 행동에 초점을 맞춘 박사학위 논문의 내용은 1990년 9월 유학을 마치고 귀국한 이후에 부분적으로 여러 학술지에 발표했다. 서울대 지역종합연구소에서 브레인 풀이라는 명칭을 가진 계약직 연구원으로 재직하던 1992년에는 지역연구총서로 출판할 것을 제안받기도 했다. 그러나 새로 설립된 연구소의 폭주하는 각종 일상 업무에 휘말려 전체를 한글로 번역하여 소개할 여유가 없었다. 2001년 호주의 애드레이드대학에서 연구년을 보내면서 번역과 개고에 집중할 기회를 간신히 확보하여 탈고할 수 있었다.[3] 귀국했지만 신생 성공회대학교에서 각종 행정 업무에 다시 매몰되어버렸다. 교육과 연구 조직을 새로 구축하는 일 자체는 보람이 있었으나 연구자 개인은 소모될 수밖에 없었으며, 서울대의 평가자들이 요구한 수정

3. The major part of this work was carried out while I was a visiting fellow at the Centre for Asian Studies, Adelaide University, Australia, in 2001.

작업에 필요한 불과 수개월의 시간도 확보하지 못하고 세월은 지나갔다. 결국 정년퇴직 직전인 2017년 한국연구재단이 주관하는 저술출판지원사업의 지원을 받아 노사관계의 사회사를 작성하는 방향으로 출판 계획을 재구성하였다.[4] 이 책은 필자가 도쿄대학 대학원에서 유학을 시작하던 1980년대부터 2000년대에 걸치는 약 30년간 수행한 일본 노사관계에 대한 조사연구 작업의 산물을 재정리하고 보완하여 만들어졌다.

이 책은 모두 7장으로 구성되었다. I장 「문제의 제기와 시각 : '일본적 노사관계'와 참가적 통합」은 이론적 시각과 접근방법에 대한 소개이다. 가급적 직장 수준에서 작업하는 일반 노동자의 시각을 존중하려는 연구자의 입장을 밝혔으며, 박사학위 논문의 I장 「서장」, II장 「일본의 노사관계에 관한 제논의의 검토」에서 제시한 내용을 기반으로 작성했다. II장은 2010년에 발표한 「총력전 체제와 기업 공동체의 재편」[5], 2011년에 발표한 「개발독재와 일본식 근대화 모델」[6]을 개고하여 작성했다. 1938년에 공포·시행된 국가총동원법에 의거한 전시체제 하에서 노동력의 동원과 관리를 담당한 산업보국회에 대한 분석이며, 총력전 수행을 위한 국가의 개입이 기업내 노사관계의 제도화를 촉진한 과정에 주목하였다. III장은 석사학위 논문[7]과 1987년 10월에 발표한 「일본에서의 노동개혁과 급진적 노동운동의 전개(1945~1950)」[8]에 수록된 내용을 기반으로 재구성하였으며, 패전한 일본을 점령한 미군정이 실시한 노동

---

4. 이 저서는 2017년 정부(교육부)의 재원으로 한국연구재단의 지원을 받아 수행된 연구임 (NRF-2017S1A6A4A01022853)을 밝힌다.
5. 서울대학교 일본연구소 편, 『일본비평』 2010 상반기(vol. 2. No. 1.), 그린비, 2010. 2. 15. 수록.
6. 한국학술협의회 편, 『지식의 知平』 11호, 아카넷, 2011. 10. 21. 수록.
7. 『戦後期の日本における労使関係の再編成-労働運動の体制内化を中心として-』, 日本 東京大学 大学院 社会学研究科 修士 学位論文, 1986.
8. 한림대학 아시아문화연구소 편, 『아시아文化』 제3호, 한림대학출판부, 1987. 10. 31. 수록.

개혁과 노동운동의 활성화, 냉전과 급진적 노동운동의 퇴조, 노동기본법의 제정과 노사관계의 제도화 과정을 다루었다. Ⅳ장 「고도경제성장과 실리추구형 노동운동(1955-1973)」은 고도경제성장기에 '일본적 노사관계'가 정착하는 과정을 다루었으며, 박사학위 논문의 Ⅲ장 「노사관계의 기본구조」를 기반으로 작성하였다. 그러나 직장 수준에서 소집단을 단위로 전개된 자주관리활동의 상황은 박사학위 논문의 Ⅴ장 「노사관계의 변용」의 일부를 재구성하였다. 일반 노동자의 시각에서 보는 토요타 생산방식의 실상은 1992년에 발표한 「일본식 노동운동과 일본식 생산방식」[9]을 개고하여 작성했다. 산업구조 전환과 고용규모 감축을 배경으로 발생한 '미츠이미이케 탄광' 쟁의, 기술혁신에 수반한 철강산업의 노사관계 재편성 과정, 히타치와 닛산의 노사관계, 신좌익 노동운동의 배경과 성격을 비롯한 사례 소개와 소득 수준이 높아진 노동자의 생활과 의식구조의 변화는 기존 자료를 참고하여 새로 작성했다. Ⅴ장 「고도경제성장의 종언과 노사관계 환경의 변화(1973-1989)」는 박사학위 논문의 Ⅳ장 「노사관계 환경의 변화」를 개고한 것이며, 1973년의 제4차 중동전쟁과 석유파동이 초래한 세계적인 불황 속에서 임금인상을 보류하고 비정규직 종업원을 활용하여 고용규모를 조정하는 방향으로 활로를 찾는 일본 기업의 행동을 고찰했다. Ⅴ장에 포함된 스미토모(住友) 금속 와카야마(和歌山) 제철소의 사례는 서울대 사회과학연구소가 수행한 '포항제철의 기업문화 창달과 기업이념의 체계화를 위한 연구'[10]의 일부이다. 그러나 이 내용은 발주처에 제출한 보고서에 포함되어 있지 않다. 당시 일본 제철소의 생산현장에 대해 많은 자료를 확보하였지만 아직 필드워크에 기반을 둔 일본 연구가 정착하지 못한 국내 학계의 척박한

9. 사회과학연구소 편, 『일본평론』 제6집, 1992년 가을·겨울호, 1992. 9. 21. 수록.
10. 서울대학교 사회과학연구소, 『포항종합제철 기업이념의 체계화를 위한 연구』(공동연구), 1992. 4.

환경 속에서 후속 작업을 진행하지 못한 아쉬움이 남아 있다. VI장 「노조의 참가지향과 노동자의 이의제기」는 박사학위 논문의 V장 「노사관계의 변용」과 VI장 「소수파 노동운동의 상황과 가능성」 및 1998년에 발표한 「일본의 한국인 뉴카마와 소수파 노동운동」[11]을 재구성하여 작성하였다. 주요 내용은 경영참가와 정책참가를 지향하는 민간대기업 노조의 협조적 행동과 여기에서 배제된 소수파 노동운동의 이의제기 행동에 대한 고찰이다. VII장 「노사관계의 안정과 사회적 균열」은 1997년에 발표한 「일본적 노사관계의 전환과 다원화」[12], 2002년 발표한 「세계화와 노사관계의 다원화」[13], 2004년에 발표한 「일본 노동시장의 유연성과 고용형태의 다양화」[14]를 개고하여 작성하였다. 숙련 전승의 문제와 숙련공의 성격 변화를 언급한 부분은 현지조사를 바탕으로 2005년부터 2011년에 걸쳐 발표한 결과를 분석한 보고서와 논문을 종합적으로 정리하여 작성했다(이종구, 2004, 2005, 2006, 2007, 2011a, 2011b). 결론 부분인 「나가며: 일본 연구의 객관성과 균형감각」은 실증적 노동연구에 입각한 일본 연구로부터 도출할 수 있는 함의를 다루었다.

박사학위 논문 제출 이후에 수행한 조사연구 작업도 한국과 일본의 연구자들이 긴밀한 협력을 제공한 덕분에 추진할 수 있었다. 한국 학계에서 1990년대는 탈냉전과 글로벌라이제이션이라는 시대적 흐름을 반영하여 해외지역 연구의 필요성에 공감대가 확산되는 시기였다. 서울대 지역종합연구소가 설치되어 정부의 연구지원 체제가 정비되고 대학에는 연구소와 학과가 설치되어 일본 연구의 제도화가 시작되었다. 이

---

11. 이종구·장화경·하종문·이인지, 『성공회대학논총』 제12호, 1998. 2. 25. 수록.
12. 서울대학교 국제지역원, 『國際地域研究』 제6권 제2호, 1997 여름호, 1997. 9. 수록.
13. 장달중 외, 『세계화와 일본의 구조전환』, 서울대학교출판부, 2002. 수록.
14. 「일본 노동시장의 유연성과 고용형태의 다양화」, 『산업노동연구』 10권 2호, 2004, 한국산업노동학회, 2004. 12. 31.

러한 환경 변화 덕분에 1992년 무렵부터 단기 출장의 방법으로 자료 수집과 조사 작업을 이어갈 수 있는 여건이 마련되었다. Ⅵ장에서 다룬 '카나가와 시티유니온'과 이주노동자의 노동문제 및 Ⅶ장에 포함된 각종 사례는 1990년대와 2000년대에 걸쳐 진행한 필드워크의 산물이다. 한국인 불법 취업자를 지원하는 '카나가와 시티유니온'의 존재는 서울대 지역종합연구소의 지원을 받은 연구팀에 참가하여 도쿄 서남부와 인접한 중화학공업 도시인 카와사키(川崎)에 대한 지역 조사[15]를 1992년부터 94년에 걸쳐 실시할 때 파악했다. 그러나 실제 조사는 토요타 재단의 지원으로 1996년에 착수할 수 있었으며 카와사키 조사를 할 때 신뢰관계를 형성한 현지의 공무원 노동조합 관계자의 소개를 받아 현장에 접근할 수 있었다.

일본의 경영자가 '새로운 시대의 일본적 경영'이라는 명분으로 기업 공동체 유지를 공식적으로 포기하고 노사관계의 다원화를 추구하는 과정에 대한 조사도 한국학술진흥재단의 지원으로 서울대 지역종합연구소가 주관하여 1995년부터 98년에 걸쳐 실시한 공동연구 작업의 일부였다. 중소 제조업체로 유연전문화된 생산네트워크인 사카키마치(坂城町)와 오타(大田)의 지역공장집단과 숙련공의 성격 변화에 대한 조사 연구의 출발점은 2005년 8월 전국공무원노동조합이 의뢰한 일본 공무원 노동운동에 대한 현지 조사중 눈에 띈 「해외투자 기업의 공장이 일본으로 돌아온다」, 「숙련 전승이 시급하다」는 신문 기사였다. 자료 조사를 위해 방문한 호세이(法政)대학 오하라(大原)사회문제연구소의 아이타 토시오(相田利雄) 교수는 '공장의 국내 회귀', '숙련공의 재생산 단절 문제'에 대한 문헌을 소개하고, 이 문제를 이해하려면 해외생산의 확대, 국내

---

15. 이시재 외 9인, 『일본의 도시사회』, 서울대학교출판부, 2001. 9. 20.

생산 입지의 비교우위, 국내 노동력의 탈숙련화를 둘러싸고 전개되는 논쟁을 검토할 것을 권고했다. 그는 JAM[16]을 비롯한 관련 노조에 필자를 소개하고 협조를 부탁하였다. 당시에 수집한 자료는 한국에서도 중국으로 이전하는 공장이 속출하는 상황에서 산업공동화 대책을 강구하고 있던 가톨릭대 사회학과 조돈문 교수의 요청으로 전국민주노동조합총연맹이 발간한 보고서 『산업공동화와 노동의 대응 방향』에 수록되어 국내에 소개되었다. 이 보고서가 계기가 되어 필자는 2005년 12월 한국노동교육원이 조직한 선진 노사관계 견학 프로그램에 자문위원 자격으로 참가하여 사카키마치와 오타지역을 둘러볼 수 있었다. 이때 확보한 자료를 기반으로 작성한 「일본 제조업의 국내회귀와 마치고바」는 국민대 일본학연구소가 2007년부터 발행하는 학술지 『일본공간』 창간호에 실렸다. 오타지역은 서울대 일본연구소가 주관하는 인문한국사업(HK)의 지원으로 2009년 11월에 다시 방문할 수 있었다. 이때 일본노동정책연구·연수기구의 오학수 박사로부터 관민 합동으로 추진하는 '제조기반기술(모노즈쿠리, ものづくり) 진흥운동'에 대한 상세한 자료를 입수할 수 있었다. 아이타 교수의 소개로 2010년 2월에 면담한 호세이대학 경제학과의 하기와라 스스무(萩原進) 교수는 오타지역에 대한 자세한 설명과 함께 선반공 출신 르포 작가인 고세키 도모히로를 심층 면접한 기록의 소재를 알려주어 귀국하는 비행기에 탑승하기 직전까지 간신히 복사 작업을 마칠 수 있었다. 오타지역에서도 노조 관계자들이 경영자 단체인 민주상공회[17]와 연계하여 불황과 실업 대책을 세우고 있는 이야기를 자

---

16. Japanese Association of Metal, Machinery and Manufacturing Workers. 기계금속 부문 중소기업 노동자 조직. '연합'에 가입. 1999년 9월 결성.
17. 당사자들은 1950년의 레드 퍼지(좌익 척결)로 해고된 노동자들이 자립해 만든 기업의 경영자들이 모인 단체라고 설명하고 있으며 공산당의 영향을 받는 지역 조직이다.

세히 들을 수 있었다.

이상에서 간략하게 소개한 책의 구성, 내용, 자료 수집 과정은 개인의 연구 이력이며, 한국 사회와 학계의 관심이 변화하는 과정에 대한 소묘이기도 하다. 본질적으로 지역연구의 성격을 가진 일본 연구는 학제적(interdisciplinary), 다학문적(multidisciplinary) 접근을 할 수밖에 없다. 사회학 연구자인 필자도 경제학, 경영학, 문화인류학, 지리학, 정치학, 역사학을 비롯한 인문사회과학 연구자와 공동작업을 하거나 최소한 교감을 주고받는 과정을 거치며 시각을 교정하고 세련화시키는 경험을 했다. 실용적인 정책 연구의 성격을 띤 지역연구의 발전은 제도적 지원체제의 형성은 물론 그 확립과도 불가분의 관계에 있다. 이를 감안해 필자는 개인만이 아니라 연구조직의 역할에 대한 기억도 되살리려 노력했다.

4. 마무리 : 일본 연구의 자립화

필자는 일본 경제가 번영의 절정에 있던 1980년대 일본 연구에 착수했다. 보겔(Ezra Feivel Vogel)의 책 제목인 『일등 일본』[18]은 당시 일본의 국제적 위상을 압축적으로 표현하는 국제적인 유행어가 되었다. 1990년대에 들어와 과대 평가된 자산의 거품이 빠지면서 일본 경제는 장기불황에 접어들었으며 '잃어버린 10년'이라는 말이 등장할 정도로 각종 경기부양책과 구조개혁 논의가 가시적인 성과를 가져오지 못한 채 21세기를 맞이하게 되었다. 실업대책이 최대의 정책현안으로 등장한 2000년대의 상황은 1980년대에는 상상도 할 수 없는 일이었다. 그러나 일본

18. Vogel E. F., 1979, *Japan as Number One: Lessons for America*, Harvard University Press, Cambridge.

이 번영하던 시절의 노사관계와 노동운동에 대한 논의는 여전히 현실적으로 중요한 의미를 갖는다. 일본의 안정된 노사관계와 고도의 사회통합은 규모가 구조적으로 축소되는 정규직 노동자를 기반으로 유지되고 있다. 반면 글로벌라이제이션과 정보화의 진행은 노동시장의 유연화를 촉진하고 있다. 즉, 노동을 주제로 하는 일본 연구의 관심은 불안정 고용과 사회적 균열에 대한 고찰로 연결될 수밖에 없다.

21세기에 들어와 중국의 국제적 지위는 상승하고 일본은 여전히 장기불황에 시달리는 상황이 지속되었다. 정치적·경제적 한중관계의 긴밀화는 한국의 대외관계에서 일본이 차지하는 비중을 저하시켰다. 이러한 환경의 변화를 반영하여 국내 대학의 일본학 교육과 일본 연구도 상대적으로 침체되기 시작했으며 사회적으로 일본에 관한 지식·정보에 대한 관심도 고조되지 않았다. 일본 내부에서도 정치와 사회의식의 보수화는 전쟁범죄와 식민지 지배에 대한 책임 추궁을 부정하는 여론을 확산시켰고, 재일동포를 노골적으로 혐오하는 집단행동이 등장하는 결과를 가져왔다. 반면 한국에서는 민족주의를 내세워 정당성을 보완하려는 각종 정치세력의 경쟁, 식민지 지배 피해자의 문제제기, 인권의식과 여성운동의 성장 등을 배경으로 일본에 과거사 청산을 강력하게 요구하는 사회적 압력이 고조되었다. 2010년대에도 공식적인 한일관계는 지속적으로 악화되었다. 한일 간에 불거진 독도 영유권, 일본군 위안부 피해자에 대한 사과와 배상, 전시 강제징용 피해자 배상 등의 쟁점에 대한 이견은 평행선을 달리고 있다. 특히 2019년 여름 일본 정부가 반도체 생산용 부품 소재의 수출을 규제하고, 한국 시민들이 일본 상품 불매운동을 벌이면서 증폭된 갈등은 한국 내부에서 반일 정서가 행동으로 표출되는 계기가 되었다.

국내 일본 연구자들은 전공과 무관하게 한일관계의 현안을 해석하고 단기 처방을 제시하라는 요구를 받고 있다. 대중적인 반일 정서에 영합하는 일부 지식인과 정치인의 충동적 언행은 학문적 객관성을 유지하려는 일본 연구자의 활동 공간을 제약할 뿐만 아니라 정책 수립자들의 합리적인 판단을 저해하는 결과를 초래하고 있다. 일본에서도 재일동포와 남북한을 한꺼번에 비난하는 혐한 운동이 확산되고 있다. 이는 보수세력이 주도한 정치공학적 여론조작의 산물이지만 심층적으로는 사회적 균열과 사회 통합의 위기를 반영하는 현상이기도 하다. 반면 양식을 가진 소수의 일본 인사들은 혐한 운동을 비판하고 있으며, 일부 지방자치단체가 한국인을 포함한 외국인에 대한 적대적 행동을 금지하는 조례를 만들어 자체 정화 능력을 발휘하는 사례도 등장했다.

　현재 일본의 국제적 위상만이 아니라 한일관계 및 한일 양국의 내부 정세는 급속하게 변화하고 있다. 이러한 상황을 맞아 단기적인 정세분석이나 정책연구의 수준을 넘어 일본에 대한 기초적인 지식과 정보를 축적하고 거시적인 판단 능력 향상에 기여할 학문적 기반을 구축하는 작업은 더욱 중요한 의미를 지니고 있다. 사실상 이 책의 집필 작업도 아직 한국에 지역연구라는 개념 자체가 생소한 시절인 1990년대에 갓 귀국한 신인을 신뢰하고 연구비를 제공한 서울대 지역종합연구소장 권태환 교수와 서울대 발전기금 덕분에 시작될 수 있었다. 이 자리를 빌려 시간이 너무 오래 걸렸음을 인정하면서 정중하게 사과의 말씀을 드릴 수밖에 없다. 일본 근현대사를 전공한 박환무 선생은 거친 초고를 여러 차례 읽고 내용이 깔끔하게 다듬어질 수 있도록 치밀한 조언을 아끼지 않았다. 마무리 단계에서 연구비를 제공한 한국연구재단이 위촉한 익명의 평가자는 독자의 입장에서 가독성을 높이는 데 필요한 보완 작업을 구체적으로 제안하였다. 또한 시장성이 불투명한 일본 관련 학술서의 출판을 감당한 '북인더갭'의 안병률 대표와 실무진 여러분에게도 감사의 뜻을 전한다. 마지막으로 미처 바로잡지 못한 오류와 문제점은 전적으로 필자의 책임이라는 것을 밝히는 바이며, 각계 전문가와 독자 여러분의 아낌없는 지적과 비판을 바라고 있다.

이 책이 아직도 해외 의존도가 높은 국내 일본 연구의 발전과 자립화를 위해 조금이라도 기여하는 바가 있기를 희망하며 머리말을 매듭지으려 한다.

차례

〈그림〉 일본 노동조합 전국 중앙조직의 전개

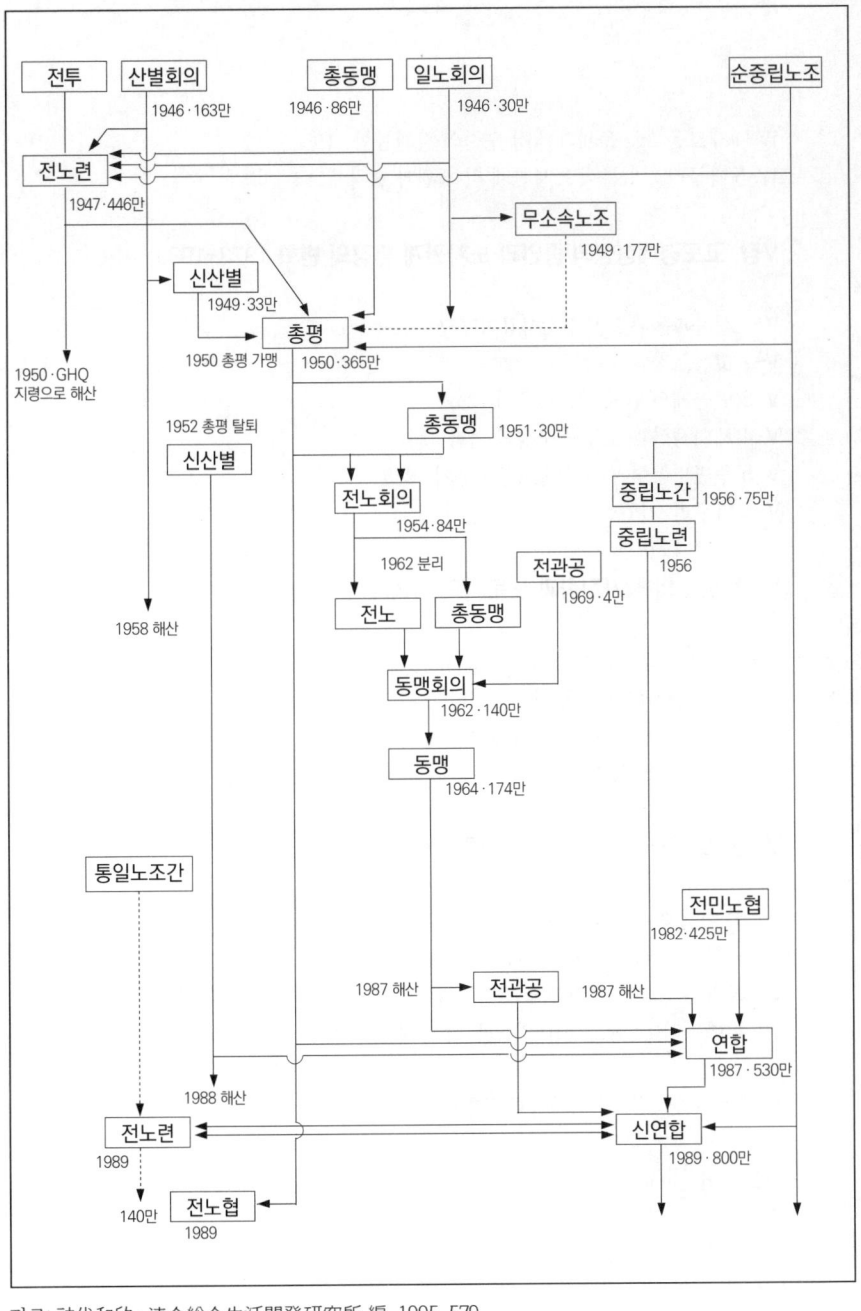

자료: 神代和欣·連合総合生活開発研究所 編, 1995, 579.

I장

문제의 제기와 시각
'일본적 노사관계'와 참가적 통합

I-1. 일본 연구의 시각과 노사관계

한국만이 아니라 세계적으로 일본 연구의 발전을 촉진한 가장 큰 요인은 실용성이었다. 각자의 입장에 따라 일본을 본받아야 할 선진국의 모델로 볼 수도 있고, 극복해야 할 잠재적 적으로 상정할 수도 있지만, 연구자, 정책기획자, 언론인, 정치인, 경영자를 막론하고 일본에 대한 정보는 쓸모가 있다는 판단을 공유하고 있었다. 그러나 실용성에 대한 관심은 역설적으로 문제의 본질과는 무관하게 간단한 해답을 요구하는 풍조를 확산시켰다. 이러한 상황 속에서 외부인은 알기 어려운 일본의 신비한 전통, 가치관, 문화적 특질을 원용하여 현재 발생하는 사건을 해석하는 오리엔탈리즘(Orientalism)적인 설명 방식이 잇달아 등장했다. 특히 일본과 관련된 정보의 수요가 많은 정치, 경제, 경영, 문화 분야에서 사후 합리화에 치중한 논의가 많이 등장했다. 이러한 흐름 가운데 가장 대표적인 사례는 기업경영이나 노사관계에서 나타나는 현상을 문화적 전통의 영향으로 해석하는 논의다. 합리적인 인과관계를 무시한 편의적 설명의 유행은 실용적인 지식과 정보의 교류만이 아니라 학문적 관심에서 출발한 연구 성과의 활용도 저해하는 부작용을 초래했다.

1987년 여름에 발생한 노동자대투쟁을 겪으며 위기의식을 느낀 한국의 기업 경영자와 정부 관계자 사이에서는 일본의 협조적인 노사관계에 대한 관심이 급격하게 고조되었다. 이들은 각종 교류를 통해 급속하게 도구적 지식과 노하우를 도입하여 실무에 활용하려 시도했다. 또한 당시 미국과 유럽의 학계에서도 세계 정상급 경제대국으로 성장한 일본의 각 부문에 대한 연구가 활발하게 이루어지고 있었다. 서양에서 산출된 일본 연구의 성과는 한국의 대학과 지식인 사회에 신속하게 소개되었다. 그러나 이 과정에서도 우선 순위는 경영이나 노사관계의 영역에서 즉시 활용할 수 있는 실용적인 지식과 정보의 획득에 놓여 있던 탓에 기초적인 일본 연구는 소홀하게 취급되었다. 반면 현실적으로 많은 영역에서 협력자이며 경쟁자인 일본에 대해 한국이 독자적인 판단과 해석을 할 수 있는 능력을 갖추는 작업은 더욱 중요해지고 있다. 이 책이 다루는 노사관계 분야에서도 현재 상황을 이해하는 데 기여할 수 있는 기초적인 시각과 역사적 맥락을 정리하는 일이 가장 중요한 과제로 남아 있다.

세계적으로 일본 연구에서 노사관계가 중요한 주제로 각광을 받게 된 배경에는 경제적 성공과 노사협조를 직결시키는 시각이 있다. 1950년대 중반부터 고도경제성장을 시작한 일본은 비서양 사회에서 유일하게 산업화와 근대화에 성공한 모델로 세계적인 주목의 대상이 되었다. 일본은 미·소가 첨예하게 대립하는 냉전시대에 자본주의 방식에 의한 근대화의 성공 가능성을 보여준 대표적인 사례로 부각되었다. 일본의 성공 요인을 밝히려는 노력은 근대화 과정을 비롯한 사회변동 연구의 주제로도 각광을 받았다. 이 과정에서 많은 연구자들은 미국, 유럽의 선진국과 일본의 현재 상태만이 아니라 역사적 과정을 비교하며 동질성과 이질성을 찾으려 시도했다. 이들은 특히 우수한 성과를 발휘하는 일본 기업의 노사관계를 포함한 경영 방식이 미국, 유럽의 기업과 상이하다는 사실에 집중적인 관심을 보였다. 구체적으로 말하면 '일본적 노사관계'의 특성을 구성하는 기업별노조, 연공제와 종신고용, 사내 복리후생, 사내 교육훈련이 과연 일본에서만 찾을 수 있는 이질적이고 특수한 현상인가를 묻는 질문이 제기되었다.

서양과 일본 기업의 이질성을 설명하는 연구자들의 시각은 다양했다. 우선 일본 고유의 문화적 전통이 기업을 비롯한 사회조직의 구조와 운영원리, 구성원의 행동을 규정하고 있다는 특수성론이 급속하게 확산되었다. 반면 근대 자본주의 국가인 일본의 기업과 사회조직에서 발생하는 현상은 일반적인 시장원리에 입각하여 설명할 수 있다는 주장도 강력하게 대두했다. 이와 같은 대립 구도는 기업 연구나 노사관계 연구에서만 나타나는 일이 아니었다. 사실상 인문학과 사회과학 분야의 모든 일본 연구자들은 특수성의 논리와 일반성의 논리 사이에서 자신의 입장을 설정해야 하는 과제에 직면하고 있다.

노동연구 분야에서 일본적 특수성을 강조하는 시각을 선구적으로 제시한 서양 연구자는 아베글렌(James C. Abegglen)이다. 그는 전통·공동체·가족적 인간관계·온정주의·가부장제 등의 개념을 사용하여 일본 노사관계의 특성을 규정했다(Abegglen 1958: 7-10, 94-102, 139-142). 일본의 전통사회가 남긴 유제를 강조함으로써 회사에 대한 종업원의 충성이나 협조적 노사관계를 설명하려는 구미의 연구자들에게는 아베글렌의 접근방법이 사실상 출발점이었다(Levine 1958: 175-179). 그러나 이 연구는 중소기업을 대상으로 진행되었으므로 전국적인 수준에서 노동운동과 노사관계의 성격을 규정하는 중화학공업 부문의 대기업 상황에 대한 고찰이 미흡하다는 한계를 지닌다. 또한 『OECD 대일 노동보고서』도 일본 노사관계의 효율성을 본격적으로 강조한 대표적 문헌으로 알려져 있다. 이 보고서는 협조적 노사관계와 경제성장의 관계에 대해 "일본의 고용·노동 분야에서 형성된 관행은 고용과 노사관계의 안정을 촉진하는 동시에 노동자가 기술혁신에 힘쓰도록 동기를 유발하고, 이에 적응하게 만들고 있으므로 경제발전을 촉진하는 요인이 되고 있다"(OECD 1972: 21)고 평가를 내린다. 이러한 언급은 일본적 특수성론의 논리적 결론이라고 할 수 있으며 고도경제성장이 지속되던 시대를 배경으로 한다.

그러나 고도경제성장이 지속되던 1970년대 초반 일본 기업에 대한 참여관찰 조사를 실시한 영국의 클라크(Rodney Clark)는 종업원 개인이 노동시장에서 차지하는 위상과 가치에 따라 '일본적 노사관계'가 차별적으로 적용된다는 냉정한 시각을 제시했다. 그는 일본의 회사와 종업원의 관계는 '법인으로서의 회사와 종업원의 관계'와 '공동체로서의 회사와 종업원의 관계'가 이루는 복합체라고 분석하고 있다. 특히 전자의 관계는 주로 이직지향이 높은 종업원과 정착지향적 종업원을 구분하는 데 활용되었다. 클라크가 관찰한바, 정착지향이 높은 '비교적 젊은 대졸 신입사원', '나이든 사람(대졸, 비대졸)', '25~35세의 비대졸자'는 모두 자신의 이해관계 때문에 회사에 머물러 있었다. 이직지향이 높은 젊은 비대졸자들은 회사를 단순히 수입원으로만 생각하는 경향이 강했고 일이 인생의 전부가 아니라고 생각했으며 회사 외부의 일에 관심이 많았다.

사무보조에 종사하는 대부분의 여사원들은 결혼 때문에 회사를 어느때 그만두어도 아쉽지 않은 고용조건을 바랐으며 업무나 회사의 성장에 대한 관심은 낮았다. 종업원들은 서로 협력하지만 경쟁하는 관계에 놓여 있으므로 정착지향이 높은 종업원일수록 오히려 진실되고 양호한 공동체적 인간관계를 맺기 어려운 양상이 나타났다. 또한 종업원과 회사의 결합도는 종업원 자신이 노동시장에서 차지하는 가치의 크기와 반비례하며, 양자의 결합도가 강할수록 동료와의 연대감은 희박해지는 경향이 나타났다(Clark 1979: 193-254). 즉, 클라크가 관찰한 일본 기업 내부의 사회관계는 가족, 친족과 같이 이해타산과 무관하게 원초적인 관계를 기반으로 존재하는 공동체가 아니라 비용과 편익이 교환되는 공식적 관계를 미화하고 은폐하는 유사공동체에 불과했다.

　실제로 '일본적 특수성론'과 '일본적 노사관계'에 대한 관심은 오히려 고도경제성장 시대가 끝나고 연공제와 종신고용 관행이 기업의 부담으로 간주되는 시대에 들어와 세계적으로 확산되었다. 1973년 10월 발발한 제4차 중동전쟁이 초래한 석유파동은 제2차 세계대전의 종결 이후 장기간 지속되었던 선진자본주의 경제의 고도성장 시대가 끝나는 계기가 되었다. 그러나 일본 경제는 가장 신속하게 불황을 극복하고 경쟁력을 회복하여 세계적으로 주목을 받았다. 이와 함께 일본적 경영과 일본적 노사관계를 찬미하는 '일본모델론'이 확산되기 시작했다. 조직 구성원의 합의 형성을 중시하는 의사결정 방식, 유연한 수평적 하청 생산조직 등과 함께 사용자에게 협조적인 기업별노조를 기반으로 하는 '일본적 노사관계'는 실질적으로 '일본모델론'의 핵심적 내용이었다. 미국과 서구의 경영자와 연구자들은 경제성장률이 저하되고 대량 실업이 불가피한 상황에서도 노사분쟁이 고조되지 않았던 사실에 주목하

였다. 또한 일본 기업은 종신고용 체제를 채택하고 있으므로 해고가 없
다거나 종업원이 경영에 발언권을 적극적으로 행사하고 있다는 오해가
퍼질 정도로 '일본적 노사관계'는 세계의 노동자가 선망하는 대상이 되
었다.

외국에서 등장한 '일본적 노사관계 찬미론'은 일본으로 역수입되어
문화적 전통으로 노사관계를 설명하는 논리가 유행하게 되었다. 이러
한 풍조는 노사관계만이 아니라 일본 전체를 '이에(イェ, 家)사회'로 규정
하고, 전반적인 사회 현상을 전통적 촌락공동체와 가족의 가치에 입각
하여 설명하는 집단주의 담론으로 발전하였다(村上泰亮·公文俊平·佐藤誠三
郎, 1979: 467, 473, 476, 478, 547; 公文俊平 1982: 96-99; 浜口惠俊 1982: 2-25). 또한
일본 내부에서도 일본인은 문화적 전통에 기반을 둔 집단주의라는 지
배적인 가치관을 공유하고 있으므로, 일본의 사회조직은 갈등이 아니
라 합의가 중요한 화(和)의 세계라는 주장이 등장했다. 이러한 입장을 가
진 논자들은 기업을 공동체나 가족으로 간주한다. 이로써 기업은 개별
이익을 계산하는 시장원리가 아니라 집단주의적 행동문화로 결속된 조
직체가 된다. 또한 근대 시민사회의 구성 요소인 주체적 권리를 가진 개
인의 등장, 노사의 이익 대립, 내부적 모순과 갈등에 의한 사회구조의
변동과 같은 현상은 일본 사회에 논리적으로 존재하지 않는다. '일본적
특수성론'에 입각한 설명 방식은 자본주의 체제에 내재한 계급문제를
강조하는 좌파 이론은 물론이고, 산업화, 시장화, 사회조직과 가치관의
합리화를 포함한 근대화 과정에 주목하여 일본의 사회구조와 사회변동
을 해석하는 자본주의적 발전론의 입장도 사실상 부정한다. 결국 문화
적 전통을 강조하는 주장은 첨예한 논쟁이 벌어지는 계기가 되었다(関曠
野 1987: 75-76, 79).

'일본적 특수성론'에 대한 가장 신랄한 비판은 근대화론과 구조기능주의 사회학을 이론적 바탕으로 삼는 토미나가 켄이치(富永健一)가 제기했다. 그는 우선 '일본적 특수성론'은 표면적으로 드러난 사실을 자의적으로 연결해 구성한 주장에 지나지 않으므로 인과적 설명을 제시할 수 있는 과학적 논리구조를 갖추지 못했다는 요지의 비판을 제기했다. 또한 토미나가에 의하면 개인의 활동성과에 대한 보상과 처벌이 개인이 아니라 소속된 집단에 귀속되는 집단주의 가치체계는 후발 산업사회 기업이 가진 후진적 특성에 지나지 않는다. 구성원의 세대교체와 함께 집단주의 원리는 개인주의 원리로 대체될 수밖에 없다. 고도경제성장 시대에 경제활동을 했던 세대는 일본이 여전히 가난했던 시대에 성장했으며, 개인이 기업에서 열심히 일하면 기업도 발전하고 본인의 생활도 풍요로워지는 과정을 체험했다. 그러나 전후에 성장한 세대는 기업이 계속 발전하면 자신의 생활도 풍요로워지는 체험을 겪지 못했다. 더구나 이 세대가 입사한 시점에는 종업원의 평균 연령이 높은 상태였고, 승진은 힘들어졌으며, 산업구조 변동이 가속화되어 많은 기업의 장래가 불안정했다. 토미나가는 이러한 상황에서 하나의 기업에 생애와 운명을 맡기려는 사람이 줄어드는 것은 당연한 일이라고 분석했다(富永健一 1988: 36-40). 또한 그는 지배의 정당성을 '이에(イエ, 家) 제도'에서 찾는 가치체계가 패전 이후 미점령기에 이루어진 전후개혁에 의해 붕괴되었다는 점을 지적하면서, 경제조직인 기업의 특성을 설명하기 위해서는 시장 조건의 변화에 주목할 필요가 있음을 강조하고 있다(富永健一 1988: 42-43). 이와 같이 토미나가는 노사관계를 비롯한 일본의 사회 현상에 관심을 가진 연구자는 시장 상황, 정치 상황, 역사적 배경을 종합적으로 감안하여 '일본적 특수성론'의 담론과 실체를 구분할 필요가 있다는 시각을 제시했다.

그러나 일본이 경제대국으로 선망의 대상이 되었던 1980년대가 끝나면서 '일본적 노사관계'에 대한 평가는 급격하게 달라지기 시작했다. 막대한 무역흑자가 자산가격의 폭등을 초래한 거품경기의 시대가 끝난 1990년대 이후에는 일본 역시 '잃어버린 10년, 20년'이라는 말이 등장할 정도로 장기불황을 겪었다. 이와 함께 시장원리에 입각한 유연성 확보를 의미하는 글로벌 스탠다드가 노사관계에도 적용되어야 한다는 목소리가 높아졌다. 이는 비정규직 노동자의 증가, 고용안정성의 저하, 연공제의 완화를 의미했다. 가장 안정된 직장으로 알려진 금융업 화이트칼라도 기업 도산으로 대량 해고되는 노동자 속에 포함되었다. 이는 찬미의 대상이었던 '일본적 노사관계'의 종말을 알리는 상징적 사건이었다.

일본의 노동시장과 노사관계를 평가하는 시각도 변화하게 되었다 (Dore 2000 A: 51-52: Dore 2000 B: 82). 즉, 연공제를 기반으로 하는 인사노무관리 관행이 유지될 수 있는 가능성 자체가 검토의 대상이 되었다. 장기고용이 보장된 정사원을 중심으로 노동시장과 노사관계를 분석하는 시각을 수정해야 한다는 주장이 뒤따랐다. 이는 내부노동시장에 편입된 정사원과 외부노동시장에서 노동력 관리의 수량적 유연성을 제공하는 비정규사원[19]에게 적용되는 노동조건의 격차에 초점을 맞춘 시각이었다.

이상에서 살펴본 바와 같이 '일본적 노사관계'의 성격을 파악하려면 문화적 전통의 특수성에 입각한 설명 논리를 배제하고 산업화 과정에서 형성된 인사노무관리 관행으로 상황을 이해할 필요가 있다. 노조가 기업별 체제를 갖추고 있다는 것은 노동조건을 결정하는 단위가 기업

---

19. 일본의 관행은 정규직 종업원을 정사원, 비정규직 종업원을 비정사원으로 부른다.

이라는 의미이므로 노동시장의 기업 내부화를 전제하고 있다. 노동시장에서 이루어지는 노동력의 수급 상황은 노사 당사자의 교섭력을 가장 크게 규정하는 환경적 요인이다. 노사관계를 규정하는 법적 강제력을 창출하고 관리하며 노동정책을 실시하는 국가의 매개적 역할은 지속적으로 중요하다. 실제로 노조의 형태, 노동시장, 노동정책, 노동운동, 노사관계와 연관된 제도와 관행은 사실상 상호 결합되어 하나의 체계를 이루고 있다. 그러나 일본의 노사관계를 이해하기 위해서는 가시적인 현상을 나열적으로 기술할 것이 아니라 주체의 행동을 중심으로 관행과 제도를 살펴보는 작업이 필요하다. 여기에서는 노동자와 노동조합에 초점을 맞춰 기업별노조의 형성 과정과 실제 기능을 중점적으로 고찰하며 연관된 관행과 제도의 변동을 파악하는 접근방법을 택했다. 그러나 노조에 대한 고찰은 교섭 당사자인 사용자와 조정자인 정부의 행동에 대한 이해를 전제로 하여 시도할 필요가 있다.

이 책은 저성장 시대인 1970년대 후반 이후 '일본적 노사관계'가 변용되는 과정과 내용의 분석에 초점을 맞췄다. 1973년의 제1차 석유파동과 고도경제성장 시대의 종언이 초래한 노사관계의 재편성 과정은 직접적으로 현재 일본의 노사관계를 규정하고 있다. 민간대기업 노조가 주도하는 노조 전국 중앙조직의 통합을 의미하는 노동전선 통일과 '일본노동조합총연합회'(日本労働組合総連合会. 연합)의 출범(1989년)은 정규직 노동자를 중심으로 이루어졌다. 비정규직 노동자에게는 별도의 노사관계가 적용되었다. 즉 노사관계의 다원화가 진행되었다. 그러나 이러한 노사관계의 변화를 고찰하려면 사회사적 배경과 함께 사회적 결과를 동시에 파악할 필요가 있다. 이를 위하여 1930년대 말에 등장한 국가총동원체제와 산업보국회(産業報国会), 패전 이후 미군정 하에서 진행된 노동개혁, 고도경제성장 시대에 정착한 실리주의적 노동운동의 성격을 살펴볼 것이다. 또한 1990년대와 2000년대에 등장한 고용안정성 저하가 초래한 새로운 쟁점을 통해 노사관계의 실상에 접근해볼 것이다. 이러한 고찰은 일본의 사회적 격차와 계급문제, 사회운동, 사회의식, 정치 현상 등을 객관적으로 인식하는 작업의 출발점이기도 하다.

I-2. 기업별노조의 특수성과 보편성

일본 노동문제에 대한 관심은 성공적인 근대화 과정을 설명하는 방식과 밀접하게 결합되어 있다. 앞서 살펴보았듯이, 일본 노동시장과 노사관계의 성격에 대한 논의는 인사노무관리에서의 관행을 보는 두 관점의 차이를 반영한다. 이는 문화적 특수성을 반영한 전통으로 보는 관점과 산업화의 진행에 따라 영·미식 제도로 수렴되어 소멸될 잔존물로 보는 관점의 차이를 의미한다. '문화적 특수성론'에 입각한 편의주의적인 설명 방식만이 아니라 산업화가 다양한 사회를 동질화시킨다는 수렴이론도 현실을 충분히 반영하지 못한다는 비판의 대상이 되어왔다. 전통사회의 문화와 가치관이 근대 기업의 행동을 규정한다는 주장과 모든 인류 사회가 산업화라는 궁극적인 목표를 향해 나아가고 있다는 믿음은 모두 노동시장의 상태, 노동정책, 산업정책과 같은, 현실적으로 기업 행동에 영향력을 미치는 중요한 요인을 간과하고 있었다.

일본이 근대화의 성공 사례로 세계적인 주목을 받던 1960년대 후반에 도어(Ronald Philip Dore)는 영국과 일본의 대공장을 비교하는 연구를 통하여 '일본적 노사관계'가 과거 봉건사회의 잔재가 아니며 독자적인 합리성을 가지고 있다는 새로운 논리를 제시했다. 이 작업은 일본의 노사관계를 산업화의 시점에 주목해 거시적 시야에서 합리적으로 설명하려는 시도였다. 도어는 후발 공업국인 일본은 선진국으로부터 기술을 도입하여 대규모 설비와 조직을 갖춘 중화학공업을 건설하였으므로 기업 조직의 운영에서도 시장원리보다 조직적 합리성이 중요했다는 논리를 제시했다. 이는 산업혁명을 선도한 영국의 시장지향적 고용제도(market oriented employment system)가 일본식 조직지향적 고용제도(organization oriented employment system)로 전환될 수밖에 없다는 역수렴 이론으로 귀결되었다. 그는 철저한 시장지향적 고용제도를 채택하고 있는 영국이 오히려 일본보다 예외적 존재라는 주장을 제시했다. 낮은 이직률, 직무(job)보다 연공이 중시되는 임금결정 방식, 기업별 노동조합, 복지적 성격을 가진 급여 항목의 비중이 높게 나타나는 경향 등을 비롯하여 일본 특유의 제도라고 일컬어져왔던 여러 모습이 후진성을 반영하는 것이 아니며 오히려 후발 공업국이 누리는 이점으로 평가되었다(Dore 1973: 301, 375, 417). 도어는 후발효과에 의해 파생된 조직 자체 논리에 기반을 둔 고용제도가 일본에서 확립되는 시기를 1880~1930년 무렵까지로 설정했다. 이와 비교되는 대상은 1800~1875년에 걸쳐 영국에서 진행된 고용제도의 변화 과정이었다(Dore 1973: 407, 415-416). 도어는 비교 연구의 대상인 영국의 노사관계에 대해 단체교섭 단위가 전국 수준에서 기업·사업장 수준으로 내려오고, 적대적 노사관계가 단체협약에 입각한 협조적 노사관계로 이행하며, 임금체계의 기준이 직무 내용에서 개인의 속성으로 바뀌고 있는 경향을 지적했다. 그는 사내 훈련, 사내 복리후생제도의 정비, 이직률의 감소가 아직 지배적인 경향으로 나타나거나 규범을 갖춘 제도로 정착하지는 않았지만, 이러한 방향으로 진행되는 흐름은 명확하다고 언급했다. 그러나 도어는 일본과 영국이 모두 획일적이고, 경제효율 이외의 가치나 약자가 강자에게 저항할 수 있는 능력과 정의감을 무시하며, 인간을 질식시킬 것 같은 능력주의 사회로 이행하고 있다는 의구심을 제기했다. 즉, 도어는 일본적 노사관계의 이면에 주의를 환기시키고 있었다(山之内靖 1987: 475). 이 연구는 전통사회가 남긴 유제로 간주되던 기업별 노동조합, 종신고용, 연공적 승진과 승급, 사내 교육훈련과 복리후생제도의 형성과정과 기능을 시장적 합리성 원리에 입각해 설명하는 논리를 제시하였다는 데에 의미가 있다. 또한 도어가 비교 연구를 시도한 배경에는 영국의 경제적 침체와 불안정한 노사관계를 모색하려는 문제의식이 있었다. 이는 영국의 시장지향적 고용제도와 연계된 직업별 노동조합(trade union)[20] 체제를 일본의 조직지향적 고용제도와 연계된 기업별 노동조합 체제와 대비하는 논의 구조에도 반영되어 있다.

그러나 도어가 제시한 일본의 인사노무관리 관행이 이미 19세기 말부터 1930년대 이전에 형성되었다는 시각은 많은 논란을 불러 일으켰다. 우선 미국의 콜(Robert E. Cole)은 역사적 사실에 입각하여 후발효과론의 지나친 일반화에 비판을 제기했다. 콜이 제기하는 비판은 다음과 같이 정리할 수 있다.

㉠ 시간대를 폭넓게 설정하고 자의적으로 후발효과 가설을 지지하는 자료만 선택했다. 제2차 세계대전이 끝난 다음부터 남성 반숙련 노동자에게 종신고용이 보장되기 시작하였으며 여성 반숙련 노동자에게는 현

---

20. 직업(trade)은 개별 숙련을 기준으로 구분하는 직종(craft)과 비교해 상대적으로 폭이 넓은 범주이다. 예를 들어 주형공(鑄型工), 마무리공(仕上工)은 직종(craft)이다. 이들을 통칭하는 기계공은 직업(trade)을 가리킨다.

재까지도 적용되지 않고 있다.

ⓒ 토쿠카와(德川) 시대 후기와 메이지(明治) 초기에 시장모델을 적용할 수 있는 가능성을 과소평가했다. 제1차 세계대전 당시에도 숙련 노동자의 이직은 일상적으로 발생하는 일이었으며 일본의 노동시장 구조는 19세기의 영국과 비슷했다.

ⓒ 도어는 후발 공업화에서 고도로 자본집약적인 중공업이 초기에 발휘하는 역할을 강조했다. 그러나 메이지 시대의 주요 산업은 최고의 기술이 필요한 당시의 첨단산업이 아니라 섬유·조선·철도·광업·제철 등과 같이 전형적인 산업혁명 제1세대 산업에 속하는 부문이었다. 섬유와 같은 노동집약적 업종은 미숙련 노동력을 사용했으며 또한 전통적 숙련을 체득한 노동자도 활용했다. 특히 도어는 신규 설비를 도입하기 위해 대규모 투자를 실시할 필요가 없는 섬유산업이 일본의 공업화 과정에서 차지하는 중요성을 간과했다. 섬유노동자의 결근이나 이직 문제가 심각해 다양한 사내 복리시설의 설치가 촉진되었으며 또한 경영 가족주의 이념의 적용 대상은 기간요원의 역할을 하는 소수 남성 노동자였다는 점도 과소평가되었다.

ⓒ 후발국에서는 공업화의 시점만이 아니라 역사적 경험, 국가 내부의 권력관계, 기초적인 자원의 보유 상태 등도 테크놀로지와 조직 유형의 선택에 영향을 미친다. 일본의 노사관계는 경영자가 우위를 차지하고 있었던 세력관계를 기초로 형성되었다.

콜은 이상과 같이 도어의 주장을 평가하면서, 제1차 석유파동 이후에 전개된 상황을 보면, 대기업의 기간(基幹)노동력은 해고의 위협에서 비교적 안전하게 보호되었으며, 실질적인 고용조정은 이미 종신고용의 혜택을 받지 못한 주변부 노동력을 대상으로 실시되는 차별이 있다고 지적했다. 또한 그는 인사노무관리 분야에서 미국이 일본을 본받을 만한 기법으로 조직의 목표와 개인의 목표를 통합시켜 생산성 향상에 기여하는 품질관리 소집단(QC)운동과 개인이 수행하는 직무의 범위를 확대하는 다능공화 등을 거론한다(Cole 1979: 29-31, 122, 253-255, 260). 그러나 다능공화와 QC 운동을 미국에 도입하려면 사용자가 노동자의 직무를 자의적으로 변동시키지 못하게 규제하는 미국 노조의 협조가 필요했다. 이와 같이 콜의 논의도 미국의 산업 경쟁력과 생산성을 향상시켜야 한다는 문제의식을 반영하고 있다.

도어와 콜의 논의는 '일본적 노사관계'를 구성하는 관행과 제도가 산업화와 함께 형성되기 시작했다는 시각을 공유한다. 이들은 '문화적 특수성'에 의한 설명을 원천적으로 배제하며 기업별노조를 비롯한 인사노무관리 관행과 제도의 기원을 역사적 형성 과정에 대한 실증적 고찰을 통해 파악하는 접근방법을 강조한다. 무엇보다도 이들이 영국과 미국의 노사관계 문제를 해결하려는 목적의식을 공유하고 있다는 사실에 주목할 필요가 있다. 즉, 많은 외국의 일본 연구자와 마찬가지로 도어와 콜도 기업별노조가 노사협조와 생산성 향상에 기여한다는 생각에서 출발하고 있다.

실제로 일본 내부의 노동사 연구도 기업별노조 체제가 만들어진 배경에는 산업노동자 집단이 기업을 단위로 형성되었다는 역사적 과정을 중시하고 있다. 후발 공업국인 일본의 농민, 도시빈민은 기업 내부에서 교육훈련을 받으며 노동자가 되었다. 즉, 노동조건 결정이 기업 단위에서 이루어졌던 것이다. 특히 기업이 20세기 초반 양성공 제도를 도입한 의도는 노동운동 대책을 위하여 기업에 충성하는 노동자를 장기적으로 확보하며 경영관리자가 노동자의 공식적·비공식적 리더인 직장(職長)에 의존하지 않고 생산현장을 관리할 수 있는 체제를 구축하는 것이었다 (兵藤釗 1971: 404-414). 또한 기술 수준의 향상과 작업의 기계화는 만능형 숙련공의 위상을 저하시켰다. 기업은 신형 기계를 사용할 수 있으므로 생산성이 높은 새로운 숙련 노동자를 중간 보스(boss)를 거치지 않고 직접 관리하는 체제를 구축하였다. 예를 들어, 이전에는 조선소에서 가열한 리벳을 사람이 직접 해머로 때려가며 철판을 접합시켰으나, 압축공기로 작동하는 해머가 등장하자 중간 보스의 권위는 저하되었다(山本潔 1994 : 205-220). 이와 함께 고가의 기계를 도입한 기업도 노동자의 정착을 장려하게 되었다.

그러나 국가의 노동정책이 기업별노조 체제가 정착하는 과정에 미친 영향도 무시할 수 없다. 제2차 세계대전 이전에도 일본의 노동운동에서는 기업 단위를 초월한 계급적 단결을 추구하는 움직임이 계속되었으나 국가는 이를 용인하지 않았다. 제2차 세계대전에서 일본이 패전하고 미군정이 전후개혁을 실시하던 점령기에도 산별노조 체제 확립을 지향하는 노동운동은 기업, 국가와 심각한 갈등을 겪었으며 결과적으로 일반 노동자의 충분한 지지를 확보하지 못하였다. 또한 전후에 기업별노조 체제가 정착한 배경을 이해하려면 노동자가 연공제에 기반을 둔 인사노무관리 관행을 수용한 배경과 과정을 살펴볼 필요가 있다.

I-3. 연공제와 '일본적 노사관계'

전후 일본 사회를 기업이 사회통합의 중심이 된 '기업사회', '회사사회', '회사중심사회'로 규정하는 논의가 1980년대 말에서 1990년대 초에 걸쳐 유행했다(渡辺雅男 2004: 27-28). 이는, 평균적인 일본 사람들은 기업의 발전을 위해 헌신하며 '기업내 인생'을 살고 있다는 뜻이며, 사실상 연공제를 기반으로 한 '일본적 노사관계'의 파급효과를 반영하고 있다(木下武男1996: 562-63). 노동조건을 결정하는 노사교섭 단위가 기업으로 설정되어 있는 '일본적 노사관계'에서 기업별노조 체제는 노동시장의 내부화 및 사내 복리후생제도와 연계되어 있다. 또한 내부노동시장은 사내 교육훈련에 의한 숙련 형성의 기업 내부화와 결합되어 있다. 일본의 연공제는 근속기간을 기준으로 노동자의 보수와 지위가 상승하는 체계를 가지고 있다. 노동자가 전직을 하면 보수와 경력의 손실을 감수해야 할 가능성이 높다. 실질적으로 정년까지 안정적으로 장기고용을 보장한다는 종신고용의 이면에는 인생에서 가장 활동적인 시기를 특정 기업 내부에서 보내야 하는 현실이 있다. 그러나 근속기간에 따른 승진·승급이 보장되려면 기업의 수익성이 지속적으로 상승하고 조직 규모가 확장되어야 한다. 즉, 연공제와 장기고용은 고도경제성장을 기반으로 존립할 수 있는 관행이다. 그러나 1973년의 석유파동과 세계적 불황의 여파로 고도경제성장 시대가 끝난 이후에도 일본의 고용 관행은 급격히 달라지지 않았고 현재까지도 운용 방법을 변화시키며 당연한 규범적 질서로 남아 있다.

연공제는 '일본적 노사관계'의 특수성을 둘러싼 많은 논쟁을 유발하였다. 직무급을 중심으로 만들어진 영·미의 임금제도와 비교해 연공제를 일본 자본주의의 후진성을 반영한 관행으로 평가하는 논의가 지적한 '일본적 노사관계'의 특성은 '횡단적 노동시장의 결여', '기업간 경계를 초월한 보편적 숙련의 결여', '노동자의 계급적 연대 형성 결여', '사회보장 제도의 미비와 사내 복리후생제도에 의한 종업원 통합' 등으로 나타났다. 이러한 특성과 결합된 연공제와 기업별노조는 일본 노동운동의 발전을 가로막는 질곡으로 평가되었다. 즉, 기업으로부터 독립적인 직업별노조(trade union)가 발달한 영국의 상황이 비교 기준이었다. 반면 미국 제도학파 계통의 노동경제학에서 나온 내부노동시장론의 시각을 적용하면, '일본적 노사관계'에도 '기업특수적 숙련'(enterprise-specific skills), '직장의 작업과정 속에서 비공식적으로 시행되는 직장훈련(OJT)[21] 과 직장관행(custom)'이 존재하는 것이라고 할 수 있다(Doeringer and Piore 1971:39). 특히 미국과 일본을 비교한 연구에서는 경력이 오랜 노동자에게 보수가 높은 상위 직무로 먼저 이동할 권리를 인정하는 선임권(seniority) 제도가 연공제와 내용적으로 동일한 것인가를 둘러싼 논쟁이 전개되었다.

스미야 미키오(隅谷三喜男)는 우선 많은 논자들이 일본의 후진성을 입증하는 비교 기준으로 삼고 있는 영국의 노사관계가 형성된 맥락을 설명했다. 스미야의 시각에 의하면 영국에서는 직종별 노동조합(craft union)이 확보한 노동자가 직장에서 행사하는 권리가 본질적으로 박탈되지 않은 상태이므로 기업내 노동시장에서 연공적 관계가 보급되지 않았다. 그러나 미국에서도 연공적 원리에 입각한 노동시장의 형성, 종신고용 관계의 형성, 직장훈련, 노동시장의 이중구조 등이 나타난다. 즉, 미국의 노동시장에서 형성된 노사관계의 형태는 일본과 유사하므로 넓은 의미의 연공제로 해석될 수 있다. 따라서 일본의 노사관계를 해명하는 열쇠를 찾으려면 넓은 의미의 연공제 내부에서 일본의 연공제가 차지하는 위치를 설정할 필요가 있다(隅谷三喜男 1976: 193-199, 205)..

---

21. on the job training.

스미야는 연공제가 대기업 내부에서 형성되었다는 점을 주목하고 이를 독점자본주의 단계에서 나타나는 노사관계라고 파악했다. 이러한 견해에 따르면 미국에서는 20세기 초에서 1920년대에 이르는 시기에, 일본에서는 1910년대 이후에 연공제가 성립하였다는 분석이 나온다. 그러나 미국에서는 1930년대에 노동조합이 고용주의 자의적 관리에 대항하여 기업 내부에서 직무체계 및 직무내용에 대응하는 임금률(wage rate)을 확정하였으며, 직무간 승진이나 강직(降職)에 대한 규칙을 의미하는 선임권을 확립하는 과정을 거치며 미국적인 연공제가 확립되었다. 반면 이와 같은 과정이 일본에서는 진행되지 않았다. 일본의 연공적 관계는 직무를 매개로 형성되지 않고 고용관계 자체를 토대로 세워졌으며 직무는 이차적으로 고려하는 체계였다. 이 배경에는 일본의 자본주의가 급속한 공업화 과정을 거쳤다는 사실이 있다. 일본에서는 서구와 같이 도제를 거쳐 숙련공이 되는 숙련 재생산 기제가 형성되지 않았으며, 고용관계에 기반을 둔 연공제가 형성되었다. 또한 사회관계에서도 공동체적 관계가 청산되지 않았기 때문에 근속이 장기화되는 과정에서 사용자는 가족주의를 적극적으로 활용하였다. 결국 스미야는 "기술혁신이 진행되고 있으므로 연공제의 구체적인 구조와 규칙은 변하지만, 기술혁신 때문에 연공제가 해체되지는 않을 것"이라는 전망을 제시했다(隅谷三喜男 1974: 8-11).

기업 조직이 대규모화되면 합리적인 관리기법을 사용할 수밖에 없으므로, 스미야는 전통과 환경의 차이에도 불구하고 비슷한 결과가 발생하는 경향을 지적했다. 그는 장기고용 관행, 기업내 숙련 형성 및 이에 의거한 승진·승급의 제도화 등과 같은 연공제의 요소가 두 나라의 노사관계 내부에 공통적으로 포함되어 있다는 사실을 인정했다. 이러한 시각이 가지는 함의를 확인하려면 구체적인 제도의 운영 내용을 기준으로 양국 노사관계를 비교할 필요가 있다.

미국의 선임권 제도와 일본의 연공제를 비교하려면 구체적으로 노조가 행사하는 규제력을 알아보는 작업이 중요하다. 이 점에서는 미국과 일본의 중화학공업 부문을 비교하여 직무경력의 내부화가 공통적으로 진행되는 경향을 확인한 코이케 카즈오(小池和男)의 비교 연구를 참조할 필요가 있다. 그가 밝힌 일본 직장의 특징은 다음과 같다.

㉠ 직무경력의 폭: 직장의 모든 업무를 일정한 기간에 경험시킨다. 그러나 고도의 경험적 숙련이 필요한 일품생산형 기계가공 직장은 해당되지 않는다. 기능간 관련이 깊은 '친숙한 직장' 사이의 이동은 상당히 빈번하게 일어난다. 일시적인 배치전환, 응원의 형태로 기능간 관련이 빈약한 '소원한 직장' 사이의 이동도 자주 일어난다고 볼 수 있다.

㉡ 배치의 유(柔)구조: 상황 변화에 따라 빈번하게 이동이 일어난다. 이는 업무 내용과 일단 분리되어 있는 임금률 결정방식이나, 대규모 철강회사가 직무급을 폐지하는 경향과도 연계되어 있다.

㉢ 직무경력의 상한과 하한: 본공 노동자가 경험할 수 있는 직무경력의 상한이 미국에 비해 약간이라도 높게 나타난다. 직장(職長)은 모두 일반 공원 출신의 장기근속자로부터 선발된다. 고용규모가 확대되는 동안에는, 직장으로 승진하는 일도 예외적이 아니다. 미국에서 볼 수 있는 바와 같이 조합원 자격과 선임권을 상실할 것이 두려워 직장 승진을 거부하는 일은 없다. 직장은 조합원 범위에 포함되어 있다. 임시공, 사외공과 같은 최하층 노동자가 본공으로 승격하는 것은 예외적인 일이므로 직무경력의 하한은 일본이 미국보다 높게 설정되어 있다.

ⓔ 고용의 보장: 최하층 노동자에게 고용조정에 따르는 피해가 집중되는 점은 두 나라에서 모두 마찬가지다. 미국의 노동조합 조합원 가운데 근속 5년 이상이 되는 층은 일본보다도 확실하게 고용이 보장되어 있다. 일본의 노조가 고용조정 대상이 되는 본공의 인원 규모에 대해서는 미국 노조 이상으로 완강하게 방어하려고 한다. 그러나 대상자의 인선에 대해서는 경영자가 전권을 행사하도록 용인하며, 재고용을 보장받는 일에는 무력하다.

ⓜ 선임자 우선 규칙[22]의 유무: 일본의 경우, 경영자가 직무경력을 결정하는 과정에 노조가 개입하여 예외를 인정하지 않고 규제할 수 있는 미국의 '선임자 우선 규칙'을 볼 수 없다.

코이케도 일본의 노사관계에는 노조가 행사하는 규제력에 입각한 예외없는 '선임자 우선 규칙'이 결여되어 있으며, 이 때문에 노동자의 발언권이 약화되고 분배가 악화된다는 점을 인정한다. 그러나 이러한 문제점을 보상하는 체계가 있다. 그는 일본 기업의 직장에는 '준자율적집단'이 기능을 발휘하고 있으므로 경영자와 노조 사이에는 발언권의 격차가 크게 벌어져 있지만, 경영자와 노동자 사이의 발언권 분배 상황은 그 정도로 악화되어 있지 않다고 주장한다. 코이케는 일본의 노사관계가 직무경력의 확대라는 면에서는 좋은 점이 있지만 노사간 발언권의 분배나 최하층 노동자의 보호 수준에선 결함이 나타난다는 결론으로 나아간다(小池和男 1977: 213-220).

직장에 준자율적집단이 존재한다는 판단을 바탕으로 노조보다는 노동자가 경영자에 대해 발언권을 많이 행사한다고 보는 코이케의 입장

---

22. 원문은 年の功ルール.

에 좀더 주목할 필요가 있다. 즉, 현장 작업집단에서 배출된 감독자[23]는 공식적인 경영관리기구의 말단에 위치하면서 재량을 행사한다. 따라서 감독자는 직장집단의 관행에 따라 작업자를 유연하게 배치할 수 있다. 경영자의 입장에서 보면 감독자가 재량을 발휘하도록 허용함으로써 변화에 적응하는 비용을 줄일 수 있는 이점이 있다. 코이케는 이 상태를 기업 의사결정에 대한 노동자 참가의 최고 단계라고 평가한다(小池和男 1977: 203-205). 이러한 판단은 노조와 직장집단의 관계, 또는 소집단을 중심으로 한 자주관리활동의 성격에 대한 많은 논점을 포함하고 있다. 예를 들어, 종업원에게 허용된 "직장 수준의 참가, 즉 직무경력 결정에 대한 발언이 경영참가의 전부는 아니지만, 모든 경영참가의 기초"라는 시각은 앞으로 일본 노동자의 발언권은 확대될 것이라는 전망으로 연결된다(小池和男 1977: 251). 이러한 시각을 받아들이면 "노동조건 개선을 위해 기업별노조를 탈피하고, 기업간 경계를 초월하여 횡단적[24] 임금률을 확보하고, 횡단 조직[25]을 만들자"는 주장은 "기업별노조의 태만을 옹호"하는 것이 되어버린다. 따라서 새로운 노동운동의 방향은 기업별노조가 이미 확보한 직무경력의 확대에 대한 발언권을 유지하면서 직장집단의 자율적 영역을 지키면서 방대한 미조직 노동자를 대상으로 조직을 확대하는 것이라는 방침이 제시된다(小池和男 1977: 252). 또한 코이케는 일본의 기업 내부는 다른 나라와 비교해 평준화를 선호하는 경향이 강하며 경쟁이 치열하다는 측면을 지적하였다. 결국 그는 임금상승 경로, 업무를 폭넓게 경험하며 이루어지는 숙련 형성, 정착도 등의 여러 측면을 종합적으로 살펴보면 일본 대기업의 블루칼라는 화이트칼라화

23. 원문은 職長.
24. 동일 직종 동일 임금의 의미.
25. 산별노조를 의미.

되고 있다는 결론에 도달했다(小池和男 1981 : 42-42).

"미국과 일본의 노사관계를 연공제라는 개념으로 설명할 수 있는 가?"를 묻는 논쟁의 실질적 내용은 승진과 승급을 결정하는 방법에 대한 평가였다. 결과적으로 나타난 형태를 중시할 것인가, 아니면 명문화된 절차에 초점을 맞출 것인가에 따라 해석이 달라지고 있었다. 여기에서 의미있는 국제 비교 연구를 추진하기 위해 필요한 조건을 거론한 닛다 미치오(仁田道夫)의 견해를 참조할 필요가 있다. 닛다는 코이케의 견해를 비판하면서 노조가 행사하는 발언권을 국제적으로 비교하려면 노조가 추구하는 정책 목표의 차이를 고려할 필요가 있으며, 각국의 노사관계 제도를 뒷받침하는 논리를 해명하는 것이 선결 과제라고 지적했다. 구체적으로 그는 일본 노조는 종업원으로서의 신분보장을 추구하고, 미국 노조는 직무경력의 보호를 강조한다는 목표의 차이를 부각했다. 즉, 미국에서 적용되는 선임권에 의한 직무와 고용기회의 보장은, "선임권이 통용되는 단위 내부에서만 유효하며, 선임권 단위 그 자체의 변동이나 폐지를 초래할 수 있는 합리화[26] 조치에 대한 보호는 약하다"는 것이 사실이다. 이러한 양국 노조의 차이는 고용보장만이 아니라 기술혁신에 대한 태도에도 영향을 미치는 것으로 나타났다(仁田道夫 1988: 11-12).

현실적으로 노사관계의 일반적 성격을 파악하는 이론적인 틀로서 연공제라는 개념이 유효한가를 논의하는 작업은 일본의 노사관계와 노동운동의 성격을 규정하는 과제와도 직결되어 있다. 노조가 발휘하는 규제력만 살펴보면 일본이 미국과 비교해 낮다는 사실을 논쟁에 개입한 연구자들도 모두 인정하고 있다. 그러나 연공제의 보편성을 강조하는 논객들은 일본의 노사관계가 환경변화에 대한 적응력이 뛰어날 뿐만

---

26. 시설, 조직, 인원의 축소 조정을 의미한다.

아니라, 노동자의 참가를 기반으로 생산성 향상과 노사의 신뢰관계 형성이 이루어지는 측면을 높게 평가하는 경향이 있다. 결국 연공제의 실질적 내용은 시대에 따라 차이가 있으므로 상황과 맥락을 감안한 고찰이 필요하다.

전후 현대 일본 사회에서 노사관계의 변화는 실질적으로 연공제의 변화를 의미한다고 말할 수 있다. 전후의 민주화와 노동개혁 과정을 거치면서 전전의 경영가족주의에 입각한 연공제와 종신고용 관행은 노동자의 권리로서 확립된다. 연공제의 이념형적 형태는 '산업별 횡단 임금'과 '연공에 입각한 평등 대우'를 지향하는 '전산형(電産型) 임금체계'에서 찾아볼 수 있다. 이 체계는 급진적 노동운동이 확산되던 미군정 초기에 '전산협'[27]이 주도한 1946년 10월 투쟁으로 확립되었으며 1952년에 산업별 단일 노조인 '전산'(電産)의 패배와 함께 퇴조의 길을 걸었다. 1952년 '전산쟁의'를 계기로 산별 교섭 방식이 무력화되고 기업별 교섭이 정착하였을 뿐만 아니라 연공보다 능력을 보수 책정의 기준으로 중시하는 가치관이 영향력을 발휘하기 시작했다(河西宏祐 1982: 419-421,431, 433; 河西宏祐 2007: 145-148). 이처럼 연공제와 일본적 노사관계는 고정된 것이 아니다. 특히, 고도경제성장 시대를 거치면서 기술혁신에 대한 적응도가 높은 고학력 청년 노동자가 대량으로 축적되고 생산의 주력으로 등장함에 따라 경험적 숙련 형성 과정을 전제로 한 연공제는 불만의 대상이 되었다. 이미 1960년대 중반에는 개별적인 직무수행 능력을 중시하는 방향으로 노무관리 방침이 개편되고 있었다. 이와 함께 연공제에서도 개인 능력에 대한 평가가 중요한 비중을 차지하게 되었다. 고도경제성장 시대가 끝난 1970년대 후반 이후에는 노동력 관리의 유연성

---

27. 일본전기산업노동조합협의회(日本電気産業労働組合協議会), 1946년 4월 7일 결성.

이 강조되었다. 비정규직 노동자의 증가와 노동시장의 이중구조화라는 새로운 흐름이 등장하였다. 실제로 연공제는 기간노동력의 처우를 근속기간에 의한 임금상승을 억제하되 장기고용을 우선적으로 보장하는 방향으로 변형시켜 유지되었다.

이상에서 살펴본 연공제의 성격에 대한 다양한 논의는 '기원 및 역사적 형성과정'에 대한 논의와 '현실적 기능'에 대한 논의로 구분할 수 있다. 전자의 논의는 내부노동시장의 발전과 연계되어 있다. 또한 연공제는 노동력 관리를 위해 기업이 일방적으로 도입한 것이 아니라, 노동운동의 요구를 반영하여 실현되었다. 노사는 연공제를 합리적인 질서로 수용하였으나 구체적인 내용은 교섭으로 결정했다. 특히 미군정이 주도한 노동개혁 과정을 거치면서 연공제는 보편적 규범의 성격을 띠게 되었다. 후자의 논의는 연공제가 노동자의 기업내 정착을 촉진하는 유인을 제공함으로써 장기근속층을 중심으로 협조적 노사관계가 유지될 수 있는 배경이 되었다는 사실에 주목하고 있다. 결국 일본의 노사관계를 구체적으로 파악하기 위해서는 연공제와 사회환경 사이에 형성되는 상호관계에 대한 이해가 필요하다고 할 수 있다.

I-4. 노동시장의 유연화와 주변부 노동자

고도경제성장의 종언과 감량경영 과정에서 추진된 고용조정은 종신고용의 원칙이 적용되는 실제 상황을 들여다보는 계기가 될 수 있다. 이 과정에서 노사가 벌이는 행동은 평상시에는 은폐되어 있던 양자의 관계를 숨김없이 드러낸다. 특히 고도경제성장 시대가 끝나고 저성장 기조가 정착하였을 때 일어나는 노사관계의 변화는 담론과 실제 상황을 구분하는 지표가 될 수 있다.

고용조정의 구체적인 내용을 보면 고용량의 조정과 배치의 조정이라는 두 측면이 있다. 그러나 개인에 대한 구체적인 적용 형태는 감량경영이 시작되기 이전에 종업원과 기업의 관계에 따라 결정되었다. 특히, 고용조정은 정규직을 우선적으로 보호하려는 입장에서 추진되었다는 사실이 중요하다. 즉, 고용안정성이 낮은 비정규 사원의 비중이 지속적으로 늘어나는 구조가 만들어졌다. 경기가 회복된 이후에도 일본 기업은 수량적 유연성이 높은 파트타이머, 파견노동자를 비롯한 비정규 사원을 증원하여 노동력 수요를 충당하는 방향으로 나아갔다. 또한 1980년대 후반 이후에는 외국인 이주노동자를 받아들여 서비스업, 건설업, 중소 하청 생산업체에서 활용하였다. 그 결과 연공제를 적용받는 정사원으로 구성된 내부노동시장의 규모는 지속적으로 축소되었다. 또한 사회 전체의 고령화에 따라 정년 이후에도 노동생활을 계속하려는 고령자의 노동시장도 형성되기 시작했다. 이와 같이 각종 비정규 노동자로 구성된 외부노동시장이 내부노동시장을 잠식하고 있으며, 고령자의 재취업이 사회적 과제로 등장하는 노동시장의 이원·이중구조화가 진행되었다(그림 1-1).

이상과 같은 노동시장의 구조적 변화를 감안할 때, 정사원으로 구성된 '일본적 노사관계'의 기원과 기능을 둘러싼 논쟁은 현실적으로 무의미해졌으며 유연성의 개념에 입각하여 일본의 노동시장과 노사관계를 파악하는 새로운 시각이 요청되었다. 노동시장의 유연성을 기준으로 노사관계의 성격을 국제적으로 비교한 슈트레크(Wolfgang Streeck)는 일본 기업은 정규직 노동자의 고용을 보장하는 동시에 직무를 유연하

〈그림 I-1〉 노동시장의 이원·이중구조화

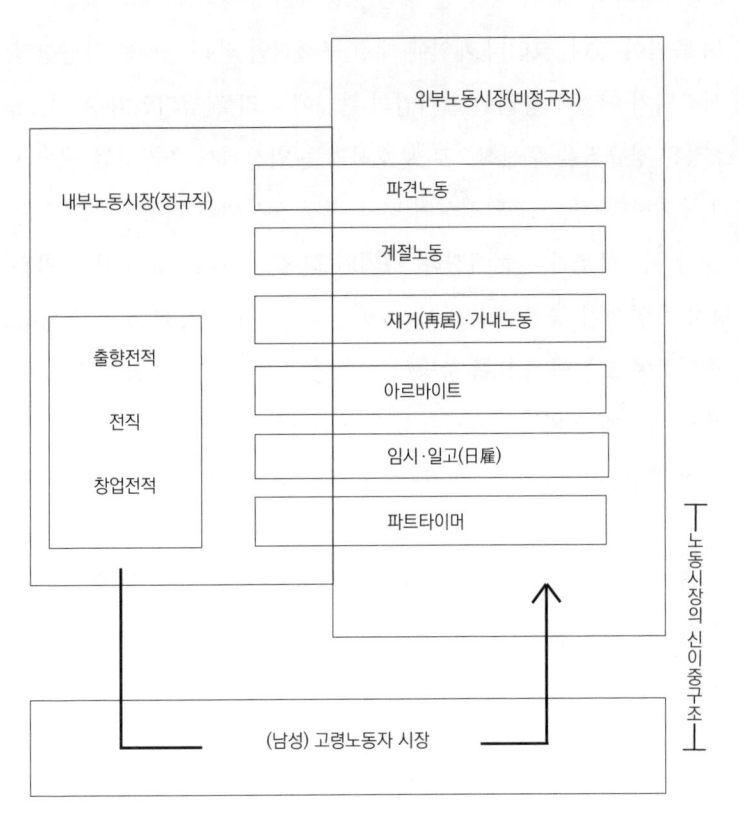

┝─ 노동시장의 이원적 구성 ─┥

외부노동시장(비정규직)

내부노동시장(정규직)

| 파견노동 |

| 계절노동 |

| 재거(再居)·가내노동 |

| 아르바이트 |

| 임시·일고(日雇) |

| 파트타이머 |

출향전적

전직

창업전적

노동시장의 신이중구조

(남성) 고령노동자 시장

자료: 津田眞澂 1987 A: 39; 津田眞澂 1987 B: 123.

게 재배치할 수 있는 권한을 확보하고 있으며, 비정규직 노동자를 활용하여 노동력 관리의 수량적 유연성을 확보할 수 있다고 지적한다(표 I-1). 여기에는 일본의 노사관계를 전체적으로 파악하려면 비정규직 노동자의 존재와 직무 이동을 규제하지 않는 기업별노조의 성격을 감안해야 한다는 함의가 있다.

노동시장과 노사관계를 통합적으로 파악하는 시각에서 보면 일본의
노동자 집단은 정규직으로서 '일본적 노사관계'의 혜택을 받는 중심부
의 노동자와 기타 주변부의 노동자로 분리되고 있다. 특히 1973년의 석
유파동이 초래한 불황을 성공적으로 극복하는 원동력으로 찬사를 받은
감량경영과 노동력 관리의 유연화는 실질적으로 주변부의 노동자가 증
가하는 사태를 초래했다. 이러한 현상은 '일본적 노사관계'의 적용 범
위가 축소되는 경향으로 해석할 수 있다. 고용안정성이 보장되는 수준
의 차이에 따라 노동자의 분화가 촉진되는 현상은 기업을 중심으로 사
회통합이 이루어지는 '기업사회'의 한계를 반영하고 있다.

〈표 I-1〉 노동시장의 유연성과 노사관계 유형

내부 노동시장	외부 노동시장	노사관계 유형
유연	경직	넓은 직무범위, 교육의 강화, 직장집단에게 의사결정권한 이양, 배치전환·잔업·노동시간 단축에 의한 고용량 조절, 공동결정의 제도화 전망
경직	유연	다원주의(인더스트리얼리즘, 영미), 레이오프·해고·신규채용에 의한 고용량 조절, 신자유주의화의 전망
유연	경직(정규종업원) ———— 노동조합의 개입 배제 유연(비정규종업원) ———— 일본 모델(기업별노조의 지지 확보)	

자료: Streeck 1988: 18.

I-5. 마무리: '일본적 노사관계'와 참가적 통합

일본에서는 노동시장의 유연화가 진행되고 '일본적 노사관계'의 적용 대상이 장기적으로 축소되는 경향이 진행되었으나 노사관계의 안정성이 저하되는 현상은 나타나지 않았다. 즉, 정사원 집단의 축소에도 불구하고 사회통합의 구심점이 되는 기업의 역할과 위상은 사실상 유지되었다. 이러한 현상이 발생하는 구조를 보면 정사원으로 구성된 기업별노조와 기업이 상호 분리된 대립 관계가 아니라 이익을 공유하는 '노사융합'을 형성하고 있으며, 비정규직 노동자 집단은 조직화 수준이 낮으므로, 결과적으로 효율적인 이의제기 행동을 시도하는 주체가 출현하기 어려운 상태가 지속된 것이다.

특히 노조로 조직화된 정규직 노동자에게는 직장 수준, 기업 수준, 국가 수준에서 일정한 수준의 발언권을 행사하고 의사결정 과정에 참가할 수 있는 기회가 주어졌다. 즉 이를 통해 '참가적 통합'이 실현된 구조에 주목할 필요가 있다. 1970년대 후반 이후 저성장시대에 전개된 민간대기업 부문의 노사관계는 직장, 기업, 국가라는 세 수준에서 이루어지는 '참가적 통합' 개념으로 설명할 수 있다.

직장 수준에서 소집단을 단위로 전개되는 자주관리활동은 경영 측이 주도하는 하향식 대중운동이라고 볼 수 있다. 여기서는 외형적으로 나타나는 '경제효과'보다는 잠재적인 '조직효과'가 발생하여 기업이 설정한 경영목표가 종업원에게 내면화되는 과정이 중요하다. 자주관리활동을 통해 자체적인 규범과 가치관을 갖춘 '직장공동체'가 형성되어 노동자 스스로 생산성 향상 운동을 전개하는 동원이 이루어진다고 해석할 수 있다.

일본에서도 1970년대부터 공동결정, 노동자 중역 등을 포함한 서구의 경영참가 모델을 소개하고 적용 가능성을 검토하는 논의가 진행되었다. 전체적으로 노사의 견해는 급진적 노동운동 세력의 직장투쟁을 배제하고 노사협의를 확대하는 협조적 참가 쪽으로 수렴하고 있었다. 제1차 석유파동 이후에는 감량경영을 추진하는 경영 측도 노조의 정당성이 유지될 수 있도록 최소한의 발언권을 인정할 필요가 있었다. 이러한 과정을 거치며 사전협의에 기반을 둔 노사의 상호신뢰관계는 더욱 강화되었다.

그러나 노사협조가 유지되는 이면을 보면, 노조에 관심이 없는 조합원이 늘어나 기업 내부에서 사회통합의 위기가 발생하고 있었다. 또한 기업의 본사에 연구개발과 관리기능이 집중되고, 생산기능은 외부화되면서 정규직 종업원인 정사원 내부에는 간접요원의 비중이 늘어나고 있었다. 결국 직접요원인 생산직 노동자에 기반을 둔 전통적인 노조의 행동 방식은 현실과 맞지 않게 되었다. 존재 이유를 스스로 입증해야 하는 상황에 직면한 노조는 기업의 업적 향상을 위한 조합원의 제안이 경영정책에 반영될 수 있도록 발언권을 행사한다는 취지의 경영참가를 추진했다. 이와 같은 유니온 아이덴티티(union identity) 운동은 정보화에 수반한 산업구조 변화와 국제분업 질서의 재편이라는 거시적인 환경 변화에 대응하여 위상을 재설정하고 조합원의 충성을 확보해야 하는 노조의 입장을 반영하고 있다.

1989년 전국 수준에서 활동하는 노조 중앙조직을 통합하여 출범한 '연합'[28]은 기본적인 운동 방침으로 정책참가를 내걸었다. 이는 본래 고도경제성장 시대의 종언과 함께 노조가 대폭적인 임금인상이 아닌 새

---

28. 일본노동조합총연합회(日本労働組合総連合会).

로운 정당성의 근거를 모색하는 과정에서 등장한 방침이었으며, 노동전선 통일 운동과 연계되어 있었다. 노조에 기반을 둔 혁신정당이 의회에서 장기적으로 정체 상태에 있었으므로 노조의 정책참가는 행정부에 설치된 심의회와 사적자문기관을 통해 이루어졌다. 본래 일본의 정책은 실질적으로 이해 당사자들이 의회 바깥의 심의회와 사적자문기관에서 협의하는 과정을 거치며 형성되었다. 이러한 사전협의 과정은 상이한 이해관계를 가진 당사자들을 통합하고 쟁점의 비정치화를 촉진하는 효과가 있었다. 의회 심의는 의례적인 확인 절차라는 성격이 짙었고, 노조의 입장에서 보면 당사자의 위상으로 발언할 수 있는 심의회와 사적자문기관이 정당을 통해 의사를 전달할 수밖에 없는 의회보다 훨씬 유용했다. 그러나 노조는 사용자의 하위파트너라는 위상을 가진 상태에서 정책참가를 추진했다. 즉, 발언권과 교섭력이 약화된 노조의 정책참가는 '완만한 네오코포라티즘(neo-corporatism)화'의 진행으로 표현될 수 있다.

이상의 논의는 세 수준에서 이루어지는 '참가적 통합'을 통해 일본의 사회통합 기제의 많은 부분을 설명할 수 있다는 관점에 입각해 있다. 이러한 사회통합 구도는 다음과 같이 제시할 수 있다(그림 1-2).

'참가적 통합' 구도에 편입되어 있는 중심부의 노동자와 대조적인 위상에 있는 집단은 '이의제기 행동'을 벌이고 있는 소수파 노동운동 세력, 주변부의 노동자, 사회운동 세력 등으로 구성된 사회적 소수파이다. '참가적 통합'과 '이의제기 행동'을 통합적으로 파악하는 시각은 일본 노사관계의 기본 구조를 이해할 수 있는 조감도를 제공하고 있다. '참가적 통합' 구도는 직장과 기업에서 형성되는 사회관계에 기반을 두고 있다. 그러나 기업, 기업별노조, 사내 건강보험조합이 구성하는 '민간대

〈그림 I-2 〉 '참가적 통합'과 '이의제기 행동'의 구도

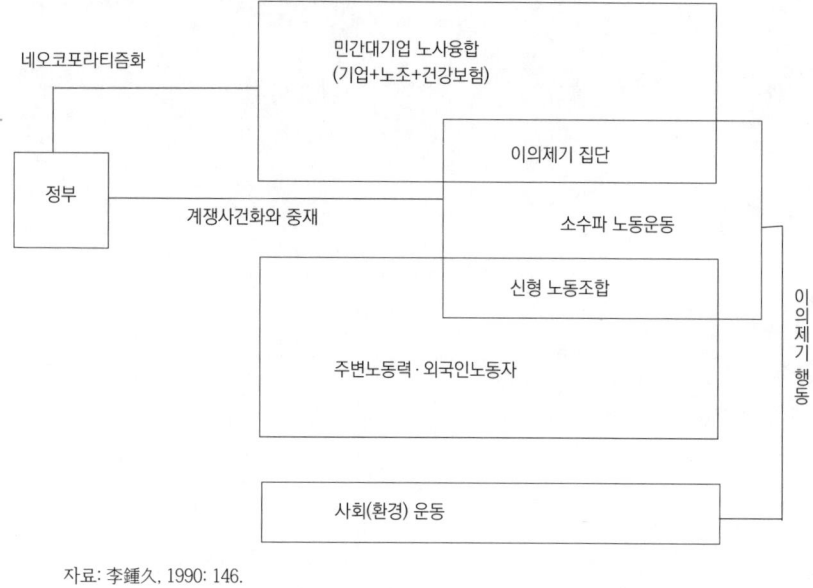

자료: 李鍾久, 1990: 146.

기업 노사융합'은 기업 외부에서 전개되는 노동자의 생활과정에도 영향
력을 행사하고 있으며, 사회통합의 구심점이 되고 있다. 반면 기업 조직
의 구성원이 아닌 주변부 노동자의 증가는 사회통합의 위기를 초래하
는 구조적 요인으로 작용하고 있다. 여기에서 파트타이머의 주력인 여
성 노동자를 비롯한 비정규직 노동자의 문제가 향후 일본의 노사관계
만이 아니라 사회통합을 지향하는 정책 선택의 초점이 될 수밖에 없다
는 현실 진단을 도출할 수 있다.

II장

국가총동원체제와 산업보국회
1938-1945

일본 노사관계에 대한 사회사적 고찰을 진행하기 위해서는 국가의 개입으로 기업별 노사관계의 제도화가 본격적으로 이루어진 출발점을 파악하는 작업이 필요하다. 현재 일본의 노사관계를 규정하는 각종 제도의 원형은 패전 직후 미점령군이 추진한 노동개혁의 산물이다. 그러나 노동개혁으로 형성된 노사관계의 성격을 더 깊게 파내려가면, 총력전을 수행하는 국가총동원체제 하에서 노동력 동원과 관리를 담당하는 기구였던 산업보국회(産業報国会, '산보')가 남긴 사회적 유산과 그 뿌리가 연결되어 있다.

'산보'는 현재 무기력한 어용노조를 가장 신랄하게 비판하는 말로 남아 있다. 패전과 민주화에도 불구하고 일단 성립된 국가총동원체제는 완전히 청산되지 않고 제도와 대중의 의식 속에 남겨졌다. 전후에 재편된 노사관계 내부에도 '산보'는 자취를 남겼다. 그러나 '산보'를 국가권력이 노동자를 탄압한 수단에 불과하다고 평가하는 시각은 지나치게 단순하다. '산보'를 통해 국가는 명목적으로나마 노동자의 위상을 사용자의 온정과 시혜에 의존하는 종업원으로부터 총력전을 수행하는 주체인 국민의 일원으로 격상시켰다. 노조는 해산되었지만 노사협의를 통해 노동자의 발언권을 제한적으로나마 보장하게 되었다. 표면적으로는 노동자를 통제하는 제도적 장치였던 '산보'가 역설적으로 노동자의 권리 의식과 발언권을 확대시키는 결과를 가져온 것이다. 실제로 전후 일본 사회가 중대한 시대적 전환점에 직면했을 때 노동자가 국가와 기업에 협력하는 대가로 정책과 경영 방침에 대한 발언권의 확대를 요구한 사례는 드물지 않다.

전쟁 수행을 목적으로 국가가 주도하여 인적·물적 자원을 동원하는 제도적 장치를 의미하는 국가총동원체제를 가동하려면 도구적 합리성을 최대로 발휘할 수 있는 정책이 필요했다. 근대성이라는 가치에 기반을 둔 국가총동원체제는 정부가 적극적으로 시장에 개입하는 수정자본주의적 성격을 가진다. 국가총동원체제가 남긴 유산은 현재도 일본에서 중요한 사회적 쟁점으로 남아 있다. 노구치 유키오(野口悠紀雄)는 전후 일본에서 관료 권한의 비대화라는 문제가 발생한 근원을 전시의 국가총동원법에서 찾았으며, 이를 '1940년체제'로 규정하였다. 경제활동에 대한 관료의 광범위한 개입, 중앙집권, 생산제일주의가 1940년체제의 특징이다(野口悠紀雄 1993: 199-202). 기업에 대한 관료의 통제는 전후에 창구 지도를 통해 경제성장을 촉진시킨 산업정책으로 발전했다. 1980년대에 들어와 비로소 시장개방과 국제화를 지향하는 개혁을 추진하려면 관료의 권한을 축소하는 규제완화가 필요하다는 담론이 활성화되었다(이종구 2000: 147-150). 공기업 민영화와 작은 정부를 지향하는 행정개혁은 공공부문의 노동운동과 충돌할 수밖에 없었다. 공공부문 노조는 민영화를 저지하지 못했으며 노동운동의 주도권은 민간부문으로 넘어갔다. 이와 같이 일본 노사관계의 각종 쟁점이 관료의 권한이 최대로 확대된 국가총동원체제가 남긴 유산과 연관된 사례는 드물지 않다. '산보' 시대에 형성된 관행과 가치관은 전후에 형성된 기업별노조, 연공제 임금, 노사협의 제도 등에도 영향을 미치고 있다. 결국 전전과 전후의 노사관계를 통합적으로 파악하려면 1930년대 말에 등장한 국가총동원체제와 '산보'의 형성, 구조, 운영, 성과, 한계와 문제점에 대한 고찰이 필요하다.

II-1. 총력전과 국가총동원체제

총력전의 개념은 제1차 세계대전 당시 독일에서 등장했다. 총력전은 전쟁을 수행하기 위해 인적·물적 자원을 대량으로 동원하고 사회 체제를 효율적으로 관리해야 한다는 내용을 가지고 있다. 홉스봄은 총력전의 특징을 군수물자의 대량생산체제를 갖추기 위한 국가 주도 하의 경제계획 수립, 경영합리화, 기술혁신의 촉진 등에서 찾고 있다. 병력과 노동력의 대량동원은 노동자 조직과 여성의 사회적 위상을 높이는 데 기여했고, 계획의 주체인 정부의 권한을 강화시켰다. 또한 전투원이 아닌 민간인 대중도 적대 감정을 가지고 전쟁 수행에 협력하며 국민의 일원이 되었다. 이는 역설적으로 민주화를 확산시키는 효과를 발휘했다(Hobsbawm 1994: 37-81).

야마노우치 야스시(山之內靖)는 제2차 세계대전에서 충돌했던 전제적 파시즘형 체제와 합리적이며 민주적인 뉴딜형 체제는 모두 총력전 체제라고 분석했다. 그는 전쟁에 승리한 뉴딜형 체제도 거대한 중앙집권적 국가관료제가 지배하는 국가로 변모했으며, 사회적으로는 강제적 균질화가 진행되었다는 시각을 제시했다. 이는 총력전 체제를 거치며 계급사회가 시스템사회로 이행되었다는 뜻이다. 즉, 전시 동원이 일본 사회의 구조전환을 촉진했다는 분석이다(山之内靖 1996: 9-13). 국가총동원 체제는 민족이 생사가 걸린 위기를 맞았다는 운명공동체 의식을 이용하여 사적 영역에 속해 있던 모든 국민 생활을 공공성의 가치가 지배하는 사회적 영역으로 옮겨놓았다. 국가는 정책 수단을 동원해 전통사회로부터 내려왔거나, 근대화 과정에서 생성된 각종 격차를 시정하기 시작했다. 그 결과 사회적으로 권리와 지위의 평준화가 진행되었다. 모든 국민의 생명과 재산을 막대하게 희생하여 총력전을 수행하는 국가는 일부 집단이 특권을 누리도록 격차를 허용할 수 없었다. 따라서 전후 일본의 자본주의는 전시 국가총동원체제 하에서 시작되었지만 전후개혁을 거치며 제도화된 강제적 균질화(Gleichshaltung)를 기반으로 삼아 놀라운 속도로 발전하기 시작했다(山之内靖 1996: 147-148).

일본은 총력전 수행을 위한 국가총동원체제를 중일전쟁 발발(1937. 7. 7) 직후에 정비하기 시작했다. 국가총동원법이 공포(1938. 4. 1), 시행되는(1938. 7. 1) 과정에서 전국의 노조는 해산되었으며, 이를 대체하는 '산보' 체제가 '산업보국연맹' 발족(1938. 7. 30), '대일본산업보국회' 창립(1940. 11. 23)으로 이어지는 과정을 거쳐 정착하였다. '산보'의 조직화와 함께 노사관계에 대한 국가의 개입이 본격화되었다. 전국 수준에서 시작해 기업 수준에 이르기까지 하향적으로 조직된 '산보'의 역할은 한마디로 노동력 관리였다.

그러나 실제로 '산보'를 활용하여 노동력을 효율적으로 동원하려는 정책 의도는 완전하게 실현되지 못했다. 반면 온정적인 자본가의 가족으로 취급되는 종업원에 불과했던 노동자에게 '산보'는 국가에 기여하는 근로자라는 보편적 기준에 입각한 자격을 부여하였다. 여전히 '산보' 내부에서 노동자의 법적 권리는 취약했지만 노사관계의 당사자로서 발언권을 행사하게 되었다. 이는 전후 민주주의 시대가 도래했을 때 노동자가 기업과 사회를 향해 자기주장을 펼 수 있는 정신적 기반이 되었다. 즉, 전후의 노사관계를 이해하려면 전시에 '산보'를 중심으로 진행된 노동력 동원 과정의 실상을 살펴볼 필요가 있다.

II-2. '산보'의 위상과 기능

1931년 9월에 발발한 만주사변은 일본에서 말하는 '15년 전쟁'의 시작이었으며 사상통제가 강화되는 계기가 되었다. 1930년대 일본 관료들은 애국적이며 협조적인 '일본주의 노동조합'을 육성하여 좌파 노동운동을 제압하자는 자본가들의 구상을 불신하고 '노자간담'(勞資懇談)의 활성화를 강조했으며, 이를 위해서라도 노동자를 대표하는 조직을 인정할 필요가 있다는 입장을 가지고 있었다. 특히 노동통제 실무를 담당하는 내무성과 경찰 관료들은 노동과 자본의 대표가 노동조건을 협의하고, 그 결과에 대해 서로 구속력을 가지는 제도를 만들어 노사관계를 안정시키는 방향으로 나아가자는 구상을 하고 있었다. 그러나 이러한 정책이 구체적으로 시행되지 않은 상태에서 1937년 7월 중일전쟁이 발발했다(佐口和郎 1991: 146-148).

중일전쟁이 시작되자 관료, 기업가 단체, 노조의 대표가 모여 시국대책위원회를 조직하였다. 이들은 새로운 노사관계를 논의하고 '산업보국연맹'을 결성(1938. 7. 30)했다. 표면적으로 이 과정은 민간 주도로 추진되었으며 노동문제에 대한 조사연구를 담당하는 기업 측 단체인 '협조회'(協調會)가 실무를 맡았다. '산업보국연맹' 시대에는 노사 간 의사소통에 중점이 놓여 있었다. 그러나 '산업보국연맹'이 개최하는 '노자간담회'는 자주 열리지 않았고 노동자의 참여 수준도 낮았다. '노자간담회'는 직장의 현실과 유리된 상태에서 운용되고 있었으므로 쟁의 방지라는 목표를 제대로 달성할 수 없었다. 또한 청년 노동자가 급증하고 초임이 상승하였지만, 다른 한편에서는 노동자 내부의 임금격차가 확대되고 노동력 이동이 급속하게 증가하기 시작했다. 1939년 3월에는 미경험공(未経驗工)의 초임을 통제하는 '임금통제령'이 내려지고, 4월에는 노동력 이동을 억제하기 위해 '종업원 채용 제한령'(從業者雇入制限令)이 실시되었다. 직장에는 신규 인력이 대량 유입되었다. 이와 함께 직장집단 내부에서 감독자와 노동자 사이에 형성되는 상호의존 관계와 비공식적 인간관계가 흔들리기 시작했다. 이렇듯 직장 수준에서 질서가 관리되지 않는 문제가 발생했으나 '산업보국연맹'은 새로운 노사관계를 형성하는 규범을 제시하지 못했다(佐口和郎 1991: 178-180).

전쟁의 장기화와 함께 국가총동원체제는 본격적으로 정비되기 시작하였다. 이 과정에서 대정익찬회(大政翼賛會)가 결성되었고(1940. 10. 12), 근로신체제(勤労新体制)를 확립하기 위해 민간 주도로 운영되던 산업보국연맹은 해산되었으며(1940. 12. 7), 경찰을 관리하는 내무성이 직접 개입하여 '대일본산업보국회'를 창립하였다. 이미 '산업보국연맹' 시절에도 하부의 단위 산업보국회는 경찰이 주도해 조직하고 있었다. 관료들은 '협조회'를 비롯한 제3자 기관을 통해 간접적으로 영향력을 행사하고 있었다(佐口和郞 1991: 183-184). '대일본산업보국회' 산하에는 지방 조직인 '산업보국연합회'가 있었다. 이미 후생성 노동국장과 내무성 경보국장 명의로 발표된 '산업보국연합회 설치 요강'(1939. 4. 28)에는 지역 단위로 설치되는 '산업보국연합회'에 '공장협회', '공장간화회', '공업회'를 비롯한 기업가 단체도 통합시키는 방침이 제시되어 있었다. 그러나 '산업보국연합회'에서 노동자 대표는 배제되었다. 임원 구성은 공업 지역에서는 민간대기업 간부, 농촌 지역에서는 관료의 비중이 큰 것으로 나타났다(西成田豊 1988: 391-393). 이와 같이 '산업보국연합회' 단계를 거치면서 '산보' 조직은 양적으로 팽창하였으며, 관료의 직접 통제는 더욱 강화되었다. 이 과정에서 노조와 기업가 단체는 해체되었다. 온건한 노동조합인 '총동맹'도 1940년 7월에 해산했다. 또한 기업의 입장을 대변하는 단체인 '전산련'(全産連)[29]이 기업내 노자(勞資) 협조 운동이 아니라 노동행정 지원 조직으로 변질된 '대일본산업보국회'에 대해 이의를 제기하였지만 수용되지 않았다. '전산련'도 1942년 5월에 해산했다(佐口和郞 1991: 188, 195, 200-201).

'대일본산업보국회'의 결성과 함께 재편된 '산보'가 강조하는 핵심적 이념은 근로였다. 즉, 사업주와 종업원은 모두 국가에 봉사하는 근로자가 되었을 때 비로소 진정한 국민이 되며, 국민조직인 '산보'도 근로를 통해서 전쟁에 협력하는 근로조직이 되었다. 결국 근로조직인 '산보'는 국민조직이자 근로자에게 인격을 승인하는 주체이며 노무통제 하청 기관이라는 복합적 역할을 담당하게 되었다(佐口和郞 1991: 190-194). '산보'가 근로조직으로 재규정되면서 임금의 의미도 달라졌다. 근로는 국가를 위한 봉사였다. 따라서 임금은 개인의 근로에 대한 보상이 아니므

---

29. 전국산업단체연합회(全国産業団体連合会).

로 능률급은 부정적인 평가를 받았다. 근로자가 명예를 존중받는 국민이 되었으므로, 임금의 성격도 노동에 대한 보수가 아니라 일정한 생활 조건을 유지할 수 있는 생활급으로 규정되었다. 실제로 후생성 등은 능률급적 요소가 강한 청부임금이나 누진율이 높은 잔업 할증 임금을 규제할 필요가 있다는 주장을 내세워 '임금통제령'을 합리화했다(佐口和郎 1991: 196). 이와 같이 역할이 확대된 '산보'가 기업의 경영권을 침해하는 문제도 발생했다. 현실적으로 노동과 보수가 직접 연계되지 않도록 설계된 생활급을 보급한다는 방침과 전쟁 수행을 위해 급속하게 생산을 확대한다는 목표는 양립할 수 없었다(佐口和郎 1991: 199-200).

'산보'가 임금체계의 기준으로 제시한 생활급은 가족수당의 보급으로 구체화되었다. 1942년 10월에는 후생성 노동국도 '석탄산(石炭山) 노무자의 임금에 관한 의명 통첩'[30]에서 바람직한 임금체계를 제시했다. 이 체계에서는 우선 종업원이 일정 연령에 도달하는 시기에 맞춰 생활 안정을 보증하고 노동자의 정착성을 확보한다는 목적을 가진 기본급이 설정되었다. 여기에 근무성적을 고려한 상여 및 가족수당 등이 부가되었다. 특히 가족수당이 최저생활을 유지하는 기능을 분담하도록 설계되었다는 특징이 있었다. 또한 가족수당에 대해서는 기업이 노동자의 근무성적을 기준으로 지급액을 자의적으로 변동시키지 못하도록 규정되었다. 노동자를 국민의 일원으로 보도록 산보의 이념과 국가의 정책 이념이 개정된 시기에 가족수당이 보급되었다는 사실에 주목할 필요가 있다(佐口和郎 1991: 209-211). 1943년에 각의에서 결정된 "생산증강 노무 긴급대책 요강"은 "근로자용 물자의 할당 및 배급은 원칙적으로 산보 조직을 통해 일원화할 것"을 규정하였다(佐口和郎 1991: 241). 이에 따라 기

---

30. 石炭山労務者の賃金に関する依命通牒.

업은 직장이자 생활물자를 제공하는 단위가 되었다. 이처럼 전시 노동력 동원을 위해 노동자의 생활을 보장할 필요가 있다는 정책 기조는 전후로 이어져 노사관계 재편성 과정에 큰 영향을 끼쳤다.

일본에서 본격적인 대규모 전시 노동력 동원은 1943년부터 이루어졌으며 노동력의 유형도 다양해졌다. 1944년도 제1분기의 노동력 동원 상황을 보면(표 II-1), 근로보국대는 군작업청(軍作業廳), 기계공업, 광업에 집중 배치되었으며, 특히 광업에서는 전체 노동자의 약 23%를 차지하고 있다. 근로보국대는 과반수가 학생층으로 편성되었으며, 다수가 청년, 연소자였다. 여자근로정신대와 학도는 군작업청, 항공기공업, 기계공업에 집중되었다. 조선인의 과반수는 광업에 배치되었다. 일반 청장년층을 기준으로 보면 항공기, 기계, 화학공업 부문에서 여성이 남성을 대체하는 비율이 두드러진 것으로 나타났다(西成田豊 1988: 411-412).

일본 정부와 기업은 노동력 유형의 다양화에 대응하여 직장 규율을 강조하게 되었으며, '산보'의 조직 체계는 군대식으로 바뀌었다. 이미 1941년 8월에 결정된 '공장 사업장에 있는 산업보국회의 조직 정비에 관한 건'[31]은 단위 산업보국회를 군대식으로 조직하라는 방침을 담고 있었다(佐口和郎 1991: 200-202). 5인조를 기초 단위로 조직된 '산보'는 회사 조직 계선에 따라 부-대대, 과-중대, 계-소대의 형태로 편성되었다. "노자간담회"의 위상은 보조 기관으로 격하되었다. 또한 간담 대상에 대우 문제 등은 포함되지 않았으며, 다만 직분을 충실하게 이행하는 데 필요한 일체의 사항을 간담한다고 규정되었다. 즉, 정부는 노동자 통제를 강화하였으며, 산업보국연맹 시절과 같이 노동자에게 창의성과 자발성을 발휘하라고 요구하는 모습도 사라졌다. 특히 대일본산업보국회는 근로

---

31. 工場事業場びおける産業報国会の組織整備に関する件(厚生省労働局長, 內務省警保局長).

〈표 II-1〉 1944년 제1분기 업종별 근로요원표 (단위: 명, %)

업종	일반 청장년			여자 정신대	근로보국대		학도	조선인	기타 포함 합계
	징용 남자	기타 남자	여자		남	여			
군작업청	137,035	70,093	41,315	52,555	30,687	6,239	103,475	2,930	447,259
	-30.6	-15.7	-9.2	-11.8	-6.9	-1.4	-23.1	-0.7	-100
항공기 공업	214,713	390,268	269,887	131,204	14,144	13,256	84,973	702	1,135,499
	-18.9	-34.4	-23.8	-11.6	-1.2	-1.2	-7.5	-0.1	-100
철강업	29,163	43,371	12,940	6,201	5,660	808	10,370	3,807	115,329
	-25.3	-37.6	-11.2	-5.4	-4.9	-0.7	-9	-3.3	-100
금속 공업	10,587	65,167	27,064	6,403	7,158	1,829	11,037	1,656	133,642
	-7.9	-48.8	-20.3	-4.8	-5.4	-1.4	-8.3	-1.2	-100
조선업	70,805	37,921	11,053	9,005	5,170	1,217	12,008	1,016	154,150
	-45.9	-24.6	-7.2	-5.8	-3.4	-0.8	-7.8	-0.7	-100
기계 공업	95,945	360,701	224,860	79,753	23,574	18,690	74,058	5,897	899,566
	-10.7	-40.1	-25	-8.9	-2.6	-2.1	-8.2	-0.7	-100
화학 공업	13,867	79,971	56,777	15,710	8,693	6,021	18,982	1,255	207,834
	-6.7	-38.5	-27.3	-7.6	-4.2	-2.9	-9.1	-0.6	-100
광업	30	136,816	32,283	4,677	70,877	1,943	6,062	53,684	318,926
	0	-42.9	-10.1	-1.5	-22.2	-0.6			-100
기타 포함 합계	585,548	1,834,538	1,033,365	364,966	627,563	96,547	466,328	101,006	5,224,798
	-11.2	-35.1	-19.8	-7	-12	-1.8	-8.9	-1.9	-100

자료: 『厚生次官在勤記録八』(重要参考資料, 自昭和16年11月至昭和19年4月) より作成:
西成田豊 1988: 411에서 재인용.

관리를 총괄하는 업무가 기업의 조직인 근로과(부)의 소관이 아니라 단위 '산보'의 업무라는 지침을 하달했다. 결국 별도의 체계를 가진 '산보' 조직과 기업 조직 사이에 긴장 관계가 조성되는 혼란이 발생했다(佐口和郎 1991: 204-206).

군대 편제로 재조직된 산보 조직에서 가장 주목되는 부분은 하부의 기초 조직인 5인조이다. 관료들은 5인조를 기초 단위로 설정한 의도를 '자율적 근로력(勤勞力)의 발휘'라고 표현했다. 5인조는 같은 작업장에 있는 5~10명을 단위로 조직되며, 책임자는 원칙적으로 기업의 직제와 무관하게 결정되었다. 5인조의 기능은 전원이 참가하는 조상회(組常会)를 통해 발휘되었다. 조상회의 가장 중요한 기능은 자발적인 작업방법의 개선과 일상적인 의사소통이었다. 이 조직을 통해 노동자는 국가에 능동적으로 공헌하는 주체라는 정체성을 가지게 되었고 친숙한 동료들과 업무에 대해 의논하며 합의를 이루게 되었다(佐口和郎 1991: 207-208). 5인조는 직장에서 형성되는 비공식적 인간관계를 활용하여 생산성을 향상시키고 조직이 지향하는 목표와 개별 노동자의 의식을 통합하는 기초 단위가 되었다. 이는 직장 공동체가 개인과 국가를 매개하는 역할을 구상한 것이었다(佐口和郎 1991: 208-209). 즉, 산업보국회는 직장 수준에서 형성되는 사회관계의 주도권을 장악하여 활용하는 조직체계를 확립하려고 시도했다. 이는 1970년대에 확산된 직장 수준에서 노동자를 소집단으로 조직하여 품질관리 활동을 전개하는 기법과 유사한 구상이라고 볼 수 있다.

이상에서 살펴본 바와 같이 중일전쟁 발발 당시 출범한 '산보'는 '노자간담회'를 중심으로 노사 대화가 이루어지는 통로였으며 노조를 대체하는 조직이었다. 그러나 전쟁의 장기화와 함께 '산보' 조직은 군대식 편제로 재편되어 노동자를 관리하는 국가 조직이 되었다. 전시 노동 통제의 일환으로 생활급의 개념과 가족수당을 도입한 정책은 결과적으로 기업이 노동자와 그 가족의 최저생활을 보장해야 한다는 인식을 확산시켰다. 또한 노동자의 생활이 이루어지는 조직 단위인 기업이 지급하는 임금의 성격은 노동의 대가라기보다는 노동자 개인의 속성과 생애주기에 따라 필요한 생활비로 규정되었다. '산보' 조직의 하부인 5인조는 작업장의 비공식적 인간관계를 활용하여 생산성 향상에 기여했다. 일본 정부는 노사가 자율적으로 노동조건을 결정할 수 있는 기제를 인정하지 않았으며 국가가 산업보국회를 통해 직접 노무관리를 수행하는 체계를 조직하려 시도했다. 이 과정에서 '산보'가 노동자에게 생산의 주체이며 생활 보장을 요구할 권리의 소유자라는 위상을 부여하는 역설적인 효과가 발생했다.

II-3. 정신적 동원의 한계

'산보'의 실제 역할을 평가하려면 생산 현장의 상황이 중요하다. 즉, '산보'가 실질적으로 노동자의 지지를 받았는가를 살펴볼 필요가 있다. 예를 들어 간담회의 운영상황, 노동자의 근로의욕, 노사 분쟁의 성격과 추이를 통해 '산보'가 표방한 '노자일체'라는 목표의 달성 수준을 살펴볼 수 있다.

현실적으로 개별 기업 수준에서 '산보' 조직이 주관하는 '노자간담회'와 기존의 공장위원회는 경계선이 명확하지 않았으며, 양자의 활동내용은 혼재되어 있었다. 노동자가 자발적으로 '산보' 활동에 참가하는 수준은 낮았다. 후생성 노정국 노정과가 1940년 9월 기준으로 작성한 자료는 기업이 '간담회'에 참가하는 노동자 대표의 선정을 주도했다는 사실을 보여준다. '산보'의 설치로 '노자간담회'를 개최하는 빈도가 증가하고, 기업내 노사관계에 대한 국가의 영향력이 확대되었다. 1939년

7월을 기준으로 700개 사업장에 설치된 800개 간담회에 대한 조사 자료에 나타난 '노자간담회' 개최 상황을 보면, 월 1회 55%, 연 2회 10%, 수시 9%의 순으로 나타나고 있다. 반면에 1920년대부터 설치된 공장위원회 시절에는 간담회가 일반적으로 연 1, 2회 개최되는 것에 그쳤다. 미츠비시(三菱)중공업 나가사키(長崎)조선소의 사례를 통해 '산보'의 영향을 살펴보면, 중일전쟁 이후 공장위원회가 주관하는 간담회의 안건이 달라졌음을 알 수 있다. 이때에는 구체적으로 가족수당, 개근(皆勤) 상여금, 장기근속자에 대한 연공 상여금, 물품의 저가 판매와 같은, 처우에 대한 요구가 증가하고 있었다. 즉, '산보' 이후 공장위원회는 임금통제와 물가상승으로 증대하는 노동자의 불만을 부분적으로 해소하는 기능을 수행하고 있었다(西成田豊 1988: 389-391). 이와 같이 '산보'는 제한된 범위 내에서 노동조건에 대한 노사의 대화를 활성화시켰으며, 기업이 노동자의 생활을 보장하는 것은 시혜가 아니라 당연히 지켜야 할 규범이라는 가치관을 보급시키고 있었다.

총력전 수행을 위해 노동자를 동원한다는 '산보'의 본래 목적은 직장 수준까지 제대로 침투하지 못했다. 노동자의 정신적 상황에 대해 니혼(日本)제철 야하타(八幡)제철소 자료에는 "일반 종업원은 '산보'가 만들어지거나 말거나 아무런 흥미가 없다. 극히 일부만 관심이 있을 뿐이다. 이들은 왜 운동에 대한 이해가 없고, 관심이 없는가. 그 원인의 하나는 종업원이 일반적으로 하는 행동의 밑바닥에 있는 사상이다. 아직도 다이쇼(大正) 시대부터 쇼와(昭和) 초기에 걸쳐 경험했던 계급투쟁을 벌여 노동계급의 지위와 대우를 향상시킬 수 있다는 달콤한 꿈으로부터 완전히 깨어나지 못하고 있다"라는 기록이 남아 있다.[32] 이 기록은 노동자

32. 日本製鉄株式会社, 「八幡出張資料」, 昭和一五年一一月一七日~二四日. 西成田 1988: 395에서 재인용

의 의식을 국가주의적인 방향으로 완전히 변혁시키지 못한 '산보'의 한계를 보여준다. 카네보(鐘紡)방적의 '산보' 회장은 카네보 도쿄공장에서 "산보가 결성된 이후에도 시설은 변화가 없으므로 여자 노무자 사이에서는 산보운동에 대한 인식이 거의 없다"[33]는 상황을 지적하고 있다. 즉, 산보를 활용하여 노동자 집단을 설득하고 이념적으로 동원하는 작업은 한계를 보이고 있었다.

전쟁의 장기화와 함께 '산보'는 생산력 향상 운동을 더욱 강조하기 시작했다. '대일본산업보국회'는 1941년 9월에 운동의 새로운 목표를 근로질서 확립, 근로총동원, 생활개선[34]으로 설정하였다. 특히 '산보' 운동은 작업장 질서의 동요와 혼란이 생산 저하로 이어지는 악순환을 방지하는 데 기여하는 근로질서 확립을 중시하게 되었다. '산보'운동의 일환으로 추진된 '생산력 증강 1기 운동'(1942. 12. 8.-1943. 2. 15), '생산력 증강 총진군 운동'에 포함된 '직장규율 확립 운동', '개근 실행 운동', '기계 실동률(実働率)[35] 증진 운동'도 정신운동의 성격을 띠고 있었다. 도쿄산업보국회는 기계 실동률 증진 운동의 결과를 보고하며 "이 운동이 확실히 큰 효과를 거두었다고 인정한다. 그러나 운동의 효과는 종업원의 각성에 의해 이룩된 것이 많다. 기술적으로 각종 개량을 위한 방책을 세우고 실행하여 성적을 올린 것은 적다"[36]고 지적했다.

그러나 정신운동으로 생산력을 향상시킨다는 발상의 현실적 한계는 곧 드러났다. 전시 노동력 동원의 확대와 함께 일본 기업은 급증하는 다

33. 大日本産業報国会練成局普及部, 「鐘紡東京工場に於ける産報運営現地相談会記録」, 一九四一年八月. 西成田 1988: 395-396에서 재인용.
34. 원문은 生活増強.
35. 가동율.
36. 大日本産業報国会, 『機械実働率増進運動道都府県実施状況報告集』, 一九四二年, p. 53. 西成田 1988: 401-402에서 재인용.

양한 유형의 미숙련공을 활용하여 전쟁 물자를 대량생산하는 체제를 갖추어야 하는 어려운 상황에 놓였다. 경영자의 관점에서 보면 "일본의 생산관리는 다량(多量) 생산방식으로 모두 전환되지 않았다. 숙련공의 숙련에 아직도 많이 의존하고 있었으며, 생산과정의 단순화가 충분하게 이루어지지 않았다. 그러나 공정을 적당한 수준으로 분할하여 몇백 명씩 몰려 들어오는 학도나 근로보국대를 배치하지 않으면 생산이 제대로 진행될 수 없는"[37] 상황이었다.

일본은 동맹국인 독일과 비교해도 대량생산체제의 도입이 늦고, 생산방식이 합리화되지 않았다. 특히 규격 표준화를 실현하는 데 필요한 기반시설인 전용 공작기계가 부족했다. 당시 최고의 첨단기술을 갖춘 공장인 나카지마(中島)비행기의 사례를 보면 징용공의 훈련기간은 원래 45~60일로 설정되었으나 실제로 작업 훈련을 하는 시간은 65~75시간이었으며, 1일 9시간 노동으로 환산하면 7~8일에 지나지 않았다. 이들은 대부분 실습이라는 명분으로 실제 작업에 종사했으므로 실질적인 훈련은 없었다. 더구나 지도적 공원의 역할을 할 수 있는 숙련공의 부족 때문에 비숙련 단능공을 제대로 활용할 수 없었다. 즉, 지도적 공원층 및 장기간 기업 내부에서 훈련을 받아 양성된 중견 노동자의 부족이 대량생산 방식의 도입을 저해하는 병목이 되었다. 기업이 기능공을 양성하도록 장려하고, 노동자의 기업간 이동을 통제하는 조치가 제대로 작동하지 않았다(佐口和郎 1991:233-237).

정신운동으로 노동력을 동원하는 정책의 비효율성은 징용 기피와

---

37. 日本経済連盟会, 『学徒戦時動員体制に関する官民懇談会』, 一九四三年九月, pp. 38-39. 西成田 1988: 413에서 재인용.

결근율의 상승에서도 나타났다. 국민징용령[38] 실시 초기에는 징용공 1인을 확보하기 위해 약 2.5~3인에게 출두를 요구하여 해결했다. 그러나 본공보다 낮은 징용공의 임금 때문에 기피자가 증가하여 4~5인에게 출두를 요구해야 하는 상황이 되었다. 1944년 6월을 기준으로 니혼제강소(日本製鋼所) 히로시마제작소에 근무하는 노동자의 평균 월수입을 보면 신규 징용공 73엔 88센, 여성 노동자 72엔 2센, 본공 124엔 69센으로 지위에 따른 격차가 나타나고 있었다(西成田豊: 1988:347-349). 일본이 미국, 영국과 전쟁을 시작하기 직전인 1941년 5월에 이미 철강업의 결근율은 10~20% 수준이었다(西成田豊 2007:347). 항공기 생산 공장에서도 결근율은 1943년 4월 기준으로 남자가 10~20%였으며, 여자는 40% 수준에 이르는 사례도 있었다(西成田豊 1988: 412). 전기전자 제조업체인 토시바(東芝)는 태평양전쟁[39]이 시작된 이후에 결근율이 더욱 높아졌으며 패전 직전에는 노동력 관리체계가 사실상 붕괴되었다. 1944년 연말 본토 공습이 본격적으로 개시되기 이전에도 결근율이 20%를 초과하였는데, 이는 노동 의욕의 심각한 저하를 반영한다(표 II-2). 특히 노동자의 이동과 임금상승을 규제하는 조치가 오히려 태업이나 결근을 유발했다. 또한 처우가 현격하게 다른 본공과 징용공의 충돌도 빈번하게 일어났다(Gordon 1985: 315-320).

'산보'의 질서유지 기능은 전쟁 말기에 실질적으로 마비된 상태였다. 노동쟁의의 발생 상황을 보면, 1939년 이후 감소하던 노동쟁의가 1943~44년에 증가하기 시작하였으나 패전 직전인 1944년 연말부터 격감하기 시작했다(표 II-3). 노동쟁의에서 제기된 요구 사항을 보면 임금 증액이 가장 많으며, 임금 산정과 지급방법에 대한 이의제기도 증가하는 추

38. 1939. 7. 공포.
39. 1941. 12. 8. 일본이 미국, 영국에 대해 선전포고를 한 이후의 전쟁을 의미.

〈표 II-2〉 토시바의 공장별 결근율 추이 (%, 인)

연도	쯔루미		쯔카고시		코무카이		오미야초		야나기마치	
	결근율	고용규모	결근율	고용규모	결근율	고용규모	결근율	고용규모	결근율	고용규모
1940	14.8	5,109	18.0	299	8.2	1,625	7.9	585	8.5	5,033
1941	15.1	6,330	21.0	347	9.3	2,150	8.5	606	8.2	5,153
1942	17.2	6,712	25.5	483	9.2	3,003	9.2	960	11.3	5,290
1943	22.3	6,496	31.0	561	15.2	3,838	9.4	1,262	18.8	4,307
1944	21.1	4,975	38.8	791	22.7	6,673	2.01	3,054	25.5	5,380
1945	51.0	3,912	34.6	151	66.4	3,230	57.81	3,584	31.6	4,462

자료: United States Strategic Bombing Survey in Japan,
"Report on the Shibaura Engineering Works." 원주: 종업원의 약 80%가 생산직 노동자.
Gordon 1985: 316-317에서 재인용.

세였다. 작업방법 규칙의 변경 및 반대, 감독자 배척 등 작업장 질서를
둘러싼 쟁의가 1943~44년에 증가하는 것은 노무관리 체제가 동요하
고 이완되는 상황을 보여준다. 그러나 노동자가 벌이는 쟁의 행동은 집
단 퇴직, 전직, 결근과 같은 고립 분산적이며 소극적인 저항에 그쳤다.
경찰이 개입하여 노동쟁의를 해결하고 있었으나, 사상적 혐의가 발견
되지 않는 한 설유(說諭), 계고(戒告) 정도에서 끝나고 법적 처분으로 가지
는 않았다(西成田豊 1988: 417, 421-422).

그러나 전황 악화와 생활고에도 불구하고 일본의 노동자는 적극적인
이의제기 행동에 나서지 않았다. 쟁의 규모도 1건당 참가인원이 1941
년 68인, 1942년 56인, 1943년 34인, 1944년 31인이었으며 1945년에는
33인으로 소규모였다. 전반적으로 노동자들은 국가 권력에 순응하거나
개인적인 안전이나 생활물자 확보를 우선시하는 행태를 보이고 있었
다. 그러나 토츠카 히데오(戶塚秀夫)는 조선인이 관련된 노동분쟁의 추이

〈표 II-3〉 전시기의 요구 사항별 노동쟁의 발생 추이 (단위: 건)

요구사항	1938	1939	1940	1941	1942	1943	1944	1945
임금 증액	148	193	136	52	42	103	82	52
임금 감액 반대	9	10	3	5	9	–	5	–
임금 산정·지급 방법의 변경 및 반대	12	7	6	7	8	20	13	
임금 지불	14	6	7	5	5	4	2	–
노동시간 단축	7	6	4	4	–	2	1	1
작업방법 규칙의 변경 및 반대	1	8	1	4	2	19	10	–
공장설비 기타 복리증진시설	4	6	2	1	2	7	3	–
해고 반대 및 해고자 복직	12	15	7	3	8	8	3	4
해고퇴직수당의 확립, 증액	12	7	5	2	2	3	1	2
감독자 배척	15	24	24	17	17	28	24	11
기타	28	76	76	58	71	85	72	24
계	262	358	271	158	166	279	216	94

자료: 『日本労働運動史料』第10卷, pp. 468-469 より作成.
원주: 争議件数には同盟罷業, 工場閉鎖のほか怠業も含む.
西成田豊 1988: 418에서 재인용.

는 달랐다는 사실을 지적하였다(표 II-4). 즉, 일본인 노동자의 쟁의는 자취를 감추고 있었으나 조선인 노동자의 쟁의는 중단되지 않았으며 패전이 가까워질수록 "집단폭행·직접행동"이 발생하는 건수나 참가자수가 격증하고 있었다. 이 사실에 대해 토츠카는 "대다수의 일본 노동자가 조선인, 중국인을 비롯한 인접 식민지 인민에 대한 멸시와 우월감에 물들어 있었다"는 사실을 지적한다. 이러한 시각은 "일본의 노동자가 침략전쟁에 동조하고 있었기 때문에 산보운동이 대다수의 사업소에 확산되었다"는 해석으로 이어진다(戸塚秀夫 1974: 33-37).

대일본산업보국회는 미군정이 사회개혁에 착수한 이후에 해산했다(1945. 9. 30). '산보'가 본래의 목적인 노동자의 정신적 동원에는 실패했

〈표 II-4〉 이입 조선인 노무자[1]의 각종 분쟁의(紛爭議)[2] (단위: 건)

	1943. 1 ~ 6	1943. 7 ~ 12	1944. 1 ~ 6	1944. 7 ~ 11
발생건수[3]	136(44)	138(43)	184(85)	119(62)
참가인원수	8,698(1,556)	6,466(1,230)	7,659(2,205)	8,071(2,867)
파업 건수	16	12	19	13
참가인원수	1,579	732	1,093	652
태업 건수	16	21	25	10
참가인원수	1,046	1,646	926	1,000
집단폭행·직접행동건수	76(40)	71(33)	97(69)	158(122)
참가인원수	4,131(1,368)	2,128(862)	3,331(1,502)	6,878(3,702)

자료: 內務省警保局『特高月報』昭和18年 9月, 同19年2月, 8月, 11月号에 의거 작성.
원주: 1) 여기에서 말하는 이입 조선인 노무자는 당국측의「관(官)알선」에 의해 연행되어온 조선인 노동
자를 가리킨다.
2)「各種紛爭議」는「勞働紛爭議」및「內鮮人鬪爭事件」을 포함.
3) ( )안의 수치는, 해당 수치 내부의「內鮮人鬪爭事件」에 관한 것임.
戶塚秀夫 1974: 36에서 재인용.

지만 자주적 노동운동의 성장을 저지했다는 사실은 중요한 의미를 가진다. 패전 당시 일본 기업은 규모의 대소를 막론하고 노조가 배제된 노사관계를 유지하고 있었다. '산보' 시대에는 노사교섭이 금기시되어 있었고, 기업내 노사관계에도 경찰이 개입하고 있었으므로 노사 자율교섭으로 노동조건이 결정되는 관행이 축적되지 못하였다. 즉, 노사분쟁이 정치 문제나 이념 문제로 비화하여 갈등 관리가 어렵게 되는 환경이 조성되어 있었던 것이다. 결국 전후 일본은 막대한 사회적 비용을 치르며 노사관계의 제도화를 추진하게 되었다.

II-4. '산보'의 유산

'산보'가 남긴 부정적 유산을 지적하는 대표적 시각은 니시나리타 유타카(西成田豊)의 논의에서 찾아볼 수 있다. 그는 '산보'의 이념적 한계를 지적했다. '산보'는 공식적으로 노자일체(勞資一体)를 내걸고 계급투쟁을 부인했다. '산보'의 사상적 기초는 일본이 '일군만민'(一君萬民)의 국가라는 가족국가관이었다. 즉, 일본이 앞으로 지향해야 할 이상향은 관리, 군인, 노동자, 자본가를 막론하고 근로국민이라는 평등한 자격을 가진, 평등한 천황의 신민이 구성한 '국민근로협동체'였다(西成田豊 1988: 394). 또한 그는 일본 자본주의와 파시즘이 지닌 후진성 때문에 국가총동원체제가 추구하는 제도적 합리화가 제대로 진행되지 못했으며 '산보'는 노동력 관리 기능을 발휘하지 못했다고 지적했다.

결국 전시기의 노동문제를 고찰하려면 국가 권력에 의한 강제동원, 전쟁 수행에 협력하지 않는다는 낙인이 찍힌 비국민(非國民)에 대한 차별, 대중의 저항에 초점을 맞출 필요가 있다. 이는 태평양전쟁이 벌어지던 시기에도 소극적이나마 지속되었던 노동자의 저항에서 전전과 전후의 연속성이 찾아져야 한다는 주장으로 이어진다(西成田豊 1988: 428-429). 즉, 니시나리타는 '산보'의 유산을 과대 평가할 필요가 없다는 입장을 가지고 있다.

그러나 '산보'가 기능을 제대로 발휘하지 못했다는 사실과 실제로 사회에 남긴 영향은 구분할 필요가 있다. 실제로 일본의 전시 노동력 동원정책은 노동력 보호와 노동운동 탄압이라는 양면성을 가지고 있다. 국가총동원체제 하에서 추진된 각종 조치에는 임차인을 보호하는 차지차가법(借地借家法)이나 식량관리법과 같이 노동자의 생활환경을 정비하는 정책이 포함되어 있었다. 반면 노사관계에선 모든 노조를 해산해 '산보'에 통합하고 노동자의 자주적 단결권을 인정하지 않았다. 또한 노조만이 아니라 모든 정당, 사회단체가 해산되어 1940년 10월에 출범한 '대정익찬회'(大政翼贊会) 산하로 편입되었다. '대정익찬회'는 독일의 나치 체제를 모방한 '신체제'를 도입하려는 취지로 세워졌으나 오히려 황실, 화족(華族)[40], 지주 등을 비롯한 전통적 보수세력의 견제를 받아 명목상의 기구로 위상이 저하되었다. 그러나 야마노우치 야스시는 '산보'가 전전에 노동조합이 침투할 수 없었던 대기업 내부에 상용공(본공)을 포괄하는 전원가입 조직을 만들었으며, 이 조직은 전후 노조가 기업별로 조직되는 기반이 되었다는 오코치 카즈오(大河內一男)의 고전적 논의를 [41] 환기시키고 있다(山之内靖 1996: 158-159). 이는 탄압 도구라는 낙인이 찍힌 '산보'가 역설적으로 노동자의 조직화를 촉진하는 잠재적 기능(latent function)을 발휘했다는 평가다. 즉, '산보' 시대에 형성된 노사관계 및 작업장 질서를 공유했던 노동자들의 원형적 체험이 전후 노사관계에 남긴 영향이 중요하다.

사구치 카즈로(佐口和郎)는 전전과 전후 노사관계의 연속성을 강조하며, '산보'가 남긴 유산을 근로 이데올로기에 의한 동원, 가족수당을 비롯한 생활급 원칙의 보급, 공원과 직원 신분의 통일과 근로자로서의 평등을 지향하는 의식의 확산 등으로 분석한다(佐口和郎 1991: 306-307). 또한 그는 전후에 노동운동이 급격하게 고조된 근본적 원인으로 노동자에게 국가에 봉사하는 능동적 주체라는 위상을 부여한 '산보'의 근로 이데올로기와 생필품 부족에 시달리는 현실 사이의 모순을 지적했다. 이러한

---

40. 귀족.
41. 「産業報国会の前と後と」(大河内一男他 監修), 長幸男·住谷一彦 編 『近代日本経済思想史』 II, 一九七一年, 有斐閣. 『大河内一男集』第三巻, 所収. 山之内靖 1996: 171에서 재인용.

시각은 1973년 발생한 제1차 석유파동으로 세계적 불황이 초래되었을 때 임금인상 요구를 자제한 일본 노조의 협조적 행동이나 노동자가 품질관리에 참여하는 소집단 활동의 성공 사례가 국가·기업과 일체감을 가지도록 노동자를 이념적으로 동원했던 '산보'의 유산과 무관하지 않다는 견해로 이어졌다(佐口和郎 1995: 309).

나아가 사구치는 전시에 국가가 주도적으로 노동시장 기구를 정비했기 때문에 당사자들이 교섭을 통해 노동조건과 규칙을 결정하는 노사관계시스템의 제도화가 촉진되어 전후 산업민주주의가 확립될 수 있었다고 판단한다. 이는 공동체적 윤리를 강조하는 온정주의적 노사관계로부터 노동자의 단결권을 법적으로 보장하는 산업민주주의적 노사관계로 이행되는 전환과정이 이미 전시(戰時)에 진행되고 있었다는 견해다 (佐口和郎 1991: 249).

'산보'가 중요한 역할을 수행한 대규모 전시 노동력 동원도 경영가족주의적 노사관계를 약화시키는 데 기여했다. 경영가족주의는 기업이 온정주의적 질서가 지배하는 공동체라는 가치관에 기반을 둔 노무관리 방식이었으며, 기업과 종업원은 생활보장과 충성을 교환한다는 암묵적 약속을 공유하고 있었다. 우지하라 쇼지로(氏原正治郎)는 쇼와(昭和)시대[42] 초기 중화학공업 부문의 대기업에서 양성된 충성도 높은 장기근속 숙련공이 직장의 주도권을 장악하고 노동운동의 발생을 원천 봉쇄하던 질서가 총력전 수행 과정에서 해체되었다는 사실을 지적한다.

대량 동원된 다양한 노동자가 직장에 배치되었으므로 기업을 공동체나 가족에 비유하는 논리는 설득력을 상실했다. 전시에 동원된 노동자는 패전 직후에 이직했으며 기업에 잔류한 양성공 출신의 숙련 노동

---

42. 1926. 12. 25.~1989. 1. 7.

자 집단이 급격하게 고조된 노동운동의 주체로 등장해 '산보' 해체와 탄압 법규 철폐를 요구하기 시작했다. 노조는 단체교섭을 통해 전전에 만들어진 기업 내부의 규칙과 제도를 수정하거나 없애버렸다. 또한 우지하라는 전후에 제정된 직업안정법이나 노동기준법의 내부 규정에도 전시 노동통제의 유산이 남아 있다는 사실을 지적한다(氏原正治郞 1974: 393-395).

이상에서 살펴본 바와 같이 일본에서는 전시의 국가총동원체제를 거치며 노동시장 상황, 노무관리 방식, 노동자 의식의 변화가 진행되었다. 총력전 수행 과정에서 관료의 권한이 확대되고 제도와 조직의 합리화가 진행되었으며 기업에 대한 통제가 강화되었다. 노동통제 기구인 '산보'는 노동자의 권리 의식을 성장시키고 노무관리의 합리화를 촉진하였다. 온정적 노무관리를 내세운 경영가족주의는 해체되었다. 그러나 패전 이후 미군정이 전전의 탄압기구를 철폐하고 노동자의 단체교섭권을 제도적으로 보장하였기 때문에 노조가 사회적 시민권을 확보할 수 있었다. 따라서 전후에 재편성된 일본의 노사관계를 이해하려면 '산보'의 노동통제 기제를 구체적으로 이해할 필요가 있다.

II-5. 마무리 : 근대성과 연속성

이상에서 살펴본 바와 같이 일본은 총력전 수행을 위한 국가총동원을 실시하여 노조를 해산하고 하향적으로 조직된 산보 조직이 노사관계를 관리하는 체계를 만들었다. 도구적 합리성의 원리에 입각하여 사회관계를 재조직하고 전쟁 수행을 위한 인적·물적 자원을 최대로 동원하는 국가총동원체제의 유산은 전후에도 사회제도와 대중의 의식 속에 남아 있다. '산보'는 온정적인 경영가족주의에 입각한 노무관리가 실시되는 기업 내부에 관료제적 합리성의 원리를 도입하려 시도했다. 또한 '산보'는 노동자의 정체성을 국가적 사명을 완수하는 근로자로 규정함으로써 노동자가 기업에 소속된 종업원이라는 의식을 탈피하는 계기를 제공했다. 그러나 애국심을 활용한 노동자의 정신적 동원은 실질적인 효과를 거두지 못했다. 전시에 일본 기업은 과학적 관리기법의 도입과 대량생산체제의 정비가 미흡한 가운데 산보가 주도하는 정신운동으로 생산력을 증강하는 정책을 추진했으나, 물질적 유인을 제공하여 국민의 충성을 확보할 수 있는 능력이 낙후되어 있었다. 패전 직후 미군정은 노동개혁을 실시하며 산보 체제를 해체하였다. 그러나 산보 체제가 강조한 기업의 생활보장 기능은 전후에도 기업별 노동조합 체제, 연공제와 결합되어 '일본적 노사관계'의 형성을 촉진했다.

생산 관련 사안과 노동자의 고충을 논의하는 '산보'의 '노자간담회'가 남긴 흔적은 전후에 노조가 노사협의를 통해 경영 활동에 참가하고 노동조건을 결정하는 관행에서도 찾아볼 수 있다. '산보'가 기업 조직 하부에 5인조를 조직한 사실은 직장 수준에서 형성되는 사회관계의 주도권을 중시하는 국가와 기업의 시각을 보여주고 있다. 실제로 일본에서는 패전 이후 현재에 이르기까지 직장의 주도권 문제가 여전히 노사관계의 핵심적 쟁점으로 남아 있다.

결국 현대 일본의 노사관계를 제대로 고찰하려면 기업별노조 체제, 생활급의 성격을 가진 연공 임금, 경영에 대한 노동자의 관심, 노사협의를 통한 노동조건 결정을 비롯한 '산보'가 남긴 유산에 대한 이해가 전제돼야 한다.

III장

전후 노동개혁
1945-1955

제2차 세계대전에서 승리한 연합군은 일본을 점령하고 군정을 실시했다. 미국이 주도하는 연합국은 일본 정부가 기능을 발휘하도록 허용하는 간접통치 방식을 적용했다. 실제로 일본을 관리하는 미군정은 일본의 민주화·비군사화를 목표로 전후개혁을 추진했다.

　노동개혁을 추진한 미군정은 노동기본권을 보장하고 분배 구조를 개선함으로써 일본이 국제시장에서 저임금을 활용해 경쟁력을 발휘하는 사회적 덤핑의 재발을 방지하며, 점령 종료 이후에도 파시즘을 옹호하는 보수파의 재기를 견제할 민주적 사회세력을 육성하고자 했다. 또한 전시 노동력 관리를 위해 하향적으로 조직된 산업보국회를 해체하고 민주적 노사관계 제도를 도입했다.

　점령 초기에 실시된 노동개혁으로 일본의 노동조합과 노동운동은 급속하게 성장했다. 그러나 미군정은 정치적 목적의 노동쟁의를 금지했기에 공산당·사회당과 연계된 계급운동적 성격을 띤 일본의 노동운동은 미군정과 갈등을 겪게 되었다. 냉전의 격화와 함께 미국은 일본의 위상을 반공의 요새로 재규정했으며 점령 정책의 기조를 민주화보다 경제 부흥을 중시하는 방향으로 전환하였다. 반공을 내세운 민동파(民同派)⁴³세력의 확대, 공무원의 단체교섭권과 쟁의권 제한, 긴축정책과 대량 해고, 한국전쟁 직전의 레드 퍼지(Red Purge, 적색분자 추방)로 인한 좌파 활동가의 지명해고는 '산별회의'(産別会議)가 주도하는 급진적 노동운동의 퇴조를 촉진했다. 레드 퍼지 직후에 미군정은 사회당 좌파 계열의 '총평'(総評)이 노동운동의 주도권을 장악하도록 후원했다. '총평'은 샌프란시스코 강화조약에 반대하여 노선을 전환하고 급진적인 노동운동을 전개했으나 1955년 이후에는 춘투⁴⁴를 벌이며 실리추구에 주력했다.

이렇듯 미군정이 주도한 노동개혁을 거치며 일본의 노동운동은 자본주의 시장경제와 의회민주주의 질서를 인정하며 실리를 추구하는 방향으로 전개되었고 노사관계의 제도화가 진행되었다.

Ⅲ-1. 전후개혁과 민주화

일본의 전후개혁은 미군정이 주도한 하향식 제도개혁이다. 그러나 전후개혁 과정을 거치며 전전에 일본 정부가 시도하였으나 보수세력의 저항으로 실현되지 못했던 자본주의적 합리성을 띤 정책이 실현될 수 있었다. 전후개혁의 성과를 이해하려면 미군정의 점령정책과 함께 당시 일본이 직면하고 있던 사회적 과제를 파악할 필요가 있다. 또한 미군정 자체가 연합군의 조직이었으므로 점령정책은 국제정세의 영향을 받

43 민주화 동맹의 약칭.
44. 春鬪, 춘계 임금인상 투쟁.

고 있었다. 전후개혁의 영향을 고찰하려면 전 시기의 국가총동원체제가 남긴 유산, 국제적 맥락, 점령을 주도하는 미국의 정책, 전후 일본의 사회상황을 종합적으로 고려하는 시각이 필요하다.

일본의 항복 조인(1945. 9. 2) 이후에도 미군정은 간접통치 방침에 입각해 기존 정부기구와 행정조직의 활동을 허용하였기에 사회질서의 급격한 변화는 없었다. 심지어 전전에 구속된 정치범의 석방도 실행되지 않았다. 그러나 철학자 미키 키요시(三木清)가 옥사(1945. 9. 26)하는 사건이 발생하고 국제 여론의 비난이 고조되자 미군정은 인권지령(1945. 10. 4)을 내려 일본의 통치기구를 해체하는 작업에 착수했다(Dower 1999: 191-192). 인권지령에는 천황제에 대한 자유로운 논의 허용, 정치범 석방, 비밀경찰 기관의 완전한 폐지, 내무대신 이하 주요 경찰 간부 및 특고(特高)경찰[45] 전원 파면, 치안유지법 등 탄압 법규의 철폐가 포함되어 있었다(竹前栄治 1980: 120-122). 이 조치에 의해 공산당 지도부를 비롯한 정치범이 비로소 일제히 석방(1945. 10. 10)되었으며 노동운동을 비롯한 사회운동이 자유롭게 전개될 수 있었다.

전후개혁은 미군정의 5대 개혁 지령(1945. 10. 11)으로 구체화되었으며 이를 통해 새로운 일본이 만들어지기 시작했다. 5대 개혁에는 '여성 해방과 참정권 부여', '노동조합 결성 장려', '교육 자유화를 위한 각급 학교의 증설', '비밀경찰 및 국민을 불안에 떨게 한 각종 제도의 폐지', '소득, 생산수단, 유통수단의 평등한 분배를 통한 독점기업 문제의 개선과 경제기구의 민주화' 등이 포함되었다. 전후개혁은 사실상 모든 영역에 영향을 미쳤기에 현대 일본 사회를 이해하려면 전후개혁을 고찰하는 과정을 반드시 거쳐야 한다.

---

45. 특별고등경찰. 정치 사건, 사상범 사건을 취급하는 경찰 조직을 의미한다.

노동개혁은 경제개혁의 일부로 추진되었다. 경제개혁의 주요 내용은 지주제를 철폐하고 소작농을 일소한 농지개혁, 소수 기업집단에 경제력이 집중되는 폐해를 조장한 재벌의 해체, 노동운동의 자유를 인정한 노동개혁 등으로 구성되었다. 경제개혁을 실시한 미군정은 분배의 공정성을 향상해 내수가 확대될 수 있는 기반을 조성하려는 의도가 있었다. 이러한 정책 기조가 형성된 배경에는 불공정한 저임금으로 국제경쟁력을 강화하는 사회적 덤핑(social dumping)을 저지르던 일본이 아시아 시장을 차지하려 연합국과 경쟁하다 태평양전쟁을 시작하게 되었다는 미군정의 판단이 있었다. 즉, 경제개혁은 일본이 연합국과 해외시장 쟁탈전을 벌이게 된 원인을 근본적으로 제거한다는 목적의식에서 출발하였으며 분배 구조의 개선과 시장 경쟁의 활성화가 이루어지는 성과를 가져왔다. 이는 일본 자본주의 경제 체제의 합리화를 촉진하는 계기가 되었다.

특히 재벌해체의 목표는 소유와 경영의 분리였다. 미군정은 자본가의 주식을 몰수하였으며 경영진에서 소유자의 특수관계인, 즉 가족을 강제로 추방하여 종업원이 경영자가 될 수 있는 통로를 개방했다. 이러한 배경에서 주식을 상호 보유하므로 기업은 특정 자본가 개인의 소유가 아니라는 '법인자본주의'(奧村宏 1991: 72-87) 담론, 종업원이 기업 경영의 주체라는 '종업원관리형 기업'(今井賢一·小宮隆太郎 1989: 22) 담론, 그리고 '종업원 주권'(伊丹敬之 1989:53-58) 담론이 등장하게 되었다. 해체된 전전의 재벌은 기업집단으로 재편되었으며, 개별 기업은 주식 지분의 상호 보유, 주거래 은행, 경영진 회의 등의 방법을 활용해 네트워크로 연결되었다. 기업집단 사이에는 시장 점유율을 높이려는 경쟁이 벌어져 결과적으로 시장 기제의 활성화와 경제성장이 촉진되었다. 국내 시장에서 경쟁의 압력을 받은 일본 기업은 해외에서 새로운 시장을 찾으면서 수출이 확대되었다. 한편 재벌해체는 사회의식과 가치관에도 영향을 미쳤다. 모두가 평등한 상태에서 같이 출발하였으므로 개인이 능력을 발휘하면 지위를 향상시킬 수 있다는 논리가 설득력을 발휘했다. 이로써 사회 구성원이 능력주의 원리를 수용하게 되었으며, 기업을 중심으로 사회통합이 이루어지는 '기업사회'가 형성될 수 있었다.

농지개혁 조치로 토지 보유 상한선을 1정보로 규정하여 지주제를 폐지하였다. 경지의 약 40%, 소작지의 80%가 재분배되어 지주·소작 관계는 소멸했다(大石嘉一郎 1975: 34-35). 농촌은 가족 단위의 독립 소농을 중심으로 재편성되었으나 경작 면적의 영세성 때문에 농업 소득만으로는 수지를 맞추기 어려운 구조가 형성되었다. 농민은 정부 보조금과 농촌 지역에 설립된 공장에서 받는 임금인 겸업 수입이나 농한기에 도시로 이동해 건설 노동이나 공장 노동에 종사하며 받는 임금으로 소득을 보충했다. 특히 토지 소유자가 된 농민은 보수 정치세력의 안정적 지지 기반이 되었고 이에 대한 반대급부로 정부와 자민당은 농가 경제가 유지되도록 농협을 경유해 농민에게 농업 보조금을 제공하였다. 농민의 표와 농업 보조금을 교환하는 보수정치의 타성은 일본의 재정 적자 문제를 악화시키는 중요한 원인의 하나가 되었다.

노동개혁으로는 노동조합법, 노동쟁의조정법, 노동기준법, 고용안정법을 비롯한 노동법이 정비되었으며 노동운동의 자유를 보장하는 제도적 환경이 조성되었다. 점령 초기에 미군정은 뉴딜 노동법 체계를 기준으로 입법을 추진했으며 일본의 노동법은 노동자의 권익을 옹호하는 선구적인 법률이 되었다. 이때는 미군정의 노동행정 담당자들도 노동운동의 활성화를 지원하는 입장이었다. 반면 냉전의 격화로 점령정책의 기조가 변화하는 상황에서 미군정은 급진화된 노동운동을 억제하고 반공 노동운동을 장려하는 방향으로 노동정책을 전환하였다. 그러나 이러한 정세 변화에도 불구하고 미군정의 노동개혁으로 노사관계의 제도화가 진행되었으며 이후 고도경제성장기에 실리를 추구하는 민간대기업 노조가 노동운동의 주도권을 장악할 수 있는 기반이 형성되었다.

전후개혁은 메이지유신 당시에 만들어진 천황제 국가 체제를 전면적으로 재편하여 주권재민의 원칙을 확립하고 제도적인 민주주의를 확립하였으며 사회 구성원의 의식구조와 사회관계의 합리화를 촉진하는 계기가 되었다. 표면적으로 전후개혁은 외부로부터 강요된 변화였다. 그러나 미군정이 실시한 개혁 조치의 많은 부분이 이미 일본 사회 내부에서 진행되던 정책 논의와 동일한 기조를 갖고 있었다. 노사관계의 영역에서도 노동개혁의 성과를 평가하려면 전전의 제도와 노동자의 상태에 대한 고찰이 필요하다. 결과적으로 전후개혁은 자본주의 시장경제 체제에 토대를 둔 근대국가의 합리화를 촉진하는 역할을 수행하였다.

Ⅲ-2. 노동개혁과 노동운동

(1) 문제의 제기

미군정이 노동조합법[46]의 입법과 시행을 신헌법[47]의 제정보다 서둘렀을 정도로 노동개혁은 전후개혁의 핵심이었다. 노동개혁의 실질적 내용은 '산보' 체제를 해체하고 노동자의 자주적인 단결과 노동운동을 보

46. 공포 1945. 12. 22., 시행 1946. 3. 1.
47. 공포 1946. 11. 3.

장하여 노사관계를 민주화하는 조치였다. 노동개혁의 성과는 법과 제도로 남겨졌다. 미군정 시대에 활성화된 노동운동의 흐름은 현재까지 이어지고 있다. 반공 노동운동을 지원하는 방향으로 점령정책이 전환되는 상황에서 급진적 노동운동은 급격하게 퇴조하고 노동조건 개선 요구를 중심으로 실리 확보를 중시하는 노동운동이 주류를 이루게 되었다. 그러나 미군정기에 진행된 노동운동의 변화를 정치적 요인만으로 설명할 수는 없으며, 노조의 성격과 노동운동의 관계를 논의할 필요가 있다. 전후에 지배적인 조직 형태로 정착한 기업별노조는 기업에 소속된 종업원으로 구성되었으므로 계급적 연대가 취약하다는 비판을 받았다. 이는 점령 종료 이후에도 현재까지 논쟁의 주제로 남아 있었다. 지금도 일본의 노사관계, 노동조합, 노동운동의 구조와 성격을 고찰하려면 노동개혁으로 도입된 법과 제도 및 점령기에 전개된 노동운동의 실제 상황에 대한 이해가 필요하다.

(2) 제도의 정비

노동개혁의 실체인 제도의 정비는 구체제의 해체와 새로운 질서의 형성 과정으로 나누어 볼 수 있다. 전자는 실질적으로 경찰이 관할하던 '산보' 체제를 해체하고 관계자를 추방하는 조치까지 포함한 청산 과정이었다. 새로운 질서의 건설은 민주적 노사관계를 보장하는 노동법의 입법 과정이었다. 그러나 이러한 제도의 청산과 건설은 미군정의 점령정책과 일본의 사회상황이라는 맥락을 전제로 추진되었다. 구제도의 해체는 일본의 민주화라는 목표의식을 가진 미군정의 주도로 진행되었으며 일본 사회 내부에서 발생한 직접적인 요구나 압력은 사실상 없었다. 새로운 제도의 도입도 미군정이 주도했다. 그러나 이미 일본이 전시에 노동력 동원과 관리를 위해 구상한 정책에는 미군정의 정책과 유사한 내용이 포함되어 있었다. 즉, 노동개혁과 전시 일본의 산보 체제는 상이한 정책 목표를 가졌으나 정부의 시장개입이라는 수정자본주의 경제체제의 특징을 공유하고 있었다.

점령 초기에 미군정은 우선 전시 노동력 동원 체제를 해체하는 작업에 착수했다. 미군정은 '노동법규의 철폐'(1945. 11. 10)를 발표하여 국민근로동원령[48]을 비롯한 전시 노동통제 법령을 폐지했다. 이는 일본의 노동자 보호 입법의 수준을 중일전쟁이 시작된 1937년 이전으로 되돌려 놓는 조치였다. 기업 단위의 노동자 통제 조직인 '산업보국회'와 단순 노무직의 동원을 담당했던 '노무보국회'도 해체되었다.[49] 경찰이 관할하던 노동행정 업무는 후생성으로 이관되었으며(1945. 12. 10),[50] 이후에 신설된 (1947. 9. 1) 노동성이 전담하게 되었다. 미군정은 노동 탄압에 가담한 인사를 노동행정에서 배제하는 '노동 퍼지'(labor purge)를 실시하였다. 이 조치의 적용 대상은 "1945년 9월 2일 현재의 모든 전현직 경찰 직원(공장 감독에만 종사한 자 제외), 산업보국회, 대정익찬회 노동부, 협조회, 기타 애국적 노동조합에 관계된 전현직 임원" 등이었으며 공직추방령 적용 대상자와 노무자 공급 청부업자(labor boss)도 포함되었다(竹前榮治 1980: 116).

전후의 새로운 질서를 총체적으로 규정하는 신헌법 28조에는 단결권, 단체교섭권, 단체행동권이 포함된 노동 3권의 보장이 명시되었다.

---

48. 1945. 3. 6. 공포, 시행.
49. 후생성, '산업보국회 재산의 완전 청산과 해체 지시'(1945. 12. 8), 노무협회(전시의 노무보국회)의 해산(1945. 12 .27).
50. GHQ(연합군 최고사령부) 노동과장 W. Karpinsky의 구두 명령.

미군정은 노사관계와 노동문제의 모든 영역을 대상으로 노동법을 정비했다. 노동조합법, 노동관계조정법,[51] 노동기준법,[52] 직업안정법,[53] 실업보험법[54] 등의 입법은 노사관계의 제도화를 촉진하는 기반을 형성했다. 특히 미군정기에는 노동조합법과 노동관계조정법에 규정된 노동위원회 제도가 노사분쟁을 해결하는 제도적 장치로서 알선, 중재, 조정(調停) 기능을 발휘했다. 이는 노사관계에 적용되는 규칙이 축적되는 과정이기도 했다. 노동조합법과 노동관계조정법이 개정(1949. 6. 1. 공포)되기 이전의 구(舊)노동조합법 시대에는 노동위원회가 전후개혁의 의도를 충실하게 반영하여 개혁 조치를 실질적으로 추진하는 역할을 수행했다. 특히 구노동조합법은 경찰관리, 소방직원, 감옥 근무자를 제외한 모든 공무원과 공기업체 근무자의 단결권을 보장하고 있었으므로 노동위원회가 관청 및 공기업체 노동자의 노사관계를 조정하는 장이 될 수 있었다. 노동문제를 관리하던 전전의 국가 기관이 권위를 상실한 상황에서 노동자 대표, 사용자 대표, 공익 대표로 구성된 노동위원회는 새로운 권위로 노사분쟁을 조정하는 기능을 발휘할 수 있었다(手塚和彰 1974: 267). 또한 노사관계 당사자들이 노동위원회를 통해 문제를 제도 내부에서 해결하고 당사자 사이의 관계를 규정하는 규칙을 만들어나갈 수 있었다. 사실상 이는 노사관계 부문에서 전전과 전후의 정책적 단절성을 가장 뚜렷하게 반영하는 사례이기도 하다. 특히 노동기준법은 일본 측이 사실상 주도적인 역할을 수행하며 작성했으며, 미군정은 효율적인 공장 감독 제도를 마련하라는 지시를 했을 뿐이다. 일본 후생성은 전시 중에

---

51. 1945. 9. 27. 공포.
52. 1947. 4. 7. 공포.
53. 1947. 11. 30. 공포.
54. 1947. 12. 1. 공포.

적용이 정지된 전전의 공장법[55]의 노동자 보호규정을 되살리고, ILO 규약의 기준을 적용하여 세계 최초로 여성의 생리휴가를 규정할 정도로 선진적인 내용의 노동기준법을 입안했으며, 미군정은 이를 승인했다 (Cohen 1983 A: 347-351; 竹前栄治 1983: 98-99). 근대적인 고용정책을 추진하는 제도적 기반을 형성한 직업안정법, 실업보험법도 내용적으로 전전과 가장 뚜렷한 연속성을 보이고 있다(竹前栄治 1982: 392-394).

그러나 냉전의 격화와 중국 국민당 정권의 패배라는 국제정세의 변동을 계기로 미군정은 일본의 민주화보다 반공체제 확립을 우선시하는 방향으로 점령정책을 전환했다. 특히 중국 내전에서 국민당이 패배함에 따라 미국은 아시아에서 일본이 가진 전략적 중요성을 재확인하게 되었다. "일본은 극동에서 반공의 보루"라는 미국 육군장관 로얄 (Kenneth Royall)의 연설(1948. 1. 6)은 점령정책의 전환을 반영하는 상징적인 사건이었다. 노동 분야에서 점령정책의 전환이 초래한 직접적인 영향은 앞에서 언급한 노동법 개정 및 신규 법률의 입법 조치만이 아니라 긴축과 기업의 경영합리화에 따른 해고 문제로 나타났다.

점령정책의 전환이 초래한 노동법의 변화는 우선 공공부문에서 나타났다. 미군정은 대규모 노동쟁의를 선도한 철도, 체신을 비롯한 공공부문의 노동운동 대책을 공무원 제도 개혁의 일환으로 추진했다. 이는 '맥아더 서한'(1948. 7. 22)에 따른 일본 정부의 정령 201호(1948. 7. 21)로 구체화되었다. 비현업(非現業) 부문의 일반직 공무원은 쟁의권을 상실했으며 단체교섭권은 부분적으로 인정되어 협의는 가능하되 협약을 체결할 수는 없게 되었다. 공무원들은 노동조합법의 적용 대상에서 제외되었으며 국가공무원법, 지방공무원법에 의해 직원단체를 조직할 수 있

---

55. 1911. 3. 29. 공포, 1916. 9. 1. 시행.

게 되었다. 경찰, 감옥, 소방 종사자들은 직원단체를 조직할 수 없게 되었으며 여기에는 한국전쟁 발발 직후에 창설된 자위대원도 포함되었다. 이와 같이 노동조건을 결정하는 교섭 절차가 없어지는 문제를 보완하기 위해 국가공무원의 인사관리를 담당하는 인사원이 적합한 국가공무원의 급여 수준을 조사하여 정부에 권고했다. 지방공무원의 경우는 인구 15만명 이상의 지자체는 인사위원회, 그 이하 규모의 지자체는 공평위원회가 인사원의 기능을 맡아 수행하였다. 반면 신설된 공공기업체 종업원으로 신분이 달라진 철도, 통신, 전매를 비롯한 현업[56]부문 종사자는 단체교섭권을 유지했으나 쟁의권은 없었다(神代和欣 1995: 15; 竹前栄治 1982: 241-243; 内藤則邦·秋田成就 1954: 253-258; 寺岡衛 1978: 121-130). 이러한 쟁의권 박탈 조치의 해당자는 조직 노동자의 약 40%에 해당되었다. 또한 개정된 '국가공무원법'(1948. 11. 30. 공포), '공공기업체 노동관계법'(1948. 12. 26. 공포)은 노조 상근자에 대한 급료 지불 금지, 작업외 급료 지불 금지(no work, no pay), 관리자의 비조합원화, 정치활동의 제한, 고충처리 기관 설치 등을 규정하여 공공부문 노동운동을 제약하였다. 이러한 내용은 노동조합법과 노동관계조정법의 개정(1949. 6. 10. 시행)을 거쳐 민간노동자에게도 적용되었다. 특히 1949년에 개정된 노동조합법에는 노사가 합의를 이루지 못할 경우에 노동협약[57]이 자동적으로 연장되는 조항이 삭제되었다. 즉, 사용자가 노동협약 체결을 늦출 경우에는 유효한 노동협약이 존재하지 않는 무협약 상태가 만들어질 수 있었다(竹前栄治

---

56. "三公社五現業". 종업원의 쟁의권은 공공부문 노사관계에서 지속적인 쟁점으로 등장했다.
　三公社: 일본전매공사(전매공사, 담배·소금·장뇌 취급), 일본전신전화공사(전전공사), 일본국유철도(국철).
　五現業: 우편·우편저금·우편환(為替)·우편당좌(振替) 및 간이생명보험사업, 국유임야사업, 일본은행권·지폐·국채·수입인지·우표·우편엽서 등의 인쇄사업, 조폐사업, 알코올전매사업.
57. 단체협약.

1982: 210, 251, 265).

미군정기에 진행된 노동 분야에 관련된 법과 제도의 정비 과정은 현대 일본 노사관계의 기본적인 틀을 형성했다. 점령 초기의 이상주의적 개혁은 노동기본권을 확립하고 노사관계의 민주화가 실현될 수 있는 기반을 만들었다. 반면 냉전과 점령정책의 전환이라는 환경의 변화는 미군정이 노동운동에 대한 통제를 강화하는 계기로 작용했다. 특히 공공부문 종사자의 쟁의권 박탈 조치는 장기적으로 노사관계가 불안정해지는 요인이 되었다. 혁신 진영 내부에서도 미국에 대한 불신감이 고조되었다. 노동법 개정은 민간부문 노동조합의 교섭력을 제한하는 결과로 이어졌다. 그러나 전체적으로 미군정이 실시한 노동개혁과 제도의 정비는 실리 확보를 우선시하는 경제적 조합주의가 전후 일본 노동운동의 기조를 형성하는 데 기여했다.

(3) 노동운동의 활성화

미군정이 사실상 노동운동의 후원자 역할을 하던 시기는 5대 개혁 (1945. 10. 11)으로부터 시작된다. 그러나 1947년 2월 1일에 예정된 총파업을 중지시킨 미군정의 개입은 점령정책의 전환을 반영하는 상징적 사건으로 알려져 있다. 5대 개혁으로부터 2·1 총파업에 이르는 기간 동안 일본의 노동운동 세력은 급속도로 확대되면서 급진화되었다. 이 시기는 미군정이 생산관리 쟁의 중지 명령을 내린 시점(1946. 5. 20)을 기준으로 구분할 수 있다.

생산관리 쟁의는 패전 직후의 사회상을 반영하고 있다. 물자 부족과 인플레이션으로 생활난이 극심해지는 가운데 기업은 생산활동을 유보하면서 전시에 비축한 각종 원자재를 유통해 막대한 수익을 올리고 있었다. 이와 같은 '자본가의 태업'으로 노동자가 사용할 수 있는 최고의 쟁의 수단인 파업은 효과를 발휘할 수 없었다. 또한 패전은 국가 관료만이 아니라 경영자의 권위를 실추시켰다. 이와 같은 상황에서 노동자들은 기업의 생산설비를 접수하여 자주적으로 경영함으로써 생활수단을 확보하려는 생산관리 운동에 나섰다.

최초의 생산관리 운동은 패전 직후 '전쟁 협력자 추방'을 내건 언론사의 노동운동에서 등장하였다. 미군정 초기에 요미우리(読売)신문 제1차 쟁의(1945. 9. 13~12. 12)는 상업성을 중시하는 우익 사주의 전횡이 원인이었다. 전쟁에 협력한 경영자의 책임 추궁, 대우 개선, 경영민주화를 요구하는 종업원들이 채택한 생산관리 방식을 미군정이 정당한 쟁의 전술로 인정한 이유를 살펴보면, ㉠ 언론 민주화는 점령정책을 실현하는 가장 중요한 수단이었다. ㉡ 대규모 쟁의를 통해 노사관계의 근대화(노동조합 결성 및 단체교섭, 노동협약, 경영협의회, 쟁의조정제도, 종업원 지주제 등의 도입)를 추진할 수 있다. ㉢ 종업원들이 주장하는 구시대의 군국주의 타파는 점령정책의 목표와 일치했다는 점 등을 들 수 있다. 또한 미군정은 이 쟁의가 점령군이 규정한 민주주의의 범위를 벗어나 확대될 가능성은 의심하지 않았다(山本潔 1978: 131). 이 과정에서 사장이 구속되고 노조의 승리로 쟁의가 끝났다. 요미우리신문 제1차 쟁의는 미군정 하에서 발생한 최초의 노동쟁의였으며 단체교섭으로 노사분쟁을 해결한 모범적 사례였다. 그러나 미군정의 식량정책을 비판하는 기사가 보도지침을 위반한 사건이 벌어지자 미군정의 지적을 받은 신문사는 책임을 물어 사원 6명을 해고하였다. 이를 계기로 요미우리신문에서는 제2차 쟁의(1946. 6. 4~10. 12)가 발생했다. 쟁의에 폭력단과 경찰이 개입하고, 요미우리신문 노조는 분열하여 경영 측에 협조하는 제2노조가 출현하였지만, 다른 신문사 노조의 연대 파업은 이루어지지 않았다. 결과적으로 노동 측이 패배하고 경영 측은 편집권과 경영권을 회수하였다. 그러나 이 쟁의는 노동문제가 중앙노동위원회에서 제도적 절차를 거쳐 해결되는 선례를 남겼다(竹前栄治 1983: 24-27, 112-118).

생산관리는 1945년 연말에서 1946년 봄에 이르는 시기에 전국적으로 확산되었다. 그러나 개별 사업장 단위에서 실시하는 생산관리는 원자재, 판로, 자금을 확보하는 통로가 간단하게 봉쇄당할 수 있다는 약점이 있었다. 이러한 한계를 극복하기 위해 생산관리를 실시하는 사업장이 서로 연계하여 상호보완적 협력관계를 구성하는 사례가 나타나기 시작했다. 생산관리가 사회적 연결망을 형성하며 확산된 대표적인 사례는 탄광노동자가 농민조합과 연계하여 시장기구와 분리된 물자 유통망을 형성한 도요고세이(東洋合成) 노조와 에도가와공업소(江戸川工業所) 노조의 쟁의에서 찾을 수 있다. 농민조합은 쌀을 탄광노동자에게 공급하고 석탄, 코크스와 교환했다. 도요고세이 노조는 농민조합이 공급한 석탄, 코크스로 황산암모니아 비료를 생산하여 농민조합에 공급했다. 또한 에도가와공업소 노조는 도요고세이 노조가 공급한 메탄올을 원료로 포르말린을 생산, 시판해 확보한 현금으로 도요고세이 노조에 대금을 상환했다(山本潔 1977: 149). 이와 같이 사회적으로 확산되는 생산관리 운동을 일본 정부와 기업은 시장경제 체제를 위협하는 사태로 간주하였다.

미군정은 생산관리가 경영권을 침해하는 급진적 운동이 아니라는 중립적 입장이었다. 미군정의 초대 노동과장 카핀스키(William Karpinsky)는 도쿄 도심과 근교를 연결하는 케이세이(京成)전철의 생산관리에 대해,

GM사 디트로이트 공장 점거가 불법이 아니라는 미국 대법원의 판례를 원용하여 재산 몰수가 아니라 경영을 압수한 것이며, 목적을 달성하면 이를 경영자에게 반환하는 것이므로 반드시 재산권 침해는 아니라는 견해를 밝혔다(竹前栄治 1983: 28). 내무성·사법성·상공성·후생성의 대신이 공동으로 4상 성명(1946. 2. 1)을 발표해 생산관리를 불법행위로 규정했지만 미군정은 즉각 이를 번복시켰다. 그러나 생산관리가 사회적으로 확산되고 은닉물자 적발과 식량의 주민관리를 요구하는 대중운동이 고조되자 미군정은 '대중시위 금지 명령'(1946. 5. 20)을 내렸다. 일본 정부도 '사회질서 보지(保持)에 대한 성명'(1946. 6. 13)을 발표해 질서회복에 착수했다. 이와 함께 노동운동의 유형도 생산관리 운동에서 노동조합 운동으로 바뀌었다(山本潔 1977: 170-171, 191-195; 竹前栄治 1982: 87-88; Cohen 1983 A: 339-341).

생산관리 운동에 대한 가장 급진적인 평가는 민중이 주도하는 새로운 사회를 건설하는 계기가 될 수 있다는 모어(Joe Moor)의 시각이다 (Moore 1983: xiv-xvi). 이러한 시각은 당시에 악화되고 있었던 일본 자본주의 체제의 위기적 상황에 초점을 맞추고 있다. 그러나 현실적으로 미군정이 국가기구를 장악하고 있는 정치적 상황에서 자본주의 체제의 붕괴를 기대하기는 어려웠다. 야마모토 키요시(山本潔)는 미군정의 개입으로 생산관리가 중단된 덕분에 일본 사회가 전후의 위기 상황에서 벗어나 자본주의 방식으로 재편성되었다고 평가한다. 일본 정부는 기업에 보조금과 융자를 제공하여 노동자의 임금인상 요구를 수용하도록 했다. 고율의 인플레이션은 기업의 융자상환 부담을 경감시키는 결과를 초래했다.

생산관리 쟁의는 일반적으로 노동위원회의 조정을 거쳐 노사로 구성된 경영협의회를 설치하는 경로를 밟아 수습되고 있었다. 즉, 노동자의 요구를 회사 기구가 수용하여 노사협조 체제를 만드는 과정이 진행되기 시작하였다. 또한 기업 수준에 설치된 경영협의회는 국가 수준에 설치된 사회적 협의기구인 '경제부흥회의'의 하부 조직이라는 위상을 획득함으로써 정부가 주관하는 경제재건 정책을 기업 현장에서 추진하게 되었다(山本潔 1977: 281-287). 이와 같이 생산관리 쟁의의 종식과 함께 일본의 노사는 경영협의회를 구성하여 '생산 부흥'이라는 공동의 목표를 달성하기 위해 협력하는 체제를 갖추었다. 이로써 일본의 노동운동은 자본주의 체제를 부정하는 혁명운동이 아니라 그 내부에서 실리를 추구하는 대중운동의 성격을 띠게 되었다.

반면 1946년 후반부터 노조가 주도하는 파업이 증가하기 시작했다. 노조 조직은 패전 직후인 1945년 10월부터 본격적으로 시작되었으나 1946년 전반기에 급속하게 증가하였다. 이러한 추세는 1949년까지 지속되었다(표 III-1; Moore 1988: 44; 末広嚴太郎 1954: 147). 점령 초기의 노조 조직화 상황에 대해 미군정 노동과장 코엔(Theodore Cohen)은 "노조 조직화가 극도로 빠른 속도로 진행될 것이라는 예상을 아무도 하지 못했다. 온건파도 공산당도 눈사태가 나듯이 조직화가 진행되는 추세를 관리할 수 있는 조직이나 능력이 없었다. 총동맹이나 공산당 계열의 조직보다 훨씬 빠른 속도로 외부의 끈이 달리지 않은 새로운 얼굴이 이끄는 노조가 우후죽순같이 출현했다"(Cohen 1983 A: 287, 313)고 회고한다. 이와 같은 노조 조직의 급속한 확대를 미군정의 친노동 정책만으로 설명할 수는 없다. 극심한 생활고로 노동자들이 적극적으로 노조에 참가하게 된 것이 현실적 이유였다(舟橋尚道 1954: 18).

전후에 노조를 재건하려는 움직임은 전전의 활동가를 중심으로 시작

〈표 III-1〉 전후기의 노조 조직 규모 (단위: 천명, %)

	산별회의	총동맹	총평	신산별	기타	조직률
1946	1,574	855	-	-	-	41.5 %
1947	1,185	916	-	-	3,316	45.3
1948	1,211	921	-	-	3,928	53.0
1949	1,020	914	-	-	4,721	55.8
1950	290	835	-	55	4,713	46.2
1951	47	313	2,921	-	2,588	42.6
1952	27	219	3.102	-	2,589	40.3
1953	14	244	3,292	40	2.364	36.3
1954	13	595	3.003	41	944	35.5
1955	12	624	3.094	34	969	35.6

주: '총동맹'의 1954년 이후는 '전노회의'(全労会議)의 수치.
'신산별'은 1951년 11월~1952년 7월에는 '총동맹'에 가맹.
労働省『労働組合基本調査報告』, 大原社会問題研究所『日本労働年鑑』에 의함.
자료: 安藤良雄 編 1979: 156, 158.

되었다. 노사협조를 지향하는 우파였던 '총동맹'(日本労働総同盟) 계열과 합법 좌파를 표방했던 '전평'(日本労働組合全国評議会) 계열이 연합하여 새로운 '총동맹'(日本労働組合総同盟)을 결성(1946. 8. 1)하였다. 그러나 전후에 노동운동을 시작한 급진적 활동가들은 '산별회의'(全日本産業別労働組合会議)를 결성(1946. 8. 19)하였다.

전전의 조직기반 위에서 결성된 사회당계의 '총동맹'은 여전히 실리 추구를 중시하는 노동운동을 지향했으며 노사협조에도 긍정적이었다. 미군정기에 급진적 노동운동을 주도한 '산별회의'는 전전의 노동운동과 조직적 연계가 희박했다. '산별회의'는 대기업, 금속, 광산 등의 기간산업 부문에서 노동운동의 주도권을 장악하였고 공산당이 '산별회의' 지도부에 영향력을 크게 발휘하고 있었으나 일반 노동자 대중까지 장악하지는 못했다(塩田庄兵衛 1954: 87-91). '산별회의' 세력은 1949년부터 위축되었는데 그 배경에는 미군정의 점령정책 전환으로 활동에 제약을 받고, 내부에서 반공 노동운동을 표방하는 민동파가 등장하여 조직이 약화되는 상황 변화가 있었다. 1949년 '산별회의'에서 이탈한 '산별민주화동맹'은 그해 12월에 '신산별'(全国産業別労働組合連合)을 결성하고 '전투적 자유노동조합주의'를 내세우며 소수 세력으로 존립했다.

'산별회의'가 주도한 1946년 가을의 '10월 투쟁'은 새로운 노사관계 질서의 출발이었다. '10월 투쟁' 가운데 '전산'(電気産業労働組合連合会)이 주도한 쟁의는 산별노조 운동의 가능성을 보여주었을 뿐만 아니라 생활급과 연공적 평등주의 이념에 입각한 전산형(電産型) 임금체계를 확립하는 계기가 되었다. 산별노조가 등장하자 사용자 측도 산업별로 조직화되어 10월 투쟁 당시 '수뇌자단'을 구성했다. 이 조직은 1947년부터 '전기산업경영자회의'가 되었다. 근속기간이라는 객관적 기준으로 임금을 결정하는 전산형 임금체계는 횡단적 임금 구조의 형성을 의미하므로 노동자가 기업별로 분단되지 않고 계급적 단결을 공고하게 하는 파급효과가 있었다(末広嚴太郎 1954: 161-164; 有泉享·秋田成就·戸坂嵐子 1954: 82; 有泉享 ほか 1971: 50-51, 57; 河西広祐 1982: 416).

또한 민간부문과 비교해 임금수준이 현저하게 낮은 공공부문 노동자들은 1946년 11월부터 임금인상을 요구하기 시작했다. 그러나 일본 정부가 요구를 받아들이지 않자 노동운동과 혁신정당의 정치운동이 결합되어 '내각 타도'와 같은 정치적 목표를 추구하는 운동으로 전환되었다. 이에 중앙노동위원회가 조정을 시도했으나 정부의 거부로 효과를 거두지 못했으며 노동자들은 1947년 2월 1일에 총파업을 실시한다는 방침을 세웠다. 그러나 미군정이 직접 개입하여 총파업을 "점령 목적을 위반하는 행위"라고 규정하고 중지를 명령하는 성명을 발표했다. 결국 파업 지도부 대표가 직접 NHK 방송에 나와 "이보 전진을 위한 일보 후퇴"라고 눈물로 호소하며 파업 중지를 호소하는 사태가 벌어졌다(竹前栄治 1983: 126-138; Cohen 1983 B:99-111).

2·1 총파업의 좌절 이후 일본의 노동운동이 전개되는 방향은 급격하게 달라졌다. '산별회의' 간사회(1947. 5. 9~1947. 5. 10)에서 거론된 자기비판의 요지는 ㉠ 직장 내부에서 전개되는 생산부흥운동에 대한 방침이 없었다. ㉡ '산별회의'가 공산당의 지도를 받는다는 인상을 주었다. ㉢ '산별회의' 간부가 조합원 대중과 유리되어 있다는 내용 등이었다. 그러나 공산당은 이러한 자기비판을 부정하였다. 이때 나타난 노조 내부의 문제점은 '산별회의' 내부에 반공 노동운동인 '민동'(民主化同盟)이 발생하고 조합원이 지도부를 불신하게 되어 조직 분열이 시작되는 원인이 되었다. '민동파'는 세력을 확장해 '국철반공연맹'(1947. 11. 7), '산별민주화동맹'(1948. 2. 13)을 결성했으며 공산당의 영향력은 위축되어갔다 (隅谷三喜男 1967A: 401-402; ものがたり戦後労働運動史刊行委員会 編 1997: 42-43). 물론 미군정의 압박에 의한 2·1 총파업 중단이라는 개별 사건 자체를 일본 노동운동의 성격을 바꾼 결정적인 요인으로 간주할 수는 없다. 이 사건은 미군정이 용인할 수 있는 노동운동은 경제적 조합주의라는 사실을 명확하게 보여주었다. 또한 반공 노동운동의 성장은 미국이 일본의 위상을 반공의 기지로 설정한 점령정책의 전환과 연계되어 있다.

일본의 노동운동은 2·1 총파업 중지 이후에 잠시 소강상태에 빠졌으나 1947년 8월부터 공공부문을 중심으로 임금인상을 요구하는 대규모 쟁의가 지속적으로 발생했다. 산별노조 본부가 중앙에서 통제하는 파업이 금지되었으므로 '전체'(全逓)[58]가 중심이 되어 지역별로 쟁의를 벌

---

58. 전국체신종업원조합(全国逓信従業員組合).

이는 지역투쟁 전술이 등장하였다. 체신 노동자는 사업장이 전국에 산재해 있지만 자체 통신망을 활용할 수 있으므로 의사소통이 원활하여 조직활동에 유리한 조건을 갖추고 있었다. 이들은 사업장이 자리잡은 지역에 따라 생활조건이 달라 노동조건에 대한 요구도 지역별로 제출할 필요가 있었다. 공공부문 노동자들의 임금인상 요구는 다시 총파업(1948. 3. 11)을 예고하는 사태로 발전했다. 미군정의 경제과학국장으로 노동행정 책임자인 마카트(W. F. Marquat) 육군 소장은 이를 2·1 총파업 중지 명령에 저촉되는 행위로 규정하는 성명을 발표하여 중지시켰다. 결국 투쟁적인 공공부문의 노동운동은 앞에서 살펴본 바와 같이 '맥아더 서한'과 '정령 201호' 및 후속 입법조치로 쟁의권을 상실하게 되었다.

중요한 노동개혁이 진행되던 점령 초기에 미군정의 노동과장을 지냈으며 '맥아더 서한'이 발송되는 시점에도 노동과가 속한 경제과학국에 근무하면서 정책 논의에 참가한 코엔은 공공부문의 쟁의권 박탈 과정과 결과에 대해 흥미있는 증언을 남겼다. '2·1 총파업' 사건을 경험한 미군정의 상층 지휘부는 공산당이 조종하는 대규모 파업으로 무정부 상태가 조성되고 폭동·파괴가 발생하는 상황을 우려하고 있었다. 이들은 전체 노동운동에 미치는 영향력이 막대한 정부 직원의 파업을 방지하려면 파업의 전단계인 단체교섭도 금지할 필요가 있다는 논리를 폈다. 미군 철수 이후 사소한 문제로 시작된 쟁의 때문에 파업과 대중봉기가 발생하는 사태를 일본—평화헌법으로 전쟁과 군비를 포기한—이 감당할 수 없다는 지론을 맥아더는 펴고 있었다(Cohen 1983 B: 252-253, 260). 또한 코엔은 공무원의 쟁의권 박탈은 정치적으로도 중대한 전환점이 되었다는 평가를 내린다. 단체교섭권과 쟁의권의 허용 여부를 포함한 공무원 제도 개혁을 미군정이 검토하기 시작했을 당시엔 사회당의 카타야마 테츠(片山哲) 수상이 민주당, 녹풍회(綠風会)와 연립내각을 구성해 집권하고 있었다. '정령 201호'가 발동되었을 당시에는 민주당의 아시다 히토시(芦田均) 수상이 이끄는 정부에서 사회당의 카토 간주(加藤勘十)가 노동대신을 맡고 있었다. 이런 정치적 상황에서 노동자들은 반공 친미 정책을 표방하는 사회당 우파를 원망하게 되었다. 그 결과는 1949년 1월에 치러진 총선에서 사회당의 참패로 나타났으며, 민주자유당이 대승을 거두어 사실상 이때부터 보수정당의 장기집권이 시작되었다 (Cohen 1983 B: 262-265).

이처럼 공무원 제도개혁은 민주화를 점령 목적으로 내세운 미국과 일본 노동자 계급이 결별하는 결과를 가져왔지만 학벌과 인맥이 지배하는 관료기구의 봉건성을 제거하지는 못했다. 이렇듯 점령군이 개혁 과정에서 저지른 오류 때문에 1950년대, 1960년대에 걸쳐 반미운동이 일본을 뒤흔들게 되었다. '맥아더 서한'이 발송된 이후 점령정책의 중점은 일본의 경제적 자립으로 전환되었으며 노동자 계급이 미국에 대해 품고 있는 우호적 정서는 고려의 대상에서 배제되었다(Cohen 1983 B: :268-270). 코엔은 공공부문 종사자의 쟁의권 박탈 조치는 냉전 시대를 맞아 미군정이 일본의 사회질서를 재편성하는 계기가 되었다는 해석을 최종적으로 제시하게 되었다.

일본의 노동자들은 공무원의 단체교섭권과 쟁의권을 제한하는 미군정의 조치에 반대 운동을 전개하였다. '전체' 및 '국노'[59]의 일부, 기타 관공노(官公労)는 집단적으로 직장을 이탈하는 방법으로 항의했다. 집단행동에 참가한 노동자들이 검거되고 해고되는 징계조치가 잇달았다. 국철의 사례를 보면 1,489명의 직장 이탈자 가운데 481명이 복귀 요청

---

59. 국철노동조합(国鉄労働組合).

에 따랐으며, 1,017명에 대한 체포영장이 집행되었으며, 1,002명이 면직 처분을 받았다. 다수의 전투적인 좌파 노조 활동가들이 직장이탈로 면직되어 결과적으로 '국노'의 좌파 중앙투쟁위원회를 지지하는 세력이 약화되었다. 이와 같이 '맥아더 서한', '정령 201호'는 결과적으로 점령 초기부터 확대돼온 노동자의 권리를 침해하고 노동운동 지도부의 교체를 촉진하는 계기가 되었다. 이러한 상황 속에서 미군정은 1949년에 들어 공공부문 노동자에 대해 대규모 인원 정리를 진행하였다. 반공 노동운동을 표방하는 '민동파'가 각급 노조의 주도권을 장악했다. 공무원 노사관계의 제도적 틀과 권리관계가 새롭게 형성되기 시작했다(早川 征一郎 1974 : 349-350).

　미군정은 일본 경제의 부흥을 추진하며 '경제안정 9원칙'(1948. 12. 18)[60], '돗지라인'(Dodge Line, 1948. 3. 7)[61]에 입각한 긴축정책을 실시하였다. 특히 '임금 3원칙'(1948. 12. 11)은 "적자 기업에 대한 융자 중지, 물가에 영향을 미치는 임금인상 금지, 보조금 삭감"을 규정하였다. 이러한 조치에 따른 인원 정리의 규모는 중앙관청 직원 25만명, 지방자치체 직원 41만명에 달했으며, 민간부문에서도 43만명이 해고되었다(竹前栄治 1982: 301). 공공부문의 대규모 인원합리화는 노동자들의 격렬한 저항을 무릅쓰고 강행되었다. 그러나 일본의 노동운동이 해고를 저지하지 못한 이유를 정부와 미군정의 탄압으로만 설명할 수는 없다. 이미 2·1 총파업의 좌절 이후 노동조합 내부에서 '민동파' 세력이 확산되고 있었다는

---

60. "경비 절감과 균형 예산", "징세 강화, 탈세자 강력 단속", "자금 대출은 경제 부흥에 필요한 경우로 제한", "임금 안정", "물가 통제 강화", "무역 통제 개선, 환율 통제 강화", "수출 증가를 위한 자재 배급의 효율화", "중요 국산 원료와 제품의 증산", "효과적인 식량 공출"(安藤良雄篇 1979 : 152).

61. 일본 경제는 미국 원조와 국내 보조금이라는 두 개의 죽마(竹馬)에 의존하고 있다고 비판하며 균형 예산을 편성하여 긴축정책으로 인플레이션을 수습하도록 요구(加藤俊彦 1974: 21).

사실이 중요하다. 즉, 노동운동 진영은 내부 통합력의 저하로 대량해고에 저항하기 어려운 상황에 놓여 있었다. 이는 전후 급진적 노동운동을 주도한 지도부와 일반 노동자 사이에 놓여 있는 간격을 심화시키는 계기가 되었다.

강력한 긴축정책으로 기업 활동을 유지시키는 보조금과 특혜융자가 축소됨에 따라 민간부문의 노사관계도 급격하게 전환되었다. 이러한 맥락에서 발생한 노사분쟁의 대표적인 사례는 '산별회의'의 대표적 거점이었던 토시바노련(東芝勞連)의 1949년 쟁의라고 할 수 있다. 표면적으로 부각된 쟁점은 노동조합이 잠식하고 있었던 기업의 경영권을 재확립하는 문제였다. 그러나 실질적으로 이 사건은 전후에 고조된 급진적 좌파 노동운동 세력이 민간부문에서도 주도권을 상실하고 무력화되는 과정을 보여주는 대표적 사례였다.

토시바의 노사가 1946년 10월 발생한 쟁의를 마무리하면서 체결한 노동협약에는 노조의 동의가 있어야 해고할 수 있다는 조항이 포함되었다. 즉, 사용자는 인사권을 상실하였다(東大 社研 1980: 42). 1949년 쟁의 당시에 회사 측이 내세운 인원 정리 대상자를 선정하는 기준은 기능 수준이 낮은 자, 직무 태만, 사규 문란, 회사 업무에 비협조적인 자 등이었다. 이처럼 사용자는 노조 간부, 노동운동가, 비능률적인 노동자를 배제하려는 의도를 강하게 표명하고 있었다. 결국 인원 정리 계획과 노동협약은 충돌할 수밖에 없었다. 그러나 1949년에 개정된 노동조합법 15조 2항에는 유효 기간이 경과한 노동협약은 당사자의 하나가 효력을 인정하지 않으면 무효라는 내용이 첨가되어 있었다. 이를 활용해 회사는 노동협약을 일방적으로 파기하고 경영권 회복을 지향하는 개정안을 제시(1949. 2. 19)했다. 개정안의 중요 내용은 "노조 가입 방식을 유니온숍에서 오픈숍으로 변경한다", "관리직 직원과 공원, 경비원, 수위, 동력원 직접 관리자 및 본인의 자유의사로 노조 가입을 희망하지 않는 자 등을 포함해 비조합원의 범위를 확대한다", "근무 시간 중의 노조 활동을 금지한다", "노조 상근자를 축소하고 급여 지급을 중지한다", "사업장 구내에 노조 사무소 설치를 금지한다", "단체교섭 및 고충처리 과정에 대한 상세한 규정을 신설한다", "노동협약 유효기간에는 절대적으로 평화를 유지하는 의무를 준수한다" 등이었다. 역설적으로 말하면 회사 측이 제시한 개정안은 당시 노조가 실질적으로 행사하는 규제력의 수준을 보여준다. 이에 대응하여 토시바노련은 사법부에 '노동협약 위반 금지 가처분 신청'을 냈다. 그러나 재판소는 심리를 지연시키다가 노동협약의 자동 연장을 인정하지 않는 방향으로 개정된 노동조합법이 시행된 이후에 기각 처분을(1949. 8. 1) 내렸다(山本潔 1983 : 84, 136-137). 토시바노련의 1949년 쟁의는 파업, 농성이 벌어지는 실력 대결로 발전하였지만 노조 내부에서 제2노조가 결성되어 분열이 일어났으며 쟁의를 주도한 제1노조는 퇴직 조건을 교섭해 유리하게 만드는 선에서 타협하고 6,600명의 해고를 받아들였다(山本潔 1983: 251-252, 313). 이 쟁의는 노조의 분열이 강경파의 패배로 귀결되는 과정을 보여주는 전형적인 사례였다. 전후 일본의 노동운동사를 보면 감독자, 사무직 중심의 온건한 제2노조가 등장하여 회사와 타협하고 제1노조가 소수파로 전락하여 주도권을 상실하는 과정이 수시로 반복된다.

1950년 6월부터 미군정은 정치 성향을 문제삼아 '활동적 파괴분자'(active trouble maker)로 규정된 노동자를 대량 해고하는 '레드 퍼지'를 강행하였다. 한국전쟁 발발을 전후한 시점에 미군정은 공산당원 및 공산당 동조자로 분류한 해고 대상자의 명단을 직장에 통보하였으며, 이 조치는 사법적 심사의 대상이 되지 않는다는 방침을 밝혔다. 미군정이 레드 퍼지를 시작한 배경에는 공산당의 전술 변화가 있었다. 점령 초기에 공산당은 제5회 대회를 열고 "평화혁명방식"을 노선으로 채택하였다(1946. 2. 24). 즉, 공산당은 연합국의 해방군과 협력해가며 민주주의 혁명을 수행한다는 전략적 목표를 설정하고 있었으므로 적극적으로 미군정과 갈등을 일으키지 않았다. 생산관리 쟁의에 대해서도 노동자가 공장을 관리하는 소비에트의 건설이 아니라 경영협의회를 통한 노동자의 경영참가를 지지했다(山本潔 1977: 12-13, 108-110, 115). 그러나 냉전이 본격화되고 코민포름[62]이 '평화혁명' 노선을 비판하자(1950. 1. 6), 공산당은 비합법 체제[63]로 전환하고 지하투쟁 노선을 채택했다(竹前栄治 1982: 351-352). 미군정도 공산당 서기장 토쿠다 큐이치(德田球一)를 비롯한 공산당 간부 24명의 공직 추방(1950. 6. 6), 기관지 『아카하타』(赤旗) 간부 17명의 공직 추방과 30일간의 발행 정지(1950. 6. 26) 등의 조치를 취했다.

노동자에 대한 '레드 퍼지'는 1950년 7월~9월에 걸쳐 언론산업, 기타 주요 산업, 관청과 공공기업체 순으로 진행되었으며, 해당자는 1만 2,200명에 달하였다. 미군정 노동과가 작성한 구체적인 '레드 퍼지' 실시 방안인 '일본 노동운동에 대한 반공 계획'(竹前栄治 1982: 412-416)에는 간접적 수단을 사용하여 공산주의자를 몰아내는 구상도 포함되었다. 이 계획에는 "'레드 퍼지'와 동시에 출범한 '총평'을 비롯한 '민동파' 노조에 대한 간접 지원", "노동조합법에 규정된 노조 상근자에 대한 사용자의 급료 부담 금지 조항 준수", "'민주적 운영 조항'을 명시한 노조 규약의 보급", "노동대신과 지사에게 노동위원회 위원을 직권으로 위촉

---

62. Cominform, Communist Information Bureau, 1947-1956. 소련 및 동구 9개국 공산당의 국제 조직.
63. 원문은 非公然体制.

하여 임명할 수 있는 권한 부여", "노조 정책결정 절차에 규정된 조합원 '2/3' 이상 동의 원칙을 '단순 과반수'의 동의로 변경", "파업 기간에 대한 임금 지급 금지" 등의 내용이 포함되어 있다. 더구나 사용자가 레드 퍼지에 편승해 자의적으로 노동자를 해고하는 문제도 발생했다.

점령정책의 전환은 급진적인 '산별회의'가 내부로부터 민동파의 도전을 받아 무력화되고, '총동맹' 좌파 계열을 중심으로 '총평'이 결성 (1950. 7. 11)되는 결과를 가져왔다. '총평'은 미군정의 적극적인 후원을 받아 새로운 전국 중앙조직으로 등장하였다(竹前栄治 1983: 287-288, 311-312). 그러나 샌프란시스코 강화조약이 소련을 비롯한 사회주의 진영을 배제한 상태에서 체결되었으므로, 일본의 여론은 찬반양론으로 갈라졌다. 찬성하는 보수파는 우선 서방 측 국가를 강화조약의 대상으로 하는 편면(片面)강화론을 지지했다. 반대하는 자유주의자와 혁신진영은 모든 교전 당사자가 포함되어야 한다는 전면(全面)강화론을 주장했다. 전자는 냉전 시대가 되었으므로 일본이 미국과 안보 협력을 유지해야 한다는 입장이었다. 후자는 일본이 평화와 민주주의라는 전후의 가치를 지키려면 미국이 주도하는 군사동맹 체제에 가담하지 말고 중립을 지켜야 한다는 이상론을 펼쳤다. '총평'은 전면강화론을 지지하였으므로 정부와 미국을 비판하는 정치적 입장을 표명하게 되었다. 이러한 '총평'의 정치적 변신은 백조가 오리로 바뀌었다는 비유가 등장할 정도로 충격적인 사건이었다.

'총평'은 겉으로는 급진적인 정치 구호를 내걸었으나, 실제로는 경제적 실리 확보를 우선시하는 노동운동을 지향하고 있었다. 이러한 실리주의적 노동운동은 한국전쟁 특수로 일본의 전후 복구가 촉진되던 시대적 상황과 결합되어 있었다. '총평'은 1955년부터 일정 시기에 임금인상 요구를 집중시켜 교섭력을 높이는 춘투를 시작했다. 한편 이 해는 고도경제성장 시대가 개막되고 자민당 장기 보수정권이 출발한 시점이었다. 이와 동시에 샌프란시스코 강화조약 찬반을 둘러싸고 좌우로 분열되었던 사회당이 합당하고, 무장투쟁 노선을 포기한 공산당은 의회로 복귀했다. 즉, 일본의 조직 노동운동은 '55년체제'를 구성하는 요소의 하나가 되었다.

이상에서 살펴본 바와 같이 전후 일본의 노동운동은 점령정책과 밀접하게 연계되어 있다. 미군정은 민주적 노사관계의 정착에 필요한 제도적 기반을 마련하였으며 점령목적을 저해하지 않는 한도에서 노동조건 개선을 요구하는 실리주의적 노동운동의 자유를 보장하였다. 생산기반이 파괴되어 실업과 절대적 빈곤이 만연된 상황에서 생존권 보장을 요구하는 노동운동과 노동조합의 세력은 급속하게 확산되었다. 그러나 생활물자가 극심하게 부족하고, 자원 배분을 주도하는 정부가 사실상 노동조건을 결정하는 상황이었다. 혁신정당과 밀접하게 연계되어 있는 일본의 노동운동은 정치적 성격을 띨 수밖에 없었다.

한편 냉전의 본격화와 함께 일본의 위상은 반공의 기지로 바뀌었다. 미군정은 점령정책을 전환하여 노동운동을 제약하였으며, 노사관계를 규정하는 법과 제도의 개정도 이루어졌다. 특히 공공부문 노동자의 쟁의권 박탈을 둘러싼 분쟁은 노동운동을 비롯한 사회운동 세력이 반미로 돌아서는 원인이 되었다. 그러나 외부 환경이 노동운동과 노사관계의 성격을 전적으로 규정하는 것은 아니다. 전후 일본의 노사관계를 구체적으로 이해하려면 기업과 직장수준에서 형성된 노동자의 생활세계에 대한 고찰이 필요하다.

⑷ 마무리 : 실리추구형 노동운동의 정착

노동자의 기본권을 보장하고 노사관계를 개편하는 노동개혁은 미군정이 주도한 일본의 민주화와 비군사화를 지향하는 전후개혁에서 가장 중요한 정책이었다. 혁신 정치세력과 연계된 일본의 노동조합은 급속하게 발전했으며 막강한 영향력을 행사하는 사회세력으로 성장했다. 미군정이 주도한 뉴딜 노동법 체계에 입각한 제도 개혁은 실질적으로는 패전 이전에 일본 내부에서 진행되고 있었던 노사관계의 변화와 동질적인 성격을 가지고 있었다. 반면 냉전 시대를 맞아 일본의 위상을 반공의 기지로 재설정한 미군정은 점령정책을 전환하여 급진적 노동운동을 규제하기 시작했다. 이 과정에서 강행된 공공부문 노동자의 쟁의권 박탈은 장기적으로 노사관계 안정을 저해하는 요인이 되었다. 그러나 미군정의 노동개혁은 노동자를 당사자로 인정하는 민주적 노사관계의 제도화를 촉진하는 성과를 거두었다. 미군정기에 확립된 노동기본권의 보장은 민간부문의 노사관계가 장기적으로 안정될 수 있는 제도적 환경을 조성했다. 전후에 재편된 일본의 노동운동은 기본적으로 실리추구형 경제적 조합주의를 추구하고 있었다. 노동개혁은 노동운동을 통한 소득의 재분배와 내수 증대를 촉진시켜 고도경제성장에 기여했다. 또한 미군정기에 노사분쟁을 제도적으로 해결하는 기제가 정비되었으므로 자민당 정권이 주도하는 '55년체제'가 장기적으로 유지될 수 있었다.

III-3. 노동개혁과 일본적 노사관계: 연공제와 기업별노조

(1) 문제의 제기

전후 노동개혁은 노사관계의 제도화와 민주화를 진행시켰다. 그러나 연공제와 기업별노조를 중심으로 재편성된 일본 노사관계에 대한 평가는 다양하다. 1970년대 후반 이후 일본 경제의 높은 성과와 노사관계를 연결시키는 각종 '일본모델론'이 등장하기 이전에는 일본의 연공제와 기업별노조를 전근대사회의 잔재로 간주하는 논의가 지배적이었다. 또한 계급운동적 노동운동을 선호하는 논자들은 기업별노조는 노동자의 계급적 단결을 근본적으로 저해한다는 원천적 결함론을 제기하고 있었다.

미군정기의 노사관계를 살펴보면 연공제의 확대 적용과 기업별노조의 형성이 반드시 연계된 것은 아니었다. 구체적으로 연공제는 정년까지 고용을 안정적으로 보장하는 장기고용, 근속기간에 따른 승급과 승진을 의미한다. 종업원과 기업이 장기적으로 고용관계를 유지한다는 전제가 있는 연공제는 기업별 노동조합의 형성을 촉진한 배경으로 거론되지만 실상을 보면 기업별노조는 미군정의 반공적 노조정책에 힘입어 정착했다.

반면 전후 일본의 노사관계에 전근대적 잔재가 남아 있다는 시각은 전후개혁 과정을 살펴보면 간단하게 반박할 수 있다. 점령 초기의 생산관리 운동, 전국 규모의 쟁의와 같은 급진적인 노동운동의 대규모 확산, 계급운동을 표방하는 사회당과 공산당이 노동운동에 끼친 막대한 영향력 등을 돌아볼 필요가 있다. 전근대 사회의 유산이 미친 영향력은 희석되고 있었다고 평가할 수밖에 없다. 또한 미군정기의 노동운동이 공통적으로 요구한 사항이 '신분 철폐'였다는 사실도 연공제를 전근대적 잔재로 해석하는 시각의 한계를 보여준다. '신분 철폐' 요구의 핵심적 내용은 직원과 관리감독자 집단에 속하는 일부 공원에게 적용되는 연공제를 모든 공원에게 적용하라는 것이었다.

연공적 평등주의에 입각한 '전산형 임금체계'와 이상적인 산별노조를 추구했던 '전산'(電産)[64]의 사례는 전후개혁과 역코스가 노사관계에 미친 영향을 전형적으로 보여준다. 연공 임금의 모형인 '전산형 임금체계'는 급진적 노동운동이 공세를 펴던 미군정기 초기에 형성되었으며 전국적으로 확산되었다. 반면 점령정책의 전환으로 대규모 해고와 레드 퍼지가 진행되던 시기에 일본 정부와 민동파는 산별노조 체제를 갖춘 '전산'을 무력화시키고 기업별노조로 개편하기 위해 적극적으로 개입했다. 실제로 2·1 총파업의 좌절 이후 등장한 '민동파'가 노동운동의 주도권을 장악할 수 있었던 배경을 파악하려면, 제도와 정책의 변화만이 아니라 직장 수준에서 전개된 노동운동의 실제 상황을 이해할 필요가 있다. '전산형 임금체계'를 둘러싼 노사의 갈등은 전후 노사관계의 형성 과정을 역동적으로 보여주는 사례다.

(2) '전산형 임금체계'와 연공적 평등주의

기업별노조 체제가 확립된 일본에서도 산별노조가 보편적인 조직 형태로 자리잡지 못한 사실을 평가하고 원인을 규명하려는 시도는 여전히 중요하다. 기업내 노동시장의 형성에 주목하는 관점에서 보면 제1차

---

64. 일본전기산업노동조합(日本電気産業労働組合).

세계대전 직후부터 사내 숙련공 양성이 시작되었으며, 1930년대의 중화학공업화 과정을 거치면서 숙련공이 기업에 정착하는 경향이 나타났다. 종신고용의 혜택은 기간적 역할을 하는 숙련공 및 관리직 사원에게 한정되어 있었다. 이와 같은 노동력의 기업 내부화는 숙련공을 확보하고 노동운동을 예방하려는 노무관리 방침에 따라 촉진되었다. 전후의 민주화와 노동개혁 과정을 거치면서 전전의 경영가족주의에 입각한 연공제와 종신고용 관행은 직원층과 일부 공원에게 사용자가 베푸는 시혜가 아니라 노동자의 권리로 확립된다. 또한 연공제는 기업내 숙련 향상에 대한 보상이며 생활을 보장하는 임금체계라는 정당성을 가지게 되었다(森五郎·松島静雄 1977: 127-128; 尾高邦雄 1981: 60; 松島静雄 1986: 341-342; 氏原正治郎 1974: 395; 小林謙一 1967: 356).

'전산'을 연구한 카와니시 히로스케(河西宏祐)는 전후에 급속하게 증가한 노조들이 '전산형 임금체계'를 임금투쟁을 위한 이론적·실천적 무기로 활용하여 임금투쟁을 전개할 수 있었다고 평가했다. 그는 "'산업별 횡단 임금'을 지향하는 '전산형 임금체계'는 전후에 확립된 연공제의 이념적 형태를 반영하고 있다. 이 체계가 패전 직후부터 약 10년간 대부분의 산업과 직업에 적용되었으며 20세기 말에도 공무원, 언론, 운수, 사립학교, 사립대학에 적용되고 있다"고 분석했다(河西宏祐 1999: 1).

이와 같이 '전산'이 산별노조와 '연공적 평등주의'라는 이상을 추구할 수 있었던 배경에는 전력산업의 특성이 있다. 1938년 일본 정부는 '전력관리법', '일본발송전주식회사법'을 공포·시행하였다. 이 조치는 전력산업의 조직 구조를 개편하여 생산부문은 통합하고 유통부문은 지역별로 조직된 다수의 기업이 담당하는 체제를 만들었다. 결과적으로 전력산업의 노동운동이 전국적 단일조직을 형성하기에 유리한 조건이

만들어졌다. 또한 고급 기술자가 많은 산업이므로 종업원의 학력 수준
도 높았다. 고학력 노동자가 주도하는 노동조합인 '전산'은 전후개혁의
흐름을 신속하게 파악하고 경제적 실리만이 아니라 '전기사업의 사회
화', '대중을 위한 전력'을 추구하는 이념을 표방했다. 실질적으로 산업
별 노동조합 체제를 형성하고 있었던 전력산업 부문의 노조가 1946년
10월 투쟁의 성과물로 확보한 '전산형 임금체계'의 기반은 '연공적 평
등주의'에 입각한 직장질서였다.

전산형 임금체계의(그림 Ⅲ-1) 내용은 다음과 같다(河西宏祐 2007:433-439).

㉠ 전시·전후를 거치면서 복잡해진 임금체계의 구성 요소를 단순화
했다. 합리적이면서도 알기 쉬운 임금체계가 만들어졌다.

㉡ '기준노동임금'(기본급)과 '기준외노동임금'(수당)을 구분하여 통
상적인 노동에 대한 대가와 기타 특별한 노동에 대한 대가를 분리했다.
여기에는 '기준노동임금'만으로 생활이 가능할 수 있게 한다는 목적이
있었다. 전전에는 양자의 구분이 불명확한 점을 이용하여 경영자가 '기
준외노동임금'의 비율을 무제한으로 높여 과중한 노동을 강제했다.

㉢ 기준노동임금의 80%를 차지하는 생활보장급만으로 최저 생활보
장이 가능한 생활급 임금이라는 성격이 강조되었다.

㉣ 생활보장급은 경영 측의 사정(査定)이 개입할 여지가 없는 연령과
가족수에 따라 산정되었다. 전후 민주주의의 정신인 평등주의에 입각
하여 연령과 가족수라는 객관적 기준에 의해 최저생활을 보장한다는
의미였다. 즉, 자격, 직계(職階)[65]제도, 학력, 성별을 기준으로 만들어진 임

---

65. 직계(職階)는 직급(職級)과 동의어이다. 직위를 직무의 복잡성, 책임의 중대성을 기준으로 분류
  하여 직계를 설정한다. 일반적으로 직종, 직장(職掌)을 단위로 1급~10급으로 서열을 부여하여
  규정한 계층을 직계로 호칭한다. 직장(職掌)은 가장 넓게 직무를 구분하는 범주이며 유사한 직종,

〈그림 Ⅲ-1〉 전산형 임금체계의 구성

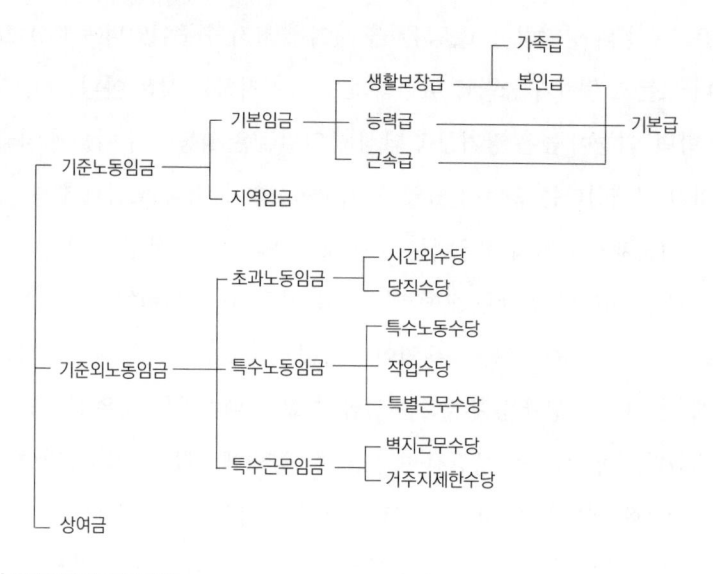

자료: 河西宏祐 1999: 109.

금 불평등의 철폐라는 명분이 있다.

ⓒ 생활보장급 이외에도 기본임금에 추가된 능력급과 근속급으로 노동자 개인의 능력과 숙련에 입각한 격차를 반영하려 했다. 능력, 근속년수, 근태(勤怠)에 따라 증가하는 임금 부분을 능력급과 근속급으로 반영하여 평등주의에 변동폭을 설정하였지만 이 부분을 '기준노동임금'의 20%로 억제하였다. 여기에서는 근속연수를 숙련과 능력을 반영하는 지표라고 보는 생각이 반영되어 있다. 능력급은 사정(査定)에 의해 결정되었다.

'전산형 임금체계'는 능력급의 비중이 작았으므로 경영자의 사정권

직무를 집단화하여 설정한다. 예를 들면 작업직, 사무직, 기술직, 특무직, 감독직, 관리직, 전문직 등으로 구분한다.

을 제약하고 있었다. 실제로 '기준노동임금'에서 능력급이 차지하는 비중은 '전산'의 영향력이 고조되었을 시기에 최저 수준이었다(표 Ⅲ-2). 그러나 모든 노동자가 능력급 비중의 축소를 지지하는 것은 아니었다. 직위, 학력, 기능이 높은 장기근속 남성 종업원들은 평등주의 때문에 임금 격차가 규제된다는 불만이 있었다. 기술혁신의 본격적 도입과 함께 새로운 기술체계에 빨리 적응하는 청년 노동자층에서도 불만이 나타나기 시작했다. 이러한 불만은 모두 임금체계 가운데서 '능력에 의한 임금' 부분의 확대를 요구하는 움직임이기도 했다. 그러나 원칙적으로 임금체계 가운데서 '생활을 보장하는 임금' 부분을 배제하는 것은 불가능한 일이었다. 즉, '생활을 보장하는 임금'과 '능력에 의한 임금'의 비중이 임금체계에 대한 노사 갈등의 쟁점이었다. 이러한 점에서 '전산형 임금체계'를 둘러싼 갈등은 연공제의 실질적 내용을 보여주는 사례라 할 수 있다(河西宏祐 1999: 5-7). 산별노조를 무력화시키려는 저의를 가진 전력산업의 지역별 9분할 정책을 반대하는 노조가 벌인 '전산 52년 쟁의'는 결국 경영 측의 승리로 끝났다. 이를 계기로[66] 전산형 임금체계 내부에서 능력급 부분이 확대되었으며, 1955년 무렵부터 직무평가와 연결된 직계·직무급으로 대체되기에 이르렀다.

이와 같이 '전산형 임금체계'의 변화는 전력산업만이 아니라 일본 전체의 노사관계 변동과 연동되어 있다. 1952년 '전산'이 쟁의에서 패배함으로써 전력산업에서 산별 교섭 방식이 무력화되고 기업별 교섭이 그 자리를 대신했다. 일본 노조의 조직형태는 기업별이라는 인식이 정착한 배경에는 '전산'의 좌절이 있다.

---

66. 일본전기산업노동조합은 1956년 3월에 실질적으로 해산했다.

〈표 III-2〉 기준내 임금에서 능력급이 차지하는 비율 변화 (단위: %)

1944·4/5	69.0	1948·9	22.5	1952·9	32.8
1946·4	62.3	1949·9	23.2	1953·9	38.9
1946·10	48.1	1950·9	23.8	1954·9	36.2
1947·9	20.5	1951·9	27.5		

자료: 労働争議調査会編, 『電産争議』, 中央公論社, 1958年, 199頁.
河西宏祐 1999: 335에서 재인용.

(3) 노조 분열과 기업별노조

가장 모범적인 산별노조 체제를 지향했던 '전산'의 붕괴 과정은 반공 노동운동인 '민동파'의 진출과 밀접한 관련이 있다. 민동파의 행동은 한국전쟁 직전인 1950년 여름에 실시된 레드 퍼지와도 관련이 있다. 전력 산업에서 진행된 레드 퍼지의 가장 큰 특징은 노조가 지명해고에 협력했다는 사실이다. '전산' 제4회 대회(1949. 5. 28~6. 2)에서 '민동파'가 공산당계를 누르고 집행부를 장악한 이래 양파의 대립이 격화되었다. 제5회 대회(1950. 5. 29-5. 31)는 양파의 충돌로 유회되었다. 당시 중앙상임집행위원회의 다수파였던 '민동파'는 폭력행위로 대회를 유회시킨 공산당계의 책임을 묻는다는 명분으로 조합원에게 모두 재등록하라는 특별지령(1950. 7. 12)을 내렸다. 즉, 노조의 이름으로 '국제 적색 파시즘', '국제 적색 제국주의', '적화'(赤禍)라는 표현을 사용하며 조합원에게 반공 노선을 지지할 것을 요구했다. 1개월이 지나자 재등록 요구를 받아들인 서명자는 108,095명이었으며 거부자는 19,282명으로 소수가 되었다. '전산' 중앙본부는 재등록 거부자에 대해 제명 411명, 권리정지 167명이라는 징계를 내렸다. 또한 사용자도 재등록 거부자 가운데 중심적 인물로 지적된 2,137명에게 해고를 통고하는 방법으로 레드 퍼지를 실시했다. '전산' 중앙본부는 "특별지령을 거부하고 확인 서명을 하지 않은 자 및 심사 결과 배제할 대상으로 결정된 자에 대한 해고 반대 투쟁은 실행하지 않는다"는 결정을 내렸다. 결과적으로 노조가 레드 퍼지를 선도하고, 사용자에게 해고 대상자를 선별해주는 결과가 되었으며, '민동파'는 주도권을 완전히 확보했다. 해고자에는 공산당원만이 아니라 비당원 활동가도 다수 포함되어 있었으므로 일반 조합원들은 노조 활동을 기피하게 되었다(河西宏祐 1982: 421-423, 437-438). 그러나 주도권을 장악한 '민동파'의 내부도 이질적인 집단으로 구성되어 있었는데, '민동좌파'(중앙본부파)에 대항하는 '민동우파' 및 '사상우익파'는 선명한 반공 사상에 입각한 노동운동을 강조하고 있었다(河西宏祐 1982: 432). 결국 후자는 중앙본부의 통일교섭을 비판하고 각지의 지방본부가 개별 교섭을 실시할 것을 주장하며 제2조합을 만들어 분열해 나갔다.

노조 내부의 갈등은 전력사업의 구조 재편과 맞물려 '전산'의 교섭력을 저하시키는 요인으로 작용했다. 패전 당시 일본의 전력산업은 국가 관리 하에 있는 '일본발송전회사'(日本発送電会社)와 9개의 배전(配電)회사로 구성되어 있었다. 미군정은 이들을 '과도 경제력 집중 배제법' 적용 대상으로 지정하였으며, 일단 해체하여 재조직할 것을 요구했다. 그러나 사업자, 노조, 정부, 지자체의 이해관계 충돌로 의견이 조정되지 않았다. 결국 레드 퍼지 직후에 미군정의 명령에 따라 일본 정부는 전력산업을 발전, 송전, 배전 업무를 통합적으로 수행할 수 있는 9개 지역별 회사로 분할하는 조치(1951. 5. 1)를 시행했고(河西宏祐 2007 :332-337), 그 결과 지역별로 상이한 영업환경 때문에 회사에 따라 임금 지불능력과 노동조건도 달라지게 되었다. 이로써 산별노조의 노동조건 규제 기능이 약화되고 기업별노조가 주도권을 장악하는 결과가 초래되었다.

1952년 쟁의에서 '전산'이 노사가 산업별 협약을 인정하고 노조는 임금인상 요구를 낮추라는 중앙노동위원회의 조정안을 거부하자, 사용자 측은 산별 교섭의 당사자 역할을 하는 '전기사업 경영자회의'를 해체하고 기업간 연락 기능만 수행하는 '전기사업연합회'로 개편하였다. 이는 '통일교섭, 통일임금'을 거부하고 '지방교섭, 개별임금'으로 전환시키려는 의도를 반영한 행동이었다. 경영자단체인 '일경련'은 전기사업 경영자들에게 안이하게 타협하지 말도록 촉구하면서 산업별 단일노조를 해체하는 방향으로 캠페인을 벌였다. 또한 전력공급을 중단한 쟁의 전술이 여론을 악화시켜 '전산'은 사회적으로 고립되었다. '전산' 내부에서는 투쟁 방침에 반발한 지방본부와 단위기업 노조가 중앙본부에 대해 "지방교섭 개별임금"의 원칙을 받아들이고 교섭권과 쟁의권을 하부에 넘기도록 요구하는 사태가 벌어졌다. 결국 '전산'은 중노위의 당초 조정안보다 불리한 조건으로 작성된 알선안을 수락하였다. 임금은 조정안과 동일했으나 노동시간이 증가(38.5→ 42)하고, 노동협약에 대한 사용자 측 제안을 수락하는 결과가 되었다. 사용자 측의 요구는 "유니온 숍의 오픈숍 전환", "쟁의행위 예고 사항 신설", "쟁의에 참가하지 않는 노동자 지정", "노동시간, 휴일, 시간외 노동 등 노동조건 조정" 등이었다(河西宏祐 1982: 426-431; 河西宏祐 2007: 373).

이상과 같이 "기업별노조"를 내세운 세력이 주도권을 장악하는 과정을 구체적으로 이해하려면 '전산' 내부에 축적되고 있었던 구조적인 문제를 살펴볼 필요가 있다. 우선, 산별 단일 노동조합 체제이므로 중앙집권제가 강화되었으나 중앙 본부가 기업별로 상이한 이해관계를 조정하기에는 역량이 미흡했다. 제6회 대회(1951)에서 칸토(関東), 칸사이(関西)

지방본부가 "교섭권을 대폭적으로 지방에 위양(委讓)하라"고 이미 요구했고, 전산형 임금체계 내부에서 지역수당과 능력급의 비중도 증가하고 있었다. 본래 지역수당은 물가가 높은 지역에 근무하거나 거주하는 본인과 부양가족에게 지급하는 보조금 성격의 급여였다. 지역급의 비중이 올라가면 연공급 성격의 생활보장급을 포함한 다른 임금 구성 요소의 비중은 감소하므로, 대도시가 많은 칸토, 칸사이, 쥬부(中部) 지역 종업원이 수혜자가 되는 결과가 초래되었다. 능력급은 본래 기능과 숙련에 대한 대가로서 연공급의 성격이었으나, 기업별로 능력급 사정산식(査定算式)을 결정하는 과정에서 사정급(査定給)으로 성격이 달라졌다. 또한 능력급은 이미 기업간 격차가 반영된 직계(職階)에 대한 급여라는 성격도 있었다. 따라서 기업의 임금 지불능력이 높은 지역에서는 기업별 교섭을 내세우는 이기주의적 입장을 가진 제2노조가 설득력을 발휘할 수 있었다(河西宏祐 1982: 434-435).

최종적으로 '전산'을 대체하는 제2조합인 전노련(電労連)[67]이 전력산업 노동운동의 주도권을 장악하였다. '전산'의 사례는 산별노조의 존립 요건을 중앙 수준의 교섭과 노동조건의 균일화라는 원칙에 입각하여 다양한 지역별, 사업장별 요구를 조정하는 능력에서 찾아야 한다는 교훈을 남겼다. 크게 보아 공산당 계열과 '민동파'의 갈등 및 '민동파' 내부의 갈등이 중첩되어 노조 조직의 자체 응집력이 약화된 것이 '전산'의 쇠퇴를 초래한 가장 직접적인 원인이라고 볼 수 있다.

<hr />

67. 전국전력노동조합연합회(全国電力労働組合連合会), 1954. 5. 26. 결성.

〈표 Ⅲ-3〉 전력산업 임금구성 요소의 비중 변화 (단위: %)

기준임금	1,854엔 (1947. 4)	5,358엔 (1948. 3)	7,100엔 (1949. 1)
기준임금	100.0%	100.0%	100.0%
본인급	47.5	47.5	43.4
가족급	20.7	20.7	17.6
근속급	3.7	3.7	2.2
능력급	19.4	19.4	24.0
지역수당	8.0	8.0	11.4
월동수당	0.7	0.7	1.5

원자료: 電産調査部『調査時報』4号, p. 2.
河西宏祐: 1982:434에서 재인용.

(4) 마무리 : 연공과 능력

'전산'의 사례는 미군정기 초기에 확립된바, 생활급을 보장하는 연공적 평등주의가 개인의 성과를 중시하는 능력주의로 전환되는 과정과 함께 산별노조를 지향하는 급진적 노동운동이 패배하고 기업별노조가 정착하는 과정을 보여준다. 임금 구성에서 연공급과 능력급이 차지하는 비중은 사실상 노사의 세력 관계를 반영하고 있다. 미군정의 노동정책 전환과 사용자의 경영권 강화는 임금 결정 기준이 능력 위주로 전환되는 계기가 되었으며 전력산업 노동운동의 주도권은 이상주의적인 급진파로부터 반공 노동운동을 지향하는 민동파로 이전되었다. 전력산업의 지역별 분할로 기업간 노동조건의 격차가 발생하였으며 산별노조의 기반이 약화되었다. 이와 함께 '민동파' 내부에서도 기업별 노사교섭을 강조하는 세력의 영향력이 커졌다. 1952년 쟁의에서 산별노조를 지향하던 '전산'의 패배는 일본에서 기업별노조가 정착하는 중요한 계기가 되었다.

III-4. 마무리: 노사관계의 제도화

전후개혁의 일환으로 추진된 일본의 노동개혁은 노사관계를 획기적으로 변모시켰으며 사회의 실질적 민주화를 촉진했다. 일본의 노동자는 노동기본권을 법적으로 보장받게 되었다. 그러나 공공부문의 쟁의권 박탈은 장기적으로 노사관계를 불안정하게 만드는 요인이 되었다. 전후에 활성화된 노동운동은 기업별노조를 기반으로 전개되었으며 이는 횡적·계급적 연대의 형성을 저해하는 환경이 되었다. 전후에 등장한 새로운 활동가들이 주도한 급진적 노동운동 세력을 대표하는 노조 전국 중앙조직인 '산별회의'는 점령정책의 전환과 긴축정책이 초래한 대규모 해고와 반공 노동운동의 등장으로 무력화되었다. 미군정의 지원을 받은 전전의 '총동맹' 계열 노동운동 세력은 새로운 전국 중앙조직인 '총평'을 조직하였다. 노동운동의 주도권은 미군정의 개혁 기조를 신속하게 파악하고 이념지향적인 노동운동을 전개한 고학력 사무관리직, 기술직 노동자 집단으로부터 직장의 사회관계를 장악하고 있는 현장 노동자 출신 감독자 집단으로 이전되었다. 정치적으로 '총평'은 소련을 비롯한 사회주의 진영을 배제하고 샌프란시스코 강화조약을 체결하려는 일본 정부의 입장에 반발하는 자유주의 세력 및 혁신 세력을 지지하였다. 그러나 '총평'의 노동운동은 실리 확보를 중시하는 경제적 조합주의 노선을 지향하고 있었다. 즉, '총평'은 자본주의와 의회민주주의에 기반을 둔 전후 일본의 사회체제를 인정하고 있었다. 이와 같이 전후 미군정기에 진행된 노사관계의 제도화를 기반으로 1955년부터 본격화된 고도경제성장과 춘투를 통해 실현되는 고율의 임금인상이 공존할 수 있었다.

IV장

고도경제성장과 실리추구형 노동운동
1955-1973

춘투가 시작된 1955년은 일본 현대사에서 특별한 의미가 있다. 일본 정부는 1955년도판 경제백서에서 "일본은 더이상 전후가 아니다"라고 선언했다. 공산당은 제6회 전국협의회를 열어 혁명을 포기하고 의회민주주의를 존중한다는 노선 전환을 명확하게 했다. 샌프란시스코 강화조약을 반대하는 좌파와 찬성하는 우파로 갈라졌던 사회당은 통합했고 보수 진영에서는 자유당과 민주당이 통합해 자민당을 만들었다. 이와 함께 자민당의 장기 집권이 시작되었다. 보수 정당이 주도하는 안정된 정치질서를 의미하는 '55년체제' 내부에서 자민당과 사회당은 1.5당체제라 부르는 동반자 관계를 형성했다. 1.5당체제는 재계, 농민, 자영업 부문을 대변하는 자민당이 정치를 주도하고, 사회당이 국내에서 노동자 세력을 대변하며 대외적으로는 국교 관계가 수립되지 않은 사회주의권 국가와 교류하는 역할을 맡는 보혁(保革)의 정치적 분업 구조를 의미했다.

'55년체제'의 성립과 함께 사회당의 정치기반인 노동자를 대변하는 '총평'[68]의 정치적 비중도 높아졌다. '사회당-총평 블록'은 냉전의 종결 시점까지 일본의 정치과정에 막대한 영향력을 행사하였다. 특히 미군정이 박탈한 공공부분 노동자의 쟁의권이 회복되지 않았으므로 '총평'은 자민당 정권과 정치적으로 대립할 수밖에 없었다. 반면 1955년부터 본격화된 고도경제성장과 기술혁신의 도입에 따른 설비합리화 과정을 거치며 노동문제의 성격이 질적으로 달라졌다. 절대적 궁핍은 더이상 중요한 쟁점이 아니었다. 생산 현장의 주역이 경험적 숙련을 쌓은 구형 숙련공에서 젊은 고졸 노동자로 전환되었다. 이와 함께 학력과 자격을 중시하는 방향으로 연공제가 변화하기 시작하면서 노조가 직장 수준에서 행사하는 노동조건 규제력은 약화되었다. 설비합리화의 성과를 배분받아 지속적으로 고율의 임금인상을 달성한 노조는 조합원에게 존재의 의의를 과시할 수 있었다. 이와 함께 기업이 사회통합의 구심점이 되는 '기업사회'가 형성되었다. 직장 수준에서 노조의 존재는 공동화되었으며, 단체교섭보다 노사협의를 중시하는 상호신뢰적 노사관계가 성립되었다.

그러나 기술혁신의 도입과 인원 감축에 대한 노동자의 불만은 혁신 정당과 기존 노조를 비판하는 신좌익 노동운동이 등장하는 배경이 되었다. '반전'(反戰)을 내세운 학생운동 세력의 정치투쟁과 결합한 신좌익 노동운동은 광범위한 노동자 대중의 지지를 확보하지 못하였다. 그러나 이는 직장 수준에서 발생하는 사회통합의 위기를 반영하는 병리적 현상이었다. 기업은 이러한 위기 상황을 극복하기 위해 직장 수준에서 소집단 단위의 자주관리활동을 조직하였다.

68. 일본노동조합총평의회(日本労働組合総評議会).

IV-1. 고도경제성장과 춘투

일본의 1차 고도경제성장(1955-1964)은 기술혁신의 도입을 포함한 설비투자의 확대가 주도했다. 2차 고도경제성장(1965-1973)의 원동력은 '3종의 신기'(神器)[69]로 부르는 승용차와 가전제품을 비롯한 내구성 소비재의 수요 확대였다. 새로운 설비를 가동하려면 새로운 유형의 노동자가 필요했다. 장기근속을 하며 쌓은 경험에 의존하는 구형 숙련공은 고졸 젊은 노동자로 교체되었다. 이와 함께 종업원에 대한 평가 기준이 달라짐에 따라 승진·승급에서도 학력과 자격이 중시되기 시작했다. 즉, 연공제의 변용과 함께 직장질서의 재구성이 시작되었다. 또한 중동에서 수입한 석유로 국내산 석탄을 대체하는 에너지 혁명이 진행되었다. 석탄산업의 사양화와 인원 감축은 대규모 노동쟁의가 발생하는 배경이 되었다. 고도경제성장기에 진행된 기술혁신과 산업의 교체는 노동운동과 노사관계의 상황에도 영향을 미쳤다. 공동체적 직장질서는 해체되고 경영관리기구는 경쟁과 능력주의 원리를 기반으로 새로운 직장질서를 만들어갔다. 직장 수준에서 활동하는 하부 조직이 약화된 노동조합은 노동조건 규제력을 발휘하기 어렵게 되었다. 민간부문의 노동자들은 고율의 임금인상이 장기적으로 지속되는 환경 속에서 고도경제성장의 수혜자로서 풍요한 노동자가 되었다. 그러나 미군정기에 쟁의권이 박탈된 공공부문의 노사관계는 여전히 불안정한 상태로 남아 있었다.

---

69. 1960년대 전반에는 흑백TV, 세탁기, 냉장고가 '3종의 신기'였다. 1960년대 후반에 들어와 3C(자가용 승용차, 가정용 에어컨, 칼라TV)가 '신3종의 신기'로 등장했다. '3종의 신기'는 본래 일본 천황가에서 대대로 내려오는 검, 거울, 구슬의 세 가지 보물을 의미한다.

(1) 춘투와 실리추구형 노동운동

1955년부터 본격적으로 시작된 일본의 춘투는 일본 노동운동의 강력한 교섭력을 상징하는 연례행사였다. 1973년 10월에 발발한 제4차 중동전쟁의 여파로 석유파동과 함께 대규모 불황이 엄습할 때까지 고율의 임금인상과 고도경제성장이 동시에 실현되는 상황이 지속되었다. 이는 경제적 실리를 우선으로 추구하는 노동운동이 정착하였다는 사실을 반영하는 현상이었다.

그러나 고도경제성장기의 노동운동이 실리추구에만 몰입한 것은 아니었다. '총평'은 1950년대 후반에도 횡적 노동계급의 연대를 유지하기 어려운 기업별노조의 한계를 극복하려는 목적으로 직장 수준에서 노동조합 조직을 활성화시키는 직장투쟁 운동을 전개했으며, 사업장이 자리잡은 지역의 주민과 연대하는 지역투쟁도 시도했다. 그러나 총평이 계급적 문제의식을 고취시키고자 전개한 직장투쟁과 지역투쟁은 사회적으로 확산되지 못했다. 한편 기술혁신의 도입으로 새로운 기술체계와 설비에 신속하게 적응할 수 있는 고학력 노동자가 증가했고 이들 새로운 고학력 노동자들은 능력에 대한 보상을 선호했으므로 근속을 기반으로 형성된 경험적 숙련의 가치를 인정하는 연공제도 내용적으로 변형되기 시작했다. 이와 함께 직장 수준에서 형성된 공동체적 사회관계가 해체되기 시작했다.

일본 재계는 미국의 지원을 받아 1955년에 경영합리화 기법의 도입과 보급을 담당하는 '일본생산성본부'를 발족시켰다. 경영자들은 생산성 향상 운동을 추진하며 노사협력과 노사협의를 강조하기 시작했다.

협조적 노동운동을 지향하는 우파인 '총동맹'과 '전노회의'[70]는 이 운동에 협조적이었으나 '총평'은 반대하였다. 1956년 '총평'은 생산성 향상 운동을 노동자의 계급의식을 마비시키고 노동조합을 어용화하기 위한 계급 협조 캠페인이라고 규정하고 있었다. '총평'은 직장 수준의 노동운동을 활성화시켜 생산성 향상 운동을 저지한다는 방침을 세웠고 이는 '합리화' 반대 투쟁으로 구체화되었다(兵藤釗 1997 A: 201-204). IV-2-(3)에서 살펴볼 미츠이미이케(三井 三池) 쟁의 및 IV-4-(2)에서 거론할 국철, 전화국, 우편국에서 발생한 신좌익 노동운동의 배경에는 '합리화' 문제가 있었다.

'총평'은 산업별 통일 투쟁을 강력하게 전개해 춘투에서 성과를 거두려면 단위노조의 역량을 강화해야 한다는 문제의식을 가지고 있었다. 1958년 7월에 개최된 '총평' 제10회 대회에 제출된 '조직강령초안'(이하 '초안')은 직장투쟁을 기반으로 '조직 만들기' 운동에서 성과를 거둔 호쿠리쿠(北陸)철도 노조와 미이케(三池)탄광 노조의 경험을 반영하여 작성되었다. '초안'은 노동자가 직장투쟁을 통해 감독자의 지배로부터 해방되어 직장을 민주화하고 직장교섭권을 확립하자는 목표를 제시하고 있었다. 또한 교섭권, 실력행사 지령권, 타결권을 직장 수준의 노조 조직이 행사하도록 상급 노조가 직장교섭권을 하부에 위임한다는 방침이 제시되었다. 이와 같은 직장투쟁은 계급해방을 위한 하부구조의 건설이기도 했다. '초안'은 공식적으로 채택되지는 않은 채 구상으로 끝났지만, 기업별노조를 계급적 단결의 기초로 규정하고, 노동자가 직장의

---

70. 전일본노동조합회의(全日本労働組合会議). 1954년 4월 결성. 전일본해원조합·전국섬유산업노동조합동맹·전국영화연극노동조합·전국석탄광업노동조합 등이 중심. 사회당 우파 및 총동맹과 협력 관계. 1962년 4월에 '총동맹', '전관공'(전일본관공직원노동조합연합회)과 같이 '동맹회의' 결성. 1964년 4월에 동맹(전일본노동총동맹) 결성.

주인공이 되어야 한다는 이념적 지향을 직장 활동가들에게 제시하였다는 데 의미가 있다. '초안'이 주목한 활동가들은 전후에 신제 중학을 졸업하고 현장 노동자로 취업하였지만 여전히 대졸, 고졸 출신의 직원에 대해 학력에 따른 차별감을 느끼는 집단이었다. 또한 이들은 직장에서 인망이 있는 존재였으므로 감독자에게 독자적인 주장을 할 수 있었다. 활동가들의 정치적 성향을 보면 사회당·공산당 당원도 있었지만 무당파가 더 많았다(兵藤釗 1997 A: 208-215). 상대적으로 학력 수준이 높으며 전후에 입직한 청년 노동자의 호응을 받은 직장투쟁은 연공서열에 입각한 권위적 질서에 대한 이의제기라는 성격도 있었다. 그러나 기업별 노조 체제 하에서 동료 조합원인 직장 활동가와 감독자가 투쟁해야 하는 상황도 발생할 수 있었다. 또한 실질적인 교섭을 노사의 직장 조직이 진행하는 구도가 만들어지면 기업 수준에서 노사의 대표가 교섭해 구축해놓은 기존의 노사관계가 의미를 상실할 가능성도 있었다. 즉, 노조의 입장에서는 조합원의 주도권을 강조하는 직장투쟁에 부담감을 느낄 수도 있었다.

1950년대 후반부터 시작된 고도경제성장 시대를 거치며 관리감독자와 일반 노동자의 사회적 거리는 축소되었다. 또한 기술혁신의 도입과 함께 노조의 직장투쟁이 호소력을 발휘하기 어려운 환경이 조성되고 있었다. 야하타제철은 작업장(作業長) 제도를 도입하여 공원이 관리직 사원으로 승진할 수 있도록 신분 차별을 철폐하였다. 이제부터 감독자는 투쟁의 대상이 아니라 승진 목표가 되었다. 반면에 미츠이미이케 탄광은 직원과 광원의 신분 차별이 잔존하고 있어 노조도 분리되어 있었다. 작업장 위치가 직원은 지상, 광원은 지하로 구분되어 있었으므로 광원으로 구성된 노조가 감독자인 직원을 상대로 직장투쟁을 전개하는 것이 용이했다. 또한 계급투쟁을 강조하는 사회당 좌파의 영향력이 강한 탓에 광원은 직원을 적으로 간주하고 있었다. 그럼에도 노조는 1960년 미츠이미이케 쟁의에서 패배하였다. 이는 사실상 '총평'이 시도한 직장투쟁과 조직 만들기 운동이 뿌리를 내리지 못한 현실을 반영하고 있다 (兵藤釗 1997 A: 220, 226-268).

1960년에 안보투쟁과 미츠이미이케 탄광 쟁의에서 좌절을 겪은 '사회당-총평 블록'은 정책 전환 투쟁으로 전환했다. 1962년 8월 '총평' 대회에 제출된 '조직방침안'의 요지는 산업별 통일투쟁이 기본이므로 직장투쟁은 어디까지나 이를 고조시키는 데 기여해야 한다는 내용이었다. 이후 '총평'은 직장투쟁이라는 용어를 직장활동으로 대체하였으며, 노조는 직장조직에 위임한 교섭권, 실력행사 지령권, 타결권을 회수하여 좀더 넓은 마당에서 투쟁을 벌여 문제를 해결한다는 구상을 제시하였다. '총평'은 노조 직장위원에게 상부기관이 체결한 협약이 실행되는 상황을 감시하거나 노동자의 요구를 발굴해 세부적인 노동조건을 협약에 반영하는 활동을 하라고 권장했다. 또한 노조의 압박을 받은 현장 감독자가 사용자 편으로 돌아서게 만드는 직장투쟁은 삼가하라는 지도 방침도 등장했다. '총평'은 새로운 기계와 설비의 도입을 무조건 반대할 것이 아니라 해고와 노동강화 방지에 초점을 맞추어 실시하며, 나아가 이를 초래하는 정책 자체를 전환시키는 방향으로 운동 방침을 수립했다. 결국 정책 전환 투쟁을 추진하는 노조는 본부 수준에서 사측과 진행하는 사전협의를 중시하게 되었으며 직장 활동가의 역할은 축소되었다(兵藤釗, 1997 A: 234- 236). 이와 같이 노조 상층부의 통제력과 노사 간 사전협의를 중시하는 '총평'의 새로운 입장은 일반 노동자가 직장 수준에서 발휘하는 주도권을 존중하는 전후 급진적 노동운동의 흐름과 질적으로 차별성이 있었다. 이제 노동자가 직장의 주인공이라는 직장투쟁의 구호는 노조 내부에서도 통용되지 않았다. 즉, '총평'의 '조직방침안'은 고도경제성장 시대의 실리추구적 노동운동과 어울리는 정책 구상이었다.

'총평'의 노선은 경제적 실리를 우선적으로 추구하면서도 여전히 계급운동적 노동운동을 지향하는 복합적 성격을 띠고 있었다. 그러나 양자의 공존은 한계가 있었다. 결국 공공부문과 민간부문의 노동운동 조직이 분리되었다. 미군정기에 '산별회의'에서 이탈한 민동파가 결성한 '신산별'은 1952년 '총평'에서 탈퇴했다. '총평'의 노선에 동조하지 않는 민간대기업 노조들은 1956년에 '중립노련'71을 결성했다. 1964년에는 민간대기업 노조를 중심으로 우파 노동운동의 계보를 잇는 '동맹'(全日本労働総同盟)이 출범하였으며 '동맹'은 사회당 우파 세력이 탈당해 조직한 민사당과 정치적 동반자 관계를 형성하였다. '총평'은 공공부문과 중소기업 노조를 중심으로 재편되어 "지역 평의회" 조직을 중심으로 지역 조직을 유지하고 있었다. 고도경제성장기를 거치며 일본의 실리추구형 노동운동은 외형적인 지표로는 상당한 성과를 거두었다. 노조 전국 중앙조직은 정당과의 연계 관계에 따라 분화되었으며 직장 수준에서 노조가 발휘하는 조직적 통합력은 구조적으로 약화되고 있었다.

---

71. 1956년 4월에 '중립노동조합간담회'(中立労働組合懇談会) 결성, '전일본전기기기노동조합연합회'(全日本電機機器労働組合連合会), '전조선노동조합'(全造船労働組合) 등이 주도. 1956년 9월에 '중립노련'(中立労連)으로 명칭 변경, 1987년 11월에 해산, 후신인 '중립노조연합회'(中立労組連絡会)가 연락, 조정 역할을 맡음.

(2) 노동력 부족과 임금인상

춘투를 본격적으로 개시한 '총평' 지도부의 이름에서 비롯된 오타-이와이 노선[72]은 실리추구형 노동운동의 대명사가 되었다. 본래 춘투를 조직한 '총평'의 구상은 교섭 시기를 집중시켜 기업별노조가 지닌 교섭력의 한계를 극복하는 것이었다. 실제로 이 방식은 상당한 성과를 거두었다. "민간기업의 춘계 임금인상률을 보면 1961년에 13.1%를 달성한 이후 1963년을 제외하고 1975년까지 10%를 초과하는 해가 10년 이상 계속"(矢野恒田記念会 2000: 86)되는 상황이었다. 그러나 이러한 성과를 모두 춘투의 성과로 간주하는 견해에는 이의가 제기될 수 있다. 무엇보다도 노동력 수급 상황을 보면 전반적으로 1967년부터 유효구인배율[73]이 1.00을 초과하는 노동력 부족 사회로 접어들었다. 이미 1950년대 후반부터 중졸자와 고졸자의 유효구인배율이 높은 수준으로 유지되어 신규 노동력이 만성적으로 부족한 노동시장 상황을 반영하고 있다(표 IV-1). 특히 기업들은 '황금 달걀'이라는 별칭이 붙은 중졸 노동자를 확보하기 위해 치열한 경쟁을 벌였다. '집단 취직'을 한 농촌 지역의 중졸자들이 졸업식 직후에 곧장 도시로 향하는 광경이 각지에서 나타났다. 즉, 당시에 지속된 고율의 임금인상은 노동력 수급 관계에서 초래된 현상임을 감안할 필요가 있다.

고율의 임금인상은 노동자의 상품 구매력을 향상시켜 대중소비사회의 도래를 이끌었다. 그러나 경제적 실리추구를 우선하는 노동운동이 지속되는 가운데 노사관계는 질적으로 변화하고 있었다. 춘투가 반영하는 임금인상 성과에도 불구하고 노동조합 조직의 통합력은 약화되기

72. 太田·岩井ライン. 부의장 오타 카오루(太田薫), 사무국장 이와이 아키라(岩井章).
73. 일자리/구직자.

〈표 IV-1〉 고도경제성장기의 구인, 소득, 임금인상율 (단위: %)

	유효구인배율 (신규졸업자)		유효구인배율 (일반직업소개)	실질CNP 증가율	춘계 임금인상률
	중졸	고졸			
1955			0,22	10.8	
1956	1.0	0.8	0.33	6.3	6.3
1960	1.9	1.5	0.59	12.0	8.7
1965	3.7	3.5	0.64	6.3	10.6
1967	3.4	3,1	1.00	10.9	12.5
1970	5.8	7.1	1.41	8.1	18.5
1973	5.8	3.1	1.76	4.7	20.1
1974	6.7	3.9	1.20	-0.2	32.9
1975	5.9	3.4	0.61	4.0	13.1

자료: 神代和欣·連合総合生活開発研究所 1995: 552;
安藤良雄編 1979: 183.

시작했다. 특히 직장 수준에서는 노동조합의 공동화가 진행되었으며 경영관리기구의 종업원 장악력이 강화되는 상황을 초래했다.

고도경제성장과 고율의 임금인상이 지속되는 상황 속에서 일본의 노동운동은 실리를 추구하는 경제적 조합주의 노선을 유지했다. 55년체제 하에서 정치적인 보수와 혁신의 대립만이 아니라 산업구조 전환과 기술혁신이 초래한 노사분쟁 역시 제도의 틀 안에서 수렴되고 있었다. 즉, 이 시기에 '사회당-총평 블록'은 자민당 정권의 하위 동반자라는 위상을 지니게 되었다.

(3) 춘투의 정치과정

'총평'은 춘투를 시작하면서 타카노 미노루(高野実) 서기장 시절 강조
하던 정치투쟁에 역점을 두지 않게 되었다. 즉, 미군기지 반대투쟁이나
조합원과 가족, 주민이 한덩어리가 되어 전개하는 탄광노조의 지역투
쟁을 '총평'이 지원하여 조합원의 기업의식을 극복하고 계급의식을 고
취하려는 행동을 중지하게 되었다(清水慎三 1982 B: 331-332). 그러나 정치
투쟁의 중지가 노동운동의 탈정치화를 의미하지는 않았다. 총평은 춘
투를 시작한 다음에도 현실 정치에 대한 발언과 행동을 계속했다.

시미즈 신조(清水慎三)는 '총평'의 오타-이와이 노선이 한편으로는 기
업별노조의 정착이라는 현실을 인정하면서도 다른 한편으로는 여전히
노동운동의 계급운동화를 추구했다고 평가했다. 시미즈의 평가 내용은
㉠ 춘투는 임금인상 수준의 산업별 평준화, 지역의 최저임금 인상에 기
여했다. 계급운동 시각에서 보면 춘투를 하며 기술혁신에 따른 인원 감
축, 감독자의 태도, 노조 간부에 대한 신뢰 문제 등의 불만을 공유하고
분출하는 기회가 만들어진 것이 중요하다. ㉡ 1950년대 후반에는 직장
수준에서 노동자의 요구를 수렴하는 활동을 기반으로 직장투쟁을 벌이
는 계급운동적 노동운동이 실제로 확대되고 있었다. 반면 경영자, 감독
자 집단, 산별노조는 직장 수준에서 전개되는 노동운동을 기피하는 입
장을 공유하고 있었다. ㉢ '총평'은 지역조직(부·현 평의회, 지구노동조합)을
기반으로 자유주의자들과 혁신세력이 주도하는 '평화와 민주주의'를
지향하는 국민운동에 참가하고 미조직 노동자의 조직화를 선도하였다,
등으로 요약할 수 있다.

반면 시미즈는 1970년대 들어 총평의 활동이 정체되고 형식화되었으

며 전임 조직 활동가도 노조의 말단 관료가 되어 타성에 빠지는 문제도 지적했다. 그의 시각에 의하면 "평화와 민주주의"를 표방하는 국민운동은 시민이 주체이므로 계급운동과 공존하기 어려웠다. 총평은 양자를 동시에 추구하면서도 사회당의 각급 선거운동을 지원하기 위하여 자금, 인력, 시간을 투입하고 있었다(清水愼三 1982 B : 334-337). 즉, '총평'은 계급운동, 사회운동, 정치운동을 동시에 진행해야 하는 부담을 안고 있었다.

실제로 춘투는 직장 수준으로부터 전국 수준에 이르기까지 조합원 내부 및 노사 간에 이루어지는 의사결정 과정이었다. 춘투를 시작하며 '총평', 산별노조와 같은 상급 단체는 사용자에게 요구할 노동조건의 수준과 투쟁 일정을 결정했다. 기업별노조는 조합원에게 경제 상황과 기업의 경영 상황에 대한 교육을 실시하며 회사에 요구할 내용을 토의하였다. 기업 수준에서 노사교섭이 개시되면 노조는 조합원 총회를 열어 쟁의를 결의하고 실행 여부는 노조 집행부에게 위임하여 교섭에 나서는 대표의 발언권을 강화했다. 최종적으로 교섭이 타결되면 노조는 조합원 총회를 열어 승인 여부를 표결하였다. 이러한 과정을 거쳐 가장 교섭력이 강한 산별노조가 확보한 임금인상률을 기준으로 다른 부문의 노사도 임금인상 수준을 결정하였다. 춘투에서 교섭의 선두 주자는 가장 경제적 비중이 큰 산업의 노동자를 조직한 산별노조였다. 처음에는 탄광노조, 철도노조가 춘투를 선도했으나, 1967년 이후에는 철강노조가 주역이 되었다. 이는 노동운동 주도권의 교체를 반영하고 있다.

특히 1960년대 이후에는 금속산업 부문의 민간대기업 노동조합이 주도한, 경제적 이익 확보를 우선하는 노동운동이 당시까지 계급운동적 성격이 남아 있었던 공공부문의 노동운동을 압도하기 시작했다. 1964

년 IMF-JC(International Metalworkers' Federation-Japan Council. 국제금속노련 일본협의회)[74]의 발족은 이를 반영하는 상징적 사건이었다. 1966년에는 철강노련이 IMF-JC에 일괄적으로 가맹하여 임금인상에 큰 영향력을 행사했다. IMF-JC는 노동자의 국제연대를 위한 창구로 출발하였으나 1967년부터 운동 조직으로 변화되었으며 춘투에 대비한 '임금투쟁연락회의'를 발족시켰다. 1967년의 춘투는 JC 춘투로 일컬어졌으며 1968년부터는 IMF-JC가 독자적으로 임금백서를 발표하기 시작했다(神代和欣·連合総合生活開発研究所 編 1995: 382).

세계가 주목하는 대상으로 등장한 '일본적 노사관계'의 실체는 금속산업 부문 대기업 노조의 'IMF-JC형 노동운동' 또는 'JC적 우익 조류'를 의미하고 있다. 이는 구체적으로 ㉠ 기업의 종업원이라는 의식과 노동자 자신의 경험에서 나온 판단을 중시한다. ㉡ 공산당이 주도하는 노동운동을 반대하며, 현실적으로 정책이 결정되는 과정에 참가하여 조합원의 이익을 확보한다. ㉢ 기업 이익, 국민경제의 이익, 국익을 적극적으로 주장한다. ㉣ 조직 규모에 비례한 대표성을 중시한다. ㉤ 기업 수준에서 노조의 기능은 고충처리를 중심으로 발휘된다, 등의 내용을 포함하고 있다(高木郁郎 1983A : 391-396). 이와 같이 실리추구를 지향하는 IMF-JC형 노동운동의 성격을 파악하려면 임금 교섭의 실상을 살펴볼 필요가 있다. 타카키 이쿠로(高木郁郎)는 철강노련에 소속된 신니테츠(新日鉄)를 비롯한 대기업 노조가 획득한 임금인상 성과를 1950년대부터 1970년대 말까지 시계열적으로 분석하여 "노동자의 노동과 생활에 관련된 개별적인 임금 구성 요소의 일부를 노동조합 측이 부분적으로 장악했다고 말할 수 있지만, 다른 요소는 노동조합의 통제 하에 있지 않

74. 1975년부터 Japan Council of Metalworkers' Unions, 전일본금속산업노동조합협의회(금속노협)로 명칭 변경, 영문 약칭은 IMF-JC를 계속 사용.

다. 이 때문에 방치되어 있는 부분을 활용하여 기업은 노동자를 전체적으로 관리할 수 있었으며, 경영 조건에서 일어나는 변화를 노동 측에 탄력적으로 전가하는 일도 가능하였다"라고 평가를 내렸다(高木郁郎 1983 B: 296-308).

이상에서 살펴본 바와 같이 춘투를 선도하는 노동운동 세력의 교대는 '총평'의 세력 약화와 민간대기업 노조의 발언권이 강화되는 과정이었다. 1964년에는 오타 카오루(太田薫) 총평 의장과 이케다 하야토(池田勇人) 총리가 정상회담을 열어 임금인상 수준을 결정하고, 민간부문을 준거로 삼아 공공부문의 임금을 책정한다는 합의를 할 정도로 '공노협'(公労協)의 위상이 높았다. 그러나 불과 3년이 지난 1967년부터 IMF-JC에 참가한 철강노련을 비롯한 민간대기업 노조가 춘투에서 발언권을 강화하면서 '사회당-총평 블록'이 행사하던 사회적 영향력이 축소되기 시작했다. 이처럼 계급운동적 노동운동이 위축되고 상호신뢰적 노사관계를 표방하는 민간대기업의 노사관계를 중심으로 일본의 노사관계가 재편성되는 과정은 이미 고도경제성장기에 시작되고 있었다.

⑷ 마무리 : 직장 조직의 공동화

춘투를 시작한 '총평'은 임금인상 요구와 함께 혁신세력의 정치적 이상을 추구하는 사회운동을 동시에 추구했다. 노동력 부족 사태가 지속되는 고도경제성장 시대에 춘투는 임금인상과 임금수준의 평준화에 기여했다. 그러나 '총평'은 기술혁신의 도입과 함께 진행된 노동력의 성격과 직장 조직의 변화에 대응하지 못하였다. '총평'으로부터 새로운 고학력 노동자가 주력이 된 민간대기업 노조가 분리되어 노사협조가 전제된 IMF-JC형 춘투를 시작하게 되었다. 경영관리기구가 직장 수준에서 사회관계의 주도권을 장악하면서 노조의 직장 조직은 공동화되는 과정을 수반했다. 이처럼 '총평' 계열 노조의 기반이 해체되는 과정은 고도경제성장 시대에 진행되고 있었다. 아울러 전후개혁 시대의 이상인 평화와 민주주의를 추구하는 혁신 진영의 사회적 영향력도 구조적으로 축소되고 있었다.

IV-2. 기술혁신과 노동운동

고도경제성장과 함께 전시에 단절되었던 미국, 유럽의 선진공업국과 경제교류가 재개되었으며 새로운 기술과 설비가 도입되기 시작하였다. 이와 함께 생산 현장에서는 기술혁신이 초래하는 인원 감축을 의미하는 '합리화'가 새로운 쟁점으로 등장했다. 기술혁신에 적응하기 어려운 기존의 구형 숙련 노동자들은 입지가 약화되었으며, 노조의 교섭력도 저하되었다. 그러나 구형 숙련 노동자 집단이 주도한 '합리화 반대' 운동은 실패했으며, 기업은 젊은 고학력 노동자를 채용하기 시작했다. 노동자의 세대교체와 함께 연공제는 학력을 반영하여 노동자의 처우를 결정하는 방향으로 변형되었다. 직장에서 기존의 관리감독자들이 리더십을 확립하려면 직무수행 역량을 강화할 필요가 있었다. 이를 위해 기업은 노동자들이 자주적으로 업무 개선을 추진하는 소집단 활동을 시작하였다. 소집단 활동은 능력을 인정받고 싶어하는 고학력 노동자 집단을 기업 조직에 효율적으로 통합시키는 성과를 이룩하여 세계적인 주목을 받았다. 소집단 활동의 성공으로 직장 수준에서 노조가 활동할 수 있는 사회적 공간은 축소되었다.

⑴ 기술혁신과 '합리화'의 문제

샌프란시스코 강화조약 반대 투쟁을 계기로 강경 노선으로 전환한 '총평'은 한편으로는 기업별노조의 한계를 극복하기 위해 춘투와 같은 산업 수준의 공동투쟁을 추진하고, 다른 한편으로는 직장 수준에서 '조직 만들기' 운동을 전개했다. '조직 만들기' 운동의 실질적 내용은 협약투쟁과 직장투쟁이었다. 협약투쟁의 배경에는 1949년의 노동법 개정이 있다. 노사 합의가 없어도 유효기간이 지난 노동협약이 자동적으로 연장되는 조항이 폐지되었으므로 다수의 노조가 무협약 상태에 놓였다. 이 문제를 해결하기 위해 '총평'은 1952년부터 노동협약 체결을 촉구하는 협약투쟁을 전개했다. 이와 함께 '총평'은 노조가 관리감독자의 권한 행사를 제약하고 노동조건 규제력을 발휘하도록 직장투쟁의 확산을 시도했다. 1958년에는 직장투쟁을 노조운동의 기조로 설정하는 '조직강령초안'을 발표하기에 이르렀다(兵藤釗 1982 : 211).

고도경제성장기에 선진국에서 기술혁신을 도입해 생산성을 높이고 노동력 구조를 재편성하려는 기업의 경영 방침은 직장 수준에서 주도권을 장악하려는 '총평'의 노동운동 전략과 충돌했다. 기술혁신으로 촉발된 노사분쟁의 결과는 미군정기의 노동개혁 과정에서 노조가 직장 수준에서 확보한 노동조건 규제력의 무력화였다. 반공 노동운동을 전개해 '산별회의' 세력을 몰아내고 노동운동의 주도권을 장악한 '민동파'를 기반으로 조직된 '총평'은 감독자 집단을 중심으로 여전히 직장 수준에서 강력한 노동조건 규제력을 행사하고 있었다. 그러나 '합리화' 반대 투쟁에서 패배한 노조는 직장 수준에서 발휘하는 노동조건 규제력을 상실했다. 그 결과 직장 수준에서 노조가 의사결정에 개입할 수 있는 범위가 축소되고 경영관리기구가 의사결정의 주도권을 전적으로 행사하게 되었다. 1960년대 중반 이후에는 춘투의 주역도 '총평'에서 IMF-JC를 중심으로 한 민간대기업 노조로 이전되었다. 실리를 추구하는 민간대기업 노조는 기업 수준에서도 노사관계의 주도권을 행사하지 못했으나 임금 지불능력이 높아진 사용자와 동반자 관계를 형성하였다.

기술혁신의 도입은 생산설비의 교체에 그치지 않고 노동자의 성격과 노사관계의 구조를 변화시켰다. 기술혁신과 '합리화'가 노사관계에 미치는 영향을 보여주는 중요한 지표는 직장 수준에서 노조가 발휘하는 노동조건 규제력의 수준이다. 성장하는 철강산업과 사양화되는 석탄산업은 기술혁신의 영향을 보여주는 대표적인 사례였다. "철은 국가"라는 구호를 내걸고 일본 경제를 선도하던 철강산업의 노동운동은 상호신뢰를 표방하는 협조적인 민간대기업의 노사관계가 형성되는 과정을 보여주고 있다. 중동산 수입 석유가 국내산 석탄을 대체하는 에너지 전환으로 사양화되는 탄광에서 벌어진 격렬한 노동운동의 좌절은 역설적으로 직장투쟁의 성격을 선명하게 보여주고 있다.

(2) 설비합리화와 능력주의 관리: 철강산업의 사례

1960년대 중반 이후 일본에서 춘투의 임금인상 수준을 결정하는 패턴 세터(pattern setter)는 사실상 철강산업 노사였다. 제조업의 기초 소재를 공급하는 철강산업의 경제적인 비중과 고용규모는 압도적인 우위를 차지하고 있었다. 신기술의 도입은 직장 작업조직의 재편성을 앞당겼다. 직장 수준에서 노조가 발휘하는 노동조건 규제력과 발언권은 약화되었다. 실질적으로 의미있는 의사결정이 노사 간에 이루어지는 수준은 사업장, 기업으로 상향 조정되었다. 이에 따라 생산성 향상과 고율의 임금인상은 '민간대기업 노사 이익융합'의 형성을 촉진했다.

일본의 철강산업은 1951년부터 시행된 3차에 걸친 설비합리화 계획을 거치면서 기술혁신과 함께 생산설비의 대형화를 이룩하여 세계 정상급에 올랐다.

제1차 설비합리화 계획(1951-1955) 기간에는 압연(壓延) 부문의 합리화가 중점적으로 추진되어 풀오버밀(pull over mill)을 대체하는 연속 압연설비인 스트립밀(strip mill)이 도입되어 생산성이 높아졌다(川崎勉 1982 : 64-66). 풀오버밀 시대에는 경험적 숙련을 축적한 노동자가 압력과 간격을 수동으로 조정하는 압연롤(roll) 사이로 가열한 강편(billet)을 반복적으로 통과시키면서 두께는 줄이고 길이는 늘리는 방법으로 압연하여 박판(薄板)을 생산하였다. 그러나 스트립밀에서는 연속적으로 배치된 압연롤 사이로 가열한 대형 강괴(slab)를 통과시켜 압연하는 방법으로 박판을 생산하게 되었다. 즉, 설비의 자동화 수준이 높아졌으므로 구형 숙련공에 대한 의존도가 낮아지는 변화가 일어났다(松田和久·北野正一 1981 : 65-67).

제2차 설비합리화 계획(1956-1960) 기간에는 임해(臨海) 제철소의 건설과 LD전로[75](轉爐)의 도입이 촉진되었다(長岡豊·稻葉和夫 1981: 32). 철강 업

75. oxygen converter. LD는 오스트리아의 Linz 공장과 Donawitz 공장에서 실용화되었다는 의미. 산소를 노(爐)에 담긴 용선(溶銑)에 불어넣어 탄소 등 불순물을 제거하는 정련(精鍊) 방식으로 용강(溶鋼)을 제조. 정련이 끝나면 노를 기울여 용강을 쏟아내므로 전로라고 부름. 고철을 많이 사용하고 정련 시간이 길며 연료 소비가 많은 이전의 평로(平爐) 방식과 비교해 용선이 원료인 전로는 연료가 많이 필요없고 정련 시간이 짧아 생산성이 높음.

계는 원료인 철광석과 석탄을 수입하고 제품을 수출하기에 편리한 태평양 연안에 대형 제철소를 건설하였다. 해안을 매립하여 조성된 대규모 부지에 관련 업체가 입주하여 콤비나트(kombinat)가 만들어졌다(川崎勉 1982 : 79-83). 기업은 기존 제철소의 노동자를 장거리 이동시켜 신형 제철소에 재배치하는(中村圭介 1985: 319-320) 동시에 신규 노동자를 대량으로 채용하기 시작하였다. 평로[76]를 사용하던 제강 공정은 LD전로의 도입으로 생산성이 획기적으로 높아졌다. 이와 함께 노동자의 이동과 배치, 작업에 소요되는 노동력의 규모 등에 대한 노사 간의 이견을 조정해야 하는 상황이 빈번하게 발생했다.

제3차 설비합리화 계획(1961-1965)은 1960년의 안보투쟁 직후 자민당 정권이 정국 수습을 위해 발표한바, 10년 동안 실질국민소득을 2배로 올려놓겠다는 '국민소득 배증(倍增) 계획'(1961-1970)과 연동되어 추진되었다. 이 계획은 연평균 7.1%의 성장을 계획했으나 실제로는 연평균 10.0%를 달성하였다.[77] 1960년에 2,320만톤이었던 조강(粗鋼) 생산량이 1965년에는 4,130만톤으로 급증하였다. 1965년에는 신기술을 사용하는 LD전로의 톤당 소요 노동시간이 구형 설비인 평로의 3분의 1, 전기로의 4분의 1 이하로 단축되었다. 1960년을 100으로 설정한 철강산업의 노동생산성은 1965년 163, 1966년 195로 급속하게 개선되었다. 생산성 향상으로 미국과 서구의 선진국과 경쟁할 수 있게 된 일본의 철강산업은 수출산업으로 발돋움하기 시작했다(川崎勉 1982 : 98-109).

그러나 철강산업의 노사관계는 1957년 발생한 대규모 쟁의를 분수령으로 달라졌다. 외형적으로 이 쟁의는 가을철에 보너스 인상을 요구하

---

76. open hearth furnace. 열풍을 선철, 고철이 장입(裝入)된 용해실에 불어넣어 강철을 제조. 용해실이 배 밑바닥과 비슷한 형태이므로 평로(平爐)라고 부름.
77. 三和良一 · 原朗 編, 『近現代日本経済史要覧』, 東京大学出版会, 2007, p. 155.

며 산업별 공동투쟁을 시도한 노조에 대해 철강산업의 주요 대기업들이 공동으로 대응한 사건이다(大河内一男·松尾洋, 1973: 314-317). 11차에 걸친 연대 파업에도 불구하고 노조의 패배로 끝난 1957년 쟁의는 경영 측이 미군정기에 상실한 직장 수준의 의사결정에 대한 주도권을 회복하는 계기가 되었다. 이는 미군정기의 노동개혁으로 노동자들이 확보한 권리가 냉전이 초래한 역코스의 와중에 상실되는 마지막 단계에서 발생한 사건이라고 할 수 있다.

일본에서 가장 역사가 오래된 철강업체 야하타(八幡)제철의 사례는 1957년 쟁의를 계기로 직장 수준의 노사관계에서 진행된 변화를 대표적으로 보여준다. 미군정기로 거슬러 올라 살펴보면 1949년의 노조법 개정은 야하타제철의 노사관계에도 영향을 미쳤다. 이미 개정된 노조법이 시행되기 직전인 1949년 5월에 회사 측은 노동협약 개정안을 제시해 "해고·고용 등 본래 경영의 전관(專管) 사항에 속해야 하는 인사권이 노사의 협의 결정 사항"으로 규정되었던 체제를 뒤집으려 시도했다.[78] 이 개정안에 대해 노조는 저항했으나 '레드 퍼지'의 여파로 투쟁력이 저하되었으므로 1951년 9월 노조는 감독자인 계장[79]의 비조합원화, 취업시간 중의 노조 활동 제한 강화, 생산위원회 설치 등이 포함된 새로운 노동협약을 사측과 체결할 수밖에 없었다. 노조가 감독자에 대한 투쟁의 장으로 활용하던 직장운영협의회는 폐지되었으며, 노사의 절충은 모두 상층부인 회사의 노동부와 노조 본부 사이에 이루어지고 직장 말단에서는 노사협의가 공식적으로 전혀 시행되지 않는 구조가 만들어졌다. 결과적으로 회사 측의 시각에 의하면 "수시로 위협받기 일쑤이던

---

78. 新日本製鉄株式会社, 『炎とともに-八幡製鉄株式会社史-』, 1981, p. 637., 兵藤釗 1982: 228-229에서 재인용.
79. 掛長. 係長과 발음이 같다, "카카리쵸".

직장질서와 생산질서는 급속하게 회복되었다." 이는 1980년대까지 이어지는 "노동관계 질서를 규정하는 동요하지 않는 노선"을 확립하는 결과로 이어졌다는 것이 회사의 평가이다.[80] 즉, 철강산업 제1차 합리화계획은 작업 현장에서 노사의 의사결정 권한을 박탈하는 노동협약의 개정과 동시에 추진되었다.

철강산업의 제1차 설비합리화 계획(1951-1955)은 노동자가 보유하는 숙련의 성격도 변화시켰다. 특히 압연 공정에 스트립밀이 도입됨에 따라 감각과 경험에 의존하는 구형 숙련공이 아니라 야금학 등의 학문적 지식을 획득하여 적응력이 높은 신제 고교 출신 노동자가 핵심적 작업을 수행하였다(杉山裕 : 2008: 4). 반면 중년층 이상의 선배 노동자들은 오히려 보조적 업무에 종사하는 사태가 벌어졌다. 이러한 변화에 대응하여 야하타제철은 1953년 노동자의 분류를 세분화하는 직분(職分)제도를 도입하였다. 전전의 신분제도는 미군정기에 폐지되었으며, 당시 노동자의 처우는 역분(役分)이라고 부르는 과장, 계장, 조장 등으로 구분된 직위와 기본급 서열에 입각하여 결정되었다. 회사는 미군정기에 만들어진 체계는 승진·승급이라는 자극 요소가 결여되어 있으며, "업무 능률이 저해되고, 나아가 종업원이 스스로 끊임없이 향상하려는 정신을 불러 일으키지도" 못하는 체계라고 평가했다. 회사가 제시한 개정안은 직위와 별도로 작업직장(作業職掌)[81]에 속한 노동자에게 적용되는 기수(技手), 공수(工手)1급, 공수(工手)2급, 작업원으로 이어지는 직분을 설정하고, 재직연한과 근무성적에 따라 승격시키고, 이에 상응하는 대우를 제공한다는 내용이었다. 즉, 작업 현장에서 관리자가 성적 사정을 지렛대로 삼

---

80. 八幡製鉄所,「まえがき」,『職場生産委員会および苦情処理委員会解説書』, 1963.; 新日本製鉄株式会社,『炎とともに-八幡製鉄株式会社史-』, 1981, p. 671., 兵藤釗 1982: 229에서 재인용.
81. 종업원을 사무직장, 기술직장, 작업직장으로 구분.

아 종업원을 개별적으로 장악할 수 있는 체제가 강화되기 시작하였다.[82] 역분과 직분으로 세분된 노동자는 승진·승급 기회를 확보하려고 서로 경쟁하므로 노조의 단결이 약화될 가능성이 높아졌다.

철강노련은 1953년부터 "생산점에서 직장투쟁"을 전개하자는 기조 하에 '합리화'에 대한 저항 운동을 시작했다. 야하타제철 노조도 요원 산정과 배치전환 문제를 중심으로 합리화 반대 투쟁을 시작했다. 노조는 집행위원과 중앙위원으로 구성된 '협약운용위원회'가 파악한 직장의 고충을 생산위원회 및 단체교섭을 통해 해결하는 방향으로 나아갔다. 또한 '생산위원회'에 부의되는 사항 가운데 '생산계획에 수반한 중요한 요원 사항' 등의 처리 수준을 '협의'에서 '협의 결정'으로 변경하며, 생산위원회의 하부기구로 '직장(과) 생산위원회'를 설치하도록 요구했다.[83] 조직 강화를 위한 야하타제철 노조의 이와 같은 움직임은 철강노련이 11차에 걸친 파업을 전개한 1957년의 추계 임금투쟁과 연계되어 강경한 방향으로 흘러갔다. 반면에 회사는 제2차 설비합리화 계획에 따라 관리체제를 강화하는 방안의 하나로 생산직 노동자 출신인 감독자의 권한을 강화하는 작업장 제도의 도입을 시도해 노사의 대립은 절정에 달했다(兵藤釗 1982: 231-232).

그러나 1957년 추투는 상위 3개 대기업이[84] 단합해 노조가 패배하는 결과로 끝났다. 이후 야하타제철은 공장내 노조 활동 규제를 강화했다. 1958년 9월에 개최된 야하타제철 노조 임시대회에서는 노동협약에 대한 회사의 독단적 해석을 보여주는 사례로 "휴일 및 통상적인 주간 근

82. 八幡製鉄所労組,『八幡製鉄労働運動史』下, 1960, p. 413-463.; 新日本製鉄株式会社,『炎とともに-八幡製鉄株式会社史-』, 1981, p. 648, 660-661., 兵藤釗 1982: 229-230에서 재인용.
83. 八幡製鉄所労組,『八幡製鉄労働運動史』下, 1960, pp. 236-239, pp. 596-620, pp. 1067-1140., 兵藤釗 1982: 230에서 재인용.
84. 八幡製鉄, 富士製鉄, 日本鋼管.

무시간을 제외한 시간대에 노조 집행부의 직장 출입 금지", "노조 집행부의 특정 공장 출입 제한", "비번인 노동자의 지부위원회 출석 금지", "공장내 등사판 사용 금지", "교원노조에 동조하여 근무평정 반대 리본을 착용하는 행위 금지" 등이 보고되었다. 노조는 1958년 가을 협약 개정을 교섭하며 여전히 요원의 배치 규모를 생산위원회에서 협의하여 결정할 것과 공장내 노조 활동 규제 중지를 요구하였으나 성과를 거두지 못했다. 회사는 1958년 9월 작업장의 비조합원화를 제안하였다. 그러나 노조는 직장 수준에서 노사가 대화의 장을 만들고 노사 대등의 태세를 인정한다면 수용할 수 있다는 조건을 제시하는 방법으로 회사의 제안을 보류시키는 데 성공했다(兵藤釗 1982: 233). 이와 같이 직장 수준에서 노조의 노동조건 규제력이 약화되는 가운데 논스톱 방식으로 연속 조업을 실시하여 조합원들은 점심 식사도 같이할 수 없었다. 한계 수준으로 억제된 정원 때문에 노조는 전체 조합원이 모이는 집회도 가질수 없었다. 반면 회사는 작업장 제도를 활용해 현장 노동자들이 겪는 고충과 문제를 정확하고 신속하게 해결하는 체제를 구축하였다. 급기야 1959년 춘투에서는 니혼강관(日本鋼管) 노조, 후지제철(富士製鉄) 노조가 완강하게 버티는 가운데 야하타제철 노조가 공동 투쟁을 포기하고 먼저 이탈하는 사건이 발생했다. 이때부터 경영 측이 제시한 임금인상률을 노조가 받아들이는 "일발 회답" 방식의 춘투가 철강산업에서 자리잡기 시작하였다(兵藤釗 1982: 235).

야하타제철이 1957년 추투에서 노조를 제압하고 승리한 이후 도입한 작업장 제도와 직무급 제도가 미친 영향은 좀더 구체적으로 살펴볼 필요가 있다. 1958년 야하타제철은 라인-스탭형 조직을 편성하는 작업의 일환으로 작업장 제도를 도입하고, 이들을 비조합원으로 규정할 것을 노조에 제안했다. 기존의 현장 관리기구는 계장-조장-오장(伍長)으로 이어지는 라인의 중간에 '감독'이라고 부르는 기술원이 개입하도록 되어 있었다. 새로운 현장 관리조직은 기술원을 스탭부문으로 끌어 올리고, 계장-작업장·공장(工長)의 형태로 감독체계를 단순화했다. 특히 현장 노동자 출신 작업장은 이전의 감독직 노동자와 달리 노무관리 권한을 부여받았다. 회사는 작업장이 고과, 인원 이동, 요원 청구, 휴가 허가를 비롯한 각종 권한을 행사해 작업을 지휘하고, 인간관계를 양호하게 관리하며, 할당된 작업을 수행하고 원가를 절감할 것을 기대했다. 공원 출신 작업장은 이전에 직원층이 독점했던 계장, 공장장 등의 지위로 승진할 수 있는 길이 열렸다. 사용자는 작업장 제도를 도입하면 현장 노동자의 사기가 고양될 것으로 기대했다. 결과를 보면 직원과 공원의 경계가 낮아졌을 뿐만 아니라 생산직 현장 노동자의 선배인 작업장이 일선 감독자의 기능을 수행하므로 직장 수준에서 직장집단이 자율적으로 형성되어 독자적으로 행동할 여지가 축소되었다. 또한 회사는 1958년 가을부터 직무급 제도 도입을 검토하기 시작했으며 산업공학 기술을 적용하여 직무를 표준화하고, 임금체계를 개선하며, 인원합리화를 추진하였다. 1962년 봄 회사는 직무급 제도의 도입을 노조에 제안하였다(兵藤釗 1982: 232).

당시 야하타제철이 제안한 직무급은 생산직 노동자를 대상으로 기존 급여체계와 직무급을 병존시키는 방식이었다. 직무급은 기준내 임금의 15%를 구성하였으며, 개별 직무를 8개의 평가요소(기초지식, 습숙習熟, 적응, 판단, 정신적 부하, 육체적 부하, 작업환경, 재해위험도)를 기준으로 평가하여 매긴 평점을 합산해 직무점수를 산출하고, 이에 상응하는 직급을 17개로 분류해 금액을 산정하는 방식이었다. '합리화'의 성과 배분에 참가하여 실리를 확보하려는 노조는 직무급 도입에 반대하기보다는 평가 방법을 시정하라고 요구하였으며, 1964년 춘투에서 작업환경과 육체적 부하의 평점을 높이는 성과를 거두었다. 이와 같이 1960년대 중반 들어 야하타 제철 노조의 운동 기조는 합리화의 성과를 노동자에게 배분할 것을 요구하는 방향으로 정착했다(杉山裕 2008: 3).

1960년대 전반에 해당하는 제3차 설비합리화 계획 기간 동안에 야하타제철은 대형 신규 제철소 건설과 함께 관리체제를 전반적으로 쇄신했다. 신규 제철소 조업 개시에 필요한 인원의 약 50%를 야하타 지구에서 동원했을 정도로 인원합리화는 고강도로 진행되었다. 인원합리화과정에서 감독자인 오장(伍長)이 작업에 배치되자 직장의 주도권을 둘러싼 노사 갈등이 재발했으나, 1963년에 노조는 작업장의 비조합원화를 받아들이고, 회사는 설명, 보고, 의견 청취로 기능이 한정된 직장생산위원회 및 고정(苦情)처리위원회를 설치하는 것으로 타협이 이루어졌다. 이로써 조합원이 아닌 작업장들이 회사의 입장에서 노동자 개인을 관리하는 체제가 만들어졌다. 권리의식이 강하고 지적 수준이 높은 청년 노동자 집단의 불평불만을 해소하려면 기능이 제한된 위원회라도 설치할 필요가 있다는 것이 회사의 입장이었다(兵藤釗 1982: 235-241).

이상에서 살펴본 야하타제철의 사례는 철강산업의 기술혁신과 노동력의 재편성으로 촉발된 노사분쟁의 성격과 노사관계의 변화를 보여준다. 직장 수준에서 노조가 행사하는 노동조건 규제력이 약화되었으며 단체교섭보다 노사협의를 중시하는 노사관계가 정착했다. 품질관리 소집단 활동이 시작되어 노동자의 관심을 생산성 향상에 집중시키는 효과를 발휘했다. 공원 출신 감독자인 작업장의 권한 확대와 비조합원화는 직장 수준에서 경영관리기구의 영향력을 증대시켰다. 직무급의 도입과 평가의 강화로 노동자에 대한 개별 관리체제가 확립되기 시작하였고 노조는 경제적 실리 확보에 주력하게 되었다.

(3) 직장투쟁과 사양산업의 노동운동: 미츠이미이케 탄광 사례

큐슈(九州)의 미츠이(三井)광산이 운영하던 미이케(三池)광업소에서 1959년부터 1960년에 걸쳐 격렬하게 전개된 노동쟁의는 '총자본(総資本)과 총노동(総労働)의 대결'이라는 평가를 받고 있다. 미츠이미이케 쟁의가 발생한 배경에는 석탄산업의 사양화가 있었다. 고도경제성장기를 거치며 연료가 국내산 석탄에서 저가의 수입 석유로 전환되었다. 1950년대 후반부터 가격 경쟁력이 낮은 일본 국내산 석탄을 대신해 중동산 석유가 민생용, 발전용, 산업용 연료를 대체하기 시작하였다. 제철소에서도 코크스 제조용 원료탄으로 수입 석탄을 사용하였다. 석탄산업 자체가 축소되는 환경에서 대규모 해고에 항의하는 노조는 불리한 투쟁을 감수할 수밖에 없었다.

미이케 노조가 속한 미츠이탄광노련(全国三井炭鉱労働組合連合会)은 가장 강력한 산업별노조인 '탄노'(日本炭鉱労働組合) 내부의 최대 조직이었다. 미츠이탄광노련은 해마다 탄광노조가 벌이는 봄철의 임금인상 투쟁, 연말의 수당획득 투쟁의 중심이었으며, 탄광노조 산하 노조만이 아니라 1950년대에 다른 산업에서 발생한 대형 노동쟁의를 지원하는 운동도 전개했다(平井陽一 1991: 207). 미이케 노조는 미츠이탄광노련에서 가장 조직 규모가 큰 하부조직이었고, 일본의 노동운동에서 차지하는 위상도 높았다.

미이케 노조의 직장투쟁은 노동자가 주도하는 직장질서 확립을 지향하는 운동이었으며, 1953년에 노조가 집단 해고를 철회시킨 '영웅 없는 113일의 투쟁'을 계기로 활성화되었다. 시미즈 신조(淸水愼三)는 이 투쟁이 성과를 거둔 배경으로 노동자가 직장 수준에서 노사관계의 주도권을 장악하였으며 주민, 가족이 참여하는 지역투쟁을 조직하였고 학습활동을 강화했다는 사실을 지적했다(淸水愼三 1982 C: 449-450). 1953년 쟁의에서 승리한 노조는 직장 수준에서 노동조건 규제력을 강력하게 행사했다. 이를 반영하는 대표적인 사례는 경영자단체인 일경련(日本経営者団体連盟)이 맹렬하게 반발한 장기계획협정(1955. 11. 5)이라고 할 수 있다. 이 협정의 주요 내용을 보면, "조합원의 완전 고용이 앞으로 경영방침에서 가장 중요한 기본이라는 것을 확인하며, 계속 노조와 협의하여 기본 윤곽을 결정한다"는 대원칙을 내세웠다. 이밖에도 구체적으로 "각종 노동조건의 향상을 지향하고, 노동조건을 저하시키지 않는다는 것을 전제로 하여 인원 보충을 인정하며, 이는 광산학교 생도와 퇴직 종업원 가족의 채용으로 충당한다", "원활한 생산의 기반은 보안(안전)을 우선하는 데 있다는 것을 확인한다", "현재 상황에서 복리후생·사택 등의 시설이 제대로 갖추어지지 않은 것을 확인한다", "이상의 사항을 실시하기 위해 각 광업소 단위로 협의하여 결정한다" 등의 내용이 포함되어 있었다. '탄노'는 산하 노조를 지도하여 세계 노동운동사에서 유례를 찾기 힘든 미츠이광산의 노사협정을 다른 탄광회사로 파급시켰다. 이는 석탄산업의 경영을 압박하는 요인이 되었다(淸水愼三 1963 : 505).

그러나 1960년의 미츠이미이케 쟁의는 일본 노사관계의 앞날을 예고하는 상징적 사건이었다. 직장 수준에서 미이케 노조는 앞서 지적했듯 강력한 노동조건 규제력을 발휘하고 있었다. 이러한 직장질서는 총평이 지향하던 직장투쟁의 구체적인 목표이기도 했다. 그러나 쟁의 도중에 회사의 입장을 지지하는 제2노조가 출현하여 제1노조가 파업을 중단하게 되었다. 이는 기업별노조의 고질적 병폐인 노조 분열을 일으켰다. 미이케 노조의 패배는 일본의 노동운동이 계급운동적 성격을 완전히 탈피하는 결정적인 사건이었다. 미츠이미이케 쟁의 이후에는 온건한 실리추구형 노동운동이 주류를 이루게 되었다.

히라이 요이치(平井陽一)는 1953년의 '영웅 없는 113일의 투쟁' 이후 1960년 미츠이미이케 쟁의에 이르는 기간에 전개된 직장투쟁을 3개의 시기로 구분하였다(표 IV-2). 직장투쟁의 구체적인 방법을 살펴보면 다음과 같다.

제I기 '시동·파급기'의 메모화 투쟁은 작업 현장인 지하 막장에서 회사 측의 관리자와 담판을 해 즉석에서 구두 약속을 메모로 확인받아 문서의 형식으로 구속력을 확보하는 방법이었다. 이는 경영권을 무력화시키는 결과를 가져왔다. II기에는 노조가 요구의 내용을 확대하고 부분파업을 벌이는 등 투쟁의 수위를 높이고, 회사도 직장폐쇄 등의 방법을 사용하여 적극적으로 대응하였으므로 분쟁의 수위가 고조되고 있었다. III기에 노조가 사용한 '윤번제'와 '생산통제'는 직장투쟁의 성격을 보여주는 대표적인 사례다. 탄광에서는 채탄량에 따른 성과급이 적용되므로 작업 현장의 조건에 따라 임금 격차가 발생했다. 감독자가 행사하는 작업 개소 배정권은 광원을 관리하는 수단이었다. 윤번제는 노조의 하부 조직인 직장분회가 자체적으로 순번을 정해 작업 개소를 배정해 노조원의 수입을 평준화시키는 방법이었고, 생산통제는 노조가 생산량, 노동강도, 임금을 규제하는 것을 의미했다. 노동자들은 현장감독자의 지시를 무시하고 자동채탄기의 가동을 직접 규제하기도 했다. 생산통제는 교대 근무조인 갑방(甲方), 을방(乙方), 병방(丙方)의 노조 직장분회가

〈표 Ⅳ-2〉 미이케 직장투쟁의 시기 구분

	제Ⅰ기 '시동·파급기' 1954 봄~1955 연말	제Ⅱ기 '직장도달투쟁기' 1956.2~1956.4	제Ⅲ기 '직장투쟁 첨예기' 1956.7~1959
노조의 구호	간부투쟁에서 대중투쟁으로	조직방위	생산점의 대결
직장의 요구	경제적 조건 (임금·시설 등)의 향상	노동조건의 직장간 격차 시정	감독자의 지배 배제
투쟁의 형태	직장 수준 교섭	부분 파업	직장에서 실력 행사
직장의 실천	메모화 투쟁	1,000항목 직장에서 요구	윤번제·생산통제의 전개
회사의 대응	유화정책	직장폐쇄	직장질서 확립

주: 시기는 1953년 '영웅없는 113일의 투쟁'(기업정비 반대 투쟁) 직후부터 1959년 미이케 쟁의(기업정
   비 반대 투쟁)까지.
자료: 平井陽— 1991: 216.

합동으로 구성한 '직장대표자회의'가 계획하여 실시했다. '직장대표자
회의'는 노조의 공식 기관은 아니지만 월 1회 정기적으로 개최되었다.
이 회의는 3개 방의 직장분회 간부(직장분회장, 대의원 등)와 광원 신분으로
현장의 최고 책임자인 '불장'(払長)[85]이 출석하여 작업 현장의 모든 문제
를 논의하고 정보를 교환하며 의사를 통일하는 기능을 수행하였다. 노
조의 생산통제 때문에 출탄 능률은 평상시 실적의 이하 수준으로 고정
되었다. 결과적으로 노조는 노동강도를 규제하고, 실질적으로 성과급을
고정급으로 변환시키는 성과를 거두었다. 반면에 회사는 직장활동가를
'생산저해자'로 규정하고 우선적으로 배제해야 할 대상으로 지목하며
대응했다(平井陽— 1991: 215-220).

---

85. 하라이쵸. 막장에서 굴진과 폭파 작업을 하는 광원의 우두머리(大先山, 오사키야마). 이전에는
   감독자가 지명했으나 광원들이 경험 연수가 가장 길고 보안 점검 능력이 있는 사람을 선출하는
   것으로 바뀌었다.

1959년 미츠이광산은 2차에 걸쳐 기업정비안을 노조에 제시하며 석탄산업의 구조적 불황 때문에 고용규모를 감축해야 한다는 명분을 내세웠다. 그러나 회사의 진짜 목표는 직장질서의 주도권을 노동자로부터 박탈하여 경영자가 행사하는 것이었다. 1959년 1월 18일에 회사가 제시한 '제1차 기업정비안'에는 장기계획협정의 파기와 인원 삭감, 직장질서 확립, 각종 경비(임금. 복리후생) 삭감이 제시돼 있었다. 4월 6일 협정이 맺어지기는 했으나 회사 측의 제안 가운데 장기계획협정 파기와 복리후생비 삭감만 수용되었다. 회사는 8월 29일 '제2차 기업정비안'을 제시하였다. 핵심은 인원 정리와 직장질서 확립이었다. 회사는 미이케 2,210명을 포함해 6개 광업소에서 4,580명의 인원 삭감 목표를 제시했다. 직장질서의 확립은 윤번제와 생산통제의 철폐를 의미했다. 특히 회사는 '생산 저해자'로 규정된 직장활동가를 배제해야 한다는 입장이었다(平井陽— 1991 : 220-221). 미츠이탄광노련은 대회를 열어 투쟁방침을 논의했으나, 미이케 노조가 양보를 거부했다. 회사도 미이케 노조 소속인 300명의 직장활동가를 생산 저해자로 규정하고, 이들을 모두 해고한다는 입장을 바꾸지 않았다. 결국 타협적인 미츠이탄광노련도 미이케 노조와 같이 투쟁한다는 원칙론으로 돌아와 단체교섭은 결렬되었다(平井陽— 1991: 224-229).

미츠이광산에서 노동쟁의가 시작되자 노사 양측의 지원 세력도 조직화되었다. 노동 측은 '총평'과 '탄노'가 미츠이탄광노련을 지원하는 태세를 갖추었다. '총평'의 장기정책위원회는 「독점자본의 탄광합리화에 반대하기 위한 사회경제적 프로그램에 관하여」(1959. 11. 2)라는 보고서를 작성해 탄광의 사회화·국유화를 요구했으나 현실적으로 활용되지 못했다. '일경련'은 석탄대책위원회를 설립(1959. 7. 27)하여 탄광에서 발생하는 실업자의 수용 태세 정비를 비롯한 노조 대책을 강구하기 시작했다. 대기업으로 구성된 '경단련'(日本経済団体連合会)도 각계에 미츠이광산 지원을 요청(1959. 9. 17)하였으며, 석탄산업의 18개 대기업이 호응했다. 또한 '일경련'의 방계 단체인 '공동조사회'가 비밀리에 미츠이광산을 지원하는 조직을 만들고 자금을 모았다(平井陽一 1991: 224-225). 재계와 사용자 단체는 직장질서의 주도권 문제에 주목하고 있었으나 미이케 노조를 제외한 기타 노동운동 조직은 고용 유지에 관심을 쏟고 있었다. 이와 같이 전국 수준에서 노사가 대치하는 구도가 형성되었으므로 1960년의 미츠이미이케 쟁의는 '총노동과 총자본의 대결'이라는 말이 생겼다.

단체교섭이 결렬되자 중앙노동위원회가 알선 절차를 진행하기 시작했다. 회사도 생산 저해자의 지명해고에 집착하지 않고 퇴사를 권유한다는 정도로 유연한 태도를 보였다. 상대적으로 노조 측에게 유리한 알선안이 제시(1959. 11. 21)되었으나 '일경련' 및 은행을 비롯한 재계와 정부의 반대로 회사가 거부(1959. 11. 24)하여 실행될 수 없었다. 결국 회사는 '회사 재건을 위한 비상사태 성명'(1959. 11. 25)에서 강경한 대결 자세를 밝혔으며, 생산 저해자로 지목한 300명을 포함한 미이케 노조원 1,492명에게 지명퇴직 권고를 발송(1959. 12. 1)하고, 이에 응하지 않은 1,278명에게는 지명해고를 통보(1959. 12. 11)했다(平井陽一 1991:230-232).

중앙노동위원회의 알선이 실패하자 미츠이광산의 노사는 다시 직접 대치하게 되었다. 회사는 직장폐쇄에 들어갔으며(1960. 1. 25), 같은 날 노조도 무기한 파업에 들어갔다. 그러나 임시대회를 열어 모든 조합원이 지원금을 갹출할 것을 결의한 '탄노'와 미츠이탄광노련, 미이케 노조의 입장이 조정되지 않아 내부 혼선이 지속되었다. 또한 1960년 3월 17

일 미이케탄광에서 제2노조인 '신(新)미이케탄광노동조합'이 결성되어 단결력을 과시하던 미이케 노조는 심각한 타격을 받았다. 더구나 미츠이탄광노련은 회사와 '재건협정서'를 체결(1960. 4. 23)하고 쟁의에서 이탈해버렸다(平井陽ー 1991: 232-239). 즉, 당시에 가장 강력한 산업별노조로 알려진 '탄노'도 실제로는 개별 노조의 이해관계를 초월하는 횡적 연대를 구축하지 못했다. 또한 미츠이탄광노련 내부의 다른 사업장은 미이케 노조와 직장투쟁에 대한 입장이 달랐다.

미이케 노조는 미츠이탄광노련과 결별한 이후에도 '탄노', '총평'만이 아니라 전국의 각종 사회운동 단체가 보내오는 지원을 받으며 투쟁을 계속했다. 다양한 지원 조직이 미이케의 직장투쟁을 자기 사업장에 도입해 제2, 제3의 미이케를 만든다고 구호를 외쳤지만 현실적으로 실현된 사례는 없었다. 결국 저탄장을 점거해 석탄 출하를 저지하는 행동이 초래할 대규모 충돌사태를 우려한 미이케 노조가 중앙노동위원회의 제3차 알선안을 받아들여(1960. 7. 20) 지명해고를 인정했으므로 쟁의는 종결되었다(平井陽ー 1991: 241-242). 이는 미군정기에 활성화된 계급운동적 성격을 가진 노동운동의 실질적 종언을 의미했다.

(4) 마무리: 기업사회의 형성

고도경제성장기에 진행된 기술혁신과 산업의 교체는 노동자와 노사관계의 성격을 변화시켰다. 자동화 수준이 높은 신규 설비를 가동하기 위해 지적 수준이 높은 고졸 노동자가 핵심적 기능을 수행하면서 급여 체계도 달라졌다. 기업은 근속 기간을 기준으로 보수를 결정하는 연공제를 재편하여 직무급과 능률급의 비중이 높아지는 직능자격제도의 적용을 확대하였다. 이와 같이 노동자 개인에 대한 평가를 중시하는 인사노무관리 기법의 확산과 함께 직장 수준에서도 공동체적 성격을 가진 직장집단이 해체되고 노동자 사이의 경쟁이 고조되었다. 또한 대형 신규설비의 증설과 함께 노동자의 재배치와 장거리 이동이 진행되었다. 작업에 필요한 적정 인원의 산정, 배치, 성적 사정 등에 대한 관리감독자의 권한도 확대되었다.

기술혁신과 함께 진행된 설비와 인원의 '합리화'는 직장의 주도권을 둘러싼 노사분쟁을 유발했다. 직장 수준에서 노동조건 규제력을 상실한 노동조합은 설비합리화의 성과 배분에 참가하여 임금인상을 실현하는 방법으로 존재의 정당성을 유지했다. 직장 수준에서 경영관리기구가 주도하는 품질관리운동은 소집단 내부의 비공식적 사회관계를 생산성 향상과 경영목표 달성을 위해 동원하는 데 성공했다.

철강산업의 사례는 기술혁신과 아울러 임금체계, 노사관계, 노동자의식과 생활세계가 변화하는 과정을 시사한다. 철강산업 노조는 직장의 주도권은 상실했지만 여전히 경제적 실리 확보를 우선시하는 노동운동을 사실상 선도하고 있었다. 이와 같은 기업 주도의 노사관계가 풍요한 노동자의 등장과 동시에 이루어졌으므로 계급운동 지향적 노동운동의 사회적 영향력은 약화되기 시작했다. 1960년 미츠이미이케 탄광에서 발생한 대규모 노동쟁의는 저가의 수입 석유와 원료탄이 국내산 석탄을 대체하는 에너지 혁명으로 석탄산업 자체가 사양화되는 환경에서 발생했다. 직장 수준의 노동조건 규제력을 강력하게 행사하던 미츠이미이케 노조의 패배는 '총평'이 주도하는 직장투쟁의 한계를 반영하고 있다.

고도경제성장, 노동자의 소득 상승, 기업이 주도권을 장악한 직장 수준의 사회관계는 '기업사회'가 형성되는 기초적인 조건이 되었다. 즉, 전후 일본 사회는 기업을 중심으로 사회통합이 이루어졌으며 협조적인 '일본적 노사관계'를 기반으로 장기적으로 안정된 상태를 유지하게 되었다. 반면에 계급운동적 입장을 유지하는 '사회당-총평 블록'의 사회적 기반은 잠식되고 있었다. 이러한 사실은 기업별노조가 직장 수준에서 실제로 행사하는 노동조건 규제력과 기능을 고찰하는 작업의 중요성을 반영하고 있다.

IV-3. 기업사회와 직장질서

고도경제성장기를 거치며 일본의 노동자들은 춘투가 상징하는 고율의 임금인상으로 풍요한 소비생활을 누리게 되었다. 반면 철강노련의 1957년 쟁의, 미츠이미이케 노조의 1960년 쟁의에서 볼 수 있듯이 직장 수준에서 노조가 행사하는 노동조건 규제력은 약화되었다. 민간부문에서는 직장질서의 주도권을 기업 측이 장악했다. 그러나 일본 노동자의 주류는 회사와 노조에 동시에 소속감을 갖고 충성하는 '이중귀속'의 의식구조를 가지고 있었으므로 장기적으로 안정된 노사관계가 유지될 수 있었다. 기업 내부에서 노조는 여전히 건재하였으며 사회적으로 막대한 영향력을 행사하고 있었다. 또한 노조는 혁신정당의 지지기반으로 남아 있었으며, 집권세력은 아니지만, 중요한 정치적 주체라는 위상을 유지하고 있었다. 이처럼 노조는 미군정기와 비교하면 발언권과 영향력이 약화되었지만 정부와 기업이 존중해야 하는 당사자로 남아 있었다.

이러한 상황을 이해하려면 일본의 노조가 실질적으로 수행하는 기능을 구체적으로 살펴볼 필요가 있다. 카와니시 히로스케가 일본을 대표하는 전기전자 부문 제조업체인 히타치(日立)의 생산 현장에서 발견한 노조의 '경영내적 기능'은 기업별노조와 협조적 노사관계의 관계를 이해하는 실마리를 제공하였다. 같은 업종인 토시바(東芝) 노조에 대한 자료도 직장 수준에서 조합원이 노조와 괴리되는 조합민주주의의 취약성을 보여준다. 야마모토 키요시(山本潔)가 분석한 자동차 제조업체인 닛산에서는 노조가 강력한 발언권을 행사하고 있으나 경제적 실리 확보를 우선적으로 추구하고 있었다. 카마타 사토시(鎌田慧)의 르포『자동차 절망공장』은 자동차 제조업체인 토요타의 노사관계를 직장 수준에서 관찰하고 있다. 이 기록에는 회사 및 정규직 종업원 노조로부터 동시에 소외된 비정규직 노동자 집단이 노동력 관리의 수량적 유연성을 제공하는 상황이 나타나 있다. 이러한 사례는 '일본적 노사관계', '일본적 경영'이 강조하는 협조적 노사관계의 빛과 그림자를 동시에 보여준다. 이미 고도경제성장기에도 '일본적 노사관계'가 적용되는 대상은 한정되어 있었으며, 노동시장과 노사관계의 내부 분화도 진행되고 있었다.

(1) 노동자 의식과 직장질서

고도경제성장기를 거치며 일본의 노동자는 풍요해졌으며 기업의 경영관리기구는 직장 수준에서 노사관계의 주도권을 장악하였다. 사용자가 주도한 기술혁신과 인사노무관리의 합리화는 '총평'의 직장투쟁을 무력화시켰고 그 과정에서 노동자의 의식구조 변화를 촉진시켰다. 직장의 주도권이나 노동조건과 같은 외부 환경의 변화만으로는 고도경제성장기에 진행된 협조적 노사관계의 정착 과정을 충분하게 설명할 수 없다. 노동자의 의식구조는 개인의 상황 해석과 행동 결정에 중대한 영향을 미칠 뿐만 아니라 노사관계의 상태와도 밀접하게 연계되어 있다는 사실에 주목할 필요가 있다.

사회학자인 오타카 쿠니오(尾高邦雄)는 1950~1960년대에 실시한 사회조사의 결과를 근거로 일본 노동자의 귀속의식을 분석했다. 귀속의식은 개인과 집단의 일체감, 개인이 소속 집단을 선택하는 우선순위에 의해 규정되었다. 양자택일적인 충성을 요구하는 회사와 노동조합에 대한 노동자의 귀속의식은 5개 유형으로 분류되었다(표 IV-3).

회사와 노조를 동시에 지지하는 이중귀속형 노동자는 근면하게 일하면 보답을 받는다는 인생관을 가졌으며 개인의 불행을 사회의 책임으로 돌리는 태도에는 반대했다. 또한 이들은 직업, 직장, 노동조건에 대해 회사일변도형 노동자보다 만족도가 높았으며, 자동화와 생산성 향상을 지지하며 노사는 투쟁이 아니라 협력을 해야 한다는 입장이었다. 이러한 태도는 생활상의 이해관계를 반영하고 있었다. 즉, 이들은 회사에 충실한 종업원이며 노동조합에서도 열심히 활동하는 조합원이었다. 불평불만형의 다수는 회사, 노조를 가리지 않고 할 말은 하는 건설적 비판형 노동자였다. 노사 지도자들에게는 기존의 가치관에 이의를 제기하는 이들을 어떻게 상대할 것이냐가 중요한 과제로 등장했다. 회사일변도형은 전통적 가치관의 소유자로서 윗사람은 인정이 있어야 하고 종업원은 원만하게 순응해야 한다고 믿는 집단이다. 그러나 이중귀속형만큼 회사를 적극적으로 지지하는 유형은 아니다. 시시비비형은 회사, 노조 어느 쪽에도 기울어지지 않는 중간적 태도를 가진 집단이다. 조합일변도형은 회사를 비판하고 노조를 지지하는 집단이다.

이 조사에서 추출된 일본 노동자의 귀속의식은 이중귀속형이 주류를

〈표 IV-3〉 노동자의 귀속의식 유형 분류

	회사	노동조합
이중귀속형	지지	지지
회사일변도형	지지	반대
시시비비형	중립	중립
조합일변도형	반대	지지
불평불만형	반대/비판	반대/비판

자료: 尾高邦雄 1981: 505-506.

이루고, 다음으로는 불평불만형이며 다른 유형은 의미있는 비중을 차지하지 못한다고 요약할 수 있다. 즉, 일본 노동자에게 회사와 노동조합은 양자택일적인 충성을 요구하는 존재가 아니었다. 이중귀속형 노동자는 노사관계 안정을 유지하는 기반이며 불평불만형 노동자도 실제로 건설적 비판을 하는 집단이므로 오히려 혁신형 안정세력으로 볼 수 있다(尾高邦雄 1981: 528-532). 특히 1957년에 전력회사 노동자를 상대로 실시한 조사에서는 30세 이하의 불평불만형과 40세 이상의 이중귀속형 사이에는 연령적으로 단층이 존재했다. 일반적으로 30세 이하에서 전후에 설립된 신제 고교 출신이 많아 고학력화된 사업장일수록 불평불만형이 많은 것으로 나타났다. 또한 관리직만이 아니라 생산현장의 감독자 가운데에도 이중귀속형이 다수였다. 예상과는 달리 일반 조합원보다 노조 간부의 경력을 가진 노동자 가운데서 이중귀속형이 많았다(尾高邦雄 1981 : 533-536). 철강산업 노동자를 대상으로 장기간에 걸쳐 실시한 조사에서는 회사귀속의식과 조합귀속의식은 정(正)상관관계를 보이는 것으로 나타났다. 그러나 1950~1960년대에 걸쳐 이중귀속형의 비중은 감소하고 불평불만형이 증대하는 장기적인 변화가 진행되고 있었다

(표 IV-4, 尾高邦雄 1981: 538-539).

그러나 더욱 중요한 사실은 이러한 변화를 초래한 산업 현장의 변화다. 우선 일본 대기업에서 조직합리화와 설비자동화가 진행되는 가운데 종업원의 평균 학력은 높아지고, 평균 연령은 낮아짐에 따라 불평불만형이 증가했음을 주목해야 한다. 다음으로는 젊을수록 대기업 종업원의 가치지향이 개인주의적이고 다양화되었다는 사실을 고려할 필요가 있다. 전후 일본의 노동자는 회사 일을 근면하게 수행하는 이유를 소속된 집단에 충실해야 한다는 집단주의적인 가치관에서 찾고 있었다. 그러나 고도경제성장이 시작된 1950년대 후반 이후에는 근면해야 하는 이유가 자신에게 충실하고 자기 이익을 추구하기 위한 것으로 바뀌었다. 회사에 대한 노동자의 귀속성이 약화되고 업무, 지위, 대우에 대한 불만은 높아졌다. 전후 혼란기에는 노동자가 생활을 지켜주는 절대적으로 필요한 존재로 노조를 꼽았지만, 고도경제성장기 이후에는 거대 조직으로 발전한 노조를 위해 단결해야 할 필요를 느끼지 못했으며, 오히려 노조가 제공하는 서비스가 부족하면 노조 간부를 비판하게 되었다(尾高邦雄 1981: 539-543).

〈표 IV-4 〉철강 노동자의 귀속의식 유형 변화 (단위: %)

연도	사업장	이중 귀속형	회사 일변도형	시시비비형	조합 일변도형	불평불만형
1952	N강관 KS제철소	34	7	9	3	10
1956	N강관 9사업소	32	6	8	7	9
1960	N강관 ME제철소	19	10	10	6	17
1963	N강관 전사	13	5	11	5	29

자료: 尾高邦雄 1981: 539.

이상과 같이 귀속의식을 중심으로 살펴본 노동자 의식의 변화는, 계급운동을 지향하는 급진적 노동운동과 작업장의 주도권을 확보하려는 노조의 직장투쟁이 퇴조하고 춘투를 통해 고율의 임금인상이 지속되는 고도경제성장기의 노사관계를 반영한다. 특히 집단주의적인 이중귀속형 노동자가 개인주의적인 불평불만형 노동자로 교체되는 추세를 보였다. 그러나 후자는 어디까지나 회사와 노조의 합리적 운영을 바라고 건설적 비판을 제기하는 집단이었다. 즉, 이 조사는 일본의 노사관계 제도가 안정되어 있으며 대기업 노동자의 주류는 기업 내부에 통합되어 있는 상태를 보여준다. 이중귀속형과 불평불만형 이외에는 유의미한 유형이 발견되지 않았다. 이는 기업과 노조에 대한 노동자의 귀속의식이 사실상 연동되어 있는 기업별노조 체제의 특성이라 할 수 있다. 그러나 회사와 노조는 젊은 고학력 노동자의 이의제기를 수용하여 처리할 수 있는 체제를 갖추어야 한다는 새로운 과제를 맞고 있었다.

(2) 노조의 종업원 조직 기능─히타치의 사례

일본의 대기업 노동자가 정신적으로 회사와 노조에 동시에 귀속되어 있다는 사실을 이해하려면 직장에서 노조가 실질적으로 수행하는 기능을 살펴볼 필요가 있다. 고도경제성장이 지속되고 있었던 1970~1971년에 카와니시 히로스케는 히타치의 생산 현장을 조사하여 일본의 기업별노조는 '종업원 조직 기능', '경영내적 기능'을 수행하고 있다는 시각을 제시했다. 이러한 모습은 기업을 견제하며 '계급 조직 기능', '경영외적 기능'을 수행하는 고전적인 노조의 개념과 대조적이다.

카와니시는 회사의 노무관리 기능과 모순되지 않는 범위 안에서 발휘되는 기업별노조의 '종업원 조직 기능'을 구체적으로 다음과 같이 제시했다(河西宏祐 1981: 158-168; 이종구 1991: 117-118).

㉠ 노조는 활동의 장을 특정 기업 내부로 한정하고 있다.

㉡ 노조는 노동조건 및 복리후생 관계 사항을 노사협의에 의한 '고충 처리'로 다루고 있다. 조합원에 대해 노조는 이러한 사항을 '고충 흡수'라는 방식으로 다루고 있다.

㉢ 노사가 회사라는 '생활공동체' 내부에서 협조하며 국제경쟁에 대처하는 행동방침에 대해 합의하고 있다.

㉣ 노조는 기업의 생산성 향상에 적극 협력하는 방법으로 노조의 발전을 도모한다.

㉤ 직장 수준에서 노조의 직장위원이 강력한 권한을 가지고 종업원을 통제한다. 노조의 고충처리활동은 생산성 향상을 위해 종업원을 동원하는 효과를 발휘한다. 즉, 노조 활동이 활발한 직장은 노조가 노무관리를 보완하는 기능을 원활하게 수행하는 곳이다.

㉥ 중요한 노동조건은 노조 본부의 집행부와 본사 경영진 사이에 전개되는 중앙교섭에서 결정된다. 그러나 직장에 있는 일반 조합원에게 이는 강 건너 먼 곳에서 벌어지는 연중행사에 불과하다.

㉦ 노조는 직장조직과 직장활동을 기반으로 '종업원 조직 기능'을 활발하게 수행한다.

여기에서 나타난 '종업원 조직 기능'을 수행하는 대기업 노조는 고도경제성장기에 정착한 협조적 노사관계의 실체를 반영하고 있다. 기업과 노조의 경계선이 명확하지 않으며, 양자가 실리를 공유하는 관계에 있다는 사실은 다수의 노동자가 이중귀속 의식을 가지고 있다는 오타카의 조사 결과와 부합한다. 노사가 생산성 향상이라는 목표를 공유하고 있으므로 노동자 계급의 독자성이나 단결을 강조하는 노동운동은 사실상 일본 기업에서 입지를 상실하고 있었다. 노조의 '종업원 조직 기능'은 히타치만이 아니라 다른 대기업에도 적용될 수 있는 보편성을 가진 개념이었다.

(3) 노조와 경영진의 이중권력: 닛산의 사례

일본 제2위의 자동차 제조업체인 닛산자동차의 노사관계는 노조의 별칭이 '제2노무과'일 정도로 노사의 경계선이 불분명했다. 1953년 벌어진 닛산 쟁의 당시 산업별노조인 전자(全自)[86] 닛산지부에 동조하지 않는 제2노조로 출발한 닛산 노조는 다수파 노조가 되어 주도권을 장악하였으며(嵯峨一郎 等 1983: 7-8), 협조적인 노사관계를 유지하면서도 회사에 강력한 발언권을 행사하고 있었다. 그러나 닛산 노조의 가장 중요한 기능은 노무관리를 실질적으로 대행하는 것이었다. 또한 노조와 회사의 인사가 연계되어 있어 종업원은 양자의 직책을 왕복하면서 경력을 쌓아 승진할 수 있었다. 즉, 강력한 조직력을 발휘하는 닛산 노조는 조합원의 노동조건 개선보다 회사의 경영성과 향상이나 노조 조직 자체의 세력 확장을 위해 활동하고 있었다.

야마모토 키요시는 닛산의 노사관계를 조사하며 1953년 8월 노조가 결성된 이후 조사가 실시된 1970년대 후반까지 양자의 관계를 규정하는 포괄적인 단체협약이 존재하지 않으며 부분적으로 특정 분야에 대

---

86. 전일본자동차노동조합. 1948. 3. 25. 결성, 1954. 12. 2. 해산.

한 협약만이 체결된 사실에 주목했다. '경영협의회에 관한 협정서', '노조의 확인에 관한 협정서', '유니온숍에 관한 협정서', '노조 업무 상근자에 관한 협정서', '고충처리에 관한 협정서' 등이 노사관계를 규정하는 근거 문서였다. 또한 노사가 의사를 교환하고 결정하는 방식으로는 경영협의회 제도만 존재했다. 노사 각 12명으로 구성된 중앙경영협의회와 분과회(생산, 관리, 기술, 후생)는 인사·복리후생의 기본방침과 시책, 영업방침, 생산·설비계획, 사업소 조직 등을 다루도록 규정되었다. 단체교섭의 근거인 포괄적 단체협약과 쟁의가 없으므로 일반 조합원이 노사관계 제도의 전모를 파악하기는 어려웠으며 인사문제는 더욱 이해하기 어려웠다. 닛산에는 회사가 조합원 인사에 대해 노조가 제안하고 절충하며, 노조가 거부하면 인사를 할 수 없는 관행이 있었다. 인사에 대한 제안과 절충 절차는 노조 간부들이 기업 내부에서 승진하는 통로로 이용되고 있었다. 또한 노조는 이를 지렛대로 삼아 직장 수준에서 노동자를 통제하고 있었다. 이와 같은 닛산의 사례가 차지하는 위상을 평가하기 위해서는 노사가 업계와 노동계에서 차지하는 비중을 감안할 필요가 있다. 일본의 주력 산업인 자동차 산업에서 제2위를 차지하던 닛산의 노조는 노동운동계의 중심을 이루는 IMF-JC[87]의 중요한 구성원이며 민간대기업 노조를 중심으로 구성된 우파 성향 중앙조직인 '동맹'[88]에 참가하고 있었다(山本潔 1981 :29-34). 이처럼 일본에서도 특이할 정도로 노사의 거리가 가까웠던 닛산의 사례는 일본 민간대기업에서 형성된 노사관계의 성격을 선명하게 보여준다.

닛산의 사례를 이해하려면 노사의 간부들이 1953년 쟁의에서 산별노조인 전자 닛산분회를 제압하는 투쟁을 함께한 동지의식을 공유했음을

87. 국제금속노련 일본협의회.
88. 전일본노동총동맹(全日本労働総同盟).

인식할 필요가 있다. 기업의 임원급 이상의 간부 중에는 1953년 쟁의가 발생했을 때 제2조합을 결성해 급진적 산별노조 조직을 무력화시키는 과정을 주도한 '기업연구회'에서 활동한 경력이나 인사 부서를 거친 경력의 소유자, 닛산 노조나 닛산 계열사 노조의 연합 조직인 자동차노련의 고위 간부를 지낸 인사가 다수 포함되어 있었다. 이들의 경력을 보면 '회사 근무' → '조합 상근' → '회사 복귀' → '중역 취임'의 과정을 거치고 있었다. 역사적 배경을 보면 '기업연구회'는 본래 대졸자를 중심으로 결성되었으며 '상호신뢰적 노사관계'를 조성하려는 목적을 지닌 기구였다. 따라서 대졸 직원은 조합이나 자동차노련의 간부를 맡아도 심리적 갈등을 겪지 않았다. 심지어 노동조합을 상대로 절충을 해야 하는 인사담당 중역이 닛산 계열 노조의 조직인 자동차노련[89] 서기장 출신인 사례도 있었다. 회사의 노무담당 부서가 노조에 간부를 파견한다고 보는 것이 현실에 부합되었다(山本潔 1981: 138-141).

닛산의 중간관리자와 노조의 관계를 보아도 노조의 핵심부에는 회사의 인사담당 부서 출신자가 자리잡고 있다. 즉, '인사담당 부서(평사원)' → '노조 상근' → '인사담당 부서(과장)'의 승진 경로가 형성되어 있었다. 사회과학계 학부 출신자로 인사담당 부서에 있던 사원들은 10년 이상의 장기간에 걸쳐 노조 상근간부로 있었으며, 직장으로 복귀한 다음에는 노조에서 쌓은 경험을 인사·노무관리에 활용하여 인사담당 과장으로 승진했다. 즉, 노조에서 활동한 경력은 회사 생활을 하며 거치는 '직장내 훈련'[90]이었다. 결과적으로 회사의 인사담당 중역과 간부는 노조

---

89. 1955년 1월 발족. 일본자동차산업노동조합연합회(日本自動車産業労働組合連合会). 닛산을 제외한 5개 자동차회사 노조는 1962년 1월에 전국자동차산업노동조합연합회(全国自動車産業労働組合連合会) 결성.
90. OJT. on the job training.

간부와 인맥을 공유하는 '노무담당 전문직 집단'[91]이었다. 이런 식으로 인사·노무관리를 담당하며 고위 간부로 승진하는 경로에 있는 엘리트 집단 내부에서 노사가 정보를 서로 교환하고, 노조의 요구를 기안하며, 회사의 회답도 기안하고 있었다. 따라서 고도경제성장 시대에 닛산의 단체교섭은 20년간 조합의 요구가 100% 수용되는 '완전 획득' 방식으로 진행되었다(山本潔 1981: 144-146).

닛산 노조는 조합민주주의 원칙에 대한 인식이 희박했다. 1960년대에 조합 간부를 선출하는 과정을 보면 일반 조합원은 선거구, 선출직 간부의 정원, 후보자의 이름도 사실상 모르는 상태에서 선거를 했다. 또한 선거구에 따라 대표성의 격차가 심각했다. 노조 집행부의 중심인 상임위원회의 사례를 보아도 상임위원 1인당 조합원수가 부서에 따라 6배의 격차를 보이고 있었다. 즉, 자동차를 실제로 생산하는 조립라인의 조합원과 비교해 본사 사무부문 및 설계·기술부문 등의 간접부문 조합원이 과잉 대표되어 있었다. 또한 일반 조합원은 각종 선출직에 출마할 자유도, 출마하지 않을 자유도 없었다. 후보자 선정 자체를 노조 집행부, 노조 상근자, 직장 수준의 감독자나 노조 간부 등이 결정하기 때문이었다. 특히 사무관리직 종사자에게 조합 간부에 입후보하라는 상사의 권유는 실질적으로 업무 명령이었다(山本潔 1981: 233, 235-240, 250-251).

노조와 경영진이 유착된 이중권력 구조로(青木慧 1981: 1) 형성된 닛산의 노사관계는 일본에서도 극단적인 사례였다. 닛산 노조는 1970년대 후반부터 시장 점유율을 높이기 위해 추진된 해외공장 건설을 국내 고용 유지라는 명분을 내세워 반대하였다. 감독자 집단을 장악하고 경영진과 기업내 권력을 분점하고 있던 닛산 노조는 해외생산의 확대라는

---

91. キャリア一組. career 집단. 최고위 직책으로 승진하는 엘리트 사원을 의미하는 일본식 외래어.

일본 경제의 큰 흐름에 역행하다가 회사 및 재계와 갈등을 일으키게 되었다. 닛산 노조 조합장, 자동차노련 회장, '동맹' 부회장을 역임했으며 호화생활을 즐기는 전형적인 노동귀족이라는 평가를 받던 시오지 이치로(塩路一郎)는 수세에 몰려 1986년 2월 모든 노조 관련 직책을 내려놓고 불명예 퇴진했다. 일본 노동사회학연구회[92] 회원들이 닛산 오빠마(追浜)공장을 1987년 방문했을 때 관리자들은 시오지의 퇴진으로 노사관계가 합리화되기 시작했다고 평가하고 있었다. 또한 회사와 닛산 노조를 상대로 장기간 분쟁 상태에 있던 소수파 노동운동 집단은 "노동조합 중심의 노동자 지배체제는 약화되었으나, 회사가 감독자를 통해 노동자를 관리·감독하는 체제가 강화되었다. 1986년 12월에 포괄적 노동협약이 맺어져 닛산 노조는 완전히 회사의 관리하에 놓였다"고 시오지 퇴진 이후의 상황을 분석하였다(日産鬪爭支援連絡会 1987: 45). 이는 닛산 노조가 경영진과 유착하고 있었지만 노동조건을 보호하는 기능을 발휘한 것은 인정한다는 의미로 해석할 수 있다. 일본 자동차 산업의 노사관계를 연구한 카미이 요시히코(上井嘉彦)는 노사 상호신뢰를 표방하면서도, 상호신뢰 관계가 무너질 정도로 직장에서 노사협의를 충실하게 추진하며 경영과 노동을 동시에 강력하게 규제하는 '협조적 직장규제'는 노조 최고지도자의 추방과 노조 발언권의 포기라는 결말을 맞았다고 시오지 퇴진의 의미를 해석했다. 생산성 향상과 기업의 번영이라는 이념을 추구하며, 현장감독자의 권한을 활용하여 규제력을 행사하고, 일반 노동자의 발언권은 배제하는 것이 닛산 노조의 행동 방식이었다. 카미이는 경영 위기를 느낀 현장감독자층의 반발로 닛산 노조의 리더십이 붕괴되었다고 분석했다(上井嘉彦 1994: 240-241).

92. 1987. 9. 30. 노동사회학연구회(労働社会学研究会) 정기 연구대회 프로그램의 일환으로 공장 견학, 관계자와 질의응답.

이상에서 살펴본 닛산의 노사관계는 미군정기에 고조된 급진적 노동운동 세력을 제압하는 과정에서 조직된 제2노조가 경영진과 유착하여 노동운동만이 아니라 기업에 대해서도 장기간 영향력을 행사한 사례이다. 닛산 노조는 직장 수준에서 감독자 집단을 장악하고 경영관리기구의 노무관리를 대행했으며, 회사와 노조에 이의를 제기하는 다른 노동운동 세력의 등장을 봉쇄했다. 그러나 글로벌라이제이션과 함께 닛산 노사의 이해관계는 충돌하게 되었으며, 경영관리기구는 노무관리 업무를 직접 챙기게 되었다.

(4) 노조와 조합원의 괴리―토시바의 사례

전기전자산업 부문에서 일본의 대표적인 제조업체로 알려진 토시바의 노조는 미군정기에 '붉은 노련'이라는 별명이 붙을 정도로 민간부문에서 가장 급진적인 노동운동을 주도했다. 1949년 도쿄 서남부 카와사키의 국철 역 인근 호리카와쵸(堀川町)공장 쟁의에서 노조가 패배하고 대규모 해고가 실시된 사건은 전국적으로 기업이 경영권을 회복하는 계기가 되었으며 전후 노사관계의 성격을 규정하는 가장 중요한 사건의 하나로 평가되고 있다(山本潔 1983: 4-7, 191-238, 255-272, 314-316; 三宅明正 1991: 41). 1949년 쟁의에서 급진적 노조가 패배한 이후 장기간 지속된 무협약 상태가 종식되고 1956년 노동협약이 다시 체결되었다. 이 사례도 미군정의 노동개혁, 냉전과 역코스, 실리추구적 노동조합 운동의 정착, 협조적 노사관계의 확립으로 이어지는 전후 노사관계의 변천 과정을 전형적으로 보여준다.

① 직장 수준의 노조 활동 공동화

도쿄 서북부 교외 지역에 소재하고 있으며 중전(重電) 설비 등을 제작하는 토시바 후츄(府中)공장의 노조 지부가 발행하는 노보인『우리들의 등불』(われらの燈)은 노동자가 보는 고도경제성장기의 직장 상황을 구체적으로 기록하고 있다. 고도경제성장이 시작된 1955년『우리들의 등불』에 게재된 독자 투고는 쟁의에 대한 의견을 언급하며 "마지막으로 조합 간부 여러분들에게 부탁이 있다. 각종 투쟁과정에서 지금과 같이 일방통행식으로 정보를 흘려보내지만 말고 노동조합에 대해 아무것도 모르는 사람이라도 알아들을 수 있는 방법을 사용하기 바란다. 직장회의에 출석해보아도 말이 어려워 아무것도 알아들을 수 없다"라고 불만을 호소하고 있다.[93]

1959년에도 "직장에서 진짜 의견을 이끌어내는 일이 선결되어야 한다"는 견해와 같이 노조의 직장활동이 부진하다는 지적이 있었다. "3개월 또는 반년에 한 차례씩 '와아 투쟁이다!' 하면서 직장대회가 열린다. 시계를 흘끔 흘끔 쳐다보면서 집행위원이 '아무리 노력해도 잘 알 수 없는 의안서'를 맹렬한 속도로 읽어 내려간다. '그러면 시간이 되었습니다. 유감이지만…' 하는 방식에는 벌써 모인 사람들도 진저리를 내고 있다"는 기록은 직장대회의 형식화와 일반 조합원의 소외감을 드러내고 있다. "'임시 출근할 정도로 바쁜 주에는 휴가를 가지 못하게 하겠다'라거나 '사전에 신고하지 않은 휴가는 결근으로 간주하겠다'와 같은 말도 안 되는 소리를 어째서 감독자가 시끄럽게 내기 시작하였는가? 사우나 같은 작업장을 없애기 위해서는 어떻게 하는 것이 좋을 것인가"라는 발언은 노무관리의 강화와 미흡한 직장 환경에 대한 불만을 토로하

---

93. われらの燈 1955. 9. 26.

고 있다. 반면 "최저 월 1회는 직장대회를 열어야 한다. 최근에는 집행위원의 직장 순회가 뜸해진 것으로 보인다. 이전에는 한 달에 한 번씩은 왔다고 생각된다"는 발언은 노동조합의 일상 활동이 저조해지는 문제를 지적하고 있다.[94]

제1차 고도경제성장기가 끝나가던 1964년에는 노동조합 측도 "왜 직장대회에 모이지 않는가? '야구가 더 재미있다?', 이렇게 해서는 요구를 관철할 수 없다"고 위기감을 보였다.[95] 1966년 말의 '일시금'(一時金)[96] 투쟁에서는 단체교섭 결과를 인준하는 조합원 투표에서 이변이 일어났다. 전체 조합원의 찬성률이 60% 이하로 떨어졌을 뿐만 아니라 후츄공장에서는 부결되어버렸다. "간부 중심의 투쟁에 반대한다"는 입장을 밝히면서, "전기노련이 통일투쟁에서 제시하는 기준, 회사가 낼 것 같은 금액 등이 중앙집행위원회가 정세를 판단하는 기초가 되고 있다. 이와 같은 사고방식에 문제가 있다. 중앙집행위원회는 직장의 결의나 동향을 완전히 무시하고 간부들끼리 멋대로 판단해 내린 정세분석을 제시해 인준을 받으려 한다"고 구체적인 이유를 설명하는 대의원도 나타났다.[97]

1968년에 후츄지부가 조합원을 대상으로 실시한 설문조사에는 "노조에 관심이 없는 원인"을 묻는 항목이 있었다. 응답자가 기입한 내용을 보면, "생활의 안정-절박한 불안감이 없다", "노조에 대한 무력감-노조 활동에 모두가 관심을 가졌다고 해서 이에 비례해 임금이 오른다고는 아무도 생각하지 않는다", "노조운동의 타성화-춘투, 추투, 합리화

94. われらの燈 1958. 6. 25.
95. われらの燈 1964. 10. 25.
96. 상여금.
97. われらの燈 1966. 12. 22.; 1967. 1. 5.

반대, 이런 것만 해마다 반복하므로 회사와 프로레슬링을 하는 것 같다. 독자적인 정책을 제시해보면 어떠한가. 노조가 임대주택이라도 지어 종업원들이 살 수 있게 하는 사업 같은 것은 어떠한가"라는 의견 등이 있었다. 임대주택 사업을 제안한 세번째 응답자가 말하는 "당면의 생활 목표"는 "셋방 구하기, 신혼용"이었다. 또한 "말만 하고 실행하지 않을 때가 너무 많다"고 노조를 비판하면서도 장래 희망으로 "마이카족이 되는 것(차, 집, 아내)"을 바라는 남성 노동자도 있었다.[98]

실제로 이미 1966년에는 "후츄 종업원의 1할 이상이 마이카족이 되었다. 운전면허 소지자는 5할 가까이 된다"는 상황이었으며, 주차장 확보 문제를 노조가 거론하기 시작했다.[99] 당시 노조는 조합원을 향해 "자기중심주의를 버리고 직장 대의원에게 협력"할 것을 호소하면서도 "A씨는 직장위원이면서도 자기 활동에 대해 뉴스만 배포하면 된다고 생각하고 있다", "B씨는 대의원의 입장에서 고민하고 있다. 직장대회를 열어도 모여들지 않는다. 나이든 사람만 모일 뿐이다. 젊은이들은 문제가 있다. 젊은 사람들은 점심 휴식시간을 몽땅 자기들이 노는 데 쓰려고 한다"고 지적했다.[100] 이렇듯 고도경제성장기에 진행된 소비 수준의 향상과 가치관의 변화도 노동조합에 대한 조합원의 관심을 저하시키는 데 기여했다는 사실이 나타나고 있다.

토시바 후츄공장의 노보에는 조합원들이 풍요한 생활을 기대하면서도 노조가 직장에서 존재감이 희박해지는 현실에 대해서는 비판적인 것으로 나타났다. 조합원들은 매너리즘에 빠진 춘투와 노조 활동의 문제를 지적하고 있다. 장기근속 조합원들은 젊은 후배들이 노조 활동에

98. われらの燈 1968. 1. 1.
99. われらの燈 1968. 8. 25.
100. われらの燈 1967. 11. 25.

무관심하다고 우려하고 있다. 결국 노조와 조합원의 괴리는 시간이 경과할수록 확대될 가능성이 있었다.

② 노동협약과 노조 활동의 제약

이 사례에서 조합원들이 노동조합에 회의적인 반응을 보이는 배경에는 노동협약의 문제가 있다. 노동협약 제10조에는 "노조 상근자를 제외한 조합원의 조합 활동은 노동시간이 아닌 시간으로 한정한다"고 규정되었다. 이 규정이 적용되지 않는 예외적인 노조 활동은 노조대회, 지부대회, 대의원회, 회사가 인정한 노조 및 지부 기관에 대한 출석이며 여기에 대해서는 급여가 지급되지 않았다. 이러한 활동에 참가할 경우에는 노동조합이 회의비를 지급하여 손실된 임금을 보상해주어야 했다. 조합원이 노조 활동에 참가하는 방법과 기회에 대한 노동협약의 규정은 토시바의 노사관계를 포괄적으로 보여주는 지표의 하나다.

1950년대 후반 이후 토시바를 비롯한 다수의 민간대기업 노사가 재정비한 노동협약에는 일반 조합원의 노조 활동을 제약하는 규정이 일반적으로 포함되어 있었다. "현실적으로 상근 간부 이외의 조합원이 노조 활동을 따라올 수가 없다. 아무리 직장조직을 정비하여도, 1시간뿐인 점심 휴게 시간이나 일과 후에 '종업원'이 '조합원'이 되도록 만드는 것 이외에는 방법이 없다. 각종 위원이 회사가 인정한 노조 활동에 참가할 경우에도 모든 것을 '위임받는' 형태로 활동하게 되기 쉽다"는 상황이 만들어졌다. 여기에 덧붙여 "1950년대 후반 이후 단체협약을 재정비한 회사가 노조를 상대하는 정책의 기본은 직장 단위의 교섭만이 아니라 각종 사업장 단위의 교섭까지 회피하려는 것"이라는 측면까지 감안할 필요가 있다. 결국 노조가 직면한 "직장의 문제는 해소되는 것이 아니라, 실제로는 경영 측의 의도에 따라 분산되고 불발로 끝나고 있"다는 분석이 나오기에 이르렀다(大河內一男·氏原正治郎·藤田若雄 編 1959: 264, 302).

후츄의 노보에 나타난 직장의 모습은 고도경제성장기에 진행된 사회적 변화의 한 단면이었다. 즉, "노조에 대한 무관심층의 확대, 직장의 노조 조직 공동화, 조합민주주의(union democracy)의 형해화라는, 단결의 기초 그 자체가 부식되는 현상이 진행"되었다는 것이다(河西宏祐 1982: 30). 또한 경제성장의 영향으로 '사생활 도피형'이라고 부를 수 있는 '하층의 마이홈주의'가 확산되고 있었다(見田宗介 1971: 39-40).

③ 상호신뢰와 노사협의

조합원과 괴리되고 있는 노조는 "우리는 공장 측에 요망한다. 직장에서 일어나는 문제에 대해 노조는 물론이고 해당 직장과도 사전에 협의하도록 촉구하기 바란다. 사전 협의야말로 '상호신뢰'의 원천이기 때문이다"는 말로 노사협의를 강화하자는 주장을 내세우고 있다. 또한 노조는 생산성 향상을 통해 노동조건을 개선해야 하므로 노사협의가 필요하다는 입장이었다.[101]

경영자의 입장에서도 노조가 노사협의를 강조하는 것은 바람직했다. 일본의 경영자들은 만일 노동조합이 일반 조합원과 완전히 괴리되는 상황이 되면 '일본적 노사관계'가 성립하기 위해 필요한 기본 전제가 무너지는 측면을 무시할 수 없었다. 사업장 노사협의회에 대한 노조의 방침을 보면 업적 향상을 위해 적극적인 발언과 감시를 실천하는 것과 함께 "노사의 발전을 위해, 사용하지 않는 설비를 정리하고, 장기적

---

101. われらの燈 1967. 12. 20.

이며 안정적으로 이상을 추구하는 조직을 만들며, 일하는 사람의 의욕을 향상시킬 수 있는 상당한 액수의 투자를 실시하며, 이를 기반으로 회사가 주장하는 상호신뢰적 인간관계를 쌓아 올리는 일"을 한다고 제시하고 있다.[102] 또한 노조는 같은 맥락에서 "우리는 매일 직장이라는 '전장'에서 '업무와 납기'라는 적과 싸우고 있다"[103]며 기업 활동에 대한 협조를 다짐하고 있다.

타임카드 폐지는 '상호신뢰'라는 말이 사용되는 맥락을 잘 보여주는 사례다. 1967년 대중투표를 거친 노조합의 요구를 회사가 받아들여 정문에서 출퇴근 시각을 기록하는 타임카드가 폐지되었다. 이에 대해 후츄의 노보는 '상호신뢰'의 표현이라고 평가했지만[104] 실제로는 출근 시간의 기준이 이전에는 정문 통과 시각이었으나 타임카드 폐지 이후에는 작업복으로 갈아입고 아침 체조를 마친 다음 그룹(반)회의가 시작되는 시각으로 변경되었다. 즉, 노동시간 관리가 강화된 것을 의미했다.

④ 조합원의 노조 귀속의식 저하

노조도 일반 조합원의 참가의식이 저하되는 문제를 우려하여 '직장의 노동조합'이라는 정신을 강조하고 있었다. 1969년도 대회에 제시된 방침을 보면 '밝은 직장의 창조'를 위하여 "대의원을 중심으로 직장 간담을 촉진"하자는 내용이 있다. 이는 직장 수준의 노사협의인 '과장 간담'의 활성화를 의미했다. 또한 같은 해에 일경련(日経連)이 춘투 방침으로서 "정치투쟁을 허용하지 않는다"[105]는 입장을 밝힌 것에 주목할 필

---

102. われらの燈 1967. 9. 25.
103. われらの燈 1967. 10. 27.
104. われらの燈 1967. 12. 20.
105. われらの燈 1969. 1. 30.

요가 있다. 이는 기존의 제도화된 노사관계 자체를 거부하는 신좌익 주도 노동운동에 대한 대책이 노무관리의 과제로 등장했음을 의미한다. 즉, 직장 수준에서 노조의 영역이 축소되면서 생긴 공백지대를 급진적인 신좌익 세력이 차지하는 사태를 방지해야 하는 회사가 오히려 노조의 위신을 살려주기 위해 노사협의를 강조하게 된 것이다. 후츄공장에서는 1969년부터 소집단을 단위로 하는 자주관리활동이 'ZD[106]그룹'이라는 명칭으로 등장하였다. 이처럼 경영자는 소집단 활동을 장려해 직장의 조직적 공백을 메우고 사회통합을 유지해야 할 필요가 있었다.

이 사례에 나타난 상황은 사실상 전반적인 노동자 의식의 변화 동향에 비추어 이해할 필요가 있다. 이미 1960년대에는 노동자 개인의 관심사항을 기업별노조가 수용하여 활동 내용에 반영할 수 없는 상황이 조성되어 있었다. 이러한 변화의 배경에는 "1960년대 중반이 되면 젊은층의 이해관계에 대한 의식은 조합의식과 결합되지 않았다. 기업의식으로부터의 이탈과 동시에 노조 귀속의식도 저하되었다"는 현실이 있었다. 1970년대에 들어서도 "젊은 층이 가지고 있는 조합에 대한 무관심이나 불만"이 노출되었지만 다른 한편으로는 "노조 활동에 스스로 참가하여 불만을 극복하려는 태도를 가진 노동자도 드물다"는 것이 노동자 의식의 상태였다(石川晃弘 1975: 114). 즉, 고도경제성장기를 거치면서 노동자와 노동조합 사이에 발생한 균열은 확대되고 있었다.

⑷ 고강도 단순노동과 기업의존적 생활구조—토요타의 사례

르포작가인 카마타 사토시는 석유파동 직전인 1972년 9월부터 1973

---

106. zero defects.

년 2월까지 당시 일본 국내에서 1위, 세계에서 3위의 생산 실적을 달성한 자동차 제조업체인 토요타에 임시공으로 취업하여 상세한 기록을 남겼다. 이 르포는 『자동차 절망공장』이라는 제목으로 간행되었으며 외국어로 번역되어 '일본적 노사관계'의 이면을 보여주는 자료로 널리 알려졌다. 카마타의 작업은 학술적인 조사연구로 밝혀내기 어려운 직장의 구체적인 상태 및 노동자의 생활상에 대한 관찰 기록이라는 점에서 높은 평가를 받는다.

6개월 동안 근무하는 기간공(期間工), 즉, 계절공으로 입사한 카마타는 변속기 조립작업에 종사하며 자동차 공장 내부를 관찰했다. 계절공은 본래 농한기를 이용해 건설공사장이나 공장에서 노동하는 농민을 의미하는데 실제로는 계절공을 거쳐 토요타의 본공으로 취업하는 기회가 있으므로 이들의 배경과 연령대는 다양하다. 그러나 카마타와 같이 입사한 38명의 계절공 가운데 6개월의 계약기간이 끝날 때까지 일한 사람은 카마타 한 사람뿐이었다. 6개월간 500명이 넘는 계절공이 입사했으나 2명만 계약기간을 지켰다. 노동강도를 견디지 못하거나 산재 피해자가 되었기 때문이었다(鎌田慧 1973: 188). 다른 형태로 고용된 종업원의 정착률도 낮았다. 1972년에 신규 졸업자 약 3,200명이 정기 채용됐으나 같은 기간에 약 3,000명이 이직했다. 중도채용한 견습공 약 3,000명 가운데 본공으로 약 500명만 채용되고 나머지 약 2,500명은 6개월 이내에 퇴직했다. 계절공 약 2,000명을 채용했지만 잔류 비율은 평균 약 50%, 카마타가 있던 현장에서는 약 30% 수준이었다. 이밖에 실습생 신분인 양성공 중에도 중도 퇴직자가 상당히 나오고 있었다. 전체적으로 종업원 규모가 약 4만 1천명 수준이었으나 1년 동안 약 7,000명이 이직하고 있었다(鎌田慧 1973: 199).

카마타는 이직률이 높은 이유를 지속적으로 강화되는 노동강도와 단순반복적이고 단조로운 작업 내용에서 찾았다. 카마타의 재직 기간 동안 조립 작업을 실시하는 컨베이어벨트의 속도는 계속 빨라져 개별 작업자에게 허용된 시간은 1분 20초에서 1분 14초로 단축되었으며 생산 목표를 달성하지 못하면 연장 근로를 해야 했다(鎌田慧 1973: 147, 176). 조립라인에서 일하는 노동자는 직무를 극단적으로 세분하여 단순 동작으로 분할한 단조로운 작업을 수행하였으며, 옆에서 일하는 노동자의 노동내용도 파악할 수 없을 정도로 작업속도에 쫓겼다. 결국 창조성을 발휘하거나 지적인 호기심을 추구할 수 없었다(鎌田慧 1973: 47). 또한 단순 조립 작업에 종사하는 노동자는 허용된 단위 작업시간에 필요한 지식과 숙련만 보유하게 되므로 오래 근무해도 지식, 숙련, 판단력이 향상된다고 볼 수 없었다(鎌田慧 1973: 72). 작업이 시작되기 직전에 실시하는 안전교육 시간에는 임금이 지불되지 않았으며, 감독자들은 사망 사고가 아니면 산재를 은폐했다(鎌田慧 1973: 73, 201-204). 카마타의 관찰 기록에는 감독자가 제안 건수를 늘리기 위하여 노동자를 재촉하고 있었으며, 개인별 제안 건수는 성적 사정과 연계되었다. 회사는 채택된 제안에 대해 소액의 보상금을 지급했다. 이와 같은 소집단 활동을 통해 작업 방법을 개선하면 결과적으로 필요한 노동력이 줄어들었다(鎌田慧 1973: 92, 236-237, 243-246). 토요타의 노동자는 스스로 개선활동에 참가하며 노동강도를 높이므로 경영자는 인원을 지속적으로 감축할 수 있었다.

카마타는 노동강도가 높은 토요타에 노동자들이 남아 있는 배경도 관찰했다. 우선 토요타의 임금수준은 지역의 다른 기업에 비해 높았다. 노동자들은 토요타의 임금수준을 기준으로 이미 구입한 자동차, 컬러 텔레비전, 스테레오, 주택의 할부금을 상환해야 했다. 결과적으로 노동자의 생활 구조가 기업에 대한 의존도가 높아지는 방향으로 형성되고 있었다(鎌田慧 1973: 134-135). 주택을 소유하는 과정에서 기업에 대한 의존도는 더욱 심화되었다. 사택 입주 기간은 10년으로 제한되어 있었다. 자가를 소유하기 위해 회사의 '주택자금적립' 제도 및 장기신용은행과 제휴한 '토요타주택대출' 제도를 이용한 종업원이 중도 퇴직하면 대출금을 일시 상환해야 했다. 주택 자금을 갚기 위해 본공이 휴무일에는 하청 회사에서 일하거나 출고한 자동차를 운전해 구매자에게 전달하는 일용 노동을 하며 돈을 벌어야 하는 사례가 많았으며, 심지어 감독자인 반장이 토목 공사장에 인부로 나갔다가 사망하는 일도 있었다(鎌田慧 1973: 77-78, 197). 토요타에서 노조는 현장 노동자들에게 존재감이 없었다. 노동조건에 중대한 영향을 미치는 교대근무 방식이 달라지는 과정에서도 노동자들은 노조에 아무런 기대도 하지 않았다(鎌田慧 1973::152-154). 노조 간부를 감독자가 맡고 있으므로 사실상 직장 수준에서 노조 조직은 경영관리기구와 구분되지 않았다. 노조의 직장위원은 대개 조장, 반장으로 구성되었다. 생산 현장의 최고 책임자이며 노무관리자인 공장(계장대우)이 직장 수준에서 노조의 대표인 직장위원장을 돌아가며 맡고 있었다. 토요타자동차노동조합의 삼역인 집행위원장, 집행위 부위원장, 서기장과 집행위원은 대부분 공장과 대졸 계장이었다. 집행위원장 선거는 단독 후보로 치르는 것이 상례였다. 직장 단위로 실시하는 투표는 선거관리위원인 감독자가 지켜보는 가운데 지지하는 후보를 기입하는 방식으로 이루어졌고 개표 과정에 조합원의 참관은 허용되지 않았다(鎌田慧 1973: 211-213).

회사는 비공식적 사회관계를 활용하여 노동자를 통제했다. 고향별로 켄진카이(県人会)가 조직되었으며 취미 활동을 공유하는 동호인 모임도 다수 있었다. 기숙사와 사택 거주자는 지치카이(自治会)로 조직화되었다. 이와 같이 학력, 성별, 입사 경로, 신분, 직급에 따라 다수의 모임이 조직되어 있었다. 노무과는 이러한 모임의 활동비를 지원했으며 노무관리만이 아니라 각급 선거에 출마한 회사 관계자를 지원하는 조직으로도 활용했다. 그러나 가장 중요한 조직은 자위대 출신과 양성공 출신 조직이다. 자위대 출신 종업원은 '타이유카이(隊友会) 토요타 지부'를 결성했으며 회사 내부에서는 호에이카이(豊栄会)로 조직화되었다. 이들은 승진에서 우대를 받아 일선 감독자 중에서 차지하는 비중이 높았다. 사내 직업훈련시설인 토요타공업고등학원 출신 양성공은 졸업과 동시에 본공으로 채용되어 감독자로 빨리 승진하며 호요카이(豊養会)로 조직화되었다. 호요카이는 횡적 연결관계를 통해 노사관계를 안정적으로 관리하는 역할을 수행했다(鎌田慧 1973: 169-171, 230-235).

『자동차 절망공장』은 1962년 토요타 노사가 발표한 공동선언에 등장한 상호신뢰적 노사관계의 이면을 보여주고 있다. 카마타는 단순노동의 문제와 함께 임시공 집단의 존재가 본공의 양호한 노동조건을 보장한다는 사실을 지적하였다. 이 기록은 노사관계를 노동자의 입장에서 파악하는 입체적 시각을 제공한다.

(5) 마무리 : 경영관리기구 주도의 직장질서

고도경제성장기를 거치며 정착한 '일본적 노사관계'에 편입된 노동자의 다수는 기업과 노조에 귀속감을 느끼며 충성의 대상으로 간주하는 '이중귀속', '이중충성' 의식을 가지고 있었다. 민간대기업을 중심으로 형성된 상호신뢰를 표방하는 노사관계는 정규직 종업원인 정사원에게 한정적으로 적용되었으며 임시적 고용관계에 있는 다양한 종류의 비정규 사원에게는 해당되지 않았다. 경영관리기구의 하부인 감독자층과 노조 간부가 중복되었으며 직장 수준에서 노조의 노동조건 규제력이 저하되었다. 이러한 노사관계 상황을 기반으로 회사가 노동강도를 높이고 생산성을 증대시킬 수 있었다. 즉, 노조는 사용자를 견제하는 것이 아니라 경영관리 기능의 일부를 담당하는 '경영내적 기능'을 수행하는 존재가 되었다. 회사는 존재감이 낮아진 노조를 경유하지 않고 다양한 비공식 사회집단을 조직화하여 종업원의 동정을 파악하고 이의제기 행동을 통제하는 수단으로 활용하고 있었다. 반면 회사 및 정사원으로 구성된 기업별노조로부터 동시에 배제된 비정규직 노동자 집단이 노동력 관리의 수량적 유연성을 제공하고 있었다. 말하자면 기업이 고용과 생활을 안정적으로 보장하는 '일본적 노사관계'가 적용되는 대상은 정규직 종업원으로 한정되어 있었다. 정규직 종업원 신분의 보유 여부에 따라 일본 노동자의 노동조건과 생활세계는 차별화된 것이다. 이러한 상황을 배경으로 고도경제성장의 종언을 초래한 1973년 석유파동 이후의 노사관계를 파악할 필요가 있다. 또한 노조와 조합원의 괴리는 기업 내부에서 새로운 사회통합의 위기가 발생하는 배경이 되었다.

IV-4 새로운 노동문제와 직장 수준의 사회통합

(1) 노동자의 풍요와 소외

일본 경제의 고도성장과 소득 향상은 노동문제의 성격도 바꾸어놓았다. 고도경제성장기를 거치며 빈곤이 노동문제의 핵심 쟁점인 시대는 지났다. 절대적 빈곤에서 벗어나 소비수준이 향상된 노동자들은 '마이홈주의', '마이컴패니주의'라고 부르는, 가족의 행복과 회사의 발전을 정치적 이념이나 사회운동보다 중시하는 '사생활 합리주의'를 지향하였다. 고도경제성장 시대에 등장한 '기업사회', '회사사회'라는 말은 직장만이 아니라 지역사회에서도 주도권을 행사하는 기업이 사회통합의 구심점이 되었다는 의미를 가진다.

풍요한 사회의 도래에도 불구하고 좌파 세력의 일부는 제도화된 노사관계 내부에서 실리를 추구하는 기존 노조만이 아니라 의회정치에 참가한 사회당, 공산당에 대한 불만을 여전히 품고 있었다. 또한 대외적으로는 소련 수상 흐루쇼프(후르시초프)가 스탈린 독재를 비판(1956. 2)하였으며, 소련군이 독자노선을 걸으려는 헝가리 정부를 무력으로 제압한 사건(1956. 10~11)이 발생했다. 이러한 사태에 충격을 받은 서구와 일본의 좌파 세력 내부는 치열한 이념 논쟁에 휩싸였다. 특히 일본에서는 '60년 안보투쟁'[107]의 대열에서 사실상 이탈한 공산당을 불신하는 좌파 세력이 나타나 자본주의 체제를 타도하고 진정한 사회변혁을 지향하는 계급투쟁을 주장하기 시작했다. 신좌익 세력이 등장한 것이다.

신좌익들은 학생운동과 노동운동을 중심으로 1960년대 후반부터 일

---

107. 미일안전보장 조약의 개정과 연장에 반대하는 혁신진영의 운동. 이후 70년 안보투쟁으로 이어짐.

본 사회를 격동시키는 대형 분쟁을 잇달아 촉발시켰다. 신좌익 운동은 1970년으로 예정된 미일안보조약의 연장을 거부하는 '70년 안보투쟁'이 실패한 이후에는 급속하게 위축되었다. 그러나 신좌익이 제기한 문제는 당시 일본의 정신적·사회적 상황을 생생하게 반영하고 있다. 정부, 기업, 노조, 대학 등 기존 사회질서를 유지하던 주체들이 도입한 신좌익 대책은 현재까지도 일본 사회에 깊은 영향을 미치고 있다. 특히 노동문제와 관련해서는 좌파 세력 내부의 이념 논쟁보다 신좌익 운동이 출현한 사회적 환경과 실제로 벌어진 사건에 대한 이해가 중요하다. 신좌익 세력의 양축은 대학가의 학생운동과 노동운동이었으며, 양자는 길거리에서 합세해 정치투쟁을 벌였으나 시민의 광범위한 지지를 확보하지는 못했다.

신좌익 학생운동이 주도한 대학분쟁의 출발점은 사립대학의 파행적 운영과 등록금 인상에 항의하는 집단행동이었다. 그러나 대학의 건전한 운영을 요구하는 학생을 탄압하는 대학 경영자들의 행동은 분쟁을 확산시켰으며 이는 고교에도 확산되었다. 비정상적인 대학 질서에 대한 이의제기 행동이 신좌익의 사회주의 운동과 결합하면서 학생운동의 성격도 '전공투'[108](全共鬪)가 주도한, 자본주의 체제의 전복을 지향하는 혁명운동으로 변환되었다. 이 지점에서 '전공투' 학생운동은 신좌익 노동운동과 합류할 수 있었다. 전국적 규모로 확산된 대학분쟁의 정점은 1969년 1월 발생한 도쿄대학 야스다(安田) 강당 점거 사건이었다. 경찰이 대학에 진입하여 야스다 강당의 농성을 해산시킨 '탑의 날'(塔の日)[109]은 일체의 권위를 부정하는 과격한 학생운동의 패배만이 아니라 젊은 이상주의자들의 좌절을 상징하고 있다. 비록 정치적으로는 실패하였지

108. 전학공투회의(全学共鬪会議).
109. 1969. 1. 18.~1. 19, 시계탑이 있는 강당 건물에 경찰이 진입한 날이라는 의미.

만 전공투 운동이 일본의 대학과 지식인 세계만이 아니라 각 부문의 사회운동에 남긴 영향은 막대하다.

한편 신좌익 노동운동은 55년체제에 편입된 기존 좌파 세력을 규탄하는 사회주의 운동인 동시에 노사협조를 지향하는 기존 노조에 대한 노동자의 불만을 대변하는 복합적 성격의 운동이었다. 특히 고도경제성장 시대에 도입된 기술혁신이 초래한 인원합리화와 직무 내용의 변화는 노동자의 부담을 증대시켜 새로운 노동문제가 발생하는 원인으로 작용했다. 이에 대해서는 토츠카 히데오(戸塚秀夫)가 제시한 신좌익 노동운동의 성격과 배경에 대한 분석에 주목할 필요가 있다. 토츠카는 신좌익 노동운동을 일본 노동자 계급의 극히 일부가 참가한 반란으로 규정한다. 반란의 배경에는 노동자 계급의 정치적 요구를 반영하지 못하는 의회민주주의의 한계 및 기술혁신에 대응하지 못한 노조운동에 대한 노동자들의 누적된 불만이 있었다. 그러나 대부분의 노조는 전투적인 청년 노동자의 에너지를 노동운동의 내부로 통합할 수 있는 역량을 이미 상실한 상태였다. 또한 미국의 베트남 침략을 비판하는 학생과 시민이 주도하는 반전투쟁과 일본의 연구·교육체제를 고발하는 학원투쟁은 노동자들에게 충격을 주었다. 신좌익 노동운동이 주도한 반란은 궁지에 몰린 미조직, 중소 영세기업 노동자들의 절망적인 항거가 아니었다. 신좌익에 참가한 노동자들은 일본의 노동운동을 직장에서 뒷받침해왔던 활동가들이었으며, 직장에서 노동자의 권리를 비교적 많이 확보하고 있었던 관공노(官公労)[110] 활동가들이 많았다(戸塚秀夫 1976: 812-815). 이처럼 고도경제성장 시대에 직장 수준에서 발생한 사회통합의 위기는 기존의 노사관계에 도전하는 신좌익 노동운동의 출현으로 표출되

---

110. 일본관공청노동조합협의회(日本官公庁労働組合協議会).

었다.

한편 직장 수준에서 진행되는 사회통합의 위기에 대응하여 경영자들은 소집단 단위로 종업원을 조직하여 생산성 향상과 품질관리 운동을 벌이는 자주관리활동을 장려하였다. 소집단 활동을 분석한 쿠마자와 마코토(熊沢誠)는 1960년대 후반 이후 수단주의[111]와 개인주의 태도를 가진 노동자의 증가라는 새로운 노동문제에 주목하였다. 전자는 업무에 소극적이고 노동 자체에서 보람을 찾지 못하며 취업은 수입을 얻는 활동에 불과하다고 생각하는 집단이었다. 후자는 직장에서 동료를 배려하지 않아 협동 작업에 지장을 초래하는 부류였다. 또한 기술혁신으로 지식과 경험을 필요로 하고 보람을 느낄 수 있는 일자리가 상대적으로 축소되었으며 많은 노동자들이 혼자 거대한 장치를 고독하게 상대해야 하는 입장에 놓였다. 결국 업무에는 소극적이면서 가정의 행복을 기업이 보장할 것을 요구하는 중년 이상의 노동자, 일과 직장에 몰입하는 생활을 회피하는 청년 노동자, 다양한 이유로 기업과 부분적 관계를 가질 수밖에 없는 주부 파트타이머가 증가하기 시작했다. 이에 대한 기업의 대책은 업무수행 과정에 노동자가 스스로 개입할 수 있는 영역을 허용하며, 업무 자체에서 재미를 느끼고 동료의식을 가지도록 자주적인 소집단 활동을 장려하는 것이었다. 또한 이와 같은 방법으로 촉발된 노동자의 자주성과 주체성을 기업의 목표와 통합하는 자주관리활동이 확산되었다(熊沢誠 1981: 146-149). 실제로 기업 내부에서는 1960년대 말부터 ZD(zero defects), QC(quality control) 등의 이름으로 종업원의 참가를 고취하는 일종의 하향적 대중운동이 전개되었다. 자주관리활동은 표면적으로 기업의 수익 향상에 기여한 것으로 평가되지만 수치로 표시된 경제

---

111. instrumentalism, 도구주의로도 번역한다.

효과보다는 비가시적인 조직효과에 의한 노동자 통합에 더 중요한 의미가 있었다(仁田道夫 1988: 47).

앞서 살펴보았듯 고도경제성장기에 연공제를 기반으로 한 '일본적 노사관계'는 공고하게 정착하였다. 그러나 기술혁신과 합리화는 노무관리의 강화와 함께 노동 만족도의 저하라는 새로운 노동문제의 원인으로 작용했다. 이와 함께 직장 수준에서 발생한 사회통합의 위기는 신좌익 노동운동이 등장하는 배경이 되었다. 일본의 경영자들은 직장 수준에서 노동자가 품질과 생산성을 자주관리하는 소집단 활동을 조직하여 사회통합의 위기를 벗어나려 시도했다. 고도경제성장이 종언된 1970년대 후반 이후에 전개된 일본의 노사관계를 파악하려면 신좌익 노동운동이 남긴 영향과 함께 소집단을 기반으로 조직된 자주관리활동의 형성 과정을 살펴볼 필요가 있다.

(2) 신좌익 노동운동과 '70년 안보'

① 신좌익 노동운동의 복합적 성격

신좌익 학생운동과 노동운동은 '반전', '반제'라는 구호를 공유했다. 이러한 구호는 미일안보조약에 입각한 군사동맹과 일본이 베트남 전쟁을 지원하는 미국의 후방 기지로 활용되는 현실에 대한 비판이었지 대학의 교육환경이나 노동조건과는 상관이 없었다. 그러나 '반전', '반제'를 내건 신좌익 노동운동이 노동자의 호응을 부분적으로 받은 배경에는 기술혁신이 초래하는 '합리화'의 문제가 있었다. 노동조건 저하와 고용불안을 걱정하는 노동자들에게 '합리화'를 강력하게 반대하는 신좌익 노동운동은 호소력을 발휘했다. 반면 대부분의 노조는 기술혁신의 도입을 수용하면서 노동조건의 악화를 방지한다는 운동 방침을 내세우고 있었다. 즉, 신좌익 노동운동은 정치적 행동이나 입장보다 실질적으로 노동 현장에서 발생한 쟁점에 초점을 맞춰 고찰할 필요가 있다.

대학분쟁과 '70년 안보투쟁'의 격동이 지나간 직후 도쿄대 사회과학연구소의 연구자들은 신좌익 노동운동과 노동 현장의 관계를 실증적으로 고찰하였다(戸塚秀夫・中西洋・兵藤釗・山本潔 1976a, 1976b). 이 연구는 수많은 신좌익 당파 가운데 기관지를 발행할 정도의 조직적 실체를 갖추었으며 노동운동과 실질적으로 연계된 세력으로 '카쿠마루파'(革マル派)[112], '샤세이도 카이호파'[113], '교산도'[114](共産同), '쥬카쿠파'(中核派)[115] 등을 지적했다.[116] 이들은 모두 공공부문의 노동운동과 연계되어 있었다. '카쿠마루파'는 일본 국철의 기관사를 중심으로 조직된 동노(動労)[117], '샤세이도 카이호파'는 도쿄의 수도 노동자 및 노면 전차를 중심으로 한 교통 노동자, '교산도'는 오사카중앙전보국의 통신 노동자와 깊은 관계가 있었다. '카쿠마루파'는 노동조합 내부에서 노동운동을 전개한다는 방침이었으므로 '동노'와 적대적인 관계를 형성하지 않았다. 반면 '카이호파'와 '교산도'는 직장에서 별도의 노동자 조직인 '파업실행위원회'를 결성해 투쟁했으므로 결국 기존 노조와 대립하게 되었다. '쥬카쿠파'는 직장 외부에서 '반전청년위원회'를 중심으로 '노동자 군단'을 조직하여 가두 투쟁을 전개했다. 그러나 '반전청년위원회'의 구성을 보면 역시

112. 일본혁명적공산주의자동맹(日本革命的共産主義者同盟-革命的マルクス主義派).
113. 일본사회주의청년동맹해방파(日本社会主義青年同盟解放派).
114. 공산주의자동맹(共産主義者同盟).
115. 혁명적공산주의자동맹전국위원회(革命的共産主義者同盟全国委員会).
116. 신좌익 당파의 명칭은 일본에서 거의 고유명사가 되어 있으므로 일본어 발음으로 표기.
117. 국철동력차노동조합(国鉄動力車労働組合).

공공부문인 '국철' 노동자 및 '전체'(全遞)[118] 와 '전전통'(全電通)[119], '도쿄도 노련'[120] 등에 속한 조합원과 교원 등이 중심이었다(山本潔 1976a: 495).

신좌익 노동운동은 고도경제성장과 풍요한 생활을 즐기던 일본 사회에서 발생한 충격적 사건이었다. 이 운동이 노사관계에서 차지하는 위상을 이해하려면 '신좌익의 정치적 목표와 행동 방향', '신좌익에 호응한 노동자의 성격', '신좌익과 기존 노조의 관계', '신좌익과 사회운동의 관계'에 초점을 맞추어 살펴볼 필요가 있다. 기존 노조인 '동노' 내부에서 활동하며 전국 규모의 파업까지 시도한 '카쿠마루파'의 '합리화' 반대 운동은 직장 수준에서 신좌익 노동운동의 영향력과 한계를 구체적으로 보여주는 사례다.

② 사례: 국철의 기술혁신과 신좌익 노동운동

신좌익 노동운동은 기존 노조와 계급투쟁을 포기하고 의회정치에 참가한 혁신정당에 대해 이의를 제기하는 이념 운동인 동시에 기술혁신에 수반한 노동력 감축 위주의 '합리화'에 반대하는 노동운동이라는 복합적 성격을 가진다. 또한 이 운동은 학생운동 세력인 전공투가 주도한 대학분쟁과 연계되어 있었다. 이를 반영하는 대표적 사례는 일본 국철의 기술혁신 도입과 인원 감축으로 발생한 노사분쟁에서 찾을 수 있다.

철도의 가장 중요한 기술혁신은 증기기관차를 전기기관차, 디젤기관차로 교체하는 것이었다. 이 과정에서 기관조사(부기관사) 폐지가 쟁점으로 등장했다. 기관차 운전요원을 중심으로 구성된 '동노' 내부에는 신좌익 당파인 '카쿠마루파'가 상당한 세력을 구축하고 있었다. 국철의

---

118. 전체신노동조합(全遞信労働組合).
119. 전국전기통신노동조합(全国電気通信労働組合).
120. 동경도노동조합연합회(東京都労働組合連合会).

기관조사 폐지 방침에 대해 양자는 반대 입장을 공유했다. 그러나 '동노'는 국철 종업원의 다수를 조직하고 있는 '국노'와 보조를 맞춰 사용자인 국철의 요구를 조건부로 수용하는 타협적인 자세를 보였다. '카쿠마루파'는 인원합리화 반대 운동을 미일안보조약 연장 반대라는 정치적 쟁점과 연계시켰으며, 국철과 타협한 '동노'를 비난했다. 인원합리화 문제가 일단락된 다음에도 '카쿠마루파'에 동조하는 '동노 청년부' 노동자들은 학생운동 세력 및 기타 신좌익 노동운동 세력과 같이 미일안보조약 연장 반대 투쟁을 계속했으나 노동자 다수의 지지를 획득하지 못하고 현실적으로 좌절했다(兵藤釗 1976: 123-133). 이 사례는 1960년대 말 일본 사회를 격동시킨 신좌익 노동운동, 대학 분쟁, 베트남 전쟁 반대 운동과 복합적으로 연결되어 있다.

'카쿠마루파'는 본래 '일본 혁명적 공산주의자 동맹, 혁명적 마르크스주의파'의 약칭이다. 이 당파의 기원은 1957년 1월 조직된 '일본 트로츠키주의자 연맹'으로 거슬러 올라간다. 이 조직은 1957년 12월 명칭을 '일본 혁명적 공산주의자 동맹'(약칭 카쿠교도革共同)으로 변경하였다. 이들은 1958년 후반 '카쿠교도 전국위원회'라는 명칭으로 조직을 재편하고 '반제·반스탈린 주의' 기치를 내걸었다. 특히 '60년 안보투쟁'의 좌절 이후 '카쿠교도 전국위원회'는 다른 신좌익 계열을 흡수하여 세력을 확장하였으며 청년 노동자로 구성된 활동가 조직의 건설을 강조하기 시작했다(兵藤釗 1976: 77-79, 88). 1963년 9월 개최된 제3회 전국위원회 총회에서 '카쿠교도 전국위원회'는 '전투적 노동운동' 노선을 채택했다. 그러나 이 조직은 국철의 기관조사 폐지 반대 운동의 방법을 둘러싼 이견으로 분열했다. 기존 노조 내부에서 전투적 노동자를 결집하고 혁명적 노동운동을 전개하자는 '카쿠마루파'는 조직에서 이탈했다. 남은 세력은 지구, 산업별로 전투적 노동자를 직접 조직해 혁명적 중핵(中核)을 건설하자고 주장하는 '쥬카쿠파'였다. 이때부터 일본의 신좌익 운동 세력을 사실상 양분한 '카쿠마루파'와 '쥬카쿠파'는 치열한 주도권 다툼을 벌였다. 이와 같은 신좌익과 노동운동의 연계는 전후 노동운동의 저류를 형성하고 있었던 '직장투쟁'의 전통이 아직 남아 있던 시대적 상황을 반영한다는 효토 츠도무(兵藤釗)의 해석에 주목할 필요가 있다 (兵藤釗 1976: 101, 106-108).

'카쿠마루파'와 '동노'의 관계는 직장의 사회관계를 장악한 노조의 강력한 조직력과 신좌익의 정치적 영향력의 결합이라는 성격을 가진다. 직업별노조의 성격을 가진 동노는 기관구(機関区)[121]를 단위로 형성된 직장 공동체인 '고(庫)코뮤니티'를 기반으로 자체적인 질서와 규범에 입각하여 교대근무 편성, 승진 순서 결정, 요원 결정 등의 노동조건을 강력하게 규제하고 있었다(稲上毅 1981: 347-349). 반면 응집력이 강한 동노 조직 내부에서 카쿠마루파가 영향력을 확대하는 것은 한계가 있었다.

'동노'의 타협을 저지하지 못한 '카쿠마루파'는 '70년 안보투쟁'을 계속하였다. 이들은 다른 신좌익 세력과 연합하여 사토(佐藤栄作) 수상의 방미를 저지할 목적으로 1970년 10월과 11월에 걸쳐 격렬한 가두 투쟁을 전개했다(兵藤釗 1976: 186-188). 반전을 내세우는 '카쿠마루파'의 영향을 받아 '동노 청년부'는 이미 9월말부터 전국에서 2,000명 이상의 조합원을 도쿄에 집결시켜 수상의 방미를 저지한다는 계획을 추진했으나 '동노' 본부의 승인을 받지 못했다. 그러나 '동노 청년부'는 11월 16일과 17일에 산별노조 청년부로서는 유일하게 독자적인 집회와 시위를 벌였다. 여기에는 학생운동 세력도 결합했다(兵藤釗 1976: 190-196). 사토

---

121. 한국의 기관차사무소에 해당.

수상과 미국의 닉슨 대통령이 1970년 6월에 기한이 만료되는 미일안보조약을 재연장하고 오키나와의 시정권을 1972년까지 일본에 반환한다는 공동성명을 발표(1969. 11. 21)함으로써 현실적으로 '70년 안보투쟁'은 실패하였다. '카쿠마루파'는 미일공동성명 분쇄를 새로운 목표로 내걸고 투쟁 의지를 밝혔으나, '동노' 내부에는 첨예한 선도 투쟁보다는 조직 정비가 급선무라는 분위기가 있었다. '동노'의 강경파는 1970년 6월 23일 안보조약 연장 반대를 호소하는 총파업을 실행하자고 촉구했지만 조합원과 시민의 적극적인 호응을 받지는 못했다(兵藤釗 1976 :198-207). 당시 신좌익 세력이 주도한 다른 쟁의 현장에서도 상황은 비슷하게 전개되었다. 결국 신좌익 노동운동과 '전공투' 학생운동은 기존 사회체제를 변혁하려는 목표를 달성하지 못한 채 사회적으로 고립되었다.

이상과 같은 '카쿠마루파'와 '동노 청년부'의 밀접한 관계는 노동운동 내부의 세대 갈등을 반영하고 있다. 당시 기존 노조는 연공 질서의 공정성에 불만이 높은 고학력 청년 노동자의 충성을 확보하지 못했다. 즉, 신좌익 노동운동의 등장은 사회주의 운동 내부의 이념 논쟁만이 아니라 고도경제성장 시대에 정착한 제도화된 노사관계와 새로운 노동문제 사이에 발생한 모순을 드러내고 있다.

③ 신좌익 노동운동과 일반 노동자의 괴리

국철의 '합리화' 반대 운동 과정에서 나타난 쟁점은 다른 공공부문 사업장에서 전개된 신좌익 노동운동의 전개 과정에서도 발견할 수 있다. 신좌익 노동운동 세력은 '합리화' 반대 투쟁 과정에서 선명한 입장을 제시하여 일반 노동자의 호응을 받을 수 있었다. 그러나 타협을 통해 '합리화'의 피해를 줄이고 실리를 확보하려는 기존 노조와 비타협적 투쟁을 지속하는 신좌익 세력은 충돌할 수밖에 없었다. 노동자들도 정치적 파업에는 소극적이었다. 직장 외부의 학생운동, 사회운동 세력과 결합한 신좌익 노동운동은 정작 직장 내부에서는 영향력이 축소되어 소수파 이의제기 집단으로 존재하게 되었다. 이와 같이 신좌익 노동운동은 55년체제 하에서 제도화가 급속하게 진행된 노사관계의 이면을 보여주고 있다.

국철의 사례와 같이 '반전' 운동과 '합리화' 반대 운동이 상승작용을 일으켜 대형 노동쟁의로 발전한 배경에는 공공부문 노사관계의 구조적인 문제가 있었다. 공공부문의 노동조건 결정 과정은 시장 경쟁의 압력으로부터는 비교적 자유롭지만 정책 변화에 민감할 수밖에 없었다. 또한 공공부문의 직장은 노동자가 재량을 발휘하거나 여유를 가질 가능성이 많았다. 반면 공공부문 종사자의 보수는 궁극적으로 정책과 예산이 허용하는 범위 이내에서 결정되므로 노동운동이 정치화될 가능성이 높았다. 1949년 실시된 공공부문 노동자에 대한 미군정의 쟁의권 박탈 조치는 노사가 자율적 노사교섭으로 노동조건을 결정할 수 있는 가능성을 축소시켰다. 이 조치는 노동자만이 아니라 혁신세력 내부에 미국에 대한 불신감이 확산되는 결과를 가져왔다. 즉, 일본의 공공부문 노사관계에는 정치 상황에 민감한 문화가 내재화되어 있었고, '동노' 내부에도 베트남 전쟁을 주도하는 미국을 비판하는 정치적 '반전' 구호가 설득력을 발휘할 수 있는 환경이 조성되어 있었다. 그러나 노동자를 정치운동에 동원하려는 '카쿠마루파'의 시도는 직장에 있는 다수의 일반 노동자에게 설득력을 발휘하지 못했다.

신좌익 노동운동은 기존 노조에 이의를 제기할 수는 있었지만 주도권은 장악하지 못했다. 직업별 노동조합인 '동노'는 기관구 단위로 형성된 기관차 운전 요원들의 강력한 직장 공동체를 기반으로 조직되었으며 조합원의 충성을 확보하고 있었다. 반면 증기기관차의 퇴출과 인원 감축을 추진하는 국철의 경영관리기구와 정치적 노동운동을 지향하는 '카쿠마루파'는 직장 공동체의 동의를 확보하지 못했다.

(3) 소집단 단위 자주관리활동

고도경제성장기에 직장 수준에서 진행된 사회통합의 위기는 공공부문만이 아니라 신좌익 노동운동의 영향력이 부각되지 않았던 민간대기업 부문에서도 나타났다. 일본의 경영자들은 직장 수준에서 형성되는 사회관계의 주도권을 장악하기 위해 소집단 활동을 전개했다. 하향식 대중운동의 성격을 가진 소집단 단위의 자주관리활동은 실질적인 성과를 거두었다. 이 기법은 1970년대 후반 이후 일본 기업의 노사관계 안정과 품질 경쟁력을 보장하는 비결로 평가되어 세계적인 주목을 받았다. 현대 일본의 노사관계를 이해하려면 노동자들이 자주관리활동에 참여하는 맥락과 배경을 파악할 필요가 있다.

① 소집단과 인간관계 관리

종업원의 자발성과 주체성을 중시하는 자주관리활동이 보급된 과정에 대해서는 약간의 역사적 고찰이 필요하다. 이미 1950년대부터 미국에서 도입된 QC[122], IE[123]와 같은 관리기술이 기업 내부에서 전개되고 정착되는 과정을 거치면서 일본적인 QC, IE의 체계가 자리잡고 있었다. 이를 기반으로 1960년대 후반부터 말단 작업자에 이르기까지 품질과

---

122. quality control.
123. industrial engineering.

원가를 철저하게 관리하도록 고취하는 QC서클운동이나 ZD[124]운동이 전개되기 시작했다(仁田道夫 1988: 29). 이러한 운동이 형성되는 배경을 더욱 거슬러 올라가 살펴보면 경영관리기구가 비공식적 인간관계를 개선하고 종업원이 기업에 정착하도록 유도하기 위하여 직장 수준에서 소집단을 단위로 일종의 대중운동을 전개했던 선례가 있다. 1947년 창립된 '일본레쿠협회'[125]는 레크리에이션 서클 보급과 지도자 교육활동을 전개했으며, 1959년에는 '명랑한 직장 만들기 운동'을 시작했다. 또한 새로 들어온 청소년기의 종업원을 돌보기 위하여 일본이 제2차 세계대전에서 패전하기 이전에도 실시하고 있었던 '언니-동생'[126]제도와 비슷한 '시스터, 브라더'제도가 널리 보급되어 있었다(上田利男 1988: 14). 이처럼 일본 기업은 직장 수준에서 사회관계의 주도권을 장악하기 위해 소집단 단위의 문화활동을 오래 전부터 장려했다. 이러한 역사적 과정을 통해 기업 내부에는 종업원이 스스로 생산성 향상에 관심을 기울이도록 유도하는 자주관리활동이 비교적 용이하게 받아들여질 만한 바탕이 마련되어 있었다.

소집단을 기반으로 추진된 자주관리활동과 그 이전의 문화활동이나 인간관계 개선 활동의 차별성은 전자가 업무를 수행하는 과정 자체에서 보람을 찾도록 구성되었다는 점에 있다. 노동성 산하의 고용직업총합연구소(雇用職業総合研究所)의 조사는 고도성장기에 조성된 새로운 상황을 '경제성장과 생활수준 향상이 가져온 인건비 상승 압력', '고학력화가 초래한 노동력의 질적 구성의 변화', '숙련 노동력과 기술자의 부족' 등으로 열거하고 있다. 이에 대응하려면 제일선에 있는 감독자 층이

---

124. zero defects.
125. recreation.
126. 姉さん.

'노무관리능력', '신입사원에게 OJT[127] 교육을 실시할 수 있는 기초적인 기술지도능력', '기술자의 업무를 부분적으로 대행할 수 있는 능력' 등의 자질을 갖출 필요가 있었다. 따라서 생산 현장의 감독자 층이 중심이 되어 공부하는 모임을 자주적으로 조직하게 되었다. 이렇게 출발한 자주관리 소집단 활동이 확산되어 전원이 참가하는 운동으로 발전하였다 (雇用職業総合研究所 1986: 16-17).

자주관리활동의 유형도 QC서클이나 ZD그룹과 같은 전형적인 품질관리 운동의 영역을 넘어 개별 기업의 사정에 따라 다양화되었다. 구체적인 예를 들어보면, 자주관리 방식은 '개선제안그룹활동', '안전서클활동', 'TPM활동'[128], 'OJT', '조직개발', '동료 돌보기', 'ST'[129]를 통한 대인관계 개선', '기능적 효율적으로 문제를 처리하고 조직의 타성화를 방지하려는 목적을 가진 프로젝트팀의 편성' 등과 같은 다양한 활동에 적용되었다. 이와 같이 직장생활의 넓은 영역을 포괄하는 소집단 활동의 기법은 금융업을 비롯한 서비스산업과 중소기업에도 보급되었다(上田利男 1988: 21-38). 또한 고용총합연구소가 1985년 실시한 13개 제조업체에 대한 조사 결과를 보면 자주관리활동의 도입 시기가 부문별로 차이가 있는 것으로 나타나고 있다. 평균적인 모습을 그려보면 처음에는 제조부문(1968년 5월)에 도입되었다. 다음에는 생산라인과 밀접하게 관련된 보전·설비부문(1970년 7월)과 자재·창고부문(1971년 7월)으로 확산되었다. 즉, 제조부문에서 멀어질수록 자주관리활동의 도입이 늦고 저조해지는 상황이 나타났다. 실제로 영업·판매부문 종사자는 자주관리활동을 통한 업무 개선이나 활동 과정에서 발생하는 조직효과보다 매상고

127. on the job training, 직장내 훈련.
128. total productive maintenance, 전원이 참가하는 설비관리.
129. sensitivity training, 감수성 훈련.

를 올리는 가시적 성과가 중요했다. 이들은 수시로 고객에게 불려 다니므로 정기적인 회합시간을 확보하기 어렵다는 애로가 있었다. 연구·개발과 설계·기술부문 종사자는 구태여 자주관리활동을 강조하지 않아도 이미 개인별로 달성해야 할 과제가 있으며, 일상적인 업무 가운데서 목표관리가 이루어지고 있었다. 결과적으로 "자료를 쉽게 수집할 수 있으며 효과를 간편하고 신속하게 측정할 수 있는 직장에서는 문제가 해결되는 효과를 피부로 느낄 수 있으므로 자주관리활동도 활발해지는 경향이 나타났다(雇用職業総合研究所 1986: 32-33)".

이상에서 살펴본 바와 같이 일본 기업이 소집단을 단위로 한 자주관리활동을 장려한 직접적인 이유는 고도경제성장 시대에 기술혁신과 주력 노동자의 세대교체가 진행되어 직장 수준에서 노동자에 대한 관리감독자의 리더십이 저하되었다는 사실에서 찾을 수 있다. 특히 기술혁신에 대응할 능력을 갖춘 고학력 노동자는 지적 관심도 높으므로 기업 외부에서 전개되는 문화활동이나 정치활동에 개입할 가능성도 높았다. 또한 기술혁신의 진행으로 연공 질서에 익숙한 관리감독자들의 업무수행 능력이 청년 노동자보다 반드시 우월하다고 평가할 수 없는 상황이 만들어졌다. 권위를 상실한 상급자는 직장에서 질서를 유지하거나 리더십을 발휘하는 역할을 수행하기 어려워졌고, 기업은 새로운 주력 노동자를 통합해야 하는 과제를 떠안았다. 이에 따라 자주관리활동은 경영관리기구가 소집단 내부에서 형성되는 비공식적 인간관계를 활용하여 생산성 향상만이 아니라 직장의 주도권을 장악하는 기제로 사용되었다. 자주관리활동은 생산 현장만이 아니라 가시적 성과를 확인하기 어려운 간접부문으로도 확산되었다. 경영관리기구의 입장에서는 종업원이 활동에 참가한다는 사실 자체가 중요한 의미를 가지고 있었다.

② 강제와 자발성

일본의 자주관리활동은 세계적인 주목의 대상이 되었다. 노동자가 자발적으로 생산성과 품질 향상을 위해 노력한다는 주장의 진위를 파악하려면 실제로 직장에서 전개된 활동의 내용을 고찰할 필요가 있다. 고도경제성장 시대가 끝나기 직전인 1970년대 초에 철강 노동자가 작성한 관찰기록은 작업 현장에서 전개되는 자주관리활동의 실상을 보여준다.

1972년부터 약 5년 반에 걸쳐 도쿄 서남부에 인접한 공업지대인 카와사키(川崎)의 특수강 공장에서 생산노동자로 노동하며 현장을 관찰한 나카무라 아키라(中村章)는 『공장에 사는 사람들』(工場に生きる人びと)이라는 기록을 남겼다. 그는 대학생 시절에 '전공투' 학생운동에 참가하였으며, 공장 지역에서 노동자 지원 활동을 하다가 취업했다. 이 기록에는 자주관리활동에 참가하는 노동자의 내면에서 발생하는 변화에 대한 관찰이 포함되어 있다. 나카무라가 취업한 공장은 조업이 안정되어 별로 개선할 점이 없었다. 노동자들도 2주에 1회, 1시간 동안 자주관리활동을 하며 개선할 점을 찾으라는 회사의 요구에 불만이 많았다. 우선 생산직 노동자들은 통상적인 작업시간도 아닌 잔업시간에 평소에 익숙한 육체노동이 아니라 두뇌를 사용해가며 생각을 해야 하는 활동이 고통스러웠다. 또한 자주관리활동에서 성과가 발생하면 관리감독자의 인사고과 점수가 오르는 것으로 끝나는 현실도 불만이었다. 그러나 피곤한 표정으로 시간이 빨리 지나가기만 바라던 노동자들도 이야기를 주고받는 도중에 태도를 바꾸어 개선 방안에 대한 뜨거운 논쟁을 벌이기 시작했다. 활동이 끝났을 때의 상황을 보면 노동자들은 하고 싶은 얘기를 했

지만 대부분의 제안은 무시될 것이라는 사실을 알고 있을 뿐만 아니라, 익숙하지 않은 두뇌 노동에서 오는 피로까지 겹쳐 오히려 허탈감을 느끼고 있었다. 그러나 다음 날이 되면 작업 태도에 미묘한 변화가 발생하였다. 즉, 작업에 대해 토의하며 노동자는 자기의 업무를 객관적 시각에서 볼 기회를 가질 수 있었다. 나카무라 자신도 무의식적으로 작업방법 개선을 고민하고 있었다. 또한 경영관리기구가 자주관리활동 결과를 받아들여 설비, 재료, 공정이 작게나마 개선되면 작업이 편해지고 능률이 향상되었다. 이런 과정에서 노동자가 자주관리활동에 더욱 열심히 참가할 동기를 부여받는 선순환 구조가 이뤄지고 있었다. 나카무라는 활동 결과를 정리하는 점검표를 작성하거나, 개선 방안을 찾기 위해 작업과정을 분해하고 도식으로 표현하여 특성요인도를 작성하는 일을 처리할 수 있었다. 이러한 지적 능력에 대한 소문이 퍼져 다른 작업장에서도 나카무라에게 도움을 요청하였다(中村韋: 110-126). 이렇게 자주관리활동은 노동자의 지지를 받았으며 지적 능력을 발휘할 수 있는 노동자의 위신을 높여주고 있었다.

이 기록에 포함된바, 자주관리활동의 성과를 평가하는 각종 대회가 노동자에게 미치는 영향도 눈여겨볼 필요가 있다. 사례 발표 대회는 과, 부, 회사를 단위로 개최되었으며 일본과학기술연맹, 일본능률협회 및 업종별 단체도 전국 규모의 대회를 주최하고 있었다. 상급 단위로 갈수록 대회장의 장식이 화려해지고 각급 간부가 줄지어 앉아 있게 마련이었다. 회사 단위 대회가 되면 사장 이하 중역진이 얼굴을 내밀고 때로는 동종 업계의 타사에서 활동하는 서클의 리더가 방청하러 왔다. 이는 회사가 효과를 충분히 계산해 연출한 광경이었다. 본래 대중 앞에서 얘기하는 것은 생각도 하지 못하던 현장 노동자들이 마이크를 잡고 지휘봉을 휘두르며 발표하려면 대단한 용기와 노력이 필요했다. 나카무라는 회사 단위 대회가 개최된 날 저녁에 있었던 간담회 광경도 소개하고 있다. 평소에 얼굴도 볼 수도 없었던 사장, 상무, 전무들이 "오늘 진짜 수고 많았습니다. 앞으로도 잘 부탁합니다"라는 치사를 하며 술이라도 따라주면 노동자들은 감격하게 마련이었다. 더구나 대회에 출장하는 발표자는 젊은 노동자들이므로 치밀하게 연출된 분위기에 휘말려 들어갔다(中村章: 127-130). 나카무라도 자주관리활동 전사 발표 대회가 끝난 다음에 가진 술자리에서 소집단 리더인 반장으로부터 "이제 일하면서, 육체노동만 잘한다고 인정받는 시대는 지났으니 자주관리활동을 제대로 해야 한다"는 말을 들었다. 이는 자주관리활동이 피할 수 없는 업무의 일부가 되었으니 빨리 적응해 한사람 몫을 하는 노동자로 인정받아야 한다는 뜻이었다. 즉, 노동자는 회사에서 좋은 평가를 받아야 하므로 자주관리활동에도 열성을 기울일 수밖에 없다는 것이 나카무라의 해석이었다(中村章: 132-135). 나카무라의 기록은 직장에 정착한 자주관리활동의 상황을 보여주고 있다. 또한 이 사례는 단순반복적인 작업이 아니며 노동자의 감각과 경험 및 작업집단 내부의 협력이 여전히 생산성에 중대한 영향을 미치는 장치산업인 철강공장의 특성을 반영하고 있다.

자주관리활동에 대한 나카무라의 긍정적 시각을 객관적으로 평가하려면 쿠마자와 마코토가 분석한 바와 같이, 일본과학기술연맹이 발행한 간행물에 등장하는 '모범적 QC' 활동 사례를 살펴볼 필요가 있다. 쿠마자와는 노동자가 자발적으로 자주관리활동에 협력하는 과정에 주목하였다. 그는 경영 효율을 높이는 '모범적 QC'의 세계를 이해하려면 제2차 세계대전 당시 국가총동원체제의 유지 기반 중 하나였던 토나리

쿠미(隣組)[130] 조직이 발휘했던 대중동원 기능을 돌이켜볼 필요가 있다고 제시한다. 이는 참가와 동원을 구분할 필요가 있다는 입장이다(熊沢誠 1981: 150). 쿠마자와는 "QC활동은 노동조합의 직장투쟁이 쇠퇴하는 것과 동시에 대두하였으며, 노동운동을 대신하여 노동 그 자체 및 직장 동료 사이의 관계를 포함한 노동생활의 핵심 영역을 변혁하려는 노동자의 에너지를 이끌어냈다. 기업에 종속된 상태를 벗어나 자립하려는 의지를 가진 노동자는 QC활동에 몰입하여, 직장에서 노동하는 당사자의 입장에서 QC활동의 내용과 함의를 읽었다"는 해석을 제시하였으며, '모범적 QC'의 세계를 노동자의 직장공동체로 변성시켜야 한다는 노동운동론을 제시하기에 이르렀다(熊沢誠 1981: 156). 여기에는 자주관리활동의 기반인 공동체적 연대의식으로 결합된 직장집단은 노동운동의 기반이기도 하다는 판단이 전제되어 있다. 이와 같이 쿠마자와는 경영관리기구가 주도하는 자주관리활동을 성공한 사회적 동원으로 해석하는 시각을 제시하고 있다.

③ 조직효과와 작업공동체

노동자가 자발적으로 경영자에게 협조하도록 유인하는 자주관리활동의 성과를 이해하려면 1970년대 전반기에 철강산업을 대상으로 실시한 닛다 미치오의 경험적 연구를 살펴볼 필요가 있다. 그는 자주관리활동이 이룬 현재적(顯在的) '경제효과'만이 아니라, 이를 실시하는 과정 자체에서 발생하는 잠재적이며 눈에 보이지 않는 '조직효과'가 더욱 중

---

130. 이 조직은 지역사회의 공동체적 유대를 기반으로 주민을 통제하고 배급과 공출을 관리하는 기능을 수행하였다. 전후에는 미군정에 의해 해산되었다가 미일강화조약 이후에는 쵸나이카이(町內会), 지치카이(自治会), 쵸카이(町会)라는 이름으로 부활되어 풀뿌리 보수주의를 유지하는 기반이 되었다.

요하다는 사실을 지적하고 있다. 또한 닛다에 의하면 '조직효과'는 실제로 '경제효과'가 향상되도록 간접적으로 작용한다. 이는 기업에서 흔히 제시하는 자주관리활동의 성과는 가시적으로 나타나는 직접적인 '경제효과'라고 볼 수 있지만, 수량적으로 측정할 수 없는 '조직효과'를 중시하는 시각이 필요하다는 시각이다. 이와 같이 중요한 '조직효과'의 내용은 다음과 같이 제시할 수 있다(그림 IV-1).

닛다는 자주관리활동이 생산성 향상이라는 목적을 위해 경영관리기구가 조직한 하향적 대중운동이라고 해석했다. '조직효과'의 발생은 소집단 내부에서 노동자의 통합이 현실적으로 진행되었다는 사실을 의미한다. 닛다는 현장 작업자의 노동 능력과 의욕을 경영관리기구가 동원할 수 있었기 때문에 자주관리활동이 확대, 정착되고 효과를 발휘할 수 있었다고 인정했다. 또한 그는 '위로부터의 강제, 이데올로기적 통합, 외부 자극'이 아니라 활동 과정에서 발생하는 직무확대와 교육훈련 효과의 영향을 강조했다. 그러나 여기에서도 "관리조직이 지나치게 위계적 질서화되지 않도록 제동을 걸며, 작업을 쉽게 만드는 테마를 선정하

〈그림 IV-1〉 자주관리활동의 조직효과

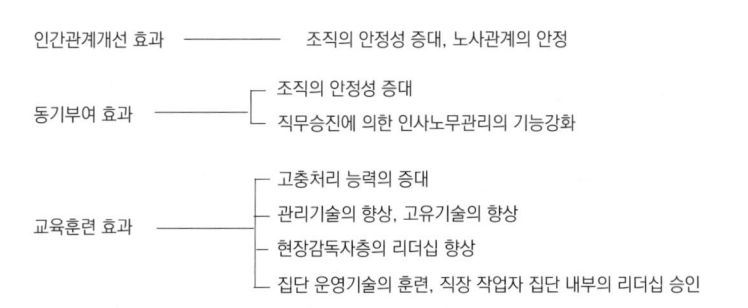

자료: 仁田道夫 1988: 47-49.

고 대책을 강구하는 '직장 작업자 집단'이 수행하는 변성(變成)작용이 없이는 노동자의 참가라는 동태적 과정은 소실될 수밖에 없다"는 사실을 지적하고 있다(仁田道夫 1988: 45-49).

닛다의 분석에서 중심적 위치를 차지하는 '직장 작업자 집단'은 경영관리기구가 조직한 공식적인 성격을 가진 '직장 작업 집단'이 작업 현장에서 형성된 독자적인 규범과 기능을 갖춘 진짜 사회집단으로 전환된 상태를 의미한다. 이미 철강산업에서는 직장 수준의 노조 조직이 공동화된 상태이므로 '직장 작업자 집단'은 경영관리기구와 일상적인 의사소통을 하고 있었다. 그러나 생산현장의 감독자이며 경영관리기구의 말단을 담당하고 있는 '작업장(作業長)·공장(工長)' 계층은[131] '직장 작업자 집단'의 이해관계를 대변함과 동시에 집단 내부에서는 여론 지도자가 되어야 하는 이중적 역할을 수행했다. 현장감독자층은 자주관리활동을 통해 강제성을 가진 경영자의 지시를 집단 구성원이 자발적으로 이행하도록 만들며, 나아가 경영 목표라는 공식적 이념을 현장 작업자의 감각이나 '직장 작업자 집단'의 규범에 맞도록 해석하고 번역하는 역할을 수행했다(仁田道夫 1988: 69-73). 따라서 자주관리활동은 '직장 작업자 집단'이 경영관리기구가 지향하는 노선을 현실적으로 해석하고 절충하며 조정하는 과정이라고 해석할 수 있다(仁田道夫 1988: 76-77).

이상에서 살펴본 바와 같이 자주관리활동은 독자적 질서를 갖춘 비공식 집단의 성격을 가진 '직장 작업자 집단'을 만들었다. 결과적으로 노동자가 자진해 경영목표를 수용하고 스스로 일하는 방식을 변혁시킴으로써 노사 일체화(熊沢誠 1981: 113)가 이루어지고 상호신뢰적인 노사관계의 기초가 형성되었다. 그러나 자주관리활동에 참가하는 노동자의

---

131. 組長·班長의 의미.

자주성은 일단 경영관리기구가 설정한 범위 내부에서 허용되었다. 경영관리기구는 자주관리활동을 통해 사회통합이 이루어지는 조직효과를 가시적인 경제효과보다 중시했다.

(4) 마무리 : 직장 수준의 사회통합

자주관리활동은 기업의 경영방침을 종업원에게 전달하는 관리자의 목표관리와 연계되어 있다. 업무수행의 효율화나 안전 확보와 같이 직장생활의 개선을 다루는 자주관리활동에는 종업원의 적극적인 참가가 필요하다. 그러나 참가의 범위는 생산관리와 노무관리의 입장에서 통제되고 있다. 참가의식을 고취하기 위하여 자주관리활동의 단위인 소집단의 리더와 현장감독자가 분리되어 있지만 공식적인 경영관리기구의 영향력은 유지되고 있다. 자주관리활동이 정착하기 위해서는 소집단이 자율적으로 활동할 수 있도록 기업이 일상적인 관리체제 가운데 치밀하게 계산하여 구축한 동원 기제를 숨기는 것이 실제로 중요한 기법이다(雇用職業總合硏究所 1986: 17). 자주관리활동의 정착은 일상적 직장생활을 규정하는 문화가 경영자의 이데올로기를 내면화시키는 기능을 발휘하고 있으므로 직장에는 계급의식이 발현되는 '노동공동체'가 아니라 기업에 소속된 종업원으로 구성된 '작업공동체'에 기반한 질서가 형성되어 있다는 사실을 의미한다. 그러나 '작업공동체'로서의 자율성이 아무리 확립되었다고 해도 이것이 노동자로서의 자율성으로 전화되기는 어렵다. 따라서 '작업공동체'를 기반으로 만들어지는 집단규범에는 능력주의의 영향이 크게 남아 있을 수밖에 없다(犬塚先 1985: 150).

자주관리활동은 생산성만이 아니라 노사관계의 성격에도 많은 영향을 미치고 있다. 더 나아가 직장 수준에서 소집단을 단위로 하는 자주관리활동이 발휘하는 사회통합 효과는 노사관계를 안정시키고 있다. 즉, '일본적 노사관계'의 저변에는 유사 공동체인 소집단이 존재하고 있다.

IV-5 마무리 : '일본적 노사관계'의 재편과 정착

고도경제성장기에 연공제를 기반으로 한 협조적인 '일본적 노사관계'가 정착하였다. 의회 정치를 지향하는 혁신정당과 실리추구를 지향하는 노동운동의 결합은 계급운동의 제도화를 의미했다. 그러나 '55년체제'가 출범한 이후에도 미군정의 점령정책 전환 과정에서 발생한 대량 해고, 레드 퍼지, 공공부문 노동자의 쟁의권 박탈과 단체교섭권 제한 등이 남긴 부정적 영향은 일본 노동운동 내부에 남았다. 혁신 진영을 실질적으로 대표하는 '사회당-총평 블록' 내부에서 반미 캠페인은 일상적 활동의 일부가 되었다. 특히 '총평'은 직장 수준에서 노사관계의 주도권을 장악하는 직장투쟁을 강조하게 되었다.

'사회당-총평 블록'은 1960년에 안보투쟁과 미츠이미이케 탄광 쟁의에서 모두 패배하였으며, '55년체제' 내부에서 타협적인 노선을 추구했다. 미일동맹이 평화와 민주주의를 파괴하고 일본을 전쟁의 위험으로 끌어들일 것이라는 명분을 내걸고 안보조약 연장을 반대한 자유주의적 지식인과 혁신 진영은 대중적 지지를 확보하지 못하고 현실 정치의 장벽 앞에서 좌절했다. 이 과정에서 사회당이 분열해 우파는 민사당을 결성했다. 사회당에 남은 좌파는 부분적인 개혁을 축적하여 사회주의를 실현한다는 구조개혁 노선을 표방했다. '총평'은 투쟁을 선도하는 소수의 노동자가 고립되는 결과를 초래한 직장투쟁의 한계를 인정하고 정책전환 투쟁으로 전환하였다. 이러한 방침에는 노조 본부가 교섭권을 행사하며 노사가 사전협의를 통해 기술혁신이 노동자에게 미치는 피해를 방지한다는 명분이 있었다. 그러나 실질적으로 정책전환 투쟁은 노조가 계급운동적 노동운동을 지양하고 춘투를 중심으로 산업별로 투쟁 역량을 특정 시기에 집중시켜 실리를 최대로 확보려는 시도였다. 또한 우파 노동운동 진영도 재조직되었으며, 1964년 11월에는 민간부문을 중심으로 '총동맹'과 '전노회의' 계열 노조가 '동맹'[132]을 결성하였다. '동맹'은 60년 안보투쟁 당시에 사회당에서 분열해 나간 세력인 민사당과 연계되어 있었다. 또한 1964년 5월에는 금속산업 계열의 노조를 중심으로 IMF-JC[133]가 결성되었다. '동맹'과 'IMF-JC'는 자유와 민주주의를 내세우는 정치적 입장을 밝힌 우파 노조의 연합체였다. 이들은 노사협의와 산업정책에 대한 개입을 노동운동 방침으로 강조하고 있었다(兵藤釗, 1997 A: 241-243). 이로써 고도경제성장의 한복판에서 실리 추구를 우선하는 민간대기업 노조가 노동운동의 주도권을 장악하였으며 상호신뢰적 노사관계가 정착하는 과정이 진행되었다.

고도경제성장으로 맞이한 풍요 사회에서 절대적 빈곤은 중요한 노동문제가 아니었다. 기술혁신의 도입과 인사노무관리의 합리화는 기업이 경험적 숙련의 가치를 우선적으로 평가하던 연공적 질서에서 학력과 자격의 가치를 반영하는 방향으로 재편하는 계기가 되었다. 직장 수준에서는 장기근속 감독자 집단의 권위가 저하되고 기술혁신에 신속하

---

132. 전일본노동총동맹(全日本労働総同盟).
133. International Metalworkers' Federation-Japan Council, 국제금속노련일본연합회(国際金属労連日本協議会). 1975년에 전일본금속산업노동조합협의회(全日本金属産業労働組合協議会, 金属労協)로 명칭 변경, 2012년에 영문 약칭을 JCM(Japan Council of Metalworkers' Unions)으로 변경.

게 적응할 수 있는 고학력 청년 노동자의 발언권이 높아졌다. 기술혁신으로 가치를 상실한 구형 숙련 노동자의 불만을 반영한 '합리화' 반대운동은 좌절하였다. 그러나 이러한 변화와 함께 노동문제의 성격이 질적으로 달라졌다. 새로운 주력 노동자로 등장한 고학력 청년 노동자 집단은 능력을 제대로 인정받지 못한다는 불만을 토로했다. 이러한 상황 변화는 직장 수준에서 사회통합의 위기를 초래하였으며 신좌익 노동운동이 발생하는 배경이 되었다. '55년체제'에 편입된 일본의 혁신정당과 노동운동을 비판하는 신좌익 세력은 미군정기에 전개된 직장투쟁의 전통이 남아 있는 공공부문의 노동자와 연계하여 자본주의 체제 자체의 변혁을 시도하는 노동운동을 전개하였다. 베트남 전쟁 반대운동 및 대학분쟁과 결합된 신좌익 노동운동은 1960년대 말과 1970년대 초에 걸쳐 급진적인 행동을 전개했지만 기존 노조와 노동자 대중의 호응을 받지 못하였다.

새로운 노동문제에 직면한 일본의 경영자들은 직장 수준에서 소집단을 단위로 자주관리활동을 조직했다. 자주관리활동의 정착은 직장 수준에서 노조의 조직이 공동화되고 노동조건 규제력도 저하되었다는 현실을 반영하고 있다. 하향적으로 조직된 대중운동의 성격을 가진 자주관리활동은 직장 수준에서 사회통합을 실현하는 데 기여했으며, 노동자가 스스로 경영목표의 달성을 위해 노력하도록 유도했다. 이러한 상황을 배경으로 1973년의 제1차 석유파동 이후의 저성장 시대에도 일본의 노사관계는 안정을 유지할 수 있었다.

고도경제성장의 종언과 노사관계 환경의 변화
1973-1989

고도경제성장의 종언은 일본의 노사관계 환경을 급변시켰다. 산업구조의 변동, 감량경영과 고용조정은 연공제를 유지하는 데 필요한 기본적 조건을 바꾸어놓았다. 기업 조직의 확대와 임금인상이 곤란해졌기 때문에 연공제의 실질적 내용인 지속적인 승진과 승급의 보장도 어려워졌다. 그러나 일본의 노조는 조합원 신분인 정규직 종업원의 고용을 보장받기 위하여 임금인상 요구를 보류하였으며 기업이 저평가한 종업원을 해고하는 감량경영에 협조하였다. 산업구조에선 에너지와 자원을 대량으로 소비하는 석유화학, 철강, 제지, 조선과 같은 중후장대(重厚長大)형 산업은 위축되고 전자·정보 기술을 기반으로 한 경박단소(輕薄短小)형 첨단산업과 자동차, 정밀화학 등이 주력 산업으로 등장했다.

　대규모 해고를 포함한 감량경영과 협조적 노사관계의 유지라는 이율배반적 목표를 달성하며 불황을 가장 신속하게 극복한 일본 경제의 국제적 위상은 급속하게 높아졌다. 이와 함께 세계적으로 일본적 노사관계 찬미론이 확산되었다.

세계 정상 수준에 도달한 제조업의 국제경쟁력을 기반으로 일본은 막대한 무역흑자를 달성하였다. 미국을 비롯한 선진자본주의 국가들은 일본의 불공정 무역이 세계 자본주의 시장질서의 균형을 교란시킨다고 비판하기 시작했다. 무역마찰에 대응하여 일본 내부에서는 시장을 개방하고 내수를 확대할 수 있도록 정책 기조와 생활방식을 바꾸자는 국제화 캠페인이 전개되었다. 1985년 선진자본주의 국가들은 플라자 합의를 통해 엔화를 대폭적으로 평가절상하며 일본의 무역흑자를 축소하려 시도했다. 일본 기업은 한편으로는 노동집약적 제품의 생산 거점을 중국, 동남아 등의 저임 노동력이 풍부한 지역으로 이전하고, 다른 한편으로는 현지생산으로 무역마찰을 회피하기 위해 미국을 비롯한 선진공업국 지역에 투자하기 시작했다. 반면 하급 저임금노동을 담당하는 외국인 이주노동자가 대량으로 유입되었고, 탈제조업화와 서비스업 종사자의 증가는 주부파트타이머를 비롯한 각종 비정규직 노동자가 늘어나는 배경이 되었다. 이로써 정규직 노동자와 비정규직 노동자가 분절된 노동시장의 이중구조가 사회적으로 확산되었다.

저성장 시대를 맞아 일본의 노조는 정책참가에 의한 노동조건의 개선을 노동운동의 기조로 설정하였다. 이와 함께 노조 전국 중앙조직의 통합이 추진되어 1989년에는 '일본노동조합총연합회'(연합)이 결성되었다. 저성장 기조가 정착하는 가운데 노사협조를 기반으로 한 사회통합 기제가 재생산된 것이다. 그러나 이는 민간대기업 노조를 구성하는 '중심부 노동자'를 중심으로 한 사회통합의 실현이었다. 여기에서 배제된 '주변부 노동자'들은 소수파 노동운동을 전개하였으며, 지역에 기반을 둔 '코뮤니티 유니온'을 비롯한 신형 노동운동이 등장하였다.

V-1. 석유파동과 고도경제성장의 종언

1973년 10월 제4차 중동전쟁의 여파로 발생한 제1차 석유파동의 충격은 산유국을 제외한 전 세계의 경제성장률을 저하시켰다. 일본에서도 경제성장률의 급격한 저하와 실업률의 상승으로 사회불안이 고조되었다. 실질 경제성장률은 1973년 9.8%, 1974년 -1.3%, 1975년 2.5%로 저하되었고 같은 시기 실업률은 각각 1.3%, 1.4%, 1.9%로 증가했다(安藤良雄編 1979: 164, 183). 중동산 석유의 공급이 중단되면 생활용품이 부족할 수도 있다는 불안에 사로잡힌 시민들이 화장실용 휴지를 서둘러 구입하려 다투는 소동이 벌어지기도 했다. 석유파동을 계기로 일본의 산업구조, 취업구조, 노사관계에는 획기적인 변화가 발생했다.

먼저, 산업구조의 변화를 살펴보면 제1차 석유파동은 자원과 에너지를 대량으로 소비하는 소재산업 부문을 불황에 빠트렸다. 고도경제성장을 주도한 중화학공업 부문에서도 철강, 석유화학, 제지 부문 등이 가장 큰 피해를 입었다. 이와 동시에 원료와 제품 운송에 필요한 선박의 수요도 줄어들어 조선업도 구조 불황에 빠졌다. 반면에 기계와 화학 부문은 성장을 계속하고 있었다(표 V-1). 즉 전자, 자동차 등의 가공조립산업과 다품종 소량생산의 정밀화학 부문이 새로운 주력산업으로 부각되었다(中村隆英 1986: 320-321).

그러나 1970년대 후반 이후 진행된 산업구조 재편의 기조를 이해하기 위해서는 석유파동의 충격만이 아니라 기술혁신의 방향도 살펴보아

〈표 V-1〉 광공업 생산지수 변화 (1975 ~ 1985)

	1975 A	1980	1985 B	B/A
총 계	72.3	100.0	121.9	1.69
기 계	60.2	100.0	152.9	2.54
화 학	70.0	100.0	121.8	1.74
식료품 · 담배	88.2	100.0	101.6	1.15
펄프 · 종이	74.5	100.0	112.8	1.51
비철금속	71.1	100.0	100.0	1.41
요업 · 토석제품	75.5	100.0	95.5	1.27
금속제품	73.4	100.0	99.6	1.36
철 강	79.9	100.0	100.4	1.26
섬 유	92.2	100.0	98.3	1.07
목재 · 목제품	98.7	100.0	79.2	0.80

주: 1월 ~ 12월 기준.
자료: 日本銀行, 『經濟統計年報』, 1983, 1986.

야 한다. 일본의 주요 기업집단이 지향하던 사업 전개 방향을 보면 "메카트로닉스(mechatronics), 즉, 기전(機電)일체화와 같이 상이한 산업부문을 결합하여 새로운 산업분야를 개발하는 산업의 시스템화", "기존의 대량생산에서 탈피하여 고부가가치 제품의 다품종 소량생산화에 주력", "로봇, 사무자동화, 유전자공학과 같은 신기술체계의 도입", "발전도상국, 사회주의 진영에 대한 플랜트 수출 및 군수산업 진출" 등으로 요약할 수 있다(奧村宏 1982: 145-150). 이처럼 지식과 기술집약적 산업의 중요성이 커지면서 노동력의 성격과 관리 방법도 달라질 수밖에 없었다.

기술혁신과 새로운 업종의 개발을 지향하는 기업의 행동에 힘입어 일본 경제는 비교적 빠른 시기에 제1차 석유파동이 초래한 세계적인 불황에서 벗어날 수 있었다. 정부와 기업은 일체가 되어 에너지절약형 기술 개발에 노력을 기울였다. 가공도가 높은 기계류와 소형 자동차의 수출이 호조를 보인 덕분에 일본은 1973년의 제1차 석유파동과 이란혁명으로 촉발된 1979년의 제2차 석유파동을 모두 신속하게 극복할 수 있었다. 또한 일본 기업이 자동화를 추진하여 임금 비용을 절약하는 전략을 사용했지만 해외수요가 급속하게 확대되었기 때문에 실업도 흡수할 수 있었다. 그 결과 일본은 수출의존형 취업 구조로 변화되었으며 미일 무역마찰이 고조되었다. 1980년의 경우 기계산업 부문에서 내수부문 종사자에 대한 수출부문 종사자의 비율은 자동차 62%, 일반기계 41%, 전기기계 45%, 정밀기계 60%로 나타나고 있었다(尾崎巖 1987: 24, 28).

　제조업 부문에서 진행된 주력 산업의 교대와 사업전개 방향의 전환은 노동력의 재배치를 촉진하는 요인이 되었다. 동시에 정보처리, 개발, 설계, 연구 등과 같이 간접부문에 종사하는 비교적 고도의 능력을 갖춘 종업원의 수요가 늘어났다. 또한 일본에서 '경제의 소프트화'라는 현상이 나타나 제3차산업의 비중이 높아지기 시작했다. 즉, 금융, 보험, 부동산업, 운수통신업, 서비스업 등의 부문에서 성장률이 상대적으로 높고 고용규모가 확대되는 경향이 나타났다(표 V-2). 이러한 상황 변화는 생산 노동자를 중심으로 노사관계를 논의하는 시각을 수정하는 계기가 되었다.

　노조 조직률의 저하도 제1차 석유파동 이후 진행된 노사관계의 변화를 반영하는 중요한 지표이다. 그러나 이는 경제불황만으로는 설명할 수 없는 현상이었다. 고용조정을 실시하는 일본 기업은 정사원의 일자리를 우선적으로 보장하였다. 또한 일본의 기업별노조는 유니온숍 협정을 체결한 경우가 많았다. 배치전환이나 출향, 파견 등으로 일터가 바뀌어도 종업원 신분을 유지하고 있으면 자동적으로 조합원 자격을 유지했다. 즉, 정사원 위주로 고용을 보장하는 기업과 조합원을 확보해야

〈표 V-2〉 산업별 취업자수의 전년 대비 증감 상황 (단위: 만명)

	1960~1965	1965~1970	1970~1975	1975~1980	1980~1985	1986	1987
총 계	53	73	26	63	54	46	58
제1차산업	-45	-45	-45	-17	-14	-14	-6
제2차산업	53	57	10	17	13	-6	-20
광 업	-3	-2	-1	-1	0	-1	0
건설업	15	13	17	14	-4	4	-
제조업	41	45	-6	4	7	-9	-19
제3차산업	51	60	60	62	53	67	82
도매소매 · 금융보험 · 부동산업	22	27	30	29	19	29	36
운수 · 통신 · 열 전기 · 수도업	1	12	2	4	-1	8	-5
서비스업	15	20	21	29	34	32	50
공 무	3	1	7	1	0	-2	1

자료: 勞働大臣官房政策調査部 1988: 29

발언권을 행사할 수 있는 노조는 이해관계를 공유하고 있었다. 제1차 석유파동 이후 철강, 조선 등의 중후장대 산업이 구조 불황에 빠졌지만 자동차, 전기, 전자 산업이 성장하였으므로 제조업 부문 노동자의 전체 규모가 급격하게 감소하는 사태는 발생하지 않았다. 오히려 제3차산업 과 서비스 부문의 고용 확대가 노조 조직률의 저하를 설명하는 가장 유력한 요인으로 지적될 수 있다(표 V-3). 그러나 이 부문의 직장 구조와 노동 형태는 제조업을 기반으로 형성된 전통적인 노조의 행동 방식과 어울리지 않았다. 서비스업은 노동력의 수요가 불안정하므로 수량적 유연성을 제공하는 비정규직 종업원에 대한 의존도가 높은 특성이 있다. 그러나 이들에겐 정사원으로 구성된 일본의 기업별노조에 가입할 자격이 없었다. 또한 신설되는 중소기업에서는 노조 조직률이 저하되고 있었다(隅谷三喜男 1988: 13-17).

서비스 부문 취업자의 증가는 제조업 노동자를 전제로 노사관계를 파악하던 기존의 논의 구조를 변화시켰다. 오카타 타카아키(尾形隆彰)는 서비스 산업의 확대가 미치는 거시적 영향을 파악하기 위해서는 정보화의 파급효과를 기준으로 산업분류의 범주 자체를 재검토할 필요가 있다고 제시했다. 그는 광의의 서비스를 기호와 네트워크에 의해 보존과 축적이 가능한 '정보·시스템재'와 접객업무와 같이 인간에게 효용

⟨표 V-3⟩ 노조 조직률의 변화 (1960 ~ 1987) (단위: %)

관민 · 규모 · 산업		1960	1970	1980	1985	1987
계		32.2	35.4	30.8	28.9	27.6
민영		–	28.5	24.5	24.3	24.0
국공영		–	82.2	74.5	24.3	–
민영	500명 이상	67.1	63.9	61.1	59.9	68.0
	100~499명	36.4	30.7	27.8	24.3	27.4
	30~99 명	8.0	8.9	7.4	6.7	6.2
	1~29 명	0.6	0.6	0.5	0.5	0.4
건설		30.0	25.0	16.2	19.3	18.0
제조		32.6	38.0	34.7	32.9	34.2
도매 소매		15.0	9.7	10.4	10.6	8.8
금융보험 · 부동산		15.0	68.5	56.8	49.9	49.7
운수 · 통신		69.9	63.9	61.5	56.9	56.5
전기 · 가스 · 수도 · 열공급		69.9	76.9	79.7	67.9	66.7
서비스		27.6	26.2	23.0	20.1	16.7
공무		59.7	65.6	69.1	71.0	72.4

주: 매년 6월 기준.
원주: 労働省 労働組合基本調査, 総務庁統計局 労働力調査에 의해 労働省 総合政策課 시산.
자료: 隅谷三喜男 1988: 13에서 재인용.

은 있지만 생산과 동시에 소비되는, 즉 발생과 소멸이 동시에 일어나는 협의의 서비스인 '소실적 서비스재'로 구분하였다. 그런데 정보화의 영향으로 '물재'와 '소실적 서비스재'의 생산이 모두 '정보·시스템재'의 형성을 증대시키는 결과를 낳았다. 예를 들어 공장자동화, 사무자동화, 외식산업의 체인화, 메뉴얼화된 거대 레저단지의 운영 등이 모두 정보신업의 뒷받침이 있어야 가능하지만, 역으로 정보산업의 시장을 형성하는 점을 생각할 수 있다. 취업구조를 보아도 '물재' 부문은 장기적으로 정체상태에 있으므로, 제조업의 기능공이나 생산공정 종사자의 비중은 정체상태를 보이지만, 전문기술직은 늘어나는 경향이 지적되었다. 이밖에도 판매 종사자와 건물관리나 경비와 같은 보안직 종사자의 비중이 늘어나는 경향도 나타났다. 결국 전체적으로는 '물재' 생산노동 부문에서 진행된 고용조정에 의해 종업원이 소수 정예화되고, '소실적 서비스재' 생산 노동부문이 고용을 흡수하며, '정보·시스템재' 노동부문에서 부가가치의 증대가 실현되는 구도가 그려진다(그림 V-1). 이는 일본 노동시장의 구조적 변화를 이해하는 중요한 단서이기도 하다(尾形隆彰 1988: 85-87; 尾形隆彰 1989: 126-133).

고도경제성장의 종언과 산업구조의 변화가 거시적인 노사관계 환경에 미치는 영향을 이해하려면 노동시장의 유연화라는 맥락을 설정하고 '정보·시스템재' 형성에 초점을 맞춰 서비스 산업 종사자의 증가를 고찰해야 한다. 즉, '물재 생산노동'과 '정보·시스템재 형성 노동'을 담당하는 집단은 중심부 노동자들이고, '소실적 서비스재' 생산 노동은 주변부 노동자라 볼 수 있다. 또한 주변부 노동자는 '물재 생산노동'과 '정보·시스템재' 형성 노동의 하부 영역을 담당하는 단순하고 노동집약적인 업무에 종사하고 있다. 다양한 고용형태의 주변부 노동자는 노

〈그림 V-1〉서비스 경제화의 구도

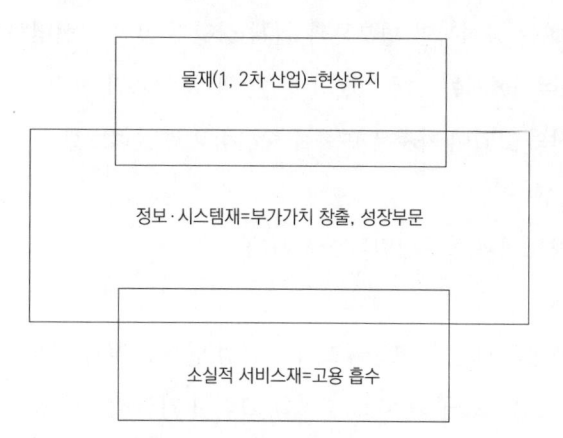

물재(1, 2차 산업)=현상유지

정보·시스템재=부가가치 창출, 성장부문

소실적 서비스재=고용 흡수

자료: 尾形隆彰 1988: 85-87; 尾形隆彰 1989:127-128에서 재구성.

동력 관리의 수량적 유연성을 향상시키는 기능을 발휘하며, 지속적으로 중심부 노동자의 고용기회를 잠식하고 있다.

이상에서 살펴본 바와 같이 1970년대 후반 이후의 저성장 시대에 진행된 노동시장과 노사관계의 변화를 이해하려면 구조적으로 증가하는 주변부 노동자의 상황에 좀더 많은 관심을 기울여야 한다. 일본에서는 고용안정성이 지속적으로 저하되는 구조가 형성되었는데, 이는 장기적인 고용관계에 기반한 연공제를 중심으로 일본의 노사관계를 이해하려는 접근방법의 설득력도 저하되었다는 사실을 시사한다.

V-2. 고용조정과 노사협조

감량경영 과정에서 추진된 고용조정을 통해 노사관계의 특이한 모습을 살펴볼 수 있다. 특히 고도경제성장 시대가 끝날 때 발생하는 노사관계의 변화는 공식적인 명분론과 실제 상황의 차이를 선명하게 드러내보인다. 여기에서는 고용조정의 방법, 과정, 결과와 함께 새로운 ME[134] 기술혁신의 도입이 가져온 변화를 중점적으로 살펴보겠다.

(1) 고용조정과 상호신뢰적 노사관계

고용조정의 내용은 고용규모의 변화인 양적 조정과 재배치를 의미하는 질적 조정으로 구분된다(그림 V-2). 그러나 기업 내부에서 종업원이 차지하는 위상에 따라 개인에게 적용되는 고용조정의 형태는 다양하다. 특히, 고용조정이 정규직 노동자의 고용을 우선적으로 보호하는 입장에서 추진되었다는 사실이 중요하다. 이는 정사원으로 구성된 기업별 노조와 노사관계의 안정을 유지하려는 기업의 이해관계가 일치했음을 말해준다.

양적 고용조정은 노동시간의 조정과 고용규모의 조정으로 다시 구분할 수 있다. 노동시간의 조정은 시간외 근무인 잔업의 단축, 유급 휴직인 일시 귀휴, 휴일의 증가와 같은 방법으로 실시되었다. 노동자의 수를 감축하여 고용규모를 조정하는 방법은 일단 외부로부터의 신규 채용을 중지하고, 기업 내부에서는 비정규 사원의 고용 계약을 연장하지 않거나 해고하며, 정사원에게도 희망퇴직을 유도하거나 지명해고하는 방법이 사용되었다.

질적 고용조정은 노동자를 해고하지 않고 재배치하는 것을 의미하며, 이는 정사원의 고용을 우선적으로 보호하는 효과가 있었다. 사용자

---

134. microelectronics, 극소전자.

〈그림 V-2〉고용조정의 형태

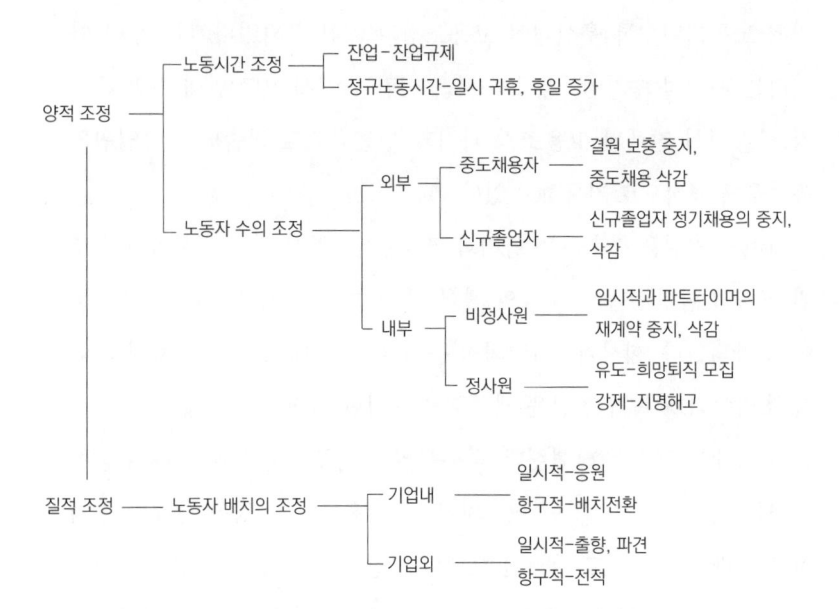

자료: 通産省, 1981: 48.

는 정사원을 기업 내부의 다른 부서에 일시적인 '응원'의 형태로 배치하거나 영구적으로 '배치전환'하는 방법으로 보호하였으며, 기업 외부의 일자리에도 배치하였다. 정사원을 기업 외부에 배치하는 방법은 항구적으로 다른 기업에 소속되는 전적, 일시적으로 외부 기업에 배치되는 파견, 출향(出向)이 있었다. 파견은 원래 고용된 기업의 현직 종업원으로 남아 있으면서 다른 곳에서 근무하는 형태이다. 출향은 원래 고용된 기업에서는 휴직으로 취급되며 배치된 기업의 지휘명령은 노무 제공에 대해서만 적용된다. 즉, 해고, 휴직과 같은 노동계약에 대한 권한은 본래 소속된 기업이 행사한다.

감량경영이 실제로 추진된 상황을 보면 가치가 낮은 노동력으로 평가된 노동자일수록 우선적인 고용조정의 대상이 되었다. 나카무라 아키라는 체험적 수기인『공장에 사는 사람들』에서 1970년대 후반 특수강 공장에서 진행된 고용조정 과정과 우선적으로 퇴출되는 종업원의 유형을 구체적으로 기록하고 있다.

설비와 인원을 감축하는 합리화 조치에는 '일시 귀휴', '희망퇴직 모집', '기업 합병', '주력 공장의 폐쇄, 해체, 매각', '대규모 배치전환' 등이 포함되었다. 회사가 '희망퇴직'을 모집했을 때 노조는 수차례 파업을 조직하다가 퇴직 조건을 개선하고 무리한 퇴직 권유는 없다는 약속을 받아내는 것으로 타협했다. 나카무라가 근무하던 흑자 상태의 공장에서는 여성 노동자, 청년 노동자가 먼저 응모했다. 경영 상태가 좋지 않아 장래성이 없다고 알려진 오래된 공장의 노동자들은 작업장, 반장을 비롯한 감독자부터 시작해 집단적으로 응모했다. 노조와 아사히(朝日)신문이 공동으로 실시한 추적조사 결과를 보면 퇴직 이후 4개월 동안 재취직한 사례는 전체 응답자의 약 40% 수준이었다. 나머지 약 60% 중 고령 노동자들은 대부분 폐쇄 대상 공장에서 근무하고 있었다. 이들이 '희망퇴직'에 응모한 이유는 미래에 대한 희망이 없기 때문이었다. 그러나 대규모 '희망퇴직'에도 불구하고 회사의 경영 상태는 개선되지 않아 3개 특수강 업체가 합병했다. 나카무라가 일하는 공장도 이제는 같은 회사에 속하게 된 원격지의 다른 공장으로 노동자를 '배치전환'하게 되었다. 감독자가 '배치전환'을 권유하는 대상은 공식적으로 40세 이하의 유능한 종업원으로 새로운 공장에서도 잘할 수 있는 사람이었다. 실질적으로는 정기 채용으로 입사하지 않은 중도 채용자 가운데 독신자가 우선적인 대상이었고 다음으로는 결혼은 했지만 아직 집을 소유하지 않은 중도 채용자가 대상이었다. 특히 이들 가운데 사택 거주자나 임대주택 거주자가 표적이 되었다. 이렇게 해도 부족하면 정기 채용 입사자 가운데 어쨌든 신통치 않다고 평가된 종업원도 대상으로 선정되었다. 나카무라는 '배치전환'을 권유받았으나 부인이 몸을 다쳐 휴직 중이라는 사유로 대상에서 제외되었다.

또한 나카무라의 직장에서도 노동력 배치가 달라지기 시작했다. 폐쇄된 인근 공장의 노동자들이 작업 현장에 배치되었으며, 이전에는 하청공이 맡았던 작업을 본공이 담당하게 되었다. 그러나 다른 공장에서 전입한 노동자들은 잇달아 퇴직했다. 공정관리나 기술에 관계된 보조 업무를 수행하던 고졸 사무직 요원도 생산 현장에서 일하는 노동자로 전환되었다. 이 과정에서 이직하는 사례도 나타났지만 대부분의 노동자는 새로운 업무를 받아들였다. 그러나 회사는 과잉 인원을 줄이기 위해 정년을 남녀 모두 57세에서 남자 55세, 여자 50세로 단축하였으며, 노조는 이를 받아들였다. 이후에도 '배치전환'이 추가로 실시되었다. 이번에는 전근을 강요받아 사직하는 노동자가 다수 나올 정도로 사실상의 지명해고가 진행되었다(中村章 1982: 245-255). 이 사례와 같이 전근이 사실상의 해고가 되는 이유는 노동자의 일상생활이 지역사회와 밀착되어 있기 때문이다. 노동자가 원거리로 이동하면 개인이 감당하기에 어려운 주택, 자녀교육 등의 문제가 발생하지만 불황에 시달리는 기업은 지원을 제공할 여력이 없었다.

일본의 노조가 고용조정에 협조했던 배경에는 상반되는 해석이 있다. 시라이 타이지로(白井泰四郎)는 "일본의 경제와 사회가 이번의 경제위기를 극복함으로써, 여러 선진국에서 나타난 인플레이션과 대량 실업이라는 곤란한 사태를 겪지 않은 배경을 살펴보면 기업별노조 및 이를 토대로 한 안정된 노사관계가 이룩한 공헌이 컸다"는 견해를 제시했다 [135]. 그는 "일본의 노사관계가 지닌 변화에 대한 유연한 적응력"의 근원으로 "기업의 존속과 번영 자체가 노동자의 고용보장을 뒷받침해주는 최대의 조건이라는 인식을 노사가 공유한 것", "기업 내부에서 노사간의 상호신뢰관계가 유지되고 있으면 단체교섭이나 노사협의제를 통하여 노사간에 고도의 정보교환이 이루어지고, 상호 의사소통과 상호 교육이 진행되는 효과가 발생한 것", "산업 종사자들의 사회가 문화적으로 동질적이며, 또한 노동자의 교육수준이 높기 때문에, 국민경제의 상황과 필요한 과제에 대한 인식과 이해를 폭 넓게 공유할 수 있는 것" 등의 세 가지를 거론했다(白井泰四郞 1981: 186-187).

반면 1970년대 후반기에 대규모 철강회사의 노사관계를 조사한 닛다 미치오는 일본의 단체교섭과 노사협의가 결합된 시스템은 산업평화를 유지하는 데 필요한 제도적 견제장치가 취약하므로 잠재적으로 엄청난 불안정 요인이 존재하고 있다는 시각을 제시했다. 이러한 견해는 일본의 노사관계시스템을 미국의 단체교섭, 고충처리, 중재로 이루어진 시스템이나 단체교섭과 경영협의회로 구성된 서독의 시스템과 비교하여 도출되었다. 그러나 닛다는 일본의 노사는 강력한 상호신뢰관계에 있으며 사전협의에 입각하여 실질적으로 공동결정으로 제도를 운영하는 관행이 확립되었다는 점을 놓치지 않았다. 그는 이와 같은 신뢰관계가 유지된 배경에 대해 "한편에서는 종업원의 고용보장과 성과배분 또는 희생의 분담에 대한 경영자의 헌신적 개입이 있었으며, 다른 한편에서는 단기적인 이해관계를 초월하여 기업의 장기적 존속과 번영을 자기의 이해관계와 관련된 문제로 받아들여 행동하는 노동조합과 조합원의

---

135. 白井泰四郞 1979: 「增訂版へのはしがき」.

기업에 대한 헌신적 개입이 존재했다"는 측면을 지적했다. 결론적으로 넛다는 분쟁을 예방하고, 노동자가 효과적으로 발언권을 행사할 기회를 제공한다는 점에서 일본의 노사협의제도가 나름대로 소기의 기능을 발휘했다고 평가를 내렸다(仁田道夫 1988: 284-295). 이는 노사가 헌신적 자세와 상황인식을 공유하고 있었기 때문에 심각한 분쟁을 유발하지 않으면서 인원과 설비의 합리화가 진행될 수 있었다는 해석이었다.

그러나 철강산업 노조가 발휘한 실질적인 영향력에 대해서는 좀더 냉정한 평가가 필요하다. 마츠사키 다다시(松崎義)는 1971~1977년의 기간 동안 철강부문의 대기업에서 지급된 '인원합리화 성과 환원급'의 내용을 분석하며 인원합리화로 절약된 노무비가 노동조합원에게 환원되는 비율을 조사하였다. 이 비율은 처음에 노조가 확보하려 했던 1/3 수준에서 계속 낮아지고 있었다. 1977년 가을에는 환원율이 일부 개선되기도 하였지만 이는 감량경영 하에서 이루어진 대규모 인원합리화에 대한 반대급부로 실시된 것이었다. 따라서 마츠사키는 직장합리화 문제에 노동조합이 규제력을 발휘하는 수준은 한정되어 있었으며, 대규모 철강업체에서 노동생산성이 높게 나타난 것도, 인원합리화에 협조적인 노사관계 때문이었다고 판단내리고 있다(松崎義 1982: 174-175). 이는 일본의 노동운동에 대해 비판적인 쿠리타 켄(栗田健)이 노조의 영향력 감소는 "노조의 자립 가능성을 노동시장의 수급관계 및 이에 입각한 산업별 교섭이라는 외재적 계기에서만 찾았던 기업별노조가 외재적 계기의 소멸과 함께 맞게 된 국면"(栗田健 1977: 212-213)이라고 평가한 것과 맥락이 닿아 있다. 즉, 쿠리타는 기업 공동체 내부에서 경제적 실리추구를 중시하던 일본의 노동운동이 고도경제성장 시대의 종언이라는 새로운 상황을 맞았지만, 사용자에 대항할 수 있는 조직적 역량을 발휘할 수 없었다는 실상을 지적하고 있다.

기대한 것만큼 고용조정에 협조한 대가를 확보하지 못하면서도 노조가 협조적인 노사관계를 유지한 배경에는 실리에 대한 현실적인 판단이 있었다. 실질적으로 일반 종업원은 직업 경력이 기업내 노동시장에 깊이 내부화되어 있었으므로 노조와 회사가 결정한 내용에 동조하는 것 이외에는 다른 대안이 없었다. 기업 규모가 정규 종업원의 노동조건을 규정하는 가장 중요한 요인이었으므로 대규모 철강회사 사원들에게 전직은 최악의 선택이었다. 또한 한 직장에 장기근속한 종업원일수록 자기의 기능을 살릴 수 있는 곳을 찾아 전직하여도 생소한 직장환경에 적응하기 곤란하다는 문제가 있었다. 1988년에 조사한 치바(千葉)제철의 사례를 보면 설비와 인원의 감축을 원만하게 진행하기 위해 인사노무관리자들이 퇴출대상으로 분류된 종업원의 일자리를 알선하고 있었다. 그러나 규칙적인 교대 근무에 익숙한 제철소 종업원이 크레인 운전 기술을 살려 토목·건축 계통에 재취업하여도 작업 관행이 달라 적응에 어려움을 겪고 있었다. 이들은 비가 오면 작업을 못하는 정도의 차이도 힘들어했다(李鍾久·山本潔 1992: 55—57)[136].

1991년 방문한 스미토모(住友)금속 와카야마(和歌山) 제철소는 실리적인 판단에 입각해 제1차 석유파동 이후 외부로 출향 조치된 정사원의 고용과 노동조건을 장기간 보장하고 있었다. 당시 이 제철소는 조강 생산량을 기준으로 일본 10위의 규모였다. 1973년에는 약 12,000명의 종업원이 720만톤을 생산했으나 1991년에는 약 6,000명이 360만톤을 생

---

136. 1988. 7. 7. 川崎製鉄株式会社 千葉製鉄所 과장급 관리자로부터 청취. 당시 이 공장은 전후에 일본 철강업계가 최초로 미국에서 도입한 기술혁신의 사례로 유명한 박판 연속 압연 설비인 스트립밀(strip mill)의 철거를 앞두고 노사관계가 긴장되어 있었다. 이 설비는 중고등학교 사회과 교과서에 사진이 게재될 정도의 기념비적 위상을 갖고 있었다.

산했다. 석유파동 이후 신규 채용을 중지했다가 1980년대 후반 들어 연간 100명 규모로 채용을 재개하기 시작했다. 종업원의 구성은 생산직 약 5,000명, 사무관리직 약 1,000명이며, 이밖에도 '관련회사' 종업원 4,000명이 있었다. 필자는 "제1차 석유위기 이후 합리화된 인원은 어디로 배치되었는가"라고 면담한 인사노무 담당자들[137]에게 질문했다. 이 질문에 대해 "남는 인원을 우선 700km 떨어진 도쿄 북방의 카지마(鹿島) 제철소로 이동시켰다. 기업집단 내부의 '관련회사'[138] 또는 지역 특산물을 생산하는 업체[139]에 출향시키는 방식도 사용하였다. 이 경우에 소속은 스미토모에 남아 있지만 노동조건이 달라지므로 임금 차액을 보상해주고 있다. 현재도 약 4,000명이 출향 중에 있다. 여기에 드는 비용도 막대하므로 원가에 영향을 미친다. 그러나 양호한 노사관계를 유지하기 위한 비용이라고 생각한다"는 요지의 답변을 전해주었다. 이처럼 기업은 정사원의 종신고용을 보장한다는 명분이 무너졌을 때 발생할 수 있는 신뢰의 위기를 우려하고 있었다. 이 제철소의 관리자들은 출향자가 대규모로 남아 있는 상황에도 불구하고 종업원의 평균 연령이 43세에 도달할 정도로 고령화가 진행된 사업장이므로 노동력의 신진대사를 위해 채용을 재개하고 있었다.

현실적으로 고용조정은 노사타협의 산물이었으며 기업도 신뢰가 상실된 노사관계가 초래하는 비용을 줄이려 힘쓰고 있었다. 그러나 노동자의 위상에 따라 고용조정은 차별적으로 적용되었으며 노조도 모든

---

137. 1991. 11. 7. 住友金屬 和歌山製鉄所 勞務部, T 人事教育室長, I 人事教育室 社員, S 勤勞室 課長.
138. 모기업이 의결권 20% 이상을 소유하거나, 의결권이 20% 이하일 경우에도 출자, 인사, 자금, 기술, 거래 등을 통하여 재무, 영업, 사업에 관한 방침 결정에 중요한 영향력을 행사할 경우 관련회사로 판정.
139. 地場產業.

노동자를 동등한 수준으로 보호했다고 볼 수 없다. 즉, 노사는 정사원의 고용을 우선적으로 보호하고, 기업내 노동시장에서 상대적으로 가치가 낮은 노동자와 비정규 사원을 고용조정 대상으로 간주하는 방침에 합의하고 있었다. 이러한 상황은 구체적인 사례를 통해 확인할 필요가 있다.

(2) 정사원 중심의 고용보장

일본의 기업별노조는 정규직 노동자인 정사원의 고용기회 확보를 우선하면서 임금을 비롯한 노동조건 개선 요구를 자제하였으며 각종 비정규직 노동자의 증가와 정사원의 재배치를 묵인하였다. 결과적으로 일본 기업은 외부노동시장에 있는 비정규직 노동자를 활용해 노동력 관리의 수량적 유연성을 확보하고 내부노동시장을 구성하는 정규직 노동자의 기능적 유연성을 동시에 확보할 수 있었다. 고용조정 과정을 거치면서 노동자 집단은 이질화되었으며 취업형태의 다양성도 확대되었다.

고용조정 과정에서 노사가 사실상 합의하여 정사원의 고용을 우선적으로 보장하였으므로 기업 조직 내부의 결속력은 더욱 강화되었다. 이를 반영하여 1970년대에 저하되었던 종업원의 기업 귀속의식이 1980년대에 들어서는 상승하기 시작하였다. 특히 성장 산업에 고용된 정규 종업원의 의식을 보면 이전보다 더욱 강력하게 기업에 통합되는 경향이 나타났다. 제1차 석유파동 이후 새로운 주력 산업으로 등장한 전기 전자산업의 사례를 보면, "기술계 직원, 특히 연구개발 부문의 기술자는 사무계 직원이나 생산 현장의 노동자보다 기업 귀속의식이 낮았다. 그

래도 시계열적으로 보면 이들의 기업 귀속의식이 높아지는 경향이 있었다. 또한 40대에서 50대 전반을 정점으로 연령이 높아지면서 기업 귀속의식도 같이 상승하고 있었다. 이러한 경향은 '기업 귀속의식'이 여전히 중고령층의 종업원을 기축으로 분포되어 있을 뿐만 아니라, 확대 재생산되고 있다"는 상황을 반영하고 있었다(石川晃弘 1988: 50-52). 즉, 석유파동 이후의 불황과 고용조정에도 불구하고 기업별노조로 조직화된 대기업 노동자들은 현실에 순응하고 있었으며 노사관계는 안정되어 있었다.

제1차 석유파동 이후 일본의 경기회복은 사실상 자동차 수출이 견인했으며 연비가 우수한 일본제 소형차가 미국을 비롯한 세계 시장에서 차지하는 점유율은 급속하게 높아졌다. 반면에 성장 분야인 자동차 업계에서도 노조가 발휘하는 교섭력은 축소되고 있었으며 종업원의 업무 강도가 높아지는 방향으로 이른바 '합리화'가 추진되고 있었다. 노조가 제2노무부라는 별명을 가지고 있을 정도로 노사가 밀착되어 있었던 닛산(日産)에서도 노조의 임금인상 요구와 회사의 회답이 일치하는 '완전 획득' 방식이 없어졌으며, 1975년 이후에는 노조가 제시한 요구의 55~75% 수준에서 타결되는 경향이 나타났다. 임시공과 계절공의 채용은 중지되었고 응원, 배치전환, 출향 등의 조치와 함께 실질 출근율 96%를 기준으로 생산계획을 세우는 수준으로 종업원 관리가 강화되었다. 또한 모든 종업원에게 판매 활동이 의무로 부과되었다. 특히 "노동 생산성 향상을 통한 비용 체감(遞減)"을 목표로 내건 경영협의회 활동, P3(productivity, participation, progress) 운동, 제안제도의 강화 등을 비롯한 경영참가 캠페인이 맹렬하게 전개되었다"(山本潔 1979; 山本潔 1981: 319; 鈴木孝司 1977). 『자동차 절망공장』의 현장이며 일본 제1위의 자동차 생산업체인 토요타도 본공의 채용을 억제하여, "노동자의 수를 줄이고, 이들의 노동량을 극대화시키는 방법으로 생산 확대에 대응하는" 방침을 채택했다. 이 회사는 1982년 '노사선언'을 발표하고, 노사관계는 상호신뢰를 기반으로 하며, 노사 쌍방은 생산성 향상을 통해 기업의 번영과 노동조건의 유지 및 개선을 도모한다고 표명했다(藤田榮史 1985: 34). 그러나 다른 한편에서는 토요타 상표의 차를 위탁 생산하는 토요타그룹 각 사의 생산이 증가하고 있었다. 따라서 관련회사 및 하청 기업 관리가 토요타의 고용 관리에서 차지하는 비중이 높아졌다. 토요타그룹 내부에서도 기업의 규모가 작아질수록 종업원의 평균 연령이 높아지는 상황이 나타나고 있었다. 1973년 이후 토요타 본사는 중고령층이 많은 중도채용을 중지하고, 신규 고졸자의 대량 채용을 계속하는 방식으로 젊고 임금이 낮은 기간 노동력을 확보하고 있었다. 그러나 본공, 즉 정사원의 연령별 분포 변화를 보면 중고령 노동자의 비중이 상승하고 있었다(표 V-4).

이와 같은 사례는 고도경제성장 시대의 종언 이후에 고용보장이 노동자의 기업내 위상에 따라 차별적으로 적용된다는 사실을 보여주고 있다. 경영 위기에 직면한 기업이 정기 채용으로 입사한 정사원으로 구성된 기간 노동력의 고용을 우선적으로 보장하였으므로 노동자 내부의 이질화와 취업형태의 다양화가 촉진되었다. 또한 정사원 중심의 고용보장은 근속의 장기화와 종업원의 고령화를 촉진하는 결과를 초래했다. 반면 개별 기업의 부담을 완화하고 노사관계의 안정을 확보하기 위해 기업집단을 단위로 고용을 보장하는 종신고용권이 확대되었다. 이와 함께 민간대기업 노조도 개별 기업의 경계를 넘어 조직 활동의 범위를 확대하게 되었다. 즉, 민간대기업의 기업별노조는 노사관계 안정과

〈표 V-4〉 토요타의 노동자 연령 구성 변화 (단위: %, 명)

	1967. 11	1977. 11	1982. 2
15-19세	22.4	17.0	10.6
20-29세	50.8	40.0	31.8
30-39세	14.4	28.0	34.3
40-49세	9.5	11.0	16.3
50세 이상	3.0	4.0	6.9
계	100.0(%)	100.0(%)	100.0(%)
종업원 규모	20,138 (명)	43,951 (명)	47,878 (명)

자료: 小山陽一 編 1985: 444.

사회통합에 기여하는 주체로서 행동하였다. 반면에 기업별 노사관계가 적용되는 노동자가 구조적으로 축소되는 경향이 나타났다. 이는 '일본적 노사관계'의 혜택을 받는 중심부 노동자와 이 혜택에서 배제된 주변부 노동자가 분화되는 현상을 의미한다.

(3) 중심부 노동자와 주변부 노동자의 분화

고도경제성장기에 확립된 상호신뢰적 노사관계는 저성장 시대에 일본 기업이 감량경영과 고용조정 과정을 성공적으로 마치는 데 기여했다. 장기고용의 혜택을 누리는 정사원으로 구성된 기간 노동력은 소수 정예화되었으며 기업 귀속의식이 고조되었다. 반면 종업원의 장기근속화와 고령화가 진행되었다. 고용조정은 상호신뢰적 노사관계를 표방하는 민간대기업의 종신고용권에 포함된 중심부 노동자와 노동력 관리의 수량적 유연성을 제공하는 주변부 노동자의 분화를 촉진시켰다. 전자는 노사가 이익을 공유하는 '민간대기업 노사융합'을 형성하고, '기업사회', '회사사회'라 불리는 일본 사회에 강력하게 통합되어 있는 집단이다. 노동력 관리의 수량적 유연성을 제공하는 후자는 일본 경제가 불황을 신속하게 극복한 이후에도 지속적으로 규모가 확대되었다. '일본적 노사관계'에서 배제되고 불안정 고용 상태에 놓인 주변부 노동자의 존재는 지역에 기반을 둔 '코뮤니티 유니온'과 같은 신형노동조합을 비롯한 기존 노사관계에 이의를 제기하는 소수파 노동운동의 밑바탕이 되었다. 또한 기업별노조에 기반을 둔 노동운동은 조직 기반이 축소되고 정당성이 저하되기 시작했다.

V-3. 연공제의 한계와 능력주의

고도경제성장의 종언 이후 종신고용의 신화는 현실적으로 붕괴되었지만 노사관계는 안정을 유지했다. 기업이 정사원의 고용을 우선적으로 보호하며 기간 노동력의 충성을 확보했으므로 극한적인 노사 대립을 방지할 수 있었다. 결과적으로 기업 내부에는 장기근속자의 비중이 늘어났으므로 임금 총액의 상승을 억제하는 조치가 필요하게 되었다. 또한 기업 조직의 성장이 정체되었으므로 연공에 입각한 승진을 보장할 수 없게 되었다. 즉, 근속기간을 기준으로 승급과 승진이 이루어지는 연공제는 기업의 부담을 가중시키는 요인이 되었다. 기간 노동력의 장기근속은 종업원의 고령화를 촉진하였으며 새로운 노동문제가 발생하기 시작했다. 이러한 상황은 경영자들이 능력주의에 입각한 인사노무관리를 강조하고 연공제의 개혁을 주장하는 배경이 되었다. 그 결과 기업은 정사원으로 구성된 중심부 노동자의 충성을 확보하면서 능력주의 원리를 도입해 조직을 관리하는 방향으로 나아갔다. 그러나 이러한 연공제의 재편은 Ⅳ장에서 살펴본 바와 같이 이미 고도경제성장기에 진행되기 시작한 장기적인 변화의 연장이었다.

(1) 연공제의 축소와 능력주의 원리 확대

임금체계는 노사관계의 성격을 가장 명확하게 보여주는 지표의 하나이다. 임금 결정의 주도권 문제는 일본에서도 노사관계의 변화를 반영하는 쟁점이었다. Ⅰ장에서 언급한 바와 같이 연공제는 후발 공업화 과정에서 형성된 노동시장 구조와 잘 들어맞는 질서이며, 다양한 사회제도와 연계되어 있다. 제1차 석유파동과 고도경제성장의 종언에 대응하는 일본 기업은 인건비 부담을 완화하기 위해 연공보다 능력을 기준으로 한 인사노무관리를 실시했다. 즉, 직무와 능력을 좀더 많이 반영하는 임금체계의 편성이 인사노무관리의 쟁점으로 떠오르게 되었다.

직무급은 숙련의 분해 및 컨베이어 벨트 앞에서 시행하는 조립작업을 전제로 짜인 체계이다. 따라서 직무분석, 직무평가, 직무의 차이를 임금에 반영한 등급 책정의 세 과정을 거쳐 결정된다. "대규모로 고용된 단순노동자의 임금을 낮추고, 이들을 통제하는 고급 관리감독자의 봉급을 높이기 위하여 기업에 대한 공헌도를 임금의 지불 기준으로 삼는다"(小島健司 1969: 104). 야마시타 타카노부(山下高之)는 고도경제성장기에 직무급 도입론이 등장한 배경에 대해, 고임금을 받는 중고령 노동자의 임금상승을 억제하려는 기업의 의도가 가장 중요하며, 이를 합리화하기 위해 기술혁신으로 직장에서 중요한 역할을 수행하게 된 청년 노동자를 공평하게 대우하려면 연령과 무관하게 직무를 기준으로 처우를 결정해야 한다는 명분을 내세웠다고 지적했다. 그러나 연공임금을 정확한 의미의 직무급으로 대체한 기업은 한 곳도 없으며 기껏해야 '혼합형', '병렬형'으로 변모한 것에 지나지 않았다(山下高之 1986 :61).

하네다 신(羽田新)은 연공제에 일종의 관성이 있어 쉽게 변하지는 않지만, 일본 기업은 비용 부담을 줄이기 위해 연공제 개혁을 지속적으로 추진해왔다는 사실을 강조했다. 실제로 1940년대 말에서 1950년대에 걸쳐 미국에서 도입한 각종 근대적 관리기법[140]은 일본에 정착하지 못했으며, 이미 확립되어 있던 연공서열적 질서에 맞추어 형식적으로만 적용되었다. 1960년대 이후 연공제를 재검토하자는 주장이 등장하였으며 기업은 '능력주의적 개별 관리'와 '참가주의[141]적인 소집단 활동을 이용한 관리'를 대안으로 모색했다. 고도경제성장의 종언 이후 일본의 경영자들은 연공적 임금체계에 심각한 부담을 느꼈다. 현실적으로 다수의 일본 기업이 연공적 성격이 강하게 남아 있는 자격체계 및 이에 입각한 본급(本給)과 자격급에 덧붙여 직무와 능력에 대응하여 합리적인 고과와 사정을 거쳐 산정되는 직능급을 운용하였으며, 인사고과와 교육훈련을 비롯한 기타 인사제도에 능력주의를 전반적으로 확대 적용하였다. 이는 점진적으로 연공제를 수정해가는 방법이었다(羽田新 1985: 49-54). 이처럼 기업의 인사노무관리 방침은 연공적 평등주의로부터 차등화를 전제로 한 능력주의로 이행하고 있었다.

---

140. 직계제(職階制, position classification plan), 직무급(職務給, job wage), TWI(training within industry, 기업내 훈련. 제일선 감독자의 감독 능력 향상을 위한 훈련과정. 업무교육 방법, 개선 방법, 사람을 다루는 방법 등으로 구성), MTP(management training program, 중간관리자 대상의 형식을 갖춘 훈련과정. 관리의 기초, 조직 원칙, 부하 육성, 업무 관리와 개선, 인간관계, 교육훈련 방법 등으로 구성), 인사고과제도, 사기 조사(morale survey), 제안제도, 사내보(社內報) 등의 인간관계 관리에 대한 여러 제도.

141. 원문에서는 參画主義로 사용.

반면에 오카타 타카아키(尾形隆彰)는 연공제가 숙련을 반영하고 최저 임금을 보장하는 경제적 합리성과 함께 능력을 존중하는 노동자의 문화와 공감대를 형성한다는 사실에 주목했다. "연공에 의한 능력 향상을 인정하는 일본식 능력주의는 종업원을 기업에 통합하는 동시에 노동비용 상승을 억제하는 효과를 발휘했다. 따라서 객관적인 기준으로 업무를 평가하는 직무급의 정착은 부진할 수밖에 없었다. 이와 대조적으로 개인의 능력을 관리감독자가 사정(査定)하는 직능급(職能給)은 순조롭게 보급되었다"는 것이 오카타의 시각이다(尾形隆彰 1980: 70, 74). 결국 일본의 직장에서 확립된바, 관리감독자의 평가 권한을 강화하는 능력주의 관리는 노동자의 가치관, 문화, 이데올로기와 잘 들어맞았다고 볼 수 있다.

　'일경련'과 '총평'의 임금정책을 비교한 이시다 미츠오(石田光男)의 주장에 의하면, "노동 능력에 대응하는 평등한 처우를 제공하며 업무를 주체적으로 수행하는 자세를 평가하는 능력주의 관리는 일본 노동자의 심층 심리와 공명을 일으키고 있다. 그러나 1960년대 중반 이후 직장에 능력주의 질서가 보급되는 과정에서 일본의 노동조합은 경영 측과 구분되는 자립적이고 긍정적인 사상과 정책을 세우지 못했다. 임금체계 합리화를 반대하던 '총평'의 임금정책을 '일경련'의 입장과 비교해보면 연령급 부분이 차지하는 비중에 대한 의견만 달랐다. 즉, 경영 측이 제시한 '능력주의 질서'는 일본 근로자의 공평관(公平觀) 안에 이미 내재되어 있었다. 따라서 이러한 질서 내부에서는 노동자 사이의 경쟁을 제한해야 한다는 원칙을 표방하는 노동조합주의가 뿌리부터 시들어버릴 가능성이 있었다"(石田光男 1985: 41-42, 48-49). 즉, 이시다는 능력주의에 대한 노사의 입장이 근본적으로 다르지 않고, 노동자의 가치관도 '연공적 능력 향상'을 중시하는 방향으로 기울어져 있으며, 노조가 능력주의 관리를 근본적으로 거부하지 않았다고 해석했다.

반면 쿠마자와 마코토(熊沢誠)는 관리감독자가 수행하는 사정(査定)이 연공제와 능력주의를 매개하는 역할을 수행했다는 분석을 제시했다. 즉, "사정의 대상에는 실적만이 아니라 능력이 포함되어 있었다. 또한 '기술변화에 대한 적응력', '다능성'(多能性), '주의력', '작은 개선에 노력하는 자세' 등과 같은 평가 기준은 기업이 종업원의 잠재 능력을 중시한다는 사실을 반영하고 있다. 그러나 직무별로 난이도나 사내 평가에 차이가 있어도, 이를 수행하는 종업원의 잠재 능력 수준은 동일할 수 있다. 이러한 상황에서 현재 담당하고 있는 직무만 평가해 처우를 결정하면 일본의 노동자가 지닌 '공평감'(公平感)과 부합되지 않는다. 그러나 노동조합이 제대로 기능하지 못하고 있으므로 노동자가 능력을 발휘할 수 있는 조건을 정비하는 일은 감독자의 재량에 맡겨지게 되었다. 따라서 사정을 실시하는 과정에서 감독자가 발휘하는 비공식적인 영향력이 중요한" 상황이 나타났다(熊沢誠 1989: 55-61). 결국 쿠마자와는 직장 수준에서 노동조합의 공동화가 진행된 상태이므로 관리감독자의 자의적 사정을 규제할 수 있는 장치가 빈약한 현실을 지적하고 있는 셈이다.

고도경제성장의 종언 이후에도 연공제는 능력주의 관리와 결합하여 임금인상 속도를 완화하고 장기고용을 보장하는 기능을 발휘하였다. 종업원의 장기근속과 고령화에 대응하기 위하여, 그리고 인건비의 증가를 억제하고 인사적체를 해소하기 위하여 일본 기업은 장기고용이 보장되는 조직 단위를 확대하였다. 즉, 한편으로는 고령자의 퇴직을 촉진하는 조기퇴직 우대제도를 도입하고, 다른 한편으로는 출향(出向)이나 전적(轉籍)을 증가시켜 기업집단을 단위로 종신고용권을 설정하는 방법으로 퇴직제도를 탄력적으로 운용했다. 이는 고령화에 수반한 정년 연장으로 기업의 인건비 부담이 늘어나고 인사적체가 심각해지는 문제를 상쇄하는 효과를 가져왔다(上林千惠子 1988: 154-155).

이상에서 논의한 바와 같이 전후 일본에서 연공제는 지속적으로 능력주의적 성격이 강화되는 방향으로 수정되어왔다. 노동사가 공유하는 '공평감'이라는 문화적 가치는 능력주의 관리의 확대를 정당화하였으나 노조는 능력을 평가하는 기준 설정 과정에 효과적으로 개입하지 못했다. 기업은 관리감독자의 사정 권한을 확대하였으며, 종업원의 능력을 평가하는 지표인 자격과 보수산정 기준을 세분화하여 인사노무관리의 개별화를 추진하고 사내 경쟁을 조직화했다.

(2) 연공의 비중 저하, 평가의 세분화: 토시바의 사례

Ⅳ-3에서 살펴본 토시바에서도 고도경제성장의 종언 이후 임금체계와 자격체계가 대폭적으로 개정되었다. 그러나 이러한 변화는 고도경제성장기부터 진행돼온 능력주의 관리를 확대하는 추세의 연장이었다. 이미 토시바는 1964년 임금·자격체계를 개정하면서 능력주의 원리에 입각한 인사노무제도의 도입을 표방하였다. 이 개정안에는 고도경제성장기인 1960년대에 대량 채용한 신규 노동자를 관리할 목적으로 '직무급'을 도입하여 연공급 위주의 급료체계를 개편하고 자격을 세분화하는 내용이 포함돼 있었다. 당시에 공원, 기원으로 부르던 생산직 종업원의 호칭도 사원으로 통일하였으며 기능직 사원도 관리직이 될 수 있도록 승진 경로를 통합하였다(東京芝浦電氣株式會社 1977: 220-221,227; 東芝労組 賃金対策部 1984). 20년 뒤 1985년에 개정된 임금·자격체계는 연공의 영향력을 더욱 저하시키는 방향으로 설계되었다. 이 체계는 종업원의 장

기근속화와 고령화에 대응하여 청장년층을 우대하고 있었다. 이러한 개편 과정은 노사협의를 거쳐 진행되었지만, 의사결정 과정에서 소외된 일반 조합원의 불만은 커졌다.

① 직무급의 강화, 연공의 희석화

일본 기업은 감량경영을 실시하며 고도경제성장기에 대량 채용된 종업원의 장기고용을 우선적으로 보장하고 연공제 승급과 승진을 약화시키는 방법으로 임금 총액의 상승을 억제했다. 토시바에서도 1968년을 경계로 신규 졸업생 입사자 가운데 중졸보다 고졸이 많을 정도로 고학력화가 진행되고 있었다(표 V-5). 승진이 정체된 장기근속 종업원이 성취감을 가질 수 있도록 직급과 자격 분류를 세분화하여 사기를 관리하는 방법이 사용되었고 이는 종업원 내부에서 승진경쟁이 고조되는 효과를 발휘했다. 승진경쟁의 조직화는 능력주의 관리의 강화를 의미했다.

토시바가 1985년에 개정한 임금·자격 체계는 연공의 영향을 더욱 희석시키려는 의도가 명확했지만(그림 V-3) 노동조합의 요구에 부응하는 조치라는 성격도 있었다. 1980년대 들어 토시바 노동조합이 기존 자격 체계에 대해 제기한 불만은 "최근 급속하게 고령화, 고학력화, 장기근속화가 진행되어 주사보와 주사 3급 자격 보유자가 전체의 60%를 차지하게 되었으며 하나의 자격에 장기 체류하는 사람이 늘어나고 있다"는 인사 정체 문제였다.[142]

1985년에 개정된 임금체계의 주요 내용은 ㉠ 현행의 직무급과 능력가급을 통합하여 새로운 직무급을 설정한다. ㉡ 주택수당을 폐지하고 지역성을 새롭게 가미한 부양가급(扶養加給)에 통합한다. ㉢ 기본급(최저임

---

142. 東芝労組新聞 1983. 3. 13.

<表 V-5> 고도경제성장기 토시바의 신규 졸업자 채용 (단위: 명)

	대학졸	고등 전문졸	고졸	중졸	계
1963	429		1,289	1,893	3,611
1964	354		1,223	3,383	4,960
1965	224		1,539	3,205	4,968
1966	139		946	1,964	3,049
1967	227	34	3,028	3,041	6,330
1968	409	82	4,424	2,869	7,784
1969	471	86	4,212	2,116	6,885
1970	673	126	6,621	1,869	9,289
1971	688	86	3,266	467	4,507
1972	571	68	1,047	137	1,823
1973	627	79	2,802	368	3,876
1974	722	51	3,208	318	4,299
1975	676	64	1,516	42	2,298

자료:『東芝100年史』1977, 220쪽.

금) 제도를 폐지하고, 일반 종업원의 급여체계에 통합한다, 등으로 요약 될 수 있다. 즉, 연공에 대한 보상 요소가 포함되어 있었던 능력가급이 직무급에 통합됨에 따라 근속기간이 임금결정에 미치는 영향력이 더욱 축소된 것과 직무급 산정기준이 세분화된 것에 주목할 필요가 있다. 토 시바가 임금체계를 개정한 실제 목적은 직무급 제도를 설계할 때 초점 이 되었던 부분을 보면 더욱 명확해진다. 그 내용은 ⊙ 생애 급여 총액 은 변화시키지 않은 채, 임금의 배분시기를 변경한다. ⓒ 청장년 시기 에 임금이 중점적으로 배분되도록 한다. ⓒ 우수자를 선별할 수 있는 기 회를 많이 만들어 업적과 능력에 맞는 처우를 명확하게 한다. 이를 위해 등급을 늘린다. ② 청년층의 승급 기회를 증가시켜 사기가 오르도록 시

〈그림 V-3〉 토시바의 기준임금 체계 개정 (1985)

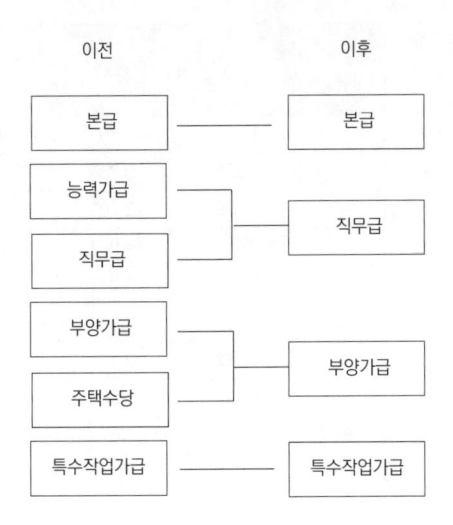

자료: 東芝労働組合 1985.

도한다. 이를 위해 등급을 늘린다는 것 등이었다(東芝労働組合 1985). 1964
년의 임금·자격체계는 직무급을 결정할 때 경험연수에 따른 직군 내부
의 등급을 기준으로 사용했다. 당시에는 실질적으로 연공의 영향력이
아직 컸으므로 등급과 자격이 연공에 따라 동시에 올라가는 구조였다.
반면에 1985년 체계를 보면 직무급을 결정하는 과정에서 연공을 반영
하는 등급과 능력을 반영하는 자격의 연계성이 약화되었다. 결과적으
로 직무급의 등급 분류는 더욱 세분화되었으며, 학력과 사정이 직무급
에 미치는 영향은 더욱 확대되었다(그림 V-4). 이와 같은 임금체계 변경으
로 경험연수가 길어도 자격이 낮은 종업원의 직무급 상승을 억제할 수
있었다. 결국 새로운 체계가 적용된 1986년부터 기준임금에서 직무에
의한 임금 부분이 연공적·직능적 임금 부분보다 큰 비중을 차지하게 되

였다(표 V-6).

1985년도 임금체계 개정에 대한 일반 노동자의 입장은 '직장왕따사건' 쟁의단이 제기한 문제를 통해 알아볼 수 있다. 쟁의단은 임금격차가 확대되며 평조합원들이 노사간의 협의 과정에서 소외되었다는 불만을 토로하고 있었다. 이들이 제기하는 이의제기는 "무엇보다 본급의 기간(基幹) 승급 부분에서 격차가 확대된다. 지금까지 중도채용자의 불리한 상황을 조금이라도 완화시켜주었던 연령별 보정(補正)이 750엔이나 줄어들었다. 사정으로 보수가 달라지는 범위도 직무급의 승급 상한이 최고 5,305엔에서 5,568엔으로 높아지고, 하한이 2,995엔에서 2,732엔으로 낮아져 전체적으로 확대되었다. 기능직의 직무급 승급에는 경험연수만이 아니라 기능도(技能度) 인정과 업무달성도 판정이라는 새로운 기

〈그림 V-4〉 토시바의 직무급 승급 방식 (1985)

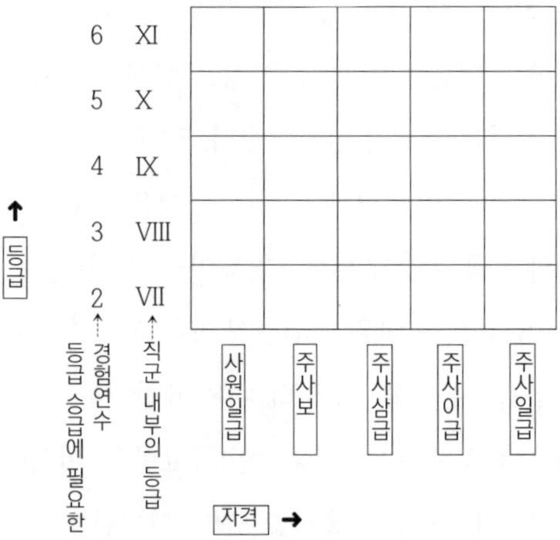

주: 1) 사무기술직장(職掌), AS 직군의 사례
2) 직군별로 등급 승급과 자격 승급을 실시한다.
자료: 東芝労働組合 1985.

〈표 V-6〉 토시바의 임금구성 추이 (단위: %, 세, 년)

	연공적·직능적 임금 부분 전체 (본급)		직무에 의한 임금 부분	생활보조적 임금 부분	합계	평균 연령	평균 근속
1967	83.9	(45.1)	14.0	2.1	100.0	27.6	7.7
1970	70.8	(37.3)	25.8	3.4	100.0	26.7	7.2
1975	62.7	(34.7)	30.7	7.1	100.0	29.9	9.9
1980	59.8	(35.6)	31.9	8.3	100.0	33.9	13.3
1986	46.0		46.8	7.2	100.0	35.2	14.6
1988	45.8		47.5	6.7	100.0	35.6	14.9

주: 연공적·직능적 임금부분＝본급＋능력가급,
직무에 의한 임금부분＝직무급＋특수작업가급,
생활보조적 임금부분＝부양가급＋주택수당.
자료: 노조신문과 유가증권보고서 각 연도에 의거해 작성.

준이 추가되었다. 하급 감독자의 승급과 승격에는 직무수행요건 달성도 판정이라는 기준이 덧붙여졌다. 즉, 사정을 실시하는 상급자의 판단으로 모든 것이 결정되는 체계가 만들어졌다. 50세가 되면 직무를 전면적으로 재검토한다. 56세가 되면 본급의 승급액은 이전에 비해 1/4로 떨어지고, 직무급의 승급액은 1/2 이하가 되며, 관리감독직으로 승격되는 일도 완전히 없어진다"는 내용이었다.[143] 또한 의사결정 과정에서 소외되었다는 이들의 불만은 "회사로부터 나온 제안이라지만, 회사가 직접 설명하는 문서는 처음에 나온 '기본적인 사고방식' 이외에는 하나도 받아본 적이 없다"는 비판으로 표출되고 있다. 쟁의단은 "이와 같이 중요한 안건을 어째서 조합원들에게 가장 중요한 춘투와 중복되는 시기

143. 裁判ニュース 1985. 10. 14.

에 교섭하는가"라는 의문과 함께, 노조 내부의 의사결정 방식에 대해서도 "춘투, 일시금, 퇴직금, 노동협약 투쟁을 할 때는 인준 투표가 있었다. 그런데 이번에는 대중 평결(評決)이 예정되어 있지 않다. 조합원 전원의 투표로 찬부를 물어야 옳지 않은가?"라고 비판을 제기하고 있다.[144]

이상과 같은 소수파 노동운동의 이의제기 행동은 노동문제의 쟁점을 선명하게 드러낸다. 특히 쟁의단이 제기하는 조합민주주의에 대한 문제는 노사관계의 실체를 보여주는 중요한 단서를 포함한다. '노동협약에 대한 양해서'[145]에 포함된 '임금위원회 규정'을 보면 '임금체계에 관한 기본적 사항' 및 '직무급에 관한 사항'은 본사와 노동조합 본부가 참여하는 고위 수준에 설치된 '중앙임금위원회'에서 협의해 결정하도록 규정되어 있다. 노사를 대표하는 각 10명의 위원으로 구성된 '중앙임금위원회'에서 협의가 마무리되지 못하면 단체교섭 절차가 개시되었다. 역시 노사 각 10인의 위원으로 이루어진 '사업장 임금위원회'가 취급하는 대상은 주로 사업장 내부에서 발생하는 '신설 직종의 확인 및 평가'와 '기존 직종의 업무 내용 변경에 따르는 재평가'에 한정되어 있었다(東芝労組賃金対策部 1984: 69). 이와 같은 공식적인 임금교섭 체계는 노조 운영의 중앙집권화를 반영하고 있다. 또한 노사가 합동으로 위원회를 만들어 같이 검토한 안건이므로 노조가 간단하게 부결시키거나 반대 투쟁을 전개하기도 곤란했다. 즉, 쟁의단은 민간대기업에 정착된 노사협의에 입각한 상호신뢰적 노사관계가 일반 조합원을 소외시킨다는 문제를 제기하고 있었다.

---

144. 裁判ニュース 1986. 3. 1
145. 労働協約了解書.

② 장기고용과 고령화의 문제

1985년의 임금체계 개정으로 사정이 강화되고 임금상승은 억제되었지만 장기고용은 여전히 보장되었으므로 노동자들의 불만은 광범위하게 표출되지 않았다. 장기고용에 수반된 종업원의 고령화는 연공제의 수정을 더욱 촉진했다. 노사관계에서도 고령화 대책은 새로운 쟁점으로 등장했다. 이와 함께 정년과 사내 복리후생제도의 개선이 중요한 과제가 되었다.

㉠ 고령화에 대한 노사의 인식 : 토시바 노조는 1970년대 후반부터 고령화 문제를 거론하기 시작했다. 1977년에 발행된 조합 이론지에는 "고령화 문제는 지금 고령인 사람보다 오히려 젊은 사람들에게 심각할 것이다"라는 인식이 나타나 있다. 즉, "고령자 한 사람의 임금으로 신입사원을 여러 명 채용하여 직장을 젊게 만들었던 것은 옛날 얘기이다. 젊은 층의 임금이 높아져 옛날과 같이 여러 사람을 채용할 수는 없게 되었다. 임금상승률을 보아도 연령이 한 살 높아질 때마다 임금이 4~5% 상승하는 것은 30~34세까지의 일이다. 35~39세에서는 1% 수준이다. 그 이상이 되면 정체된다. 이렇게 보면 인건비 부담 측면에서는 35세 전후까지의 비용 증가가 문제이고 승진 측면에서 보면 30대 후반의 종업원이 늘어나는 것이 문제다"[146]와 같이 토로하고 있다. 이로써 30대 후반 이후의 조합원은 근속기간에 따른 임금상승을 기대하기 어렵게 되었다. 1980년에 들어와 토시바 노조는 정기대회에서 "고령화 대책 프로젝트팀" 설치를 결정했다. 노조가 구상한 정책은 종업원을 연령에 맞춰 적재적소에 재배치하는 것만이 아니라 보직제도,[147] 자격제도, 직무급제

---

146. 東芝労働組合, 『理論誌 東芝』, 1977. 10. 15.
147. 役職制度.

도 등과 같은 처우에 관한 제도를 재검토하자는 내용이었다. 이것은 경영 측이 이미 착수한 노무관리의 재편 기조와도 부합되는 방침이었다.

ⓒ 재취업과 취업의 연장 : 취업 기간의 연장을 중시하는 토시바 노조의 입장은 1970년 체결된 노사협정에서도 나타난다. 남성은 만 56세에서 만 60세, 여성은 만 51세에서 만 56세로 정년을 연장한 협정에 대해 후나바시 나오미치(舟橋尚道)는 "중년, 고령 층의 고용 확보에 중점이 있으며, 임금을 비롯한 기타 노동조건에 대해서는 노조가 과감하게 양보했다. 그러나 해결이 필요한 점은 끈기있고 착실하게 해결했다"는 평가를 하고 있다. 정년이 연장되는 대신 남성은 56세, 여성은 51세에 도달하면 모든 직책에서 물러나며, 자격의 승격은 중지되고, 임금도 저하되었다(舟橋尚道 1983: 210-211).[148] 당시는 고도경제성장기였지만 노조는 정년 도달자가 기업 외부에서 취업하는 것보다 내부에서 고용 기회를 확보하는 것이 유리하다는 판단을 하고 있었다.

실제로 1980대 후반에도 토시바는 "56세가 되기 이전에 관련회사나 협력회사 등에 취직을 알선"하도록 노력하고, "고령자 회사를 설립"하여 고용 기회를 제공하는 고령화 대책을 폈다. TLC라는 고령자 회사는 사내에서 복리후생과 사무관계 서비스를 제공하는 업무를 담당했다. 이밖에도 "제조업무에 관련된 보수, 설치, 서비스, 창고, 자재, 공구관리, 작업준비, 기술지도" 등을 담당하는 고령자 회사도 세워졌다. 이러한 곳의 "노동조건은, 60세에 도달할 때까지는 토시바와 같은 조건이며, 이후에는 후생연금을 50% 지급받는 것을 감안"한 처우를 받도록 규정되어 있었다.[149] 토시바의 일반 노동자가 현장에서 체감하는 실태는 "정년은 60세지만, 실제로는 50세가 되면 임금인상이 정지된다. 55세 무렵이

148. 東芝労働組合,『東芝労組のあゆみ-T電機労働組合30年運動史-』, 1981. 12. 15., p. 256.
149. 東芝労働組合,『理論誌 T』, 1981. 2. 28.

되면 정년대우로 퇴직하고 자회사로 이적하여 60세나 63세까지 노동"
하는 것이 일반적인 모습이었다.[150] 1980년대 중반에는 '직장왕따사건'
쟁의단도 "회사 전체에서 50세 이상의 노동자에 대해 '60세 이상이 되
어도 회사에서 일할 생각이면 56세에서 정년대우 퇴직을 해달라'고 감
독자가 강요하고 있다. 실제로 TLC에 입사했다가 60세 되기 이전에 그
만둔 동료나 선배들의 이야기에도 귀를 기울이기 바란다. 회사가 주임
을 비롯한 감독자들을 조합원에서 제외하자는 요구를 철회하는 대신에
조합은 56세가 된 사람의 해고를 묵인하기로 했다는 소문까지 있다"고
노동자들에게 주의할 것을 당부하고 있었다.

반면 재취업자를 받는 기업의 입장에서 보면 50대의 중고령층 종업
원은 10~15년을 고용할 수 있지만, 60세가 지난 재취업자는 몇년 지
나 새로운 직장에 익숙해질 만하면 퇴직한다는 문제가 있었다. 따라서
노동자도 회사의 조기퇴직 권유에 따르는 것이 취업 기간을 연장하는
데 유리했다.[151] 이와 같은 사내 하청기업, 기업집단을 활용한 장기고용
은 1970년에 노사가 체결한 협정에 따른 정년 연장 조치의 실질적 결
과였다.

ⓒ 건강보험의 퇴직자 적용과 건강관리운동: 중고령층의 종업원이
조기에 퇴직하면 '일본적 노사관계'의 핵심 구성 요소인 사내 복리후생
제도의 수혜 대상에서도 제외된다. 특히 의료보험을 기업 단위로 조직
된 '조합건강보험'에서 지역의 '국민건강보험'으로 옮겨야 한다. 퇴직
자는 수입은 줄고 의료비의 본인 부담률은 10%에서 30%로 높아지므
로, 건강보험 문제도 종업원의 조기 퇴직을 가로막는 걸림돌이 되고 있
었다. 또한 중고령층 종업원의 증가는 생산성 향상을 저해하고 재해와

150. N씨로부터의 청취, 1988. 3. 3.
151. 裁判ニュース, 1986. 3. 1.

질병의 발생 가능성을 높이므로 기업은 종업원의 건강관리에 더욱 많은 관심을 기울이게 되었다.

사내 복리후생제도가 퇴직자에게 확대 적용되는 추세는 "토시바그룹에서 제공하는 보험 서비스인 '생명·손해보험'을 정년 퇴직자에게도 적용하여 가입자 범위를 확대할 것을 노사가 합의했다"[152]는 사실에서도 나타난다. 노인 의료와 퇴직자 의료 부담금이 늘어남에 따라 토시바 건강보험조합은 1987년도 결산을 하며 제1차 석유파동 직후인 1975년 이후 12년 만에 적자가 발생하여 적립금을 인출해 운영하게 되었다고 호소했다. 이와 함께 토시바 건보조합은 "질병 예방사업 등 건강관리사업에 적극적으로 나선다"는 방침을 표명했다.[153] 반면 장기간 쟁의가 발생하지 않았기 때문에 노조의 투쟁 준비 자금은 계속 누적되었다. 토시바 노조는 이를 용도 전용하여 복지서비스에 지출하고 있었다. 1987년 9월부터 이전의 '조합원 재해 부조(扶助) 규정'에 의해 운용하던 상호부조 제도를 '단체생명공제제도'로 변경하면서 1인당 월 500엔을 징수하던 파업자금에서 300엔을 전용하여 단체 가입한 '전국 노동자 공제 생활조합 연합회'에 불입하기로 결정하였다. 이 조치로 사망 조의금이 10만엔에서 100만엔으로 증액되었다.[154]

토시바 노사는 종업원의 건강관리운동을 합동으로 전개하였다. 건강관리 대상에는 육체적 건강만이 아니라 정신건강도 포함되었다. 이 회사는 건강관리에도 자주관리활동의 기법을 적용하여, QC활동 시간에는 1일 3회 실시되는 체조에 참가할 것을 강조하고 있었다.[155] 게이힌(京

---

152. 東芝労組新聞, 1983. 9. 25.
153. 東芝労組新聞, 1983. 9. 25.
154. 東芝労組新聞, 1988. 5. 10.
155. 職場日記, 1988. 8. 16.

浜)사업소는 '건강 만들기 운동'을 전개하며 개인적으로 실행하는 신체운동에 대해 종목별 득점표를 만들어 자기평가를 실시하게 했다. 전원의 득점과 운동 종목은 '건강 만들기 뉴스'를 통해 공개되었다. 이 운동의 조직체계를 보면 '안전위생위원회'⇒'건강증진운동 추진위원회'⇒'직장건강만들기운동 추진회'⇒'TQC서클추진위원회'로 이어지는 계선을 따라 하향적으로 추진되었다. TQC서클의 운동위원은 '건강만들기 카드'를 월 1~2회 점검하고 있었다.[156] 이처럼 이 공장의 경영관리기구는 종업원의 건강관리도 품질관리운동의 일부로 취급하고 있었다.

종업원의 신체적 건강만이 아니라 정신건강도 노사의 적극적인 대응이 필요한 문제로 등장하였다. 1986년 무렵에는 토시바의 정규 종업원 약 6만 7천명 가운데 정신과 진료 대상자가 약 5백명에 이르는 것으로 파악되었으며 후츄공장에서도 80여명이 있었다.[157] 노사간의 협의를 거쳐 추진된 '멘탈헬스활동'은 1984년에 노동조합이 '중앙안전위생위원회'에서 문제를 제기하면서 시작되었다. 회사가 정신건강 대책으로 전개한 '멘탈헬스활동'의 내용을 보면 과장 이하의 관리감독자가 종업원을 관찰하고 상담하는 '라인 리스너'(line listener)가 되어 인간관계 관리, 작업관리 등에 대한 문제를 발견하고 '정신보건활동 추진 체계'에 따라 처리하도록 규정되어 있었다. 1986년에는 노사 동수로 구성된 8명의 위원이 '멘탈헬스연구회'를 조직하여 대책을 입안하기 시작했다. 본사 근로부장과 노동조합 중앙집행위원장의 사적 자문기관인 '멘탈헬스연구회'가 노조 정기대회(1987)에 제출한 보고에는 회사 내부에서 스트레스를 증폭시키는 원인으로 과학기술의 경이적 발전, 노동력 구성의

---

156. 川崎次郎 1987, 「不健康な東芝で健康づくり運動」, 労働運動研究所, 『労働運動研究』 1987年 7月.
157. T씨로부터의 청취, 1988. 9. 1.

중고령화, 가치관의 다양화, 기업의 국제화 진전 등이 지적되었다. 또한 구체적인 직장 부적응 증세의 사례는 근무 불량과 질병 다발, 능률 저하, 사고 다발과 재해 다발, 음주문제, 도박 등이 거론되었다.[158] 1988년도 노동조합 정기대회에 제출된 의안에 포함된 복지대책에는 '멘탈헬스활동의 추진'이 최우선의 과제로 부각되어 있었다.[159] 그러나 노사가 모두 정신건강 문제를 노동조건이나 직장환경 개선과 연관된 노사관계의 현안이 아니라 기업 조직에 대한 개인의 적응 문제로 간주하는 시각에 머물러 있었다.

③ 노사관계 안정과 경쟁적 질서의 강화

토시바는 고도경제성장기에 도입한 능력주의 관리를 활용하여 연공제를 지속적으로 수정해왔다. 직무급의 도입으로 근속기간과 임금의 상관관계는 약화되었으며 관리감독자의 사정 권한이 확대되었다. 직군 내부의 등급과 종업원 자격의 세분화는 직장에서 경쟁적 질서가 강화되는 효과를 발휘했다. 기업집단을 단위로 재취업을 알선하는 방법으로 경영자는 정사원의 장기고용을 보장하였다. 또한 노사가 사전협의를 통해 새로운 임금체계와 자격체계의 정당성을 확보하였으므로 노사관계가 안정될 수 있었다. 이 회사는 고령 종업원의 퇴직을 촉진하기 위해 사내 복리후생제도를 퇴직자에게도 적용했다.

소집단 단위의 품질관리운동 기법은 건강관리에도 활용되고 있었다. 노동자의 정신건강 악화가 새로운 문제로 등장하고 있었지만 노사는 개인의 직장 적응을 지원하는 방향으로 대책을 세우고 있었다. 소수파

---

158. 安藤進之, 1986,「東芝労組のメンタルヘルス活動-心の健康を求めて-」, 労働調査協議会, 『労働調査』1988年 6月; 東芝労組新聞, 1988. 7. 17.
159. 東芝労組新聞, 1988. 7. 10.

노동운동은 노사협의 과정에서 일반 노동자의 의견이 반영될 기회가 차단된 측면을 지적하며 조합민주주의 원칙의 형해화라는 문제를 제기했다.

(3) 연공제의 희석화, 노동자 집단의 이질화

고도경제성장의 종언과 함께 일본의 연공제는 정사원의 고용보장을 중심으로 재편성되었다. 이러한 변화는 고도경제성장 시대에 도입된 능력주의 관리가 확대 적용되는 과정이었다. 연공적 승급의 약화, 자격의 세분화와 함께 관리감독자의 사정과 노동자 간 경쟁이 강화되었다. 반면에 장기고용은 우선적으로 보장되었다. 이는 노동자의 고령화를 촉진하였으며 새로운 노동문제가 등장하게 되었다. 그러나 노사협의를 거쳐 제도 변경이 이루어졌으므로 기업 수준의 노사관계는 안정될 수 있었다. 직장 수준에서는 노사협의 과정에서 소외된 일반 노동자들의 불만을 대변하는 소수파 노동운동이 이의를 제기하는 구도가 나타나기 시작했다. 연공제의 희석화는 노동자 집단 내부의 동질성이 약화되고 이질성이 부각되는 결과를 초래했다. 1970년대 후반 이후 중심부의 정규직 노동자에게 제공되는 장기고용 보장과 사내 복리후생제도로부터 소외된 주변부의 노동자가 장기적으로 증가했으므로 연공제에 기반을 둔 '일본적 노사관계'의 적용 대상도 축소될 수밖에 없었다.

V-4. 해외생산과 노동력 구성의 변화

1970년대 후반 일본은 선진자본주의 국가 가운데 가장 신속하게 석유파동의 충격에서 벗어나며 세계 경제에서 차지하는 위상을 높였다. 제조업의 국제경쟁력을 기반으로 막대한 규모의 무역흑자를 실현한 일본은 미국을 비롯한 다른 선진자본주의 국가들과 심각한 무역마찰을 겪게 되었다. 일본 내부에서는 무역마찰과 함께 고조된 '일본 두들기기'(Japan bashing)에 대처해야 한다는 위기감이 심화되었다. 1985년 9월 미국, 영국, 서독, 일본, 프랑스로 구성된 선진 5개국의 대표는 뉴욕의 플라자호텔에 모여 일본의 무역 흑자를 축소시키기 위해 엔화를 대폭적으로 평가절상하는 플라자합의를 도출했다. 또한 1985년 이와 관련된 일본 정부의 상황 인식과 경제구조를 비롯한 사회체제 전반의 개혁 방향을 보여주는 마에카와(前川) 리포트가 발표되었다. 이 리포트의 요지는 "일본의 경상수지 흑자가 1980년대에도 증가하고 있으므로 일본 경제를 포함한 세계 경제의 균형있는 경제 발전이 위기상황에 있다. 따라서 일본의 사회경제 구조가 국제사회와 조화를 이룰 수 있도록 변혁하는 것이 과제다"라는 것이었다(日刊工業新聞特別取材班 1987: 180, 188). 새로운 상황에 대응하는 개혁을 추진하기 위해 일본 정부는 '국제화' 가치를 내세운 캠페인을 대대적으로 전개하여 모든 사회 구성원이 추구해야 할 목표를 제시했다. 이에 따라 일본 제조업의 해외투자가 확대되면서 국내 산업의 공동화를 우려하는 목소리가 높아졌다. 그러나 '거품경기'가 지속되는 기간에는 실업이 아니라 노동력의 부문간 수급 불일치가 문제였다. 반면 세계 최고 수준에 도달한 일본의 임금은 외국인 이주노동자의 대량 유입을 초래했다. 이는 문화적 동질성을 전제로 일본 사회를 고찰하는 접근방법의 한계를 드러내는 계기가 되었다. 한편 일본 기업은 무역마찰을 회피할 목적으로 미국을 비롯한 선진국에 투자하여 현지생산 태세를 갖추기 시작하였다. 이들은 엔화 평가절상으로 생산 비용이 상승하는 문제에 대응하여 중국과 동남아시아 등지의 저임금 지역으로 노동집약적 공정을 이전시키는 투자를 확대하기 시작했다. 일본 기업의 해외생산 확대는 '일본적 노사관계'의 이전 가능성에 대한 국제적 관심을 고조시켰다.

(1) 해외투자와 국제분업

일본의 해외투자는 1972년에 자유화되었다. 제조업 부문에 한정시켜 살펴보면 1960년대에서 1970년대 전반까지는 노동집약적 경공업의 섬유산업과 전기전자산업에 대한 투자가 아시아 지역에 집중되고 있었다. 당시의 주요 투자 목적은 "일본보다 낮은 저임금과 이류 기술을 결합하여 현지 시장을 확보하고 수출기지를 구축"하는 것이었다(小林英夫 1983: 98). 제1차 석유파동의 영향으로 정체 상태에 들어갔던 일본의 해외투자는 1978년이 되어서야 1973년의 수준을 회복했다. 그러나 제조업 부문에서도 해외투자의 성격은 크게 달라졌다. 특히, 기계공업 부문을 보면 미국·유럽지역에서 현지생산이 크게 확대되었다. 일본의 경기 회복을 주도한 기계류 수출의 주력은 수송기계와 전기기계였다. 전자에서는 자동차의 비중이 컸으며 후자의 주력은 가공도가 높은 전자제품이었다. 따라서 무역마찰 회피가 주요 목적이었던 미국·유럽지역에 대한 투자도 자동차와 전기전자 부문에 집중되었다(大島卓 1982: 154).

전기전자산업의 사례를 보면, 1970년대 후반에 들어서면서 투자액과 해외 매상고에서 차지하는 아시아 지역의 비중은 감소하고 있었다. 반면 미국·유럽, 특히 북미지역의 비중은 증대하는 경향이 나타났다. 이것은 주로 컬러텔레비전과 집적회로의 현지생산을 위한 대규모 투자가 미국에 집중되었기 때문이었다. 이전에는 아시아 지역에서 저급 전자제품인 흑백텔레비전이나 테이프 리코더를 현지생산하여 재수출하려는 목적의 투자가 주류를 이루었다. 그러나 이제는 컬러텔레비전이나 전자레인지와 같은 고급품의 구미 시장을 확보하기 위한 현지생산이 중요해졌다. VTR이나 비디오 프로젝터 같은 특별상품은 일본 국내에서만 생산하고 있었지만 1979년부터는 미국에서 VTR 현지생산이 시작되었다. 집적회로와 반도체의 현지생산은 1970년대 후반부터 진행되었다 (大島卓 1982: 157, 170; 표 V-7).

〈표 V-7〉 전기전자산업의 지역별 해외투자 구성 (1974~1987) (단위: 건, 백만달러)

	1974년 3월		1980년 3월		1984년 3월		1987년 3월	
	건수	금액	건수	금액	건수	금액	건수	금액
북 미	7.8	18.3	16.5	39.0	26.3	57.5	27.8	62.2
중남미	9.7	21.0	8.5	15.4	6.7	8.2	5.5	5.1
아시아	77.7	55.8	69.3	37.2	57.8	22.2	57.2	21.8
서 구	2.7	2.1	3.8	5.7	7.8	10.7	8.3	9.8
오세아니아	1.1	1.5	0.9	1.6	0.7	0.9	0.6	0.7
기 타	1.3	1.2	0.9	1.1	0.8	0.5	1.2	1.0
합 계	100.0	100.0	100.0	100.0	100.0	100.0	100.0	100.0
건/백만달러	(537)	(328)	(1,056)	(1,270)	(1,772)	(3,747)	(2,306)	(7,155)

주: 잔고 기준.
자료: 大藏省, 『財政金融統計月報』 1985年 12月, 通産省産業政策局企画課 編 1989: 43.

1985년 9월에 이루어진 플라자합의는 엔화의 급격한 평가절상과 함께 일본의 외화 표시 명목임금을 세계 최고 수준으로 상승시키는 결과를 가져왔다. 이를 계기로 동남아시아국가연합(ASEAN)을 비롯한 동남아 저임금 지역에 대한 일본의 직접투자도 제조업을 중심으로 급속하게 늘어나기 시작했다. 1986년 이후 아시아 지역에 진출한 일본기업의 대일 역수출이 매우 빠른 속도로 증가하는 경향이 나타났다. 일본의 제조업체가 아시아 지역에 설립한 자회사의 판매 시장에서 일본이 차지하는 비율은 1980년 9.8%, 1983년 10.8%, 1986년 15.8%로 상승하는 추세를 보이고 있었다. 1980년대 전반까지는 아시아 각국이 일본에서 자본재와 중간재를 수입하고, 이를 결합하여 생산된 최종재를 미국시장에 수출하는 형태의 수직적 국제분업 체제였다. 그러나 1980년대 후반 이후에는 소비재와 중간재 생산부문에서 일본과 아시아 각국이 수평분업 관계를 형성하는 경향이 나타났다. 결과적으로 일본, 아시아 신흥공업국, ASEAN의 3자 사이에는 "지역별로 생산요소의 측면에서 볼 때 비교우위가 있는 생산공정을 분담하고, 제품과 부품을 상호 교역하는" 분업 체계가 이뤄지기 시작했다. 이와 함께 "고도기술 제품은 일본, 표준기술 제품은 아시아 신흥공업국, 노동집약 제품은 ASEAN"으로 생산지역이 특화되는 모습이 나타났다(日本銀行 1988: 15-17, 19, 20-21). 또한 이러한 지역간 분업체제는 지역간 임금격차 구조를 반영하고 있었다(표 V-8).

일본 제조업의 해외투자가 증가하는 현상은 기업내 국제분업의 고도화를 의미했다. 대량생산 공정은 해외로 이전하고 국내의 기업 조직은 경영관리, 연구개발, 고부가가치 제품의 생산을 담당했다. 그 결과 국내에서 직접 생산에 종사하는 노동자의 비중은 구조적으로 축소되고 사무관리직 및 기술직을 비롯한 간접부문 종사자가 증가했다. 반면 지역

〈표 V-8〉 제조업 평균 임금 국제 비교

	1980	1985	1986	1987
한 국	22.4	24.7	18.4	18.4
대 만	20.7	25.2	20.2	22.1
타일랜드	8.2	8.3	6.1	5.3
멕시코	37.0	21.7	–	–
미 국	116.2	133.5	94.8	81.2
일 본	100.0	100.0	100.0	100.0

자료: 日本銀行 1988: 14.

에 형성된 생산네트워크와 결합된 중소 제조업, 토목건설업, 서비스업 등과 같이 해외이전이 곤란한 부문에 종사하는 기업은 저임금으로 활용할 수 있는 외국인 이주노동자를 도입하기 시작하였다. 이처럼 기업 활동의 국제화는 해외와 국내에서 병행적으로 이루어졌다.

⑵ 산업 공동화와 고용 문제

일본 제조업체의 해외투자는 생산시설의 해외이전을 촉진함으로써 산업 공동화 논쟁을 불러일으켰다. 이 논쟁의 초점은 일본 국내의 실업 문제였다. 특히 인건비 비중이 높은 노동집약 산업의 해외이전은 이미 상대적으로 불리한 입장에 놓인 노동자의 부담을 가중시킬 우려가 있었다.

이 문제를 고찰하기에 적합한 사례는 전기전자산업에서 찾을 수 있다. 이 산업은 고도의 연구개발 능력으로부터 노동집약적인 단순조립

공정까지 하나의 시스템을 이루어 결합되는 동시에 다양한 부품공급 업체가 필요한 부문이다. 따라서 기술 수준이나 임금, 노동력의 상태 등 과 같은 생산 여건의 차이에 따라 공간적 분업이 발전하기 쉽다는 특성 이 있었다. 일본 전기전자산업의 해외 고용자수(1987)가 24만 8천명이고, 국내 고용자수(1985)는 184만 3천명으로 이미 1980년대 중반에도 해외고 용률이 11.9%였다. 또한 1986년 7월 기준 전체 종업원 가운데 해외 현 지인 종업원이 차지하는 비율이 94.5%에 달하는 부품업체도 있었다.

산요(三洋電機)의 사례를 보면 해외생산 비율이 17.0%였지만, 해외고 용률은 59.1%였다(藤田和男 1987: 113, 116). 이는 일본 기업이 노동력이 많 이 필요한 생산 공정부터 해외로 이전한 결과였다. 그러나 1980년대 초 에도 다른 선진자본주의 국가들과 비교하면 일본 기업의 국제화는 전 반적으로 여전히 낮은 상태였다. 1982년에 선진자본주의 국가 대기업 의 해외 판매비율은 42.2%, 해외생산 비율은 21.8%, 해외 판매액 가운 데 해외 자회사가 공급한 상품의 비율은 66.8%였다. 그러나 일본 대기 업의 해당 수치를 보면 28.6%, 5.6%, 19.4%였다(鬼塚豊吉 1986: 48). 이와 같이 일본 기업의 국내 생산 비율이 높다는 것은 한편으로는 무역마찰 이 발생하는 배경이기도 하고 다른 한편으로는 해외생산이 확대될 여 지가 많다는 의미이기도 했다.

그러나 해외생산의 확대가 실업문제의 악화라는 비관적인 전망과 직 결되지는 않았다(尾崎巖 1987: 30-31; 丸山惠也 1987: 307). 산업구조가 전환되 고 노동시간 단축과 내수 확대가 실현되면 새로운 고용 기회가 창출될 수 있다는 분석도 가능했다. 컬러텔레비전의 경우를 보면, 현지생산화 에 따라 발생한 유휴설비와 잉여인원이 VTR 생산에 대부분 흡수되었 다. 산업 공동화는 제품을 최종적으로 출하하는 모기업보다 부품을 공급하는 관련회사나 하청업체가 우려하는 문제였다(大島卓 1982: 174-175).
그러나 전기전자산업 부문에서는 일본 기업이 현지생산에 필요한 부품
을 공급하고, 구미 지역에 있는 현지생산자도 일본제 부품과 설비를 수
입하여 경쟁력을 강화하는 협력이 이루어졌다. 따라서 무역마찰이 발
생해 완제품의 수출과 국내 생산이 정체되어도, 관련 부품업계의 생산
활동은 지장을 받지 않았다(渡辺幸男 1983: 322, 337).

산업 공동화의 영향을 평가하려면 부품 공급부문의 노동력, 기술 경
쟁력, 가격 경쟁력 등을 종합적으로 고려할 필요가 있다. 현실적으로 일
본산 제품을 대체 공급할 능력을 갖춘 경쟁국의 존재가 뚜렷하지 않았
으므로 환율 변동 때문에 일본 제조업의 생산활동이 즉각적으로 위축
되는 일은 발생하지 않았다. 또한 중소기업 가운데서도 세계시장에서
경쟁할 만큼 기술력을 보유한 업체가 있다는 점과 완성품 업체와 하청
기업이 단순한 수직적 지배-종속 관계가 아니라는 점도 중요했다. 완성
품 업체와 하청기업은 기술 교류를 통하여 하청기업군 네트워크 자체
가 하나의 단위를 형성해 기술 경쟁력을 향상시키는 구조로 작동되었
다. 최종 제품의 해외 현지생산이 확대되어도 부품공급 네트워크의 해
외이전은 용이하지 않았으며 시간이 걸리는 일이었다. 그러나 일본 기
업의 중국 투자가 본격적으로 추진된 1990년대 이후에는 중국제 저가
품의 역수입 때문에 일본 내부의 부품 업체는 심각한 피해를 호소하게
되었다.

(3) 노동력 구성의 변화

1980년대 후반 급속하게 진행된 해외투자의 확대와 기업내 국제분

업은 노동력 구성의 변화를 초래했다. 즉, 연구개발과 고급 제품의 생산에 특화한 일본 국내의 기업조직은 고도의 능력을 갖춘 노동자를 확보할 필요가 있었다. 내부노동시장이 발달한 대기업이나 완성품 제조업체는 해외생산으로 발생한 유휴 노동력을 자체적으로 흡수할 수 있었다. 특히 품질을 비롯한 일본 공산품의 비가격 경쟁력이 유지되었으므로 엔화 평가절상에도 불구하고 생산의 공동화와 대량 실업은 가시화되지 않았다. 그러나 부품 생산을 담당한 중소 하청기업 부문은 신규 입직자들이 선호하지 않는 직장이었으며 기존 노동자들은 고령화되고 있었다. 이러한 상황에서 기업이 생산 활동을 유지하기 위해서는 다양한 형태의 비정규직 노동자를 활용하여 노동력 관리의 수량적 유연성을 확보하거나 외국인 이주노동자를 사용할 필요가 있었다. 결과적으로 일본 내부에서 노사관계의 중심부와 주변부의 차별성은 더욱 명확히 부각되었다. 결과적으로 다양한 형태의 비정규 사원이 내부노동시장에 편입되었으며 이들은 고용안정성을 보장받는 정사원의 노동조건과 뚜렷하게 대비되었다. 일본의 노사관계를 이해하려면 외국인 이주노동자를 포함한 주변노동력을 의미 있게 고찰해야 한다.

V-5. 주변노동력과 외국인 이주노동자

일본 기업은 제1차 석유파동이 초래한 불황을 벗어난 이후에도 정사원의 채용을 억제하고 고용규모를 용이하게 조절할 수 있는 파트타이머를 비롯한 각종 비정규 사원을 활용하여 노동력 수요 변동에 대응하였다. 그러나 취업형태의 다양화에도 불구하고 주변노동력의 국내 공급은 한계에 부딪혔다. 1980년대 후반에는 '불법 취업자'의 형태로 동남아시아를 비롯한 발전도상국 출신 외국인 이주노동자가 노동시장에 유입되기 시작했다. 외국인 취업을 엄격하게 규제하던 일본 사회에서도 이주노동자의 등장을 계기로 노동시장 개방에 대한 논의가 시작되었으며 미국과 유럽 출신 외국인을 전제로 한 국제화 캠페인의 한계가 노출되었다. 이주노동자의 합법화와 제도화 과정은 일본에서 다문화의 가치가 논의되는 계기가 되었다.

(1) 주변노동력과 수량적 유연성

외부노동시장에서 노동력 관리의 수량적 유연성을 제공하는 주변노동력은 파트타이머, 임시공, 일고(日雇)노동자, 아르바이트, 재거(在居)노동자, 가내노동자, 계절노동자, 파견노동자(그림 1-1. 본서 54p 참고) 등 다양한 고용형태가 있다. 파트타이머는 정사원보다 노동시간이 짧은 단시간근로자를 말하며 흔히 부업을 의미하는 아르바이트와 경계선이 불분명하다. 기업이 단기계약으로 채용하는 임시공의 본공화는 패전 이후부터 노조의 중요한 요구 사항이었다. 이 문제는 만성적인 노동력 부족을 겪던 대부분의 기업이 1960년대 중반 이후 임시공을 본공으로 승격시켰으므로 일단 해소되었다. 일고노동자는 노동력 수요가 불안정한 건설 공사장 등지에서 일하는 단순 육체노동자를 일컫는다. 재거노동자, 가내노동자는 직장에 출근하지 않고 주거지에서 위탁받은 작업을 처리하는 고용형태를 말한다. 파견노동자는 원래 소속된 기업이 있으나 다른 기업의 직장에서 노동하며 그곳의 관리자에게 업무에 관한 지시를 받는다. IV-3에서 소개한 『자동차 절망공장』의 계절공은 농한기를 활용하여 공장, 건설 공사장에 단기간 취업하는 농민을 말한다.

고도경제성장기에 지속적으로 나타난 노동력 공급부족 현상은 주변 노동력으로 파급되었다. 심지어 '데카세기'(出稼ぎ)라고 불리는, 농한기를 이용하여 도시에서 건설노동이나 공장노동에 종사하는 농촌 출신 계절노동자 집단에서도 노동력 공급의 한계가 나타나고 있었다. 이들의 취업 상태에 대해 1971-1972년과 1984년에 실시한 조사 결과를 비교해보면 '장기 계속 고용화', '연중(年中) 상시 고용화', '전업화'라는 질적인 변화가 일어나고 있었다(표 V-9). 이미 건설업의 하청업체에서 농촌 출신 계절노동자는 주변적인 존재가 아닌, 주력을 이루는 핵심적 노동력으로 자리잡았다. 또한 '데카세기'에 나서는 노동자도 확보하기가 어려워진 건설업자들은 동남아시아에서 유입된 외국인 단순 노동자를 불법적으로 고용하기 시작했다(羽田新 1988: 209-210). 이와 같이 제1차 석유파동을 선도적으로 극복한 일본 경제는 비정규직 노동자도 확보하기 어려울 정도로 기업 외부의 2차 노동시장이 경직되는 상황을 겪었으며 건설업만이 아니라 중소 영세 제조업도 심각한 노동력 부족 문제에 직면했다. 이는 대규모 제조업체의 기업 활동도 제약하는 병목으로 등장

〈표 V-9〉 농촌 배경 계절노동자의 취업 상태 변화 (단위: %)

총수에 대한 상태별 비율	총 수		건 설		제 조		기 타	
	1971-1972	1984	1971-1972	1984	1971-1972	1984	1971-1972	1984
2년 이상 계속	40.9	64.4	39.8	67.9	43.0	41.5	59.5	62.2
연중	17.8	49.6	21.4	55.4	9.3	21.2	6.7	40.7
가족 동반	40.5	59.4	54.9	64.9	25.0	41.2	16.2	42.9

자료: 羽田新 1977: 63-64; 羽田新 1987: 27-28.

할 우려가 있었다.

주변노동력의 위상을 파악하려면 여성 비정규직 노동자가 주력으로 등장한 파트타이머의 역할을 먼저 살펴볼 필요가 있다. 고도경제성장기인 1960년대 중반에 등장한 파트타이머는 본공으로 등용된 임시공이 남긴 자리를 보충하였다. 처음에 파트타이머는 제조업 부문 중소기업에서 부족한 노동력을 메우는 중년층, 고령층의 여성 노동자였으며 실질적으로는 풀타이머와 다를 게 없었다. 반면 1970년대 후반 이후에는 파트타이머의 주력이 가사와 취로를 병행하는 주부로 충원되는 모습이 나타났다. 이러한 주부 파트타이머는 풀타이머로 근무해야 하는 정사원이 되기를 바라지 않는다는 측면에서 고도경제성장기의 임시공과도 성격이 다르다. 총무청의 노동력조사에 나타난 주간 취로시간 35시간 미만의 단시간 피고용자를 기준으로 본 파트타이머의 규모는 1986년에 503만명이었으며 전체 피고용자의 11.7%를 차지하고 있었다. 이 가운데 70.0%인 352만명이 여성이었다. 또한 여성 피고용자의 22.7%가 파트타이머였다(표 V-10).

1986년을 기준으로 파트타이머의 산업별 취업 상황을 보면, '도소매업, 음식점' 29.8%, '서비스업' 27.0%, '제조업' 23.7%, '건설업' 7.0%, '운수, 통신업' 4.0%, '금융, 보험, 부동산업' 4.4%였다. 기업 규모별로 살펴보면 '1~29명 규모' 46.1%, '30~99명 규모' 12.9%로 중소 영세 사업장에 집중되어 있었다. 또한 고학력 주부 파트타이머 가운데는 전문 직종이나 책임있는 업무를 바라는 요구가 늘어나고 있었다. 정년퇴직한 고령자나 직업의식이 변해 정규직을 원하지 않는 젊은이들도 파트타이머를 선호하고 있었다. 한편 숙련직 파트타이머 및 전문직 파트타이머가 실질적인 장기근속 종업원이 되어 동일 기업 내부에 정착하

〈표 V-10〉 단시간 피고용자의 비중 변화 (단위 : 만명, %)

	총수			여성			D/B D/B
	피고용자 A	단시간 피고용자 B	B/A	피고용자 C	단시간 피고용자 D	D/C	
1960	2,106	133	6.3	639	57	8.9	42.9
1965	2,713	168	6.2	851	82	9.6	48.8
1970	3,222	216	6.7	1,068	130	12.2	60.2
1975	3,556	353	9.9	1,137	198	17.4	56.1
1980	3,886	390	10.0	1,323	256	19.3	65.6
1985	4,231	471	11.1	1,516	333	22.0	70.7
1986	4,296	503	11.7	1,550	352	22.7	70.0

주: 단시간 피고용자는 평균 주간 취로시간 35시간 미만의 피고용자.
계절적·불규칙적 피고용자 포함. 피고용자수는 휴업자 포함.
자료: 労働省婦人局 編 1987: 191.

는 경향이 나타났다. 특히, 제3차산업에서는 파트타이머가 주력이 되고 있었다. 따라서, 제조업의 정규 종업원을 기준으로 입안된 기존의 노동법이나 노동정책을 현실에 맞도록 수정할 필요가 생겼다. 실제로 중소 제조업체에는 '구태여 말하면 파트타이머', '의사(疑似) 파트타이머'라고 표현되는, 노동시간이나 노동일수가 정규 종업원과 전혀 다르지 않은 노동자가 존재하고 있었다. 이와 같이 파트타이머가 한 기업에 정착하는 경향이 발생했으므로 외부노동시장의 유연성을 유지하기 위해 신규 노동력의 공급원을 확대할 필요가 있었다(労働省婦人局 編 1987: 12-16, 20-40).

주변노동력의 공급 부족과 외부노동시장의 경직화는 중소 영세제조업체의 경영을 압박하는 요인으로 작용했다. 일본 제조업 경쟁력의 중요한 원천의 하나는 하청기업을 포함한 생산조직의 유연성이었다. 일본에서 마치코바(町工場)라 부르는, 소기업이 밀집한 '지역 공장집단'은 대기업과 긴밀한 협력관계를 유지하면서 네트워크를 형성하여 부품공급과 시제품 개발을 신속하고 유연하게 처리하는 데 기여해왔다. 일본 공산품의 품질을 유지시키는 기반은 고도의 숙련과 기술력을 보유한 마치코바의 '지역 유연 생산체계'라는 평가를 받고 있었다. 1987년 일본의 대표적인 중소기업 지대인 도쿄 오타구(大田区)[160]에 대한 조사 결과를 보면 직인적 숙련과 시작(試作) 능력을 갖춘 마치코바 경영자들이 외국인 이주노동자의 고용이 허용되지 않으면 조업을 계속 할 수 없다고 호소하고 있었다. "가장 간단한 작업을 담당하는 파트타이머 아주머니도 부족하다", "중량물을 다루어야 할 때가 많으므로 여자로는 감당이 되지 않는다", "임금은 더이상 올릴 수 없다", "시급(時給)으로 1,000엔 지급하지만 아르바이트 학생도 모집할 수 없다"는 상황이었다. 여기에 덧붙여 일본인의 중류의식과 만성적인 노동력 부족 때문에 "마치코바의 세계에 뛰어들려는 젊은이를 거의 찾아볼 수 없는 현실"이 드러났다. 경영자들은 신규 노동력이 충원되지 않는 가운데 고령화는 급속하게 진행되니 시간이 지나면 생산조직 자체가 붕괴될 수도 있다는 걱정을 하고 있었다(稻上毅 1989: 166-170, 177).

이 사례에서 보듯 대기업과 정보교환을 계속해야 하고, 지역에 형성된 협력 네트워크를 활용해야 하는 중소규모의 제조업체에서는 임금수준만을 비교해서 생산시설을 해외로 이전할 수도 없었다. 오타의 마치코바 경영자들은 일본인의 직인적 숙련과 이주노동자를 결합하여 생산

---

160. 城南地区 下丸子地域.

활동을 계속해야 하는 형편이었다. 특히 이들은 젊은 외국인 노동력을 사용할 수 있도록 정부가 배려할 것을 강력하게 희망하고 있었다.

살펴본 바와 같이 생산 활동이 이루어지는 공간을 이전할 수 없는 건설업이나 생산 기반이 지역과 결합된 중소 제조업체는 외국인 노동자를 절실하게 필요로 하고 있었다. 이러한 사정은 생산과 소비가 시간적으로 동시에 발생하며 공간적으로 분리되지 않는 서비스 산업도 마찬가지였다. 이주노동자가 외부노동시장에서 수량적 유연성을 보완하는 기능을 발휘하면서 이들의 노동기본권과 시민적 권리는 1980년대 후반부터 치열한 정책 논쟁의 주제가 되었다.

(2) 외국인 이주노동자의 유입과 정착

외국인 이주노동자의 유입은 사회구성원의 혈연적·문화적 동질성을 신봉하는 일본 사회에 큰 충격을 주었다. 이리하여 정부, 경영자, 노조를 비롯한 이해 당사자 사이에 대응 방안을 둘러싼 논쟁이 치열하게 전개되었다. 논쟁의 핵심은 이주노동자 도입의 필요성과 허용 범위였다. 일본에 입국한 이주노동자는 직장을 비롯한 생활세계가 일본에 형성되므로 실질적으로 귀국이 어렵게 되며 정착할 가능성이 높아진다. 즉, 일단 발생한 국제 노동력 이동은 정부의 의지나 임금 격차만으로 조절되지 않는 비가역적인 현상이었다. 이는 일본만이 아니라 이주노동자를 도입한 선진공업국이 공통적으로 경험한 상황이었다. 일본 사회는 장기적으로 노동시장을 국제 개방할 수밖에 없는 길로 접어들었다.

① 외국인 이주노동자와 국제 노동력 이동

양호한 취업기회를 찾아 국제적으로 이동하는 노동자는 최하층의 빈민이 아니며 외국으로 이동하기 위해 필요한 최소한의 자원을 확보할 수 있는 집단이다. 이들은 선진국의 사정에 대한 정보를 입수하고 실제로 이동에 활용할 수 있는 네트워크에 접근할 수 있어야 한다. 네트워크에는 공식적으로 직업소개 업무를 수행하는 공적 기관만이 아니라 이주노동자와 기업을 연결하는 민간 중개업자, 기타 비공식적 사회관계를 활용한 통로가 포함되어 있다. 이러한 네트워크를 활용하려면 비용을 지불할 수 있는 능력도 필요하다. 결국 이주노동자의 배경은 발전도상국의 최하층 집단이 아니라 국제 이동을 시도할 수 있는 자원과 교육 수준을 갖춘 집단일 가능성이 높다. 이러한 시각에서 보면 이주노동자의 국제이동은 임금격차나 노동력 수급 불균형과 같은 시장적 요인만으로 설명할 수 없는 현상이다(桑原靖夫 1988: 36; 桑原靖夫 1993: 15-21). 국제 노동력 이동이 실제로 발생하려면 우선 선진국 지역에 외국인 이주노동자에 대한 수요가 있어야 하지만 발전도상국 지역에도 외국으로 이동하려는 노동자 집단이 형성되어야 한다(依光正哲 1988: 9).

발전도상국의 사회 분화와 국제 노동력의 이동은 밀접한 관계가 있는데, 세계 자본주의 시스템 내부에서 발생하는 사회 현상으로 파악할 수 있다. 실질적으로 제2차 세계대전 이후 발생한 국제 노동력 이동은 세계 자본주의 시스템 주변부 국가 내부에서 일어나는 농촌 인구의 도시 이동이라는 현상과 밀접하게 결부되어 있다(森田桐郎 1987: 6, 48). 발전도상국의 농민은 도시로 이동하여 근대적 부문에 취업하는 경험을 쌓으며 정보를 입수하고 알선업자를 통해 출입국 절차를 밟아 중심부 사회로 이동하기 위한 준비를 하게 된다(桑原靖夫 1988: 38). 여기에서 '주변

부 사회의 농촌'⟹'주변부 사회의 도시'⟹'중심부 사회의 대도시'라는
이동경로가 논리적으로 도출된다.

　국제 노동력 이동이 발생하는 기제를 분석한 사센(Saskia Sassen)은 선
진국의 해외투자와 생산의 국제화가 발전도상국의 사회구조와 사회
의식을 변화시키는 효과에 주목하고 있다. 특히 수출자유지역에 입주
한 외국 기업에 취업한 경험을 가진 농촌 출신 노동자들은 고향으로 돌
아가지 않고 외국으로 이동하려 시도한다. 외국 자본의 활동은 선진국
과 발전도상국 사이의 정치적·경제적 연관만이 아니라 문화적·이데올
로기적 연관도 강화시키므로 국제 노동력 이동을 촉진하는 파급효과
를 초래한다. 또한 해외투자에 수반한 기업 활동의 국제화는 생산노동
과 사무노동을 발전도상국 지역으로 이전하여 재배치시키는 결과를 가
져왔다. 반면 미국의 뉴욕, 로스앤젤레스와 같은 거대한 세계도시(global
city)는 금융, 연구개발과 같은 고급서비스와 다국적 기업 본사의 관리기
능이 집중되는 공간으로 특화했다. 이러한 세계도시는 일본과 서유럽
에도 형성되었다. 세계도시의 노동력 구조를 보면 고도로 전문화된 서
비스 부문에 종사하는 고소득 노동자가 고급 생활양식을 누릴 수 있도
록 지원하는 저임 서비스 및 생산 부문에 이주노동자가 취업하고 있다.
세계도시의 고소득자가 소비하는 고급 소비재를 생산하는 다품종 소량
생산 체제를 유지하려면 기술 수준은 낮지만 노동 강도는 높은 작업에
종사하는 이주노동자가 필요하다. 또한 이민사회 내부에서 발생하는
일자리도 이주노동자로 충원되고 있다(Sassen 1988: 17-25, 33).

　이상과 같이 국제 노동력 이동이 진행되는 과정을 살펴보면 외국인
이주노동자의 공급원이 되는 지역은 세계 자본주의 시스템에 편입되어
있으면서 선진자본주의 경제와 교류가 활발하고 사회이동이 활성화되

어 있는 발전도상국이라고 할 수 있다. 이처럼 주변부 사회에 자본주의 시장경제의 침투와 촌락공동체의 해체 과정을 통해 국제적으로 이동할 수 있는 임금 노동자가 창출되었다는 점이 중요하다. 자본주의 체제의 확산 과정에서 형성되는 중심부와 주변부의 사회적 네트워크는 국제적 노동력 이동의 통로가 된다고 볼 수 있다. 선진자본주의 국가에서 발전도상국으로 자본이 이동하여 창출된 임금 노동자가 다시 역방향으로 이동하는 순환 구조가 형성되었다고 볼 수 있다.

일본에 유입된 외국인 이주노동자의 주류도 이미 일본과 밀접한 관계가 형성된 지역 출신이었다. 실제로 일본에서 불법 잔류자로 적발된 외국인의 국적은 주로 필리핀, 타일랜드, 중국에 집중되어 있다. 남성의 경우에는 1985년 이후 파키스탄과 방글라데시 출신이 급증하고 있었다. 여기에는 중동 산유국의 경기침체 때문에 현지 이주노동자가 대거 귀국하기 시작했다는 사정이 있었다(표 V-11).

외국인 이주노동자 집단이 일본에 형성되는 배경은 세계 자본주의 시스템 내부에서 진행되는 국제 노동력 이동 현상에서 찾을 수 있다. 대외적으로 개방된 일본 사회가 국경을 폐쇄할 수는 없으므로 이주노동자의 유입은 행정적으로 통제가 곤란했다. 또한 해외투자와 국제분업의 재편성으로 일본 내부에는 이주노동자에 대한 수요가 증대하고 있었다. 이와 같이 이주노동자가 증가하는 현실 속에서 노동시장 개방에 대한 정책 논쟁이 고조되었다.

② 이주노동자에 대한 시각과 논의

이주노동자 정책의 핵심적 쟁점은 생산 노동자의 취업을 공식적으로 허가하는 문제였다. 이러한 논의가 등장한 배경에는 자본, 상품, 서비스

〈표 V-11〉 국적별 불법 잔류자 (1982 ~ 1987) (단위: 명)

	1982	1983	1984	1985	1986	1987
총수	1,889	2,339	4,783	5,629	8,131	11,307
(남성)	184	200	350	687	2,186	4,289
필리핀	409	1,041	2,983	3,927	6,297	8,027
(남성)	13	29	96	349	1,500	2,253
태국	412	557	1,132	1,073	990	1,067
(남성)	25	39	54	120	164	290
중국	775	528	466	427	356	494
(남성)	84	85	136	126	161	210
한국	132	114	61	76	119	208
(남성)	35	24	34	35	69	109
파키스탄	7	7	3	36	196	905
(남성)	7	7	3	36	196	905
방글라데시				1	58	438
(남성)				1	58	438
기타	48	23	34	24	42	119
(남성)	19	9	21	14	32	76

자료: 労働省職業安定局 編 1988: 20.

교역에 대한 시장 개방은 확대되었지만, 인간의 초국경 이동을 수반하는 노동시장의 개방은 지체되는 세계 자본주의 시스템의 구조적 특성이 있다. 사용자 측은 이주노동자를 국내 노동시장의 부문간 수급 불균형을 조절하는 수단으로 간주한다. 반면 노조는 국내 노동자의 노동조건을 저하시키는 경쟁자로 보았다. 정부는 출입국과 노사관계 영역의 질서 관리자라는 입장이었다. 이주노동자는 노사관계 제도를 비롯한 각종 기존 사회제도의 입안자들이 염두에 두지 않았던 존재였으므로, 일본 사회는 새로운 사회문제와 사회분쟁을 경험하게 되었다. 이와 함께 기존 제도가 보호하지 못하는 이주노동자와 관련된 노동문제, 인권

문제를 다루는 새로운 종류의 노동운동과 사회운동이 등장했다. 1980년대 후반 이주노동자를 받아들이는 문제를 둘러싼 논의는 장기적으로 일본의 사회적 개방을 촉진하는 계기로 작용하였다.

　노동력 확보 문제로 시작된 이주노동자 정책을 둘러싼 논쟁은 일본 사회의 국제적 개방과 연관된 다양한 시각을 반영하고 있다. 우선 이주노동자 도입 찬성론자는 경제적 합리성만이 아니라 선진자본주의 국가의 위신과 책임에 비추어 노동시장의 개방도 불가피하다는 입장이었다. 반대론자는 일본 사회의 하층과 외국인 노동자의 이해관계가 충돌할 수 있으며 범죄를 비롯한 갈등이 발생할 수 있다고 우려하고 있었다. 즉, 사회적 환경 정비가 미비하다는 시기상조론이었다. 이러한 찬반 논쟁은 경제적 효용과 사회적 비용 간의 손익 계산을 둘러싼 판단의 차이를 보여주고 있다. 그러나 다른 선진자본주의 국가의 경험에 비추어 예측되는 상황에 대한 일반론적 토론이라는 한계도 있었다(国際産業労働研究センター 1988: 39-46). 일본 정부의 의지와 무관하게 현실적으로 진행된 이주노동자의 유입이 노사관계에 미치는 영향을 파악하려면 이해 당사자인 정부, 노조, 사용자 단체의 구체적인 입장을 살펴볼 필요가 있다.

　이주노동자 문제에 대한 일본 정부의 초기 입장을 볼 수 있는 자료는 노동성이 설치한 '외국인 노동자 문제 연구회'가 제출한 정책 제안이다. 이 제안은 이주노동자에 대한 수요가 발생하지 않도록 직종별 노동력 수급 불균형을 해소하고, 발전도상국의 생활수준을 향상시켜 일본으로 향하는 국제 노동력 이동을 원천적으로 차단하자는 원칙론에 머물렀다(労働省職業安定局 編 1988: 46-47). 노조의 입장을 보면 '연합'의 전신인 '전민노련'(全民労連)은 전문 기술 직종에 한정하여 받아들이자는 입장으로 단순 노동자 도입을 원칙적으로 반대하고 있었다(全日本民間労働組合連合会 1988: 6). '총평'도 단순 노동자 도입에 반대하는 입장을 밝혔으며, 정부에 발전도상국의 직업훈련을 지원하는 해외원조를 충실하게 제공하며, 불법 취로 상태에 있는 이주노동자가 부당한 대우를 받지 않도록 특별조치를 강구하라고 촉구하였다(日本労働組合総評議会 1988: 70-72). 사용자 측에서는 민간대기업의 경영자 단체인 '경제동우회'(経済同友会)와 '경단련'(経団連)[161]이 모두 상급 관리자층을 포함한 전문적 능력의 외국인에 한하여 긍정적인 자세를 보이고 있었다(国際産業労働研究センター 1988: 46). 결국 노사정이 모두 단순 노동에 종사하는 외국인 이주노동자의 취로를 반대한다는 의견을 공유하고 있었다.

그러나 외국인 이주노동자 도입에 가장 큰 이해관계가 얽혀 있는 중소기업 경영자들의 입장을 대변하는 도쿄상공회의소는 "앞으로 일본의 경제와 사회에 미치는 영향, 특히 노동력 수급 균형을 정확하게 예측하고, 도입 후의 관리를 위한 국내체제 정비 등에 대해 장기적이며 폭넓은 시점에서 계속 검토할 필요가 있다"는 조건부 긍정론을 내세웠다(東京商工会議所 1988 A). 이러한 제안이 나온 배경에는 "현장에서는 외국인 단순 노동자 도입에 대한 요구가 강력하므로, 사회적 마찰의 발생을 방지할 수 있는 환경을 조성한 다음에 받아들일 필요가 있다"는 상황 판단이 있었다.[162] 도쿄상공회의소가 1988년 회원사를 상대로 실시한 조사에 응답한 기업의 70.5%는 종업원 규모 299명 이하의 중소기업이었으며, '도입 제한을 완화하고 도입 규모를 늘려야 한다'는 입장이 응답의 59.3%였다. 이들 기업이 요구하는 직종을 보면, '전문능력·숙련기술을 필요로 하지 않는 직종도 인정'이 40.6%, '전문능력·숙련기술을 필

161. 일본경제단체연합회(日本経済団体連合会).
162. 東京商工会議所 調査部課長 M씨로부터 청취, 1988. 9. 5.

요로 하는 직종 가운데 일정 부분을 인정'이 35.1%, '전문능력·숙련기술을 필요로 하는 직종은 모두 인정'도 24.3%였다. 이처럼 정부, 재계단체, 노동단체와 달리 중소기업 경영자들은 폭넓은 노동시장 개방을 바라고 있었다(東京商工会議所 1988 B: 5).

출입국 관리 기관이 적발한 '불법 잔류자'의 직업은 외국인 단순 노동자에 대한 수요가 급증하는 상황을 보여준다. '불법 잔류자'는 출입국관리법에서 취로가 인정되지 않은 체류자격으로 체재하거나, 허가된 체재 기간이 지난 이후에도 출국하지 않으면서 노동하고 있다가 적발된 외국인을 의미한다. 1987년 1월부터 12월까지 1년 동안 적발된 11,307명의 62.1%는 여성이었는데 적발된 여성은 주로 풍속영업 관계에 종사하고 있었다. 적발된 남성은 대부분 단순 육체노동 종사자였다. 1985년과 1987년만을 비교해도 불법 잔류자의 규모가 전체적으로 2배가 되었지만, 이를 성별로 나누어 살펴보면 남성이 6.2배, 여성은 1.4배로 늘어났다. 남녀의 구성비도 12.2% : 87.8%에서 37.9% : 62.1%로 바뀌었다. 여기에서 가장 주목되는 변화는 같은 기간에 남성 불법 잔류자의 규모가 토목작업원이 10.9배, 공원이 7.1배, 잡역 4.1배, 급사 3.1배, 점원 3.5배 등으로 늘어난 것이었다(표 V-12). 이처럼 이주노동자에 대한 수요는 노동집약적이면서 해외이전이 불가능하고, 단순 노동자를 구하기 어려운 업종인 토목, 건축, 자동차 해체, 주물, 제본·인쇄, 농림어업, 주유소, 청소, 음식점 등지에서 발생하고 있었다. 즉, 이들은 노동시장의 하부에 있는 집단이었다.

존재 자체가 불법인 이주노동자의 전체 규모를 적발 상황을 기준으로 파악하는 것은 무리한 시도지만, 동남아시아 등지에서 흥행, 관광 등의 목적으로 단기비자를 받은 입국자의 규모에 비추어보면 1986년에

〈표 V-12〉 적발된 외국인 불법 잔류자의 종사 업종 (단위: %, 명)

	1985		1987	
	남	여	남	여
호스티스		83.1		86.6
토목작업원	24.9	0.0	43.4	0.0
스트립쇼 댄서	0.9	6.8	0.0	3.7
매춘부		5.8		2.9
공 원	21.3	0.3	24.2	0.9
잡 역	18.2	6.3	12.0	1.3
급 사	8.7	0.7	4.4	1.4
점 원	5.5	0.7	3.1	1.0
회화서적판매			5.9	0.2
요리인	7.4	0.1	2.2	0.1
기 타	13.1	1.8	4.8	2.0
합계 (%)	100.0	100.0	100.0	100.0
총 수	687	4,942	4,289	7,018

주:1월 ~ 12월 기준.
자료: 田中信也 1987: 66; 労働省職業安定局 編 1988: 27.

는 불법 잔류자로 적발된 8,131명의 6배가 넘는 50,000명 이상의 외국인 노동자가 있을 것이라는 추산도 있었다(大沢秀男 1988: 213-214). 그러나 이 수치에는 합법적으로 체재하고 있는 취학생,[163] 기술연수생, 남미에서 돌아온 일본계 이민 출신 이주노동자는 포함되지 않았다. 합법적인 형식을 갖추었지만 국제결혼도 이주노동자의 문제와 연관되어 있었다. 일본에서도 아시아 각국에서 여성 배우자를 맞아들이는 현상이 농림업 지역만이 아니라 도시의 영세공장이나 상점에서도 부분적으로 나타나

163. 就学生. 체류자격에 일정 시간의 유급 노동 종사를 허락받은 유학생을 의미한다. 대학, 단기대학과 같은 정규 교육기관이 아닌 일본어학교 학생도 해당되었다. 이들은 실질적으로는 이주노동자였다.

기 시작했다. 이는 발전도상국의 여성이 노동조건이 나쁜 업종이나 직종에 종사하는 남성이나 가족의 아내와 며느리가 되어 이주하는 국제결혼의 실태를 반영하고 있다. 1987년 일본인의 배우자 자격으로 입국한 3,422명의 여성이 실제로는 단순노동에 종사하고 있을 가능성도 높았다(町田幸雄 1988: 20).

이상에서 살펴본 바와 같이 1980년대 후반 일본 사회에는 외국인 단순 노동자에 대한 수요가 형성되어 있었으며 실질적으로 다양한 형태의 이주노동자가 증가하고 있었다. 이주노동자 도입에 대한 찬반 논의는 의견을 제시하는 당사자의 이해관계에 따른 입장의 차이를 반영하고 있었다. 현실적으로는 외국인 단순 노동자에 대한 수요가 있고, 제도적으로는 공급이 억제되어 있었으므로 자격 외 취업자[164]가 발생할 수밖에 없었다. 그러나 일본의 노조는 적극적으로 이주노동자를 보호하는 활동을 전개하지 않았다. 결국 이주노동자의 증가는 새로운 형태의 노동운동과 사회운동이 등장하는 계기가 되었다.

③ 마무리: 노동시장의 부분 개방과 다문화 사회

이주노동자는 급속하게 일본의 노동시장을 구성하는 노동력으로 자리잡았다. 그러나 이들에게 적용되는 노사관계 제도, 사회제도의 정비는 지체되었으므로 일본 사회는 새로운 종류의 갈등을 경험하게 되었다. 갈등의 핵심적 내용은 일본 사회의 강력한 문화적 동질성과 이주노동자 집단이 가진 문화적 다양성의 충돌이었다. 이주노동자 집단의 형성과 함께 일본의 노동문제를 국제적 맥락에서 고찰하는 시각은 더욱

---

164. 체류자격에 취업이 허용되지 않은 노동자라는 뜻이며, 노동성과 지자체 계통 조직에서 사용하는 용어이다. "불법취업자"는 출입국관리법 위반 여부와 관련된 용어이므로 노동행정과 무관한 개념이라는 시각을 반영하고 있다.

중요해졌다. 또한 이주노동자에 대한 사회적 처우는 일본 사회의 국제적 개방 수준을 반영하는 중요한 지표였다. 사회적 갈등을 줄이기 위해 1990년대 이후 일본 정부는 중남미 지역 일본계 이민자의 후손들에게 장기 비자를 발급해 노동력을 확보하는 정책을 펼쳤다. 이주노동자의 지속적인 증가는 2000년대 이후 일본 사회에서 이민의 수용을 전향적으로 검토하자는 논의가 등장하는 배경이 되었다.

V-6. 마무리: 기업별노조의 지반 침하

일본에서 제1차 석유파동을 계기로 1970년대 후반 진행된 고도경제성장의 종언이라는 노사관계 환경의 변화는 노동시장의 유연화를 촉진시키는 계기가 되었다. 감량경영과 고용조정을 통한 대기업 종업원의 소수 정예화로 연공제의 수정과 재편성이 불가피해졌다. 연공제는 정규직 종업원의 장기고용을 보장하면서 직무급의 비중을 확대하고 능력주의 관리를 강화하여 근속기간에 따른 임금상승을 억제하는 방향으로 개편되었다. 종신고용권은 기업집단 단위로 확대되었으며 준내부노동시장의 형성이 지적되었다. 이와 함께 기업별노조의 조직 활동 범위도 확대되었다. 종신고용권 내부에서 실시된 종업원의 유연한 재배치는 핵심적 역할을 하는 기간노동력의 고용을 우선적으로 보장하는 결과를 가져왔다. 종업원의 고령화가 진행되었으나 기업 귀속의식이 높아져 기업 내부의 통합은 강화되었다. 또한 일본 기업은 불황에서 벗어난 다음에도 정규 종업원의 채용을 억제하고 주변노동력을 활용하여 노무비의 증가를 억제하는 방침을 채택했다. 이러한 고용조정의 성공으로 일본 경제는 세계적인 불황에서 신속하게 벗어났으며 제조업의 국제경쟁력을 바탕으로 무역수지 흑자가 누적되어갔다.

1980년대 후반 일본은 무역수지 흑자의 누적이 가져온 세계 자본주의 체제의 불균형을 해소하려는 노력을 기울였다. 엔화 평가절상, 시장개방과 함께 미국을 비롯한 선진자본주의 국가와의 무역마찰을 회피하고 발전도상국의 저임 노동력을 활용하기 위한 대외투자와 생산의 현지화가 적극적으로 이루어졌다. 일본 국내에서는 시장개방과 함께 사회적 개방을 촉진하기 위한 국제화 캠페인이 전개되었다. 엔화 평가절상으로 일본의 임금은 세계 최고 수준에 도달했다. 일본의 기업은 본사를 연구개발 거점으로 특성화하고 노동집약적 대량생산 공정을 지방이나 동남아시아를 비롯한 발전도상국 지역으로 재배치하는 공간적 분업을 추진했다. 또한 일본 경제는 해외이전이 불가능한 서비스업과 건설업 종사자를 확보하고 중소기업으로 구성된 하청 생산조직을 유지하기 위하여 외국인 이주노동자를 도입하게 되었다. 반면 발전도상국 지역에 대한 일본 기업의 투자는 농민을 노동자로 전환시켰으며 현지인에게 정보와 네트워크를 제공하여 국제 노동력 이동을 촉진하는 파급효과를 가져왔다.

일본 기업은 외부노동시장의 수량적 유연성을 제공하는 주변노동력을 확보하기 위하여 외국인 이주노동자를 활용하였다. 그러나 일본 정부는 사회적 비용의 발생을 우려하여 이주노동자의 합법화를 지연시켰으며 산업연수생, 유학생, 취학생 등의 체류자격을 편법으로 부여하여 정착을 통제하다가 남미에서 일본계 이민을 대량으로 귀국시켜 노동력으로 활용하는 방향으로 나아갔다. 그러나 정규직 종업원에 기반을 둔 일본의 노조는 외국인 노동자를 보호 대상으로 간주하지 않았다. 결국 노동기본권의 보호라는 측면에서도 이주노동자는 일본인 주변노동력과 유사하지만 더욱 취약한 입장에 놓였다. 이주노동자를 지원하는 노동운동과 사회운동은 지역을 기반으로 활동하는 코뮤니티 유니온과 같은 신형노동조합과 시민적 권리를 옹호하는 사회운동 집단이 담당하게 되었다. 결국 기업별노조의 조직 기반은 구조적으로 축소되는 과정을 밟아갔으며, 노동시장과 노사관계의 이원화가 촉진되었다.

노조의 참가지향과 노동자의 이의제기

1973년의 석유파동과 고도경제성장의 종언은 노동운동과 노사관계의 성격을 전환시켰다. 우선 연례행사로 정착한 춘투를 치르며 고율의 임금인상을 쟁취하는 노동운동은 더이상 현실적으로 가능하지 않았다. 노조는 임금인상 요구를 자제하면서 정규직 노동자의 일자리를 우선적으로 확보하는 방향으로 행동했으며 경영참가와 정책참가를 통한 노동조건 개선을 모색했다. 반면 신자유주의적 정책 기조에 입각한 행정개혁과 공기업의 민영화로 공공부문 노동운동은 위축되었다. 민간대기업 노조가 노동전선 통일을 주도하였으며 전국 수준에서 노조 중앙조직은 '연합'으로 통합되었다. 한편 민간대기업 노사가 주도하는 협조적 노사관계에서 배제된 노동자가 새로운 이의제기 집단으로 등장하기 시작하였다. 즉, 지역을 기반으로 조직된 코뮤니티 유니온을 비롯한 소수파 노동운동이 주변부 노동자의 문제를 대변하게 되었다.

VI-1. 춘투의 형식화와 행정개혁

(1) 저성장 시대의 춘투

1973년의 제1차 석유파동 이후 노조가 춘투를 통해 확보하는 임금인상률은 급속하게 낮아졌다. 또한 철강노련으로 대표되던 춘투의 주역도 다양화되기 시작했다. 이는 주력 산업이 철강산업으로부터 전자산업, 자동차산업으로 전환되는 추세를 반영한 변화였다. 또한 춘투가 진행되는 과정에서도, 노조는 기업의 지불 능력을 고려한 임금인상을 제시했고, 경영자들은 이를 존중하여 심각한 분쟁 없이 노사 양측이 예측가능한 수준에서 교섭이 타결되기 시작했다. 이러한 춘투의 변모와 함께 직장 수준에서 노동자들이 느끼는 노동조합의 존재감은 지속적으로 저하되었다.

① 대기업 노사의 '패턴 세터' 형성

제1차 석유파동 이후 춘투에 미치는 민간대기업 노조의 영향력은 더욱 강화되었다. 주력 산업부문을 선도하는 정상급 기업의 노사로 구성된 집단인 '패턴 세터'[165]가 임금인상 기준을 주도적으로 결정하였다. 그러나 '패턴 세터'의 업종은 산업구조의 변화를 반영하여 다양화되었다 (표 VI-1).

1960년대 후반 이후 민간부문의 노동운동을 사실상 주도하던 IMF-JC(국제금속노련 일본협의회)의 주력은 철강노련이었다. 당시엔 중화학공업

165. 원문 パターン セッター, pattern setter.

〈표 Ⅵ-1〉춘투의 성과와 '패턴 세터'

연도	임금인상률	패턴 세터	연도	임금인상률	패턴 세터
1956	6.3	사철, 철강	1978	5.89	철강
1960	8.7	철강	1979	6.0	철강
1961	13.8	공노협	1980	6.74	철강
1973	20.1	–	1981	7.68	철강
1974	32.9	사철	1982	7.01	금속계 4대 산별
1975	13.1	철강	1983	4.40	금속계 4대 산별
1976	8.8	철강	1984	4.46	금속계 4대 산별
1977	8.8	자동차, 조선	1985	5.03	금속계 4대 산별

주: 1) 금속계 4대 산별: 일본철강산업노동조합연합회(日本鉄鋼産業労働組合連合会),
　　전국조선중기계노동조합연합회(全国造船重機械労働組合連合会),
　　전일본전기기기노동조합연합회(全日本電機機器労働組合連合会),
　　전일본자동차산업노동합총연회(全日本自動車産業労働組合総連合会,
　　일산(日産) 계열의 일본자동차산업노동조합연합회日本自動車産業労働組合連合会는 불참).
2) 대상 기업은 종업원 1,000명 이상의 노조가 있는 상장기업 288개사(1964년 이전은 160개사).
1980년 이후 수치는 조합원가중평균치, 1979년 이전은 단순 평균치.
자료: 島田晴雄 1986: 181.

의 기초 소재를 공급하는 철강산업이 주력 산업이었으므로 경제단체의
리더십도 철강산업의 경영자들이 행사하고 있었다. 따라서 철강산업의
임금교섭 상황은 사실상 전 산업의 임금 결정에 영향을 미치는 일종의
사회적 기준[166]이었다(島田晴雄, 1986: 181). 그러나 Ⅳ-1에서 살펴본 바와
같이 1973년의 제1차 석유파동 이후 자원과 에너지를 대량으로 소비하
는 중후장대(重厚長大)형 산업인 철강산업의 위상은 저하되기 시작하였
으며 자동차산업, 전자산업, 정보산업 등이 새로운 주력 산업으로 등장
하였다. 반면 공공부문 노조가 결집한 '공노협'은 1975년 11월 '쟁의권

166. 원문 社会的相場.

파업'을 벌였으나 고립되어 사실상 완패했다(神代和欣等 1995 : 474). 1980년대에도 IMF-JC 계열 노조와 기업은 춘투를 통해 임금인상을 선도하는 '패턴 세터'를 형성해 확고한 영향력을 발휘하고 있었다. 1987년의 경우를 보아도 노동성 조사에 회답한 기업이 춘투에서 임금인상률을 결정할 때 준거가 되는 산업, 즉 사회적 기준을 결정하는 산업이라고 지적한 부문은 철강 31%, 전기전자[167] 18%, 자동차 14%, 사철(私鉄) 9%로 나타났다(佐野陽子 1989: 167).

산업구조 변동과 패턴 세터 구성의 다양화를 반영하여 구성된 8개 민간대기업 노조는 1977년부터 '4업종 8기업 연락회의'를 결성하고 춘투 과정을 주도하였다. 이들의 구성은 철강산업의 신니테츠(新日鉄)와 니혼코칸(日本鋼管. NKK), 조선산업의 미츠비시(三菱)중공업과 이시카와지마 하리마(石川島播磨), 전기전자산업의 히타치(日立)와 토시바(東芝), 자동차산업의 토요타(豊田)와 닛산(日産) 등이었다. 이들은 1980년대 초반 이후 '패턴 세터'의 지위를 확립하였다. 1980년을 기준으로 IMF-JC에 속한 23개 대형 노조의 세력을 비교 분석한 츠지나카 유타카(辻中豊)에 의하면 8개 기업 노사가 패턴 세터가 된 이유는 조합원의 규모가 아니라 기업의 자산과 정치력 덕분이었다. 기업의 정치력을 경제단체 임원이나 경제관계 심의회 위원으로 참가하는 기업 구성원의 숫자를 기준으로 측정한 연구 결과 기업의 서열에 따라 노조의 서열도 결정되었고, 임금인상률은 노조가 요구한 수준의 약 70%로 결정되었다. 이처럼 춘투는 결과를 예측할 수 있는 절차로 제도화되었다(辻中豊 1986: 286-288).

'패턴 세터'가 결정한 임금인상률은 춘투를 거치며 소규모 기업부문으로 파급되었다. 또한 이 과정에서 임금인상률은 기업 규모에 따라 횡

---

167. 원문 電機.

단적으로 평준화되었다. 그러나 소규모 기업은 업종이 달라도 지역을 기준으로 임금인상률이 평준화되는 경향이 있었다. 공무원과 공기업의 임금도 민간부문을 준거 기준으로 삼았다. 즉, '패턴 세터'가 결정한 임금인상 기준은 공무원 부문과 공기업 부문을 경유하여 "지역에 있는 제3차산업, 특히 중소기업에도 영향"을 미치고 있었다. 또한, 기업 규모에 따라 임금인상률을 결정하는 기준이 달랐다. 소규모 기업은 노동력의 확보와 정착을 중시하였으며, 기업 규모가 커질수록 노사관계의 안정을 중시했다(표 VI-2). 그러나 전반적으로 '기업 업적', '사회적 기준', '노사관계의 안정'이 상위 1, 2, 3위를 차지했다. 여기에 덧붙여 인플레 시기에는 물가상승률이 중요한 기준으로 고려되었다. 이상과 같은 모습을 종합적으로 판단하면, "패턴 세터의 노사는 춘투를 하며 기업의 경영상태, 다른 기업의 동향, 물가를 주요 기준으로 하여", 임금수준을 합의하는 과정을 거치고 있었다(佐野陽子 1989: 159-160, 165).

전기전자산업, 반도체산업, 정보산업의 노동자로 조직된 '전기노련'

〈표 VI-2〉 임금인상 결정 기준 (1987) (단위: %)

	기업 업적	사회적 기준	노동력 확보 · 정착	물가 상승	노사관계 안정	기타
계	32.7	79.7	32.1	26.6	53.5	5.9
5,000명 이상	92.1	92.1	4.7	25.8	73.2	3.2
1,000~4,999명	91.8	86.6	12.3	29.5	68.2	5.4
300 - 999명	93.8	81.4	25.0	26.3	61.1	7.0
100 - 299명	92.5	78.1	37.5	26.3	48.7	5.6

주: 상용노동자 30인 이상 민영기업의 춘계 임금인상 내용.
자료: 労働省労働大臣官房政策調査部 1988.

이 1984년에 전개한 춘투의 결과를 보면 중앙투쟁위원회를 구성하는 14개 노조의 평균 임금인상률은 5.0%로 통일되어 있었다. 기업에 따라 평균 임금인상액과 증가되는 휴일의 수만 차이가 있었다. 전기노련의 중앙투쟁위원회는 가장 규모가 큰 4대 종합 전기전자업체인 히타치, 토시바, 마츠시다(松下), 미츠비시전기(三菱電機)의 노조가 주도하고 있었다. 춘투는 노사 간의 단체교섭이라기보다는 기업별노조의 집행부, 기업, 다른 기업의 노조가 공식, 비공식 협의를 거쳐 의견을 조정하는 과정이었다. 또한 관련회사[168]의 노사는 기업집단의 중심이 되는 모기업에서 결정된 임금인상률을 기준으로 협의했다(東芝労組新聞 1984.4.16.). 결국 춘투를 거치며 대기업 노사가 합의한 노동조건이 하향적으로 중소 규모의 기업으로 파급되고 있었다.

이상과 같은 춘투의 과정은 노사관계의 구체적 상황을 반영하고 있다. 고도경제성장의 종언에도 '패턴 세터'를 구성하는 대기업의 노사가 주도하는 방식으로 춘투는 지속되었다. 그러나 노동조건에 대한 중요한 의사소통이 실질적으로 이루어지는 노사의 상층부와 일반 조합원이 일하는 직장 사이의 간격은 더욱 멀어졌다. 이와 함께 조합민주주의의 실태도 쟁점으로 등장하게 되었다.

② 조합민주주의 원칙의 공동화

노동조건에 대한 의사결정이 노사 상층부를 중심으로 진행되면 일반 조합원의 발언 기회는 원천적으로 축소될 가능성이 있다. 직장 수준에서 진행되는 춘투의 과정은 조합민주주의의 상태를 반영하고 있다. IV-3에서 살펴본 중전(重電) 계통의 기계와 설비를 제작하는 토시바 후

168. V-2, 주) 133(본서 p. 237) 참조.

츄(府中)공장의 제관공 우에노 히토시(上野仁)가 직장의 일상을 기록한 일기인 『노동현장으로부터』(労働現場から)는 노조와 조합원의 관계를 생생하게 보여준다. 그는 외부 독서회에 관계한다는 이유로 직장에서 고립되는 비공식적 제재를 받았으나 회사를 상대로 장기간의 소송을 벌여 승소한 사건의 당사자다. 우에노를 지지하는 노동자와 시민들은 '지키는 모임'[169]을 조직해 소송을 지원했으며 직장의 노사관계에 대한 다수의 기록을 남겼다(熊沢誠 1989 : 15-40).

토시바 노조 신문에 나타난 1984년의 춘투 진행 과정을 보면(그림 VI-1), 전기노련 중앙위원회가 요구 내용을 결정한(2월 16일-2월 17일) 이후 토시바 노조 본부가 조합원이 타결안을 투표로 인준했다는 내용을 보고할 때(5월 8일)까지 약 3개월이 걸렸다. 이 과정에서 실질적인 교섭은 노조 본부와 본사 사이에서 이루어지고 있었다. 일반 조합원이 참여하는 기회는 지부에서 이루어지는 학습회, 직장대회, 쟁의권 확립 투표, 타결안에 대한 인준 투표 등이었다.[170] 그러나 지부 수준에서 일반 조합원의 발언 기회가 보장되는 수준이나, 이들의 주장이 본부의 입장에 반영되는 수준에 대한 신뢰감이 노조 내부에 형성되어 있는가는 살펴볼 필요가 있다.

『노동현장으로부터』의 필자를 지원하는 후츄공장의 쟁의단인 '지키는 모임'이 작성한 자료는 1980년대의 대기업 노조가 직장 수준에서 직면했던 상황을 기록하고 있다. 공식적으로 직장대회는 노동조합 및 지부의 정기대회 의안 결정, 춘투의 임금인상률 및 연말 상여금 요구액 결의와 교섭 결과의 인준, 노동협약 개정 등의 안건이 있을 때 열렸

---

169. '東芝府中工場から職場八分をなくし上野仁君を守る会', '토시바 후츄공장에서 직장 왕따를 없애고 우에노 히토시군을 지키는 모임'.
170. 東芝労組新聞 1984. 4. 16.

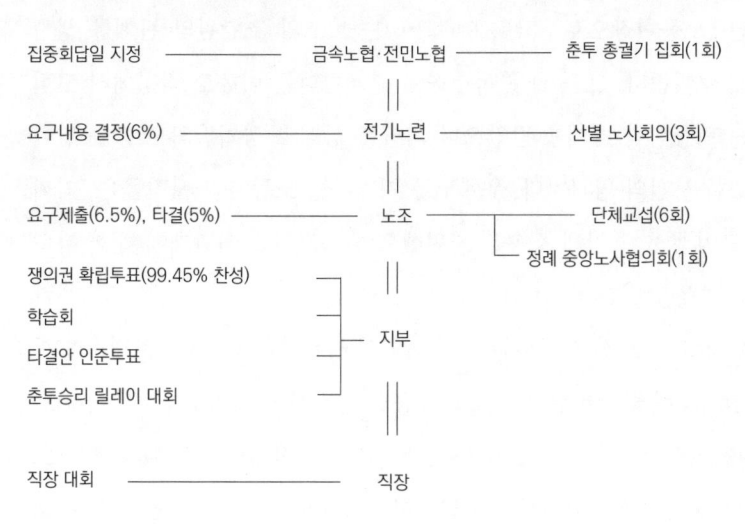

〈그림 VI-1〉 토시바의 춘투 과정

집중회답일 지정 ———— 금속노협·전민노협 ———— 춘투 총궐기 집회(1회)

요구내용 결정(6%) ———— 전기노련 ———— 산별 노사회의(3회)

요구제출(6.5%), 타결(5%) ———— 노조 ———— 단체교섭(6회)
                                      └── 정례 중앙노사협의회(1회)

쟁의권 확립투표(99.45% 찬성)
학습회
타결안 인준투표   지부
춘투승리 릴레이 대회

직장 대회 ———————————————— 직장

주) 전민노협: 전국민간노동조합협의회(全国民間労働組合協議会).
자료: 東芝労組新聞 1984. 4. 16.

다. 『노동현장으로부터』에서 직장대회가 진행되던 모습을 보면 점심시간 50분 동안 마쳐야 한다는 시간적 제약만이 아니라 토론의 부재, 일반 조합원의 참가 저조 등의 문제가 나타나 있었다. 이러한 실태는 직장대회가 노조 상위 기관의 결정을 직장에 알리고 형식적인 정당성을 확인하는 절차에 불과하다는 것을 보여준다. 또한 단체교섭 과정에서 쟁의권 발동을 조합 집행부에 위임하거나, 회사에 제시하는 요구와 교섭 결과를 승인할 때 실시하는 대중 투표도 문제가 있었다. 투표 결과를 보면 모든 지부마다 항상 90% 이상이 찬성했다. 그러나 쟁의단은 "투표용지에 번호를 써놓거나, 그룹별로 다른 투표용지를 배부하고, X표가 나오지 않게 그룹 단위로 회수하는 등 여러 가지 방법을 사용하는" 실태를 지적했다. 1985년 후츄지부 정기대회에서는 집행부가 직장 단위의 개표를 제안하자 '지키는 모임'은 "개표 단위가 소규모로 되면 비판표를 용이하게 파악할 수 있으므로 직장 왕따[171]가 확대될 우려가 있다"고 이의를 제기했다. 직장 단위로 개표하자는 제안은 결국 여론의 악화로 철회되어버렸다.[172] 지부 집행부를 담당할 간부를 선출할 때에도 "모의 투표용지가 살포되어 암묵적으로 O표를 할 것을 강요"했고, 직장위원의 선출도 전임자가 후임자를 추천하는 형태로 실시되었다.[173] 더구나 춘투 때마다 조합원의 요구를 사전에 알아보려 실시하는 설문조사의 결과가 대의원이나 직장위원에게도 공개되지 않았다.[174]

직장 수준의 노조 활동에 대한 쟁의단의 기록은 조합민주주의 원칙의 공동화를 보여주었다. 일반 조합원은 직장 수준에서 이루어지는 노동조합의 의사결정 과정에 실질적으로 참가하기 어려운 구조였기에 상호신뢰적 노사관계 내부에서도 노동자 개인이 발언권을 행사할 여지는 제한되어 있었다.

③ 노조의 정당성 위기와 참가 지향

고도경제성장의 종언에도 불구하고 일본의 노사관계는 전반적으로 협조적인 기조를 유지했다. 대기업 부문에는 노사가 '기업 업적', '사회적 기준', '노사관계 안정' 등을 고려해 협의를 거쳐 예측 가능한 수준에서 임금인상률을 결정하는 관행이 정착하였다. 노사협조가 정착되었으므로 이미 '노사관계 안정'은 가장 중요한 고려 사항이 아니었다.

저성장 시대의 춘투는 역동성이 저하되고 정형화되었다. 정상급 대

---

171. 職場八分.
172. 『東芝府中人権裁判＝ニュースじんじん』1985. 6. 12.
173. 『東芝府中人権裁判＝ニュースじんじん』1983. 9. 16, 1985. 6. 12.
174. 『労働現場から』1981. 2. 15.

기업의 노사가 실질적으로 임금인상 수준을 협의하여 결정하는 관행이 정착하였으므로 의사결정 과정에 일반 노동자의 의견이 반영될 기회는 없었다. 노조는 상층부에서 결정된 노동조건을 직장의 노동자에게 설명하고 의견을 통합하는 일에 주력했고, 이에 노조 내부에서는 조합민주주의 원칙이 훼손되었다고 문제를 제기하는 집단이 나타나기 시작했다. 결국 노조가 직면한 정당성 위기는 기존 노사관계에 대한 소수파 노동운동의 이의제기라는 형태로 표출되기 시작하였다.

민간대기업 노조는 정책참가와 경영참가 활동을 통한 노동조건 개선을 노동운동의 새로운 방향으로 설정하였다. 정책참가는 전국 수준에서 노조 전국 중앙조직을 통합하여 '연합'을 결성한 노동전선 통일운동의 명분이 되었다. 또한 경영참가는 노조가 경영정책을 제안하는 '유니온 아이덴티티' 운동으로 나타났다. 이는 생산직 노동자를 기반으로 조직된 기존 노조의 행동 방식을 사무관리직, 연구개발직 노동자가 조합원의 다수를 구성하는 현재 상황에 맞추어 바꾸려는 운동 방침이었다. 민간대기업 노사는 서로 협조하며 이익을 공유하는 관계를 형성했다. 반면 노사 대립이 지속되던 공공부문의 민영화는 '사회당-총평 블록'의 기반을 약화시키고 '연합'의 출범을 촉진시켰다.

⑵ 공기업 민영화와 노동전선 통일

Ⅲ-2에서 언급한 바와 같이 민주화를 내세운 전후개혁의 정책 기조가 변질되는 '역코스'가 냉전과 함께 시작되었다. 미군정은 노동운동 통제를 강화하여 1948년 후반 공무원과 공기업체 종사자의 단체교섭권을 제한하고 쟁의권을 사실상 박탈하였다. 이 조치는 급진적 노동운동을

위축시키는 효과를 거두었지만 미군정에 실망한 혁신 세력은 반미운동으로 기울어졌다. 공공부문의 노동운동은 지속적으로 쟁의권 회복을 명분으로 정부와 충돌했고 그 결과 불안정한 노사관계가 유지되었다. 국철 노동자로 조직된 '국노'와 '동노'를 중심으로 한 '공노협'[175]은 쟁의권 회복을 요구하는 운동을 선도했다. 그러나 1975년 11월 26일 '공노협'이 시도한 전국 규모의 '쟁의권 파업'이 좌절된 이후 일본 노동운동 세력은 쟁의권 회복을 더이상 요구할 수 없었다. 정부와 자민당은 공공부문 노사관계의 주도권을 장악하고 신자유주의적 정책 기조에 입각한 개혁 작업에 착수했다. 1980년대에 행정개혁을 명분으로 추진된 민영화로 급진적 성격이 남아 있던 공공부문 노동운동의 조직 기반은 축소되었다. 이와 함께 '총평'의 영향력도 약화되었다. 민간대기업 노조가 노동전선 통일운동을 주도하여 노조 전국 중앙조직은 '연합'으로 통합되었다.

① 공공부문의 쟁의권과 노사관계

55년체제가 성립하였지만 공공부문에서도 경영관리기구가 추진하는 기술혁신의 도입과 인원합리화 정책은 직장 수준에서 노사관계의 민주화를 시도하는 '총평'의 직장투쟁 전술과 충돌하였다. 이와 함께 공공부문 노동자의 쟁의권 문제는 일본 노사관계의 핵심적 쟁점으로 다시 떠오르기 시작했다. 이와 함께 공공부문의 대립적 노사관계와 민간대기업의 상호신뢰적 노사관계가 병존하였다. 그러나 1980년대 일본 정부가 추진한 공기업의 민영화는 전국적으로 협조적 노사관계를 강화

---

175. 1953년 10월 '공노법관계노동조합협의회'(公労法関係労働組合協議会) 결성. 1961년에 '공노기업체등노동조합협의회'(公労企業体等労働組合協議会)로 명칭 변경, 1987년 4월부터 '국영기업체등노동조합협의회'(国営企業体等労働組合協議会).

하는 효과를 가져왔다. 즉, 시장 경쟁을 강조하는 신자유주의적 원리에 입각한 행정개혁과 민영화가 일본 노사관계에 미친 영향을 이해하려면 공공부문 노조의 쟁의권과 노사관계를 역사적으로 살펴볼 필요가 있다. 특히 공공부문에서 노사가 가장 치열하게 대립했던 국철의 사례가 중요하다.

㉠ 노사 대립과 직장투쟁: 공공부문 종사자의 노동기본권을 제한하는 '맥아더 서한'과 '정령 201호'는 미군정기의 노사관계를 급격하게 변화시키는 전환점이었다. 쿠마자와 마코토는 '정령 201'에 의거해 '공노법'[176]이 시행된 1949년 4월 이후의 공공부문 노사관계를 쟁의권 회복을 요구하는 노조와 현상을 유지하려는 정부의 대립으로 파악했다. '공노법' 시행 이후 1957년에 이르는 약 8년 동안 정부는 쟁의권이 상실된 노동자에게 허용된 임금조정 기관에 의한 중재, 조정(調停) 등의 재정(裁定) 절차도 기피하는 자세를 보였다. 수세에 몰린 노동자는 단식투쟁, 일제 휴가, 준법투쟁으로 대항했다. 1957년 7월 '국노'의 니이가타(新潟) 지방본부가 춘투 참가자 징계에 반발해 일주일간 열차 운행을 마비시키며 강경 투쟁을 전개하자 정부와 국철은 다시 대량징계로 대응하는 사태가 벌어졌다(熊沢誠 1982: 486-487). 이 쟁의는 정부, 자민당의 강경한 태도와 '국노', '총평'의 지원 태세 미흡으로 노조의 패배로 끝났으나, 국철에서 노동운동이 재개되는 계기가 되었으며, 일상적인 직장투쟁의 중요성도 확인되었다. 시오타 쇼베에(塩田庄平衛)는 권리의 문제가 부각된 니이가타 투쟁을 "전후 노동운동의 전환점이 된 역사적 사건"으로 평가하고 있다(塩田庄平衛 1963; 317, 321).

---

176. 공공기업체등노동운동관계법(公共企業体等労働関係法).

1957년부터 1964년에 이르는 약 7년간 공공부문에서는 심각한 노사 대립이 벌어졌다. '공노협'은 춘투를 주도하는 세력이 되었다. 정부는 해고자가 노조 간부를 맡았다는 이유로 단체교섭을 거부하고 있었다. 1958년에는 '국철 기관차 노조'[177]와 우편국 종사자로 조직된 '전체'(全遞)[178]가 공기업체의 직원에게만 조합원, 노조 간부의 자격을 부여하여 결사의 자유와 단결권을 침해하는 공노법 4조3항, 지방공노법 5조3항을 문제 삼아 ILO에 일본 정부를 제소하는 'ILO 87호 조약 비준 투쟁'을 시작하였다. 해고자의 조합원 자격 인정이 쟁점이었다. 1961년에는 '총평'이 '쟁의권 탈환 특별위원회'를 설치하였으며, 3월에 비록 중지되기는 하였지만 '공노협'이 공개적으로 파업을 선언했고 쟁의권 문제가 표면화되기 시작했다. 1965년에 이르자 일본 정부는 ILO 87호 조약을 비준하였으며 문제의 조항은 폐지되었다(熊沢誠 1982: 487; 白井大四郎等 1986: 61). 이때 일본을 방문한 ILO 조사단은 공공부문의 쟁의를 일률적으로 금지하는 조치를 비판하는 보고서를 발표하였다. 노·사·공익의 3자 대표로 구성된 '공무원제도심의회'가 발족하여 1차(1965년 가을-1967년 가을), 2차(1968년 가을-1970년 가을)에 걸쳐 활동하였으나 정부 측의 저항으로 성과를 거두지는 못했다. 그러나 사법부에서는 '공노협'에 유리한 쟁의 행위에 대한 형사 면책을 확인하는 판례가 만들어졌다. 합리화 반대 투쟁에서도 '공노협'은 패배를 거듭하는 민간부문 노조와는 달리 일정한 성과를 올리고 있었다(熊沢誠 1982: 487-488).

'공노협'의 중심인 '국노'는 직장 활동을 중시했다. 직무 재편성과 인

177. 1959년에 '국철동력차노동조합(国鉄動力車労働組合, 動労)'으로 명칭 변경.
178. 1946. 5. 31. 전체신종업원조합(全逓信従業員組合) 결성. 1949년에 정통파(正統派)와 통일파(統一派)가 분열. 민동파인 정통파전체(正統派全逓)가 전체신종업원조합(全逓信従業員組合) 재결성. 1950년 9월에 전국전기통신노동조합(全国電気通信労働組合, 全電通) 분리, 1957년 5월 전체신노동조합(全逓信労働組合)으로 명칭 변경.

원 감축을 초래하는 국철 근대화 계획에 대응하여 1963년 이후 '국노'는 현장 관리자(現場長)와 노조 분회장이 협의하는 '직장교섭권'을 확립하려 시도했다. 1967년 12월에는 공노위[179] 중재위원회가 분회 수준에 '현장협의기관'을 설치하도록 권고했다. 국철의 '5만명 합리화'에 반대하는 파업이 진행되는 상황 속에서 노사교섭을 진행한 국철과 '국노'는 1968년 4월 '현장 협의에 관한 협약'을 체결하였으며, '동노'도 1970년 3월 같은 내용의 협약을 체결했다. 이 협약은 양자의 의견이 일치하면 구두 확인, 의사록 작성, 협정 체결을 맺도록 규정하고 있으므로 실질적으로 현장 협의는 단체교섭의 성격을 띠고 있었다(兵藤釗 1997: 261-268).

ⓒ 생산성 향상 운동과 노조의 저항 : 직장 수준에서 공공부문 노사관계의 주도권을 상실하기 시작한 일본 정부는 1969년부터 국철과 우편국을 중심으로 생산성 향상을 내세운 '마루세이(マル生) 운동'을 전개해 노조의 직장 활동을 무력화하려 했다.[180] 이 운동의 골자는 사상교육을 통해 노동조합의 체질을 개선하고, 신상필벌을 기준으로 승직·승격·승급을 실시하며, 노조 탈퇴를 유도한다는 내용이었다. 그러나 '국노', '동노', '전체'(全遞)의 저항, 언론의 고발, '공노위'의 개입으로 '마루세이운동'은 중지되었다. 결국 1971년 10월 말 국철은 '국노', '동노'와 개별적으로 '분쟁 대책 조정위원회'를 조직했다. 이를 통해 인사문제에 대해 '근속 기간', '현 직명(職名) 근무 기간', '현 직군 근무 기간'을 3:4:3의 비율로 반영한 선임 순위만으로 승격·승직하는 직장관행이 정착하였다. 노조는 '마루세이운동' 이전에도 관행이었던 승무원 교대 근무표 작성 교섭에 추가하여 역무원의 작업 일정도 교섭하게 되었다(兵藤釗 1997:

179. 공공기업체등노동위원회(公共企業体等労働委員会).
180. 이 운동에 관련된 문서에는 원 속에 '生'을 넣은 기호가 표시되었다. 둥글다는 뜻의 '마루'와 '生'의 일본어 발음인 '세이'를 합성한 명칭이다.

269-271).

　'마루세이운동'을 관철하지 못한 국철은 직장 수준에서 관리감독 권한을 상실하였으며, '국노'를 비롯한 노조가 노사관계의 주도권을 장악했다. 그러나 이러한 과정을 거치며 '공노협'에 참가한 노조는 쟁의권의 중요성을 세 가지 측면에서 인식하게 되었다. 첫째, 비합법 쟁의는 징계가 뒤따르기 마련이므로 노조는 생계비·소송비를 비롯한 각종 비용부담을 견디기 어려운 상태에 이르렀다. 둘째, '공노협'이 춘투의 주역이지만 교섭 절차가 없으므로 실질적으로 쟁의 행위와 노동조건 결정을 연계하는 장치가 없었다. 일단 춘투에서 민간부문의 임금인상 수준이 결정되어도, 이는 '공노위'의 중재를 거쳐야 공공부문 종사자에게 적용될 수 있었다. 셋째, 준법투쟁조차 비판하는 여론도 고조되었다(高木郁朗 1991: 353-356). 한편 정부 내부에서도 온건파가 등장하여 국철, 노동성, 자민당 노동부회는 '조건부 쟁의권 부여론'을 지지하고 있었다. 이에 반대하는 자민당 강경파와 내각 관방(官房)[181]이 영향력을 미치는 '관계 각료 협의회 전문위원간담회'[182]는 민영으로 경영 형태를 변경한 다음에 쟁의권을 부여하자는 입장이었다. 그러나 '국노'와 '동노'가 쟁의권 회복을 요구하며 파업(1975. 11. 26~1975. 12. 3)에 들어가자 자민당의 주류인 타나카 카쿠에이(田中角栄)파는 강경론을 폈다. 결국 당내 소수파인 미키 타케오(三木武夫) 수상은 경영 형태의 변화, 즉 민영화를 전제로 한 쟁의권 부여론으로 기울어졌다(高木郁朗 1991: 356-367).

　1975년 11월 26일 시작한 '쟁의권 파업' 당시 '공노협'은 단결을 유지했으나 외부의 노동운동 세력이나 이미 침체기에 접어든 평화운동, 학생운동, 환경운동 같은 사회운동 세력의 지원을 확보하지 못하고 사

181. 총리를 직접 보좌하는 부서. 장관이 관할.
182. 公共企業体等関係閣僚協議会専門委員懇談会.

회적으로 고립되었다. 사용자인 정부나 공공서비스의 소비자인 시민에게도 파업의 영향력은 미미했다. 또한 파업의 실질적 피해도 크지 않았다. 자동교환 전화, 텔레타이프, 팩시밀리가 보급되었으므로 '전체'(全逓)의 우편배달 중단이나 '전전통'(全電通)의 전신, 전화 업무 파업은 효과를 발휘하지 못했다. 1960년에서 1975년 사이 국철의 여객수송 분담률은 51%에서 30.3%로, 화물수송 분담률은 39%에서 13%로 저하되었다. 1975년 국철은 도쿄, 오사카, 요코하마를 포함한 3대 도시에서 여객의 19%를 수송하는 데 불과했다. 결국, 이틀이나 사흘만 파업하면 정계, 재계가 혼란을 피하려고 타협할 것이라는 '공노협'의 예측은 빗나갔다(熊沢誠 1982 : 498-501).

더구나 다른 노조나 혁신정당도 '공노협'의 파업을 적극적으로 지지하지 않았다. '철노'[183]를 비롯한 '전관공'(全官公)[184]계 노조, '동맹', '민사당'은 '조건부 쟁의권 부여론'을 지지하였지만 '쟁의권 파업'은 반대하는 입장이었으며, 오히려 파업 참가자를 엄격하게 징계하고, 파업 불참자를 투입해 조업을 유지할 것을 정부에 요구했다. 공산당은 '쟁의권 파업'에 거리를 두고 비판적 입장을 유지했다. '쟁의권 파업'을 지지한 사회당도 국민의 지탄을 두려워하는 내부 세력의 반발로 지지 운동을 조직하지 못했다. 반면 외국의 국제자유노련(ICFTU) 계열 공공노조들

183. 니이카타 투쟁에 반발한 비현업계 사무직원을 중심으로 '국노'를 탈퇴한 조합원들이 1957년 11월 27일에 '국철직능별노조연합회'(国鉄職能別労組連合会)를 결성. 1959년에 사회당에서 분리한 민사당을 지지하는 '국철노조민주화동맹'(国鉄労組民主化同盟) 조합원들이 '국노'를 탈퇴하여 1961년 9월 17일에 '국철지방노조총연합회'(国鉄地方労組総連合会) 결성. 양 조직은 1962년 11월 30일에 '국철지방노조총연합회'(国鉄地方労組総連合会)로 통합, 1968년 10월 20일 '철도노동조합'(鉄道労働組合)으로 명칭 변경, 노사협조를 지향, '쟁의권 파업'에 불참, '국철' 분할 민영화 적극지지.

184. 전일본관공직원노동조합연합회(全日本官公職員労働組合連合会). 1959년 9월에 민주적 관공 노동운동을 내걸고 결성, '동맹'에 참가.

은 '쟁의권 파업'을 지원하는 성명을 보내왔다. 전반적으로 민간 노조의 공동투쟁은 부진했으며 사회 여론도 '쟁의권 파업'에 호의적이지 않았다. 공기업 노동자의 파업이 국민경제의 발전을 저해하고 약자인 미조직노동자와 자영업자의 부담을 가중시키며 국민의 생존권을 위협한다는 비판이 사회적으로 확산되고 있었다(熊沢誠 1982 : 498-507).

사회적으로 고립된 '공노협'은 12월 4일 영시를 기해 직장으로 복귀할 것을 결정했다. 노조 측은 쟁의권 문제를 쟁점화했다는 명분을 내세웠지만 실제로는 실정법을 내세운 정부의 탄압에 저항할 만큼 조직력이 강력하지 못했다(熊沢誠 1982 : 508-509). '공노협'의 대정부 교섭력은 급속하게 약화되었다. 1976년 2월 국철은 파업을 주도한 '국노', '동노'에 대해 해고 15명을 포함해 5,405명을 징계 처분하고 202억 5천만엔의 손해배상을 청구했다. 이에 대해 노조 측은 적극적인 항의 행동을 제기하지 않았으며, 결국 노사관계에서 차지하던 우위를 상실하게 되었다(熊沢誠 1982 : 514-516).

ⓒ '쟁의권 파업'의 좌절과 '공노협'의 위상 저하: '공노협'은 내부의 공고한 단결력에도 불구하고 '쟁의권 파업'의 목표를 달성하지 못하고 사회적으로 고립되었다. '쟁의권 파업'의 실패로 위상이 저하된 '공노협'은 정부와 자민당이 추진하는 행정개혁과 공공부문의 민영화에 제동을 걸지 못했다. 이러한 과정의 연장선에서 1989년에 '총평'이 해산되었으며 민간부문 노조가 주도하는 '연합'을 중심으로 노동전선 통일이 이루어졌다

② 행정개혁과 '국철'의 분할 민영화

1975년 11월의 '쟁의권 파업'을 무산시킨 일본 정부와 자민당은 공

공부문의 노사관계를 재편하는 작업에 착수했다. 증세 없이 재정적자를 해소하기 위하여 정부 조직 규모를 축소하는 방안을 강구한다는 목적으로 1981년 3월 발족한 '제2임조'[185]의 제3차 답신(1982. 7. 30)은 3공사의 민영화와 합리화 방안을 구체적으로 제시하였다(臨調OB会 編 1983: 3, 23, 40-41, 325-349). 이 답신은 국철의 문제를 다음과 같이 진단했다.

㉠ 자동차의 보급이 급격히 확대되었지만 국철은 공공성만 지나치게 강조하며 도시간 여객 수송, 대도시권 여객 수송, 대량 정형(定型)화물 수송과 같은 철도의 특성을 활용하는 분야로 사업을 특화하지 못하고 있다.

㉡ 국회 및 정부의 간섭이 지나치다. 지역 주민의 요구가 과대하다. 기업 규모가 거대하여 관리할 수 있는 한계를 초과했다. 기업 의식과 책임감이 없다. 이러한 이유로 '기업성'을 발휘할 수 없다.

㉢ 노사관계가 불안정하여 비공식협정, 악성 관행의 만연 등으로 직장 규율이 문란하고, 경영합리화가 진행되지 않았으며, 생산성도 저하되고 있다.

㉣ 수입에 대한 인건비의 비율이 비정상적으로 높다. 고령화로 막대한 규모의 연금과 퇴직금이 지출되고 있다. 누적 채무에 대한 거액의 이자 부담이 발생하고 있다(臨調OB会 編 1983: 337).

이상과 같은 진단에서 도출되는 개혁 방안은 공공성보다 기업 경영의 합리성과 수익성을 우선적으로 추구하고 직장 규율을 확립해 노사관계를 안정시킨다는 내용으로 요약할 수 있다. '제2임조'의 '기본 답

185. 제2차임시행정조사회(第二次臨時行政調査会). '제1임조'는 1961년에 발족하여 1964년까지 활동.

신'에 입각하여 정부는 각료 회의에서(1982. 9. 14) 구체적인 추진방법인 '행정개혁 대강(大綱)'을 결정하였다. 이에 따라 5년 이내에 국철 개혁을 실현하기 위해 정부는 '국철 재건 감리위원회 설치 법안'을 국회에 제출하고, 당장 필요한 조치를 시행하기 위해 '국철 재건 관계 각료회의'를 설치하였다. '전전공사', '전매공사'의 개혁법안도 차기 국회에 제출했다(臨調OB会 編 1983: 47).

정부는 국철을 민영화하고 JR(Japan Railways)로 재편하여 6개 지역단위 여객 운송 회사와 1개 전국단위 화물 운송 회사로 분리하였다. 이 과정에서 1960년대 중반부터 1970년대 초에 걸쳐 '국노'가 축적한 직장 투쟁의 성과는 사라졌다. '국노', '전동노'[186]는 1984년 7월 '국철'이 제안한 화물부문 과잉 인원에 대한 권장퇴직 촉진과 휴직·파견 확충을 거부하다가 1985년 11월말로 '고용안정협약'이 종료되는 사태를 맞았다. 그 직후인 1986년 1월부터 '국노'는 불이익을 우려한 조합원들이 집단 탈퇴하는 사태를 맞았다. 1986년 1월 '국노' 조합원은 18만 4천명으로 노조 가입자의 70.2%였다. 신회사가 발족하는 1987년 4월 시점에 '국노' 조합원은 3만 8천명으로 전체 조합원의 19%에 지나지 않았다(兵藤釗 1997 B: 458-459, 461-464, 470-471). 한때 세계 최대 단일 노조로 알려졌던 '국노'는 국철의 후신인 JR에서 더이상 노사관계의 핵심 당사자가 아니었다. '국철' 시대에 강경 투쟁을 벌이던 '동노'는 1986년 7월 '총평'을 탈퇴하였으며 '국노'를 해체하고 새로운 회사의 노사관계의 중심축을 다시 만들자고 주장하였다(兵藤釗 1997 B: 463).

'국철'의 사례처럼 공기업의 분할·민영화와 함께 공공부문의 대립적

186, 전국동력차노동조합(全国動力車労働組合). 1974년 설립, 1999년 전일본건설교운일반노동조합 철도본부(全日本建設交運一般労働組合 鉄道本部)가 되었다. 홋카이도(北海道)에 거점을 둔 공산당 지지 세력.

노사관계도 해소되었다. 또한 공기업의 민영화는 '총평'의 조직 기반인 '공노협'의 세력을 축소시키고 민간부문 노조가 주도하는 '전일본민간 노동조합협의회'을 중심으로 노동전선 통일이 이루어지도록 촉진했다. 이처럼 신자유주의 정책 기조에 입각한 행정개혁과 공기업의 민영화는 일본 사회에 남아 있던 계급운동적 성격을 가진 노동운동 세력을 사실 상 무력화시켰다. 이러한 과정을 거쳐 1989년에 '연합'이 전국 수준의 노조 중앙조직으로 발족할 수 있었다.

③ 노동전선 통일과 노조 중앙조직의 재편성

1973년의 석유파동과 고도경제성장의 종언은 금속산업 부문의 민 간대기업 노조가 춘투의 주도권을 확고하게 장악하는 계기가 되었다. VI-1에서 살펴본 바와 같이 기업의 자산과 정치력을 배경으로 금속, 자 동차, 전기기계 부문의 노사가 실질적으로 춘투의 임금인상 기준을 설 정했으며, '쟁의권 파업'에 실패한 '공노협'의 영향력은 축소되었다. 고 율의 임금인상이 곤란해진 저성장 시대를 맞아 노조는 정부의 정책 형 성과정에 참가하여 노동조건을 개선하려는 운동을 지향했다.

정책참가 지향은 전국 수준에서 노조 중앙조직의 통일을 의미하는 '노동전선 통일운동'과 결합되어 있다. 이러한 움직임은 '정책추진노조 회의'(이하 '정추회의')의 결성(1976. 10. 7)으로 구체화되었다. '정추회의'는 발족할 당시에 16개 민간 산별노조[187]와 '전국 민노협'[188]으로 구성되었 으며 315만명이 참가하였다. '정추회의'가 발족할 당시 제시한 중점적 인 개혁 대상은 경제정책, 고용, 물가, 세제였다. 발족 직후인 1976년 11 월에는 대장성, 통산성, 건설성, 경제기획청, 자치성, 노동성이 '정추회

187. '총평' 2, '동맹' 6, '중립노련' 3, '신산별' 2, '준중립' 3.
188. 전국민간노조연합협의회(全国民間労組連絡協議会).

의'와 협의하는 창구를 만들었다. '정추회의'는 정부 수뇌, 집권 자민당에 정책협의를 요청하였으며 노조 출신 의원 간담회를 개최하고 야당 및 재계단체에게도 정책 협의를 요청했다. 이와 같은 '정추회의'의 행동 방식은 전국적인 노조 중앙조직이 개별적으로 사회당, 민사당을 경유해 정책과 제도개혁을 요청하던 이전의 정책 활동과 차별성을 둔 방식이었다. 이전의 방식은 개별 과제를 다루었으므로 포괄적인 큰 정책을 협의할 기회가 부족했을 뿐만 아니라 실무 부서가 예산 요구액을 제출한 이후인 예산 편성의 막바지 단계에 대부분의 협의가 이루어진다는 한계가 있었다.

'정추회의'의 활동은 1982년 12월 14일 결성된 '전일본민간노동조합협의회'(이하 '전민노협')로 이어졌다. '전민노협'은 1987년 11월 20일에 만들어진 민간부문 노조의 중앙조직인 '전일본민간노동조합연합회'('민간 연합' '구연합')의 모체가 되었다. 여기에 공공부문 노조가 합세하여 '일본노동조합총연합회'('연합' '신연합')가 1989년 11월 21일에 발족하였다(神代和欣等 1995: 472-475, 508-510). '연합' 출범 당시 규약에 포함된 '운동 영역과 활동 방법'을 보면 "정책 입안 능력을 확충", "정부 부서와 지자체에 설치된 심의회에서 적극적으로 활동", "정당과 정부 및 유관 단체와 협의를 강화해 정책의 실현과 제도의 개선을 요구", "이를 위한 여론 환기와 입법화 작업" 등을 위해 노력한다는 내용이 포함되어 있다(石幡信夫 1990::448-450)[189].

'연합'의 출범과 동시에 '총평'은 해산하고, 청산 업무를 맡은 '총평 센터'[190]가 청산 작업 및 '연합'에 인계하지 못하는 사회당과 연관된 정치 활동, 원수폭(원자·수소폭탄) 금지 운동이나 전후 평화헌법을 지키는 호

189. 連合の活動領域と活動のあり方(案).
190. 総評センター, 1989. 9. 22. 발족.

헌운동과 같은 반전 평화운동 등에 관한 업무를 수행하게 되었다. 이미 동맹은 '민간 연합'의 발족과 함께 1987년 11월 19일에 해산했고 '우애회의'[191] 가 청산 업무와 민사당 관련 활동을 인수했다. 같은 날 '총평'과 '동맹' 사이에서 중립을 표방하던 '중립노련'[192]도 해산하고 '중립노조연락회'를 설치했다. 미군정기의 급진적 노동운동을 주도했던 '산별회의' 내부의 민동파인 '산별민주화동맹'의 계보를 잇는 '신산별'[193]은 1988년 10월에 해산했다.

'연합'에 참가하지 않은 공산당 계열을 비롯한 좌파 성향 노조는 새로운 노조 전국 중앙조직을 구성하였다. 우선 1974년 12월 "계급적·민주적 조류의 전통" 계승을 표방하며 결성된 공산당 계열의 노동운동 조직인 '통일노조간'[194](統一労組懇)은 민간노조가 주도하는 노동전선 통일운동을 반대하였다(兵藤釗 1997 B :441-445). '통일노조간'은 투쟁하는 계급적 정상단체[195]를 결성한다는 명분으로 1989년 11월 20일에 해산 총회를 개최하고, 다음날 '전국노동조합총연합'(이하 '전노련')을 결성하였다. 이 과정에서 이념에 따른 노조 조직의 재편성도 일어났다. 예를 들어 '연합'을 지지하는 '자치노'[196]와 일교조[197]의 방침에 반발한 공산당 계열 비주류파는 '전노련'에 가입했다. 또한 1950년대 후반과 1960년대 전반에 '총평'의 전성기를 이끌었던 3인[198]의 고문과 사회당 좌파 계

---

191. 友愛会議.
192. 중립노동조합연락회의(中立労働組合連絡会議).
193. 전국산업별노동조합연합(全国産業別労働組合連合).
194. 통일전선촉진노동조합간담회(統一戦線促進労働組合懇談会).
195. 階級的ナショナルセンター.
196. 전일본자치단체노동조합(全日本自治体労働組合). 1954. 1. 29. 발족.
197. 일본교직원노동조합(日本教職員労働組合). 1947. 6. 8. 결성.
198. 오타 카오루(太田薫) '총평' 의장(1958-1966), 이와이 아키라(岩井章) '총평' 사무국장(1955-1970),이치카와 마코토(市川誠) '총평' 의장(1970-1976).

열은 '연합' 참가를 거부하였으나 '전노련'에도 비판적이었다. 이들은 '총평'을 계급적·전투적으로 재생하자는 취지로 1983년 3월 설립된 '노동운동연구센터'[199](이하 '노연센터')를 기반으로 '전국노동조합연락협의회'(이하 '전노협')를 결성(1989. 12. 9)하였다. 국철의 분할·민영화로 조직이 축소된 '국노'도 '전노협'에 가입하였다(石幡信夫 1990: 65-68). 1989년 당시 일본의 전체 노조원은 약 1,223만명이었으며 새롭게 편성된 정상단체의 조직 규모는 '연합' 약 800만명 , '전노련' 약 140만명, '전노협' 약 50만명으로 점유율은 각각 65.4%, 11.4%, 4.1%로 나타났다(石幡信夫 1990: 181, 435, 440, 470-471).

이상에서 살펴본 바와 같이 노동전선 통일운동의 결과는 '연합'의 출범이었다. 계급운동적 노동운동을 추구하는 세력은 소수파가 되어 '전노련', '전노협'을 조직했다. 일본 노동운동의 주류를 형성한 '연합'은 정책참가에 의한 노동조건의 개선을 지향했다. 그러나 노동시장의 유연화와 함께 '연합'이 대표하는 정규직 노동자의 규모는 장기적으로 축소되고 있었다.

(3) 참가지향적 노동운동의 형성

노조와 정부의 협의로 노동조건을 개선한다는 취지의 '연합'은 국가수준에서 전개되는 정책 활동에 중점을 두었다. 반면 전후 미군정기부터 일본 노동운동이 강조한바 직장에 근거를 둔 노동조합의 건설은 더욱 어렵게 되었다. '연합'이 추구하는 정책참가 활동은 기업 수준, 직장 수준에서 진행되는 노동자의 참가 활동과 결합되었다. 다양한 수준

---

199. 労働運動研究センター.

에서 이루어지는 의사결정 과정에 노동자의 참가를 고취하는 캠페인은 사회적 통합을 촉진하는 조직효과를 발휘했다. 반면 참가적 통합 구조에서 배제된 주변부 노동자의 존재와 이의제기 행동은 소수파 노동운동의 형태로 표출되었다.

VI-2. 정책참가와 유니온 아이덴티티

(1) 정책참가와 노동전선 통일

1989년말 출범한 새로운 노조 전국 중앙조직인 '연합'이 제시한 운동방침의 기조는 정책참가에 의한 생활 개선이었다. 정책참가의 명분과 실제 상황은 노동운동의 성격만이 아니라 노조와 정부의 관계, 정치체제의 성격을 반영하는 지표다. 일본 노조는 정치적으로 무력하지 않으며 현실 정치에 영향력도 행사하지만 사회민주주의 국가의 노조와 같이 노동자 정당을 통해 집권하는 수준까지는 도달하지 못했다. 즉, 일본에서는 '완만한 네오코포라티즘'이 진행되고 있었다.

① 노조의 정책참가와 영향력

일본에서 노조의 정책참가는 1973년 제1차 석유파동이 일어난 직후부터 '동맹'을 중심으로 논의되었다. 처음에는 노동자 중역 제도의 도입이나 노사협의기구의 법제화와 같은 서독식 노동자 참가 제도의 도입을 요구하는 움직임이 있었다. 그러나 불황과 급격한 물가상승이 겹친 당시의 상황에서 물가 대책을 책임질 유일한 주체는 정부였다. 저성장 시대가 시작되고 일자리 확보가 시급해진 상황에서 임금인상에 중점을 둔 노동운동은 의미를 상실했다. 일본 노동운동의 주류는 새로운 운동방침으로 정책참가를 통한 노동조건의 개선을 내세웠다(稲上毅 1980: 156; 津田真澂 1976 : 146-153; 花見忠 1976: 232-247). 이처럼 정책참가는 노조가 사회적 정당성을 주장할 수 있는 새로운 명분으로 등장하였다.

제1차 석유파동과 전후 고도경제성장의 종언이라는 변화를 맞아 서구의 노조도 임금인상 요구를 자제하는 대신 국가 정책에 적극적으로 발언하기 시작했다. 이와 함께 학계에서도 노조의 정치적 영향력에 관심이 고조되었다. 이러한 연구의 초점은 네오코포라티즘적 질서의 형성 여부에 놓여 있다. 제2차 세계대전 이전의 파시즘과 같이 다원적 의회민주주의 정치를 배제하고 집권세력이 이해 당사자를 포섭하여 동원하는 코포라티즘적 질서는 정치적 주체로서 행동하는 자립적 노조를 허용하지 않았다. 그러나 파시즘이 패망한 전후에 형성된 네오코포라티즘은 전국 단위의 통합력을 발휘하는 강력한 노조와 사회민주주의 정당의 존재를 기반으로 이해 당사자 간의 조정을 통해 정책이 결정되는 정치체제라는 특징이 있었다. 즉, 서구의 네오코포라티즘과 일본 노조의 정책참가 운동을 비교하려면 일본의 실질적인 정책결정 과정에 대한 고찰이 필요하다.

미국과 유럽의 연구자들은 노동자 집단에 기반을 둔 사회민주주의 정당이나 공산당이 의회에 진출한 서구의 사례를 기준으로 일본의 노조가 발휘하는 정치적 영향력을 평가했다. 특히 이들은 노동운동이 활성화된 전후에도 일본의 혁신계열 정당이 수차례 단기 집권에 머문 채 대부분의 기간을 야당으로 존재한 사실에 주목했다. 일본 노조의 정치적 영향력에 대한 가장 고전적인 논의는 펨펠(T. J. Pempel) 등이 제시한 '노동자 세력이 배제된 코포라티즘'[200]이라는 해석이다(Pempel and Tsunekawa 1979: 257-261).

이를 구체적으로 살펴보면, "일본에서는 국가와 다수의 이익단체 사이에 코포라티즘적 관계가 성립하지만," 노동이라는 중요 영역에서는 사실상 이러한 관계가 존재하지 않는다는 주장이다. 패전 이후에도 국가관료제·대기업·농업으로 구성된 '지배 연합'이 일본 정치의 주도권을 행사했으며 이때도 중소기업 부문은 '하위 동반자'로 편승해 있었다. '지배 연합'에서 노동자 세력이 소외된 가장 큰 요인은 기업별노조 체제의 특성에서 찾을 수 있다. 전국 수준에서 이루어지는 경제정책의 중요 의사결정 과정에 노조 전국 중앙조직이 소신껏 대표권을 행사할 수 없었다. 전후 점령기에 노동운동이 급격하게 고조되고, 사회당이 두 차례나 정권에 참여했지만, 노동자 세력은 단기간 장악했던 권력을 제도화하거나 공식적인 정책 결정기구에 참가하지 못했다. 1950년대 이후 일본은 미국이나 서구와 비교해도 노조 조직률이 결코 낮지 않았다. 그러나 일본의 친노조 정당들은 "노동조합원이 아닌 유권자를 많이 끌어들일 수 있는 능력을 갖추지 못했다"(Pempel and Tsunekawa: 259, 281-283, 285, 291). 즉 펨펠은 일본 노동자 집단은 사회적으로는 통합되었지만 노조와 혁신정당이 정책결정 과정에 행사하는 영향력은 미약했으며, 기존 정치질서에도 이의를 제기하지 않는 현실을 지적했다.

일본에 코포라티즘이 성립되어 있다는 견해를 가진 논자들은 국가의 지도와 생산수단의 사적 소유가 결합된 경제체제가 질서와 통합력을 유지할 뿐만 아니라 민족주의적 가치의 실현과 경제적 성공이라는 목표 달성에 기여하는 방향으로 작동하는 측면을 강조했다(Winkler 1977:

---

200. corporatism without labor.

109; 山口定 1983: 158). 이러한 시각에는 정부와 기업의 관계가 중요하며 노동자 세력의 행동은 고려할 필요가 없다는 함의가 있다. 렘브루크 (Gerhard Lehmbruch)에 의하면 네오코포라티즘이 성립할 환경이 조성되지 않아도 네오코포라티즘과 기능적으로 유사한 '정부와 이익집단의 협력관계'가 형성되어 있으면 노동자의 사회적 통합이 실현될 가능성이 있다. 그는 일본의 재계와 정부 사이에 형성된 협조관계를 지적했다. 또한 렘부르크는 기업내 복리후생이라는 가부장적 시혜를 향유하는 대기업 부문의 기업별노조는 현실에 만족하고 있으며, 중소기업 부문의 노동자는 교섭력이 없는 한계상황에 놓여 있기 때문에 일본의 노동자는 정치적으로 무력화되었다고 지적했다(Lembruch 1982: 50-51). 이는 노동자 세력이 정치적 영향력을 발휘하기 어려운 이유를 기업별로 분단된 노동시장과 노동운동 역량의 분산화에서 찾는 입장이다.

노조와 기업, 기업과 정부의 관계가 협조적이며, 노조의 정치적 영향력은 미약하다는 렘브루크의 진단은 노동자의 자발적인 동조를 전제로 한 사회적 통합과는 거리가 있다. 물론 55년체제가 성립된 이후 일본의 노동자 세력이 자민당이 주도하는 장기 보수정권에 대항해 위협적인 도전자로 등장한 적은 없다. 그러나 현실적으로 노동자 세력은 '연합'이 출범하는 1980년대 말에도 여전히 정부와 집권당이 무시할 수 없는 정치적 주체로 행동하고 있었다. 그러므로 일본의 노동자는 기업 내부에 통합되었으므로(Dore 1973: 370,375, 377, 400; Schmitter 1979: 325; 渡辺治 1987: 230) 전국 수준의 정치에 영향력을 행사하지 못하는 무력한 존재라는 인식은 재검토할 필요가 있다.

노사정의 의사소통과 정보공유가 이루어지는 기제에 초점을 맞추어 노사관계를 파악하려 시도한 시마다 하루오(島田晴雄)는 제1차 석유파동 이후 노조 단체, 경영자 단체, 정부 사이에 정보교환 네트워크가 복합적으로 구축되어 이해 당사자들이 공동의 목표를 인식하게 되었으며, 1975년 춘투 이후 임금조정이 유연하게 이루어질 수 있었다는 분석을 하고 있다. 여기에는 일본의 노조는 기업과 정부가 무시할 수 없는 의사소통의 상대라는 위상이 여전히 전제되어 있다. 이와 같은 인식은 네오코포라티즘적 조정 기제와 동일한 기능을 발휘하는 정보공유 기제가 제대로 작동하려면 산업 수준, 기업 수준, 사업장 수준, 직장 수준에서도 이해 당사자들이 정보를 교환하고 공유하며 상호작용이 발생하는 네트워크가 형성되어야 한다는 주장으로 발전하였다(Shimada 1983, 177-200). 일본 노조가 행사하는 정치적 영향력의 성격을 이해하려면 단체협약이나 노동법에 규정된 공식적인 절차나 수속에 그치지 않고 실질적으로 중요한 의미를 갖는 의사소통 통로를 고찰할 필요가 있다는 지적이다.

무라마츠 미치오(村松岐夫)를 비롯한 연구자들이 1980년에 실시한 압력단체 조사는 일본 노조가 발휘하는 정치적 영향력을 구체적으로 보여준다. 우선 사회세력간의 동맹 관계를 보면 '노조 단체'는 가장 중요한 협력 상대로 '대기업 경영자단체'와 직장 의료보험조합의 이익을 대변하는 '건강보험조합연합회'를 들었다. 즉, 일본에는 이익연합의 성격을 띤 '민간대기업 노사연합'이 형성되어 있다. 그러나 공공부문과 중소기업 부문에 기반을 둔 '총평' 계통의 노조와 '민주·평화'를 주장하는 시민단체가 '혁신단체연합'을 형성하여 '민간대기업 노사연합'에 대항했다(村松岐夫·伊藤光利·辻中豊, 1987: 157, 161). 또한 이 연구에 나타난 '민간대기업 노사연합'이 발휘하는 영향력의 질적인 측면도 중요하다. 실제로 노동단체가 자기 스스로 평가한 정치적 영향력의 수준은 경제단체와 비교해 약간 낮은 수준인 '중' 정도였다. 그러나 정치적 영향력을 행사하는 방향과 네트워크가 경제단체와 달랐다. 노동단체는 야당을 경유하는 '저지형' 영향력을, 경제단체는 집권당을 경유하는 '실현형' 영향력을 행사했다. 영향력의 내용을 살펴보면 대기업의 정상단체인 재계는 자유경제체제의 가치를 지향하는 정치적 영향력이 굉장히 높다고 스스로 평가한 반면 오히려 노동단체는 가치의 실현보다는 편익의 획득을 우선시하고 있었다. 노동단체는 연금이나 고용제도와 관련된 정책을 실현하는 운동에도 성공적이라고 회답하는 사례가 많았다 (村松岐夫·伊藤光利·辻中豊 1987: 258-269, 276).

그러나 무라마츠의 연구가 제시한 일본의 '민간대기업 노사연합'의 성격은 자료조사 시점인 1980년의 상황을 감안하여 비판적으로 이해할 필요가 있다. 이미 대기업의 행동을 견제할 사회운동 세력은 제1차 석유파동 이후 약화되었다(町村敬志 1987 : 157, 161). 규제완화와 민영화 정책이 대세를 형성하는 가운데 공공부문 노조의 조직 규모는 축소되고, '혁신단체연합'을 구성하는 사회세력의 영향력도 쇠퇴하고 있었다. 이는 55년체제를 구성하는 기축의 하나로서 자민당 장기 보수정권의 정책실현을 저지하는 방향으로 행동하던 '사회당-총평 블록'의 사회적 기반이 축소되는 상황을 반영하고 있다. 이는 자민당 정권에 대한 조직적 견제 세력의 약화를 의미했다. 민간부문 노조가 주도권을 장악한 노동운동 세력은 정부와 대화하며 정책참가를 통해 노동조건 개선을 시도했다. 즉, 편익의 획득을 중시하는 노동단체는 재계가 지도적 역할을 발휘하는 경제단체의 '하위 동반자'로 정치적 영향력을 행사하게 되었다. 오히려 노사의 위상이 비대칭적이며 양자가 이익을 공유하는 관계이므로 '민간대기업 노사융합'이 현실을 충실하게 반영하는 개념이라고 할 수 있다.

② 정책참가의 통로

노동단체가 정책의 '저지'보다는 '실현'을 중시하는 방향으로 행동을 선택한 배경을 이해하려면 정치과정에 대해 노조가 영향력을 행사할 수 있는 통로를 살펴볼 필요가 있다. 노조단체의 의회 진출 상황을 보면 '저지형 영향력'을 행사하는 '총평'계의 사회당이 민간대기업 노조에 기반을 둔 '동맹'계의 민사당보다 항상 우세를 차지하고 있었다. 그러나 하원의 역할을 하며 실질적으로 중요한 의사결정을 하는 중의원(衆議員)에서 사회당과 민사당이 점유하는 의석수는 1950년대 이래 정체되어 왔으며 노조 출신 의원의 비중도 1960년대 말기부터 답보상태를 보여 왔다. 특히 민간대기업 노조를 배경으로 하는 의원 수는 10인 전후에 불과했다(辻中豊 1986: 244).

민사당과 사회당의 의회 진출이 정체되는 상황이 장기간 지속되자 노조 내부에서도 특정 정당을 집중적으로 지지하는 정치활동 방식에 비판이 고조되었다. 또한 노동자 세력 내부에 존재하는 대립과 분열은 노조 출신 의원들의 정치활동에서도 드러났다. 의회에 대한 관료의 우위도 지속되었다. 이와 같은 상황에서 민간대기업 노조가 의회를 통로로 활용해 정책결정 과정에 영향력을 행사할 수 있는 가능성은 제한되었다. 따라서 민간대기업 노조 지도자들은 "노동자의 이익을 대표하는 인사를 입법부에 보내어 정책을 바꾸는 것에 그치지 않고, 행정부 각종 기관에 노동자 대표가 직접 참가하여 이익을 주장하고 정책의 형성과 운용에 영향력을 행사"하기 위하여 정책참가라는 새로운 통로를 구상하게 되었다. 이러한 구상은 법률에 의해 각급 정부기관에 마련된 심의

〈표 VI-3〉 노조 출신 중의원수 (단위: 명)

총선거	사회·민사 중의원수	사회·민사 노조출신 중의원수	사회·민사 민간노조 출신 중의원수
23회 1947. 4	147	27	3
24회 1949. 1	54	14	1
25회 1952. 10	115	36	2
26회 1953. 4	143	43	3
27회 1955. 2	160	52	2
28회 1958. 5	166	55	4
29회 1960. 11	162	66	7
30회 1963. 11	167	66	5
31회 1967. 1	170	72	7
32회 1969. 12	121	53	12
33회 1972. 12	137	68	6
34회 1976. 12	152	66	11
35회 1979. 10	142	51	12
36회 1980. 6	139		
37회 1983. 12	150	72	
38회 1986. 7	111		

자료: 中久郎 編, 1980; 朝日年鑑 1981, 1984, 1987.

회나 노동대신의 사적 자문기관인 '산업노동간화회'(産業労働懇話会)[201]처럼 정책을 논의하는 기구에 노조 대표가 참가한다는 내용이었다. 이를 위해 필요한 '노동전선 통일'을 추진하고 정부, 정당, 경영자단체를 상대로 정책요구 활동을 전개하는 '정책추진 노조회의'가 1976년에 결성되었다(稲上毅 1980: 163-169). '노동전선 통일' 운동은 전국적인 노조 정상단체를 통합한 '연합'의 출범(1989. 11. 21)으로 일단 목표를 달성하였다. 또한 일본 정부와 자민당도 도시화와 신중간계급의 성장으로 지지기반

---

201. 1970년 1월 발족.

인 농민, 자영업자 등으로 구성된 구중간계급이 해체되는 사태에 직면하고 있었다. 결국 이들은 새로운 지지세력을 확보하기 위해 '노동'의 정책참가를 받아들일 필요가 있었다(辻中豊 1986: 236, 246-249). 기업 수준에서 협조적 노사관계가 정착했으므로 일본의 집권 세력은 노조의 정책참가 요구를 기존 사회체제에 대한 위협으로 간주하지 않았다.

특히 일본 노조의 '산업노동간화회' 참가는 가장 좋은 성과를 거두었다고 평가받는다. 일본은 제1차 석유파동 이후 노사정의 정상급 지도자들이 상황 인식을 공유하였으므로 고용조정과 노사관계의 안정을 동시에 실현할 수 있었다. '산업노동간화회'의 모델인 서독의 협조행동(Konzertierte Aktion)은 거시적 경제 목표를 달성하는 방안에 대해 정부와 이해 당사자가 협의를 통해 의사소통을 활성화하는 프로그램이었다. 예를 들면 불황기(1967-1969, 1975-1976)에 노동 측은 정부의 입장을 존중하여 임금 억제를 용인했다. 일본의 '산업노동간화회'는 총리를 비롯한 관계 각료, 노조 대표, 사용자 대표, 학자 등이 정기적으로 대화 모임을 가지며 산업노동 문제만이 아니라 경제·사회 정책 전반을 검토하고 운용 방안에 대해 의사소통하며 합의를 형성하는 마당이 되었다. 이는 비공식적 모임이었지만 공식 제도인 심의회보다 활발하게 활동한 사례도 많았다(山口定 1983: 158-159; 稲上毅 1980: 155-157, 169-170).

사실상 심의회는 국가행정조직법(제8조)에 의해 규정된 개별 정부기관의 자문기관이었으므로 전국 노사정의 정상급 대표가 회합하는 '산업노동간화회'나 '정책추진노조회의'에 비해 영향력이 약했다. 또한 '산업노동간화회'의 위원 구성을 구체적으로 보면 노사가 동수로 된 반면 심의회는 전반적으로 노조 대표가 사용자 대표보다 약세에 있었다. 예를 들어 1986년 학식 경험자의 자격을 포함하여 노동 측 위원이 참가하는 심의회의 숫자를 부서별로 보면 노동성 12, 통산성 10, 총리부 6, 후생성 9 등이었다. 위원 가운데 노동 측 대표가 차지하는 비율은 노동성 30.0%, 통산성 10.6%, 총리부 8.1%, 후생성 7.8% 등으로 나타났다. 노동 측이 참가하는 심의회는 전체 213개 기관의 26.3%인 56개 기관이었다. 또한 노동 측 위원의 39.8%는 노동성에 관련된 심의회에 집중되어 있었다. 노사가 동수로 대등하게 참가하는 심의회는 노동성의 전체 14개 기관 가운데 10개 기관뿐이었다(総務庁 1986).

일반적으로 심의회가 발휘하는 압력단체간의 이해관계 조정 기능은 정당이나 행정기구에 비해 떨어진다는 평가를 받았다. 예를 들어 노동단체나 전문가단체는 정당의 조정 기능을 중시했고 기타 대부분의 단체도 행정 당국이 조정 기능을 발휘할 것으로 기대했다(村松岐夫・伊藤光利・辻中豊 1987: 139-140). 그러나 노조 대표가 심의회에 참가하는 의미를 평가하려면 특정 목표를 달성하는 가시적인 효과보다 참가한다는 사실 자체가 발휘하는 잠재적 기능에 주목할 필요가 있다. 정부가 정책을 입안하며 심의회에서 논의하는 과정에서 의견 차이가 조정되고 이해 당사자를 사회적으로 통합하는 효과가 발생하기 때문이다.

노동성의 '부인소년심의회'가 '남녀고용기회균등법'을 심의하는 과정을 분석한 시노타 토오루(篠田徹)는 심의회가 '포괄적 통합'(corporation) 기능을 발휘한다는 사실을 지적했다. 즉, 의회에서 항상 수적으로 위축되었던 노동 측에게는 심의회를 구성하는 노・사・공익 삼자 간에 대등한 관계가 형식적으로 보장된다는 사실 자체가 중요했다. 또한 심의 과정에서 문제의 범위가 좁혀졌을 뿐만 아니라 논의의 성격도 이념적・이데올로기적 차원에서 기술적 차원으로 전환되었다. 이러한 과정을 거치며 심의회는 타협을 통해 대립을 해소하는 공간이 되었다. 결국 '부인소년심의회'가 제출하는 건의와 답신의 의미는 노사가 현안에 대해 공익위원이나 담당 부서인 부인소년국의 조정을 거쳐 합의하는 과정을 밟았다는 사실 자체에서 찾을 수 있다. 부인소년국도 관련 단체에 대한 행정지도가 용이해질 뿐만 아니라 이해 당사자의 거부 반응을 사전에 예방하여 정책의 실행성이 높아지고, 의회 심의과정에서 야당의 공세를 방어하는 명분이 마련되며, 노동성 내부와 외부의 다른 정부 조직에 대한 입장이 강화되는 다양한 효과를 기대할 수 있었다(篠田徹 1983: 102-104). 이 사례는 심의회에 참가하는 모든 당사자가 정치적 이익을 공유했다는 결과를 보여준다.

제1차 석유파동 직후 대량 실업의 발생을 감수하면서 구조적 불황에 빠진 산업을 정리하는 난제도 노동 측 대표가 참가한 심의회를 통해 무난하게 추진할 수 있었다. 1970년대 후반 산업정책의 주요 과제는 생산 시설의 합리화, 즉 과잉설비의 처분과 산업구조 조정이었다. 1978년 5월 공포된 '특정산업 구조개선 임시조치법'은 정부가 통산성에 설치된 산업구조심의회를 비롯한 관련 심의회의 의견을 참고하여 합리화 대상 업종을 결정하도록 규정했다(2조 6항). 이 경우 심의회는 사전에 사업 자단체와 노조의 의견을 청취하도록 되어 있는데(3조 6항), 사업자도 설비를 처리하거나 사업 목적으로 다른 기업과 제휴하는 조치를 취할 경우에는 노조나 노동자의 과반수를 대표하는 자와 고용안정에 대해 협의하도록 명시되어 있었다(10조 1항). 결국 심의회를 매개로 일종의 산업별·기업별 노사협의가 이루어졌으며, "자본과 노동의 이익공동체"와 통산성이 협조 관계를 형성하는 구도가 만들어졌다. 정책 당국의 입장에서도 이러한 과정을 통해 고도경제성장기의 '장기계획형 산업정책'을 탈피하여 '유연즉응형 산업정책'으로 무난하게 전환할 수 있었다(篠

田徹 1988: 42-45, 61, 76-77).

1980년대 신자유주의 정책이 도입되는 과정에서도 심의회는 사회통합의 장이 되었다. 1981~1983년에 걸쳐 활동한 '제2임조'는 기본답신 (1982. 7. 30)인 제3차 답신에서 1970년대 후반 이후 2차에 걸친 석유위기를 겪으며 성장률이 급격하게 저하되었으나 공공사업비와 사회보장비의 증가로 재정적자가 구조화되었으므로, 정부 행정의 부담을 줄이고 민간 활력을 도입하여 행정개혁을 추진할 필요가 있다는 판단을 제시했다(臨時行政調査会OB会 編, 1983: 274-275). 이처럼 행정개혁의 목적은 재정지출을 억제하여 작은 정부를 실현하는 것이었다. 그러나 실제 심의 과정에서 드러난 최대 논점은 '총평'의 조직 기반인 공기업의 민영화 문제였다. 재계 출신 인사가 회장을 맡은 '제2임조' 위원의 출신 배경을 보면 재계 3인, 관계 2인, 학계 1인, 언론계 1인, 노동계 2인이었다. 노동계를 대표한 위원은 '총평' 부의장과 '동맹' 부회장이었다(朝日年鑑 1982: 205). 이러한 상황에 대해 시노하라 하지메(篠原一)는 "정책결정 기구가 직능단체를 내부자로 만들었다"는 의미에서 "노동이 과소 대표된 코포라티즘"에 의한 정치적 통합이라고 분석했다. 이는 '제2임조'의 답신에 포함된 정책 내용보다 활동 과정에서 발생한 정치적 효과가 더욱 중요하다는 시각이었다. 즉, '제2임조'는 누구도 반대하기 어려운 행정개혁이라는 정치적 상징을 동원하여 논쟁이 발생할 수 있는 중요한 정책을 합리화하였으므로 사회적 갈등을 사전에 해소할 수 있었다(篠原一 1983: 337-340).

이상에서 논의한 바와 같이 제1차 석유파동 이후 본격적으로 추진된 노조의 정책참가 활동은 일본의 정책형성 과정을 '노동자 세력이 배제된 코포라티즘'으로 해석하는 시각의 한계를 보여준다. 현실적으로 일본의 노동단체들은 재계와 이익을 공유하며 정부의 정책 형성 과정에 참가하여 발언권을 행사하고 있었다. 이나카미 타케시(稻上毅)는 '연합'이 지향하는 정책참가 노선을 '완만한 네오코포라티즘'의 형성으로 해석했다(稻上毅 1989:70, 73-75). 이러한 해석은 일본에서 서구 사회가 경험한 네오코라티즘의 형성을 기대할 수는 없지만, 시장원리가 일방적으로 관철되는 상태를 의미하는 신자유주의적인 방향으로 노조의 규제도 없이 노사관계가 재편된 건 아니라는 시각이다. 이처럼 정책참가는 중심부의 정규직 노동자를 대표하는 '연합'의 입장이었으며, 주변부의 비정규직 노동자들은 노조의 존재를 기피하고 수량적 유연성의 극대화를 추구하는 신자유주의적 노사관계가 적용되는 영역에서 생활하고 있었다. 이와 같이 노조의 정책참가의 의미는 노사관계의 이원화와 노동시장의 이중구조화라는 맥락을 전제로 이해할 필요가 있다.

③ 정책참가의 한계와 소수파의 이의제기

네오코포라티즘이 작동하는 사회에서 정부가 정당성을 가진 노조와 정책협조 관계를 유지하며 계급문제를 해결해도 노조가 대표하지 못하는 이해관계는 남아 있었다. 이런 상황에서 새로운 쟁점을 제기하는 신사회운동이 등장하게 된다(Schmitter, P. C. 1982: 282). 즉, 노동운동은 노동자 집단 내부와 사회에서 출현하는 새로운 이의제기 행동에 대한 입장을 결정해야 하는 과제에 직면하게 되었다. 일본에서 '완만한 네오코포라티즘'이 형성되고 있다는 분석은 중심부 노동자로 조직된 민간대기업 노조가 정부와 협조하며 정책형성 과정에 참가한다는 의미였다. 그러나 이러한 사회통합 기제에서 배제되는 주변부의 노동자도 여전히 존재했다. 특히 노동력 관리의 수량적 유연성을 확보하기 위한 고용조정과 비정규직 노동자의 증가는 장기적으로 주변부 노동자를 증대시키는 요인이었다. 결국 정사원으로 구성된 노조의 정책참가 활동이 발휘하는 사회통합 효과는 한계가 있었다. 실제로 고도경제성장 종언 이후 변모하고 있는 일본의 노사관계 상황을 살펴보면 상호신뢰적 노사관계를 표방하는 '민간대기업 노사융합'과 정부 사이에 형성된 정책협조 관계가 강화되었다. 그러나 노동조합과 조합원의 괴리 현상이 해소되지 않으면 내부의 이단자들이 일으키는 반란이 소수파 노동운동으로 표출될 가능성이 있었다. 이처럼 일본의 노사관계를 이해하기 위해서는 민간대기업의 상호신뢰적 노사관계만이 아니라 소수파 노동운동의 이의제기 행동도 포괄하는 논의가 필요한 상황이었다.

(2) 경영참가와 유니온 아이덴티티

일본의 노조가 전개한 경영참가 논의는 독일의 공동결정 제도와 구분할 필요가 있다. 독일만이 아니라 서구나 미국에서는 노사의 영역이 분리되었다는 전제 하에 종업원의 경영참가를 논의하는 것이 당연하다. 독일의 사례를 보면 전국 수준에서는 산업별노조가 당사자로서 경영자 조직을 상대로 단체교섭을 실시하여 노동조건을 결정한다. 산업별 노사가 합의한 결과를 개별 기업에 적용하는 과정에서는 노동조합이 아니라 종업원 조직이 당사자의 자격으로 노사협의에 참여하고 노동자 중역제도가 실시되고 있다. 그러나 기업별노조 체제가 자리잡은 일본에서는 노사의 경계선이 명확하지 않아 종업원의 경영참가를 일상적인 업무수행과 구분하기 어렵다. 오히려 노조가 경영참가를 강조하는 캠페인을 전개하는 배경에 주목할 필요가 있다. 즉, 경영참가를 논의하는 과정을 거치며 조합원이 노조와 기업에 관심을 갖는 효과가 발생한다는 사실이 중요하다.

① 경영참가와 노사협조

경영참가 논의가 등장한 배경에는 고도경제성장 시대를 거치며 노동자의 욕구 수준이 달라져 임금만이 아니라 노동에서 느끼는 의미와 보람을 중시하게 되었다는 의식구조의 변화도 있었다. 또한 서구에서 진행된 산업민주주의 논의가 미친 영향도 중요하다. 노사는 현실적으로도 고도경제성장 시대의 종언과 함께 경영참가를 논의할 필요가 있었다. 기업의 입장에서 보면 감량 경영을 추진하려면 감원과 배치전환을 실시해야 하지만, 노사협조를 유지하려면 노조의 위상과 발언권을 존중해야 한다는 딜레마가 발생했다. 철강업의 사례를 조사한 닛다 미치오(仁田道夫)는 노조와 신뢰관계를 유지하면 노무관리 비용이 절약되므로 경영자가 노조의 주장을 수용할 필요가 있다고 분석했다(仁田道夫, 1988: 278-279). 실제로 기업별노조는 비정규직 노동자나 하청업체 노동자의 감원에 대해서는 이의를 제기하지 않았고 조합원인 정사원의 고용 확보를 중심 목표로 삼았다. 고용조정에 대한 노사협조는 '일본적 노사관계'가 세계적으로 주목받는 계기가 되었다. 당시의 경영참가 논의를 구체적으로 파악하려면 우선 각 당사자의 입장부터 살펴볼 필요가 있다.

먼저, 사용자 단체인 '일경련'(日経連)[202]이 1976년 발표한 '전원참가 경영'[203](日本経営者団体連盟全員経営小委員会 1976: 303-312)에서는 경영참가의 기본을 "대표를 통하는 것이 아니라 종업원 전원이 날마다 실제로 일하

202. 일본경영자단체연맹(日本経営者団体連盟).
203. 全員奎画経営.

는 직장에서 업무의 목표 설정, 분담, 방법 등을 결정하는 과정에 직접 참가하는 일"이라고 규정하고 있다. '일경련'은 "직장 수준의 참가와 직장투쟁은 근본적으로 다른 것이며 엄격하게 구별할 필요가 있다"는 입장도 밝히고 있으며, 산업별·지역별 노사협의를 확대하고 노동자 대표가 심의회에 적극적으로 참가할 수 있도록 장려할 것을 주장했다. 결국 '전원참가경영'은 직장 수준에서는 모든 종업원이 생산성 향상을 위한 활동에 직접 참가하도록 촉구하며 사업소, 기업, 지역, 산업 수준에서는 노사협의 체제를 강화하는 방침이었다.

노동 측의 입장을 반영하는 자료는 '동맹'이 1974년 발표한 「경영참가체제의 실현을 위하여」(全日本労働総同盟 1976: 312-317)이다. 여기에서는 노사협의제와 단체교섭의 기능 강화, 노동자 대표의 감사역회 참가, 직장 수준의 노동자 참가(직장간담회, 사업장 수준의 노사협의회), 노동현장의 인간화(안전, 쾌적하며 인간적으로 보람이 있는 직장, 산업수준의 노사협의 기관 설치, 정부의 산업별 정책심의기관에 대한 참가 확대와 이를 뒷받침하는 정책조사 기관의 충실화) 등이 주요 내용이었다. 그러나 '동맹'은 "직장투쟁이라는 구호 아래 직장수준에서부터 반체제투쟁을 키워가려는 직접민주주의와 참가를 지향하는 운동은 엄격하게 구별"해야 한다는 입장을 밝히고 있다. 즉, 직장투쟁을 배제하고 노사협의를 확대한다는 측면에서는 사용자 단체와 민간대기업 노조의 지도자들이 공동보조를 취하고 있다고 할 수 있다.

전문경영인 조직이라고 할 수 있는 '경제동우회'(経済同友会)는 1976년 "일본적 노사관계 내부에는 이미 사실상 경영참가와 같은 형태의 관행이 상당하게 도입되어 있을 뿐만 아니라 정치적·사회적·경제적 배경이 달라 서구 여러 나라의 경우와 같이 긴급한 일이 아니다"는 판단을 밝혔다. '경제동우회'가 예시한 관행은 "시간이 흐르면 실질적으로 종업원 대표가 경영진이 될 수 있다", "품의제를 실시하고 있으므로 종업원이나 중간관리자가 실질적으로 경영의사결정에 참가할 수 있다", "노사협의 제도가 보급되어 있다", "종업원 지주제도, 주택대부제도가 마련되어 있다", "직장간담회와 ZD, QC 등의 소집단 활동이 활발하다" 등의 내용을 가지고 있었다. 여기에는 "시대를 중장기적으로 전망한다면 일본도 서구 각국이 밟았던 길을 걸어갈 가능성이 있으므로 종업원의 경영참가 문제에 관심을 가질 필요가 있다"는 예측과 함께 "젊은 층을 중심으로 가치관이 다양해지는 경향이 보이고, 주체성을 발휘하겠다는 욕구가 높아가며, 직장규율이 이완되고 기업에 대한 충성심이 희박해질 것으로 예상되는 상황이 나타나고 있다"는 현실 진단도 포함되어 있었다. 즉, '경제동우회'도 노동자의 소외의식이 증대하면서 새로운 의미에서 기업 내부의 통합이 문제로 등장하는 상황을 인식하고 있었다(経済同友会新自由主義推進委員会 1976: 294-302).

경영참가에 대한 노사의 입장에 대해 쿠마자와 마코토는 "노조가 제시하는 참가론에는 노동자가 존재하는 사회적 위상이나 에토스, 그리고 노사관계의 특질에 관한 분석과 평가가 누락"되어 있으며, 바로 이 지점에서 경영자 측이 제시하는 논거와 차이가 난다(熊沢誠 1978: 90)고 지적하였다. 이는 일본에서 노동자의 경영참가 논의는 서구의 사례를 본받자는 노조가 아니라 '일본적 노사관계'의 장점을 강조하는 경영자가 주도하고 있다는 해석이다. 그러나 1980년대 들어 일본의 노조는 노동자의 사고방식과 생활문화의 변화에 대응하여 새로운 '유니온 아이덴티티'(union identity)를 확립하자는 운동 방침을 제시하게 되었다.

② '유니온 아이덴티티' 운동

일본은 '감량경영'의 성공으로 석유파동이 초래한 불황을 가장 먼저 극복하고 극소전자(ME)[204] 기술혁신을 선도하여 세계적으로 경제대국의 지위를 확립했다. 이 과정에서 종업원의 소수정예화가 촉진되었으며 기업이 우선적으로 고용을 보장한 핵심적 장기근속층을 기반으로 노사 협조 체제가 확고하게 자리잡았다. 1980년대 들어 일본 노조의 경영참가 논의는 '유니온 아이덴티티' 운동으로 발전하였다. 이 운동의 구체적 내용은 다음과 같다(稻上毅 1989: 79-84).

㉠ 상징의 혁신: 용어·깃발·기관지·마크의 쇄신을 시도한다: "노동자→직업인, 기관지→정보지, 노동조합→유니온"과 같이 용어를 변경한다. 일반인에게 생소한 '분회', '오르그'[205], '본부', '지본'[206] 등의 용어를 폐지한다.

㉡ 노조의 독자적인 종합생애복지대책 구상: 실질적으로 소폭의 임금인상 추세가 정착되고 조합원의 욕구가 다양화되는 상황에 대응하기 위해 여러 가지 대안을 구상한다. 복지의 측면에서도 "기업으로부터의 자립"을 생각할 필요가 있다. "퇴직 후의 여생이나 가정과 지역을 포함한 사생활의 영역까지 염두에 둔 정책구상"이 필요하며 "노조가 수립한 독자적인 계획과 정책을 회사 측의 경영정책이나 계획과 맞추어보는 과정을 통해 노사 양측이 계획을 공유"할 수 있다. 또한 복지 대책 수립은 "조합원의 자주적인 설계"를 중시한다.

㉢ 노조가 기업의 경영정책에 대해 적극적으로 발언한다.

204. microelectronics.
205. オルグ, 조직 지도자(organizer)를 말함.
206. 地本, 지역본부.

㉣ 노조에서 제외된 종업원에게 적극적으로 개입 : 파트타이머 및 과장급이지만 부하가 없는 관리직 사원을 지원한다. 기업집단을 단위로 노조협의회 및 노조연합회의 결성을 시도한다.

노조가 이상과 같은 내용의 '유니온 아이덴티티' 운동을 추진한 배경에는 노동자의 가치관과 생활문화가 달라지고 있다는 상황 인식이 있었다. 즉, 노조도 행동 방식을 바꾸어야 "일하고 급료만 받아가면 그만이라는 수단주의적인 시각으로 회사를 보는 종업원이 늘어나는 경향", "'회사 인간'에 그치지 않고 직업인으로서의 자기의 생애와 직무수행 능력에 대한 관심이 높아가는 경향", "종업원의 화이트칼라화와 고학력화" 등의 변화에 대응할 수 있다는 문제의식이 생겼다. 또한 "종업원 사이에서 직장에서 수행하는 업무와 일상생활에 모두 결정적인 영향을 끼치는 기업의 경영상태에 대한 관심이 높아가고 있다"는 현실도 '유니온 아이덴티티' 운동이 등장한 이유의 하나였다(稻上毅 1989: 78). 컴퓨터 및 통신기기 분야의 거대기업인 후지츠(富士通)의 노조위원장은 "20년 전에는 65%가 블루칼라였지만 지금은 65%가 화이트칼라가 되었다. 옛날과 같이 따라오지 않는다. 고학력화된 일반 조합원들은 논리회로를 매우 중시하며 회사의 경영 동향에도 관심이 높다. 노조가 자기들의 의견을 들어주고 위원장이 그 내용을 실제로 사장에게 말해준다는 일이 큰 격려가 된다"는 말로 상황의 변화를 설명했다(渡辺紀鴨·稻上毅·川喜多喬 1987: 47).

③ 기업 조직의 내부 통합
'유니온 아이덴티티' 운동은 표면적으로는 노사협조가 정착되고 있

지만, 실상을 보면 노조에 관심을 보이지 않는 노동자가 증가하고 있다는 문제의식에서 출발했다. 이는 노조가 '경영 보완적 기능'을 확대하여 활동영역을 확보하려는 시도라고 표현할 수 있다. 실제로 '유니온 아이덴티티' 운동의 성과에 대해 후지츠의 노조위원장은 "경영 측이 노조의 존재를 인정하고, 노조의 의견을 들으려 한다. 담 바깥에 있으면서 경영에서 소외되었던 노조가 담 안으로 들어가게 되었다. 특히 젊은 층들이 좋아서 노조도 재미있으니 해볼 만하다고 나선다"고 평가하고 있다(渡辺紀鴨·稲上毅·川喜多喬 1987: 50). 이 운동은 직장 수준에서 전개되는 '자주관리활동'의 확대판이라는 성격이 있으며 노조의 정당성 유지에 도움이 되는 범위 안에서 경영에 대한 발언권이 인정되는 상황을 반영하고 있다. 결국 일본의 민간대기업 부문에서 논의된 경영참가는 서구식의 산업민주주의가 아니라 기업 조직의 내부 통합을 강화하는 의사소통 통로의 하나라는 위상이었다. 즉, 일본의 노사는 경영관리기구의 주도권을 전제로 노조의 경영참가를 논의하고 있었다.

(3) 민간대기업 노사융합의 형성

고도경제성장의 종언 이후 일본 노조가 추구한 정책참가와 경영참가는 임금인상보다는 정사원의 고용과 노조 조직의 정당성 유지를 우선시하는 운동 방침을 반영하는 행동이었다. 이미 직장 수준에서 노조는 사회관계의 주도권을 상실하였기에 노조는 새로운 정당성의 근거를 정책참가에서 찾았다. 의회와 정당이 아니라 행정부의 심의회와 사적자문기관이 정책참가 통로가 되었다. 정책 논의 과정에서 이익당사자의 통합과 쟁점의 비정치화가 이루어졌으며, '완만한 네오코포라티즘'이 형성되었다. 기업은 감량경영을 추진하며 정사원의 고용을 우선적으로 보장하였으므로 상호신뢰적 노사관계는 더욱 강화되었다. 그러나 조합원의 노조에 대한 무관심이 확산되었으며 이는 노조의 통합력을 저하시키는 문제를 초래했다. 또한 민간대기업의 본체 내부에는 연구개발과 관리기능을 수행하는 간접요원의 비중이 늘어났다. 노조는 '유니온 아이덴티티' 운동을 전개하여 조합원의 달라진 생활감각에 맞춰 각종 용어와 상징물을 교체하고 조합원의 제안이 경영 방침에 반영될 수 있도록 발언권을 행사하는 경영참가 활동을 추진하였다. 이상과 같이 민간대기업 부문에서는 직장, 기업, 국가라는 세 수준에서 추진된 노동자의 참가적 통합이 실현되었다. 그러나 이러한 통합 구조에서 배제된 주변부의 노동자들은 새로운 이의제기 행동을 시도하게 되었다.

VI-3. 소수파 노동운동의 이의제기

1973년의 제1차 석유파동을 성공적으로 극복한 일본 기업의 협조적 노사관계는 세계적으로 찬미의 대상이 되었다. 경제대국 일본을 뒷받침하는 '일본적 노사관계'는 사실상 정사원으로 구성된 민간대기업의 기업별노조가 '민간대기업 노사융합'을 구성하여 기업 및 정부와 협조적 관계를 유지한다는 의미였다. 그러나 노동력 관리의 수량적 유연성을 보장하는 취업형태의 다양화는 비정규직 종업원이 구조적으로 증가하는 요인으로 작용했다. 비정규직 종업원의 구조적 증가와 함께 기업별노조에 소속되지 않은 노동자의 권익을 대변하는 소수파 노동운동이 주목을 받게 되었다. 결국 일본 노사관계의 전체상을 파악하려면 협조적인 '일본적 노사관계'만이 아니라 소수파 노동운동의 이의제기 행동도 포함한 논의가 필요하다. 특히 1990년대 이후 장기불황을 겪은 일본 사회가 고용불안을 비롯한 다양한 사회문제에 직면함에 따라 소수파 노동운동의 문제의식은 현실적으로 더욱 중요한 의미를 가지게 되었다.

(1) 노사협조의 한계와 소수파 노동운동

① 노사협조와 노동자의 불만

소수파 노동운동은 노사협조를 지향하는 기업별노조의 행동에 대한 일반 노동자의 불만을 대변하는 흐름이다. 1970년대 후반 이후에는 "경영이 우위에 있는 노사관계로부터 경영주도적인 노사관계로" 이행되는 과정이 진행되었다고 본 모리 고로(森五郞)는 "춘투에서 해마다 노조가 패배하고 있었으며 기존 노조의 이데올로기에 만족하지 못하는 분자들이, 현재의 노동조합과는 별개의 노동조합을 조직하고 있으므로, 소위 소수조합이라는 이름으로 동일기업 내부에 복수의 조합이 형성되는 경향이 증가하고 있다. 결과적으로 기존 조합과 소수조합 사이에 일어나는 대립 항쟁이나 폭력 사태도 증가하였다. 여기에 기업의 노무관계자까지 가세한 부당노동행위 분쟁이 급증하고 있다"(森五郞 1981: 381)는 우려를 표시했다. 이와 같은 상황은 기존 노사관계에 이의를 제기하는 소수파 노조, 쟁의단을 비롯한 다양한 노동운동의 등장을 의미했다. 현실적으로 소수파 노동운동의 이의제기 행동이 '민간대기업 노사융합'의 주도권을 무력화시키는 사태는 일어나지 않았지만 '일본적 노사관계' 내부에 존재하는 모순과 문제점을 노출시키는 계기가 되었다. 이는 1970년대 후반 이후 장기적으로 진행된 고용안정성의 저하가 일본 사회에 미친 영향을 반영한 현상이라고 할 수 있다.

② 자립적 노동자 사회의 가능성 모색

카와니시 히로스케가 1975년 '총평' 가입 노조를 대상으로 실시한 조사에서는 복수노조 상태에 있는 단위 노조가 11.9%였다(河西広祐 1990: 78). 노동성 조사에서도 1987년 6월말 동일 사업소 내부에 복수노조가 병존하는 사례는 전체적으로 12.1%였으며 제조업 부문은 6.6%에 지나지 않았다.[207] 그러나 소수파 노조의 수량적 비중보다 활동 방향의 차별성이 더 중요한 의미를 가진다. 카와니시 히로스케는 1970~80년대에 실시한 경험적 조사연구를 기반으로 사용자의 하위 파트너가 된 기업별노조의 한계를 극복하려는 소수파 노조의 좌파적 분열에 주목하였다. 그는 노조를 평가하는 기준은 경제적 성과가 아니라 노조와 조합원의 상호관계, 즉 노조와 조합원의 유기적 결합도를 기준으로 삼는 것이 타당하다는 입장을 제시했다. 이는 노조 활동을 분석하려면 '일반 조합원이 노조 활동에 참가하는 동기와 참여도', '노조 간부와 조합원의 상호관계', '직장의 노조 조직과 노동자의 직장생활 실태', '조합민주주의 원칙이 지켜지는 수준' 등을 중시해야 한다는 시각이다(河西宏祐 1989 : 5-12, 14-23). 이러한 지표를 기준으로 카와니시는 기존의 기업별노조와 차별성을 가진 소수파 노조, 노동운동 집단이 '계급 조직 기능'을 수행한다는 평가를 내린다.

카와니시는 "기업별노조가 '자립적 기준을 가진 노동자 사회'의 형성을 부정하고 있으며 종업원 자격을 전제로 한 '노동자간 경쟁의 조직

---

207. 労働大臣官房政策調査部 編, 1988, 『日本の労働組合の現状 II-団体交渉と労働争議に関する実態 調査報告-』(昭和63年度版), 大蔵省印刷局.

화'를 촉진하고 있다"는 비판을 제기했다. 그는 '종업원 조직 기능'을 발휘하는 '중추형 노동조합'과 '계급 조직 기능'을 발휘하는 '변경형 노동조합'을 구분하였다. 전자는 전종업원 일괄가입형 기업별노조를 의미하고 후자는 '기업내 복수조합 병존형' 노동조합과 1980년대 이후 증가하는 '신형노동조합'으로 구분된다. 이미 살펴보았듯이 미군정기부터 급진적인 제1노조가 주도하는 쟁의가 격화되면 온건한 제2노조가 등장하여 기업 측의 지원을 받아 조합원의 다수를 확보하고, 제1노조가 소수파 노조로 위축되는 사례가 반복적으로 발생했다. 그러나 카와니시는 '기업내 복수조합 병존형' 노동조합의 사례를 분석하며 '계급 조직 기능'을 발휘하는 소수파 노조가 조합원 다수의 지지를 받아 주도권을 장악하는 과정에 관심을 기울였다. '신형노동조합'에는 '심신장애자 노조', '임시공·시간제 고용자 노조', '도산 기업 노조에 의한 자주생산 운동', '실업자 노조', '여성 노조', '중고령자 노조', '코뮤니티 유니온(지역단위 노조)', '생산자 협동조합' 등 다양한 형태가 있다. '변경형 노동조합'의 '계급 조직 기능'을 강조하는 시각에서 보면 직장의 사회관계는 조합원의 연대를 중시하는 '노동자 문화'를 기반으로 형성된다(河西宏祐 1989 :425-429).

기업별노조만이 아니라 다양한 형태의 노동운동 조직을 포괄하는 소수파 노동운동에 대한 카와니시의 논의는 기업별노조가 매몰되어 있는 '기업 이기주의'와 '노사 이익공동체'를 극복하려면 직장 수준에서 '노동자 문화'에 입각한 조직화가 필요하다는 주장으로 귀결된다. 사회적 맥락을 고려하면 기득권 유지를 중시하는 '노사 이익공동체'에 대한 '소수파 노조'의 이의제기 행동은 제도화된 노사관계의 경직화를 방지할 뿐만 아니라 노동자가 '기업 이기주의'를 벗어나 사회적 공공성에 입각하여 문제를 해결하도록 촉구한다는 의의를 가지고 있다. 1980년대 후반부터 급증한 외국인 불법취업자의 권리를 보호하는 활동도 '신형노동조합'의 활동영역이 되었다.

③ 비정규 사원의 증가와 소수파 노동운동의 이의제기

소수파 노동운동은 기업별노조가 지닌 내부 모순을 폭로하고 대안을 모색한다는 명분을 추구하고 있었다. 이는 노동자가 '노사 이익공동체'에 통합되는 것을 거부하고 자립적 노동자 사회를 확산해나가려는 운동인 동시에 협조적 노사관계가 직면한 한계를 반영한다. 특히 제1차 석유위기 이후의 감량경영 과정을 통해 정사원으로 구성된 기업별노조의 조직 기반은 축소되고 있었다. 반면 수량적 유연성 확보에 편리한 각종 비정규 종업원의 비중이 증가했다. 저성장기에 고용흡수 기능을 발휘하여 실업문제의 악화를 방지한 서비스 부문의 고용 관행은 비정규 사원을 기준으로 형성되었다. 이처럼 장기적으로 취업형태의 다양화와 함께 불안정 고용이 확대되었다. 이러한 구조적 변화를 감안하면 소수파 노동운동의 이의제기 행동은 노사관계의 상황만이 아니라 '기업사회 일본' 내부에서 형성된 새로운 사회적 균열을 반영하고 있다고 볼 수 있다.

(2) 소수파 노동운동과 사회적 균열

소수파 노동운동의 이의제기 행동은 노사협조의 이면에 은폐된 문제를 드러낸다. '노사 이익공동체'를 구성하는 기업별노조와 변경형노조의 차별성은 '노동자 문화'의 상태 및 노동운동과 사회운동의 관계에서 가장 선명하게 드러난다. 여기에서는 활동 범위가 기업 단위로 한정된 기업별노조의 속성에 주목하여 후자에 초점을 맞추었다.

① '직장 왕따' 사건과 이단자의 배제

토시바 내부에서 발생한 '직장 왕따 사건'의 쟁의단인 '토시바 후츄공장에서 직장 왕따를 없애고 우에노 히토시 군을 지키는 모임'[208] (이하 '지키는 모임')은 폭행 피해자가 가해자인 감독자와 기업을 상대로 제기한 민사소송을 '인권투쟁'이라는 관점에서 바라본다. 이 사건은 한 청년 노동자가 기업과 노동조합을 동시에 비판하며 이의를 제기하자 감독자인 제조장(製造長)[209]이 사적 제재를 가했는데 이것이 노무관리를 위해 행사할 수 있는 정당한 지도감독권의 범위에 들어가는지가 법률적 초점이 된 사건이다. 사건의 발단은 토시바 후츄공장의 제관(製罐) 직장에서 일어난 상사의 폭행이었다. 심인(心因) 반응을 이유로 결근한 피해자는 감독자인 제조장과 회사를 상대로 결근기간에 대한 미불 임금과 폭행에 대한 손해배상금의 지급을 요구하는 민사소송을 제기했다(1982. 1. 21). 8년 만에 끝난 1심(1990. 2. 1)은 미불임금을 전액 지급하고 청구한 위자료를 일부 지급하라는 판결을 내렸다. 최종적으로 이 사건은 회사가 재판소의 권고를 받아들여 2심 항소를 취하(1992. 9. 22)하는 것으로 종결되었으며 원고인 우에노는 정년퇴직(2016. 9. 30)을 할 수 있었다.

사건을 깊이 들여다보면 기업이 업무와 무관한 노동자의 개인생활을 통제한 것에서 비롯되었다. 우에노가 회사 외부의 사회문제 토론 서클에 참가할 것을 권유하는 독자 투고를 마이니치신문(每日新聞)에 게재했

---

208. '東芝府中工場から職場八分をなくし上野仁君を守る会'.
209. 과장 밑에 있는 제조장은 20~40명의 노동자를 감독, 그 밑의 작업장은 10-20명 단위의 노동자 집단을 감독(高城信義等 1992: 200).

는데, 이를 본 제조장이 독서회 탈퇴를 권유했다. 우에노는 상사의 압력을 거부하고 독서회가 있는 요일에는 잔업을 하지 않고 정시 퇴근하였으며, 노조를 비판하는 인쇄물을 직장에 배포하였다. 그는 결국 직장 동료들로부터 고립되는 비공식 제재의 대상이 되었다. 우에노의 사소한 실수를 문제삼아 다수의 시말서와 반성서를 받은 제조장의 사적 제재는 폭행으로 발전하였다(熊沢誠 1989: 25-26, 30). 우에노는 '일본소비자연맹'의 회원[210]으로 활동하고 있었으며 사건에서 문제가 된 독서회 '아시타'[211]는 '사회주의청년동맹' 계로 알려져 있었다(渡辺鋭氣 1983: 48-56). 공판에서 피고가 된 제조장은 본인과 우에노의 관계를 사제관계로 규정했으며, 기능올림픽 지도원으로서 매일 30~40분간 지도하였다는 사실을 그 근거로 들었다. 그는 우에노가 결근한 날 숙소를 방문했고 시간외 근무를 하지 않고 사외 독서회에 참가하는 행위를 제지했으며 외부 간행물에 기고하는 행위를 문책했는데, 이 모든 행위의 명분을 생활지도라고 정당화했다.[212] 결국 이 사건은 비공식적 인간관계를 관리하는 '의사(擬似) 직장공동체'에 반발한 노동자에 대한 집단적 제재라는 성격을 가지고 있었다.

반면 쟁의단의 지원자들은 사실상 일본의 사회적 소수파 집단이었다. 1985년 6월 당시 정사원 약 7,300명, 관련회사 사원과 파트타이머 약 5,000명이 근무하는(高城信義等 1992: 200) 공장에서 공판을 방청하거나 원고에게 유리한 증언을 하는 방법으로 우에노를 공개적으로 지원하는 노동자는 3명에 불과했다. 그러나 해마다 두 번씩 나오는 일시금이 지급될 때 기부한 후원금을 보면 다른 지원자의 존재를 확인할 수 있다.

210. 『東芝府中人權裁判ニュースじんじん』 1986. 1. 13.
211. あした, '내일'이라는 뜻.
212. 『東芝府中人權裁判ニュースじんじん』 1988. 2. 25.

쟁의단은 공장 내부에서 나오는 후원금의 비중이 30%~40% 수준 이상을 유지하는 것을 들어 동료들로부터 지지를 받고 있다고 주장했다. '지키는 모임'의 회원은 대부분 공장 외부의 지원자였으며 1987년 3월에는 215명이었다.[213] 3~4개월의 간격을 두고 공판이 열릴 때 원고를 지원하기 위해 방청에 참가하는 회원의 규모는 20~40명 정도였다. 공판정에 나오는 지원자들은 20대부터 70대에 이르기까지 다양한 연령층이었다. 이들의 구성을 보면, 토시바의 다른 공장에서 온 기존 노조 반대파 약간명, 토시바 1949년 쟁의 당시 제1조합에 있었던 활동가·대학생·교수·작가 등의 지식인, 일본에 귀화한 한국계 여성, 생활협동조합 직원, '총평'계 노동운동 단체 상근자, 원자력 발전소 반대운동 활동가, 주민운동가, 국철이 민영화된 다음에도 탈퇴하지 않고 있던 '국노'[214] 조합원, 각지의 재판소와 노동위원회에서 노동문제로 계쟁중인 쟁의단, 후츄시의 사회당 시의원 등으로 이루어져 있었다. 변호인단 대표인 미야사토 쿠니오(宮里邦雄) 변호사는 '총평' 변호단(総評弁護団) 간사장을 역임(1986)했으며, 다른 변호사도 재일외국인의 지문채취 거부 운동을 지원하고 있었다. 이렇듯 다양한 쟁점을 내건 사회운동 단체들은 '지키는 모임'에 참가하며 각자의 운동에 지지서명을 상호 교환하며 연대의식을 확인하고 있었다.

이 사례에 등장한 쟁의단은 노사관계만이 아니라 다양한 사회적 쟁점에 이의제기 운동을 벌이는 집단이었다. 이처럼 '지키는 모임'은 소수파로 구성된 네트워크였으며 당시 '거품 경제' 시대를 맞아 사상 최고의 풍요를 누리는 일본 사회의 이면을 보여주고 있었다.

---

213. 『東芝府中人権裁判ニュース じんじん』 1987. 3. 31.
214. 일본국유철도노동조합(日本国有鉄道労働組合).

② 자주생산 쟁의와 사회적 연대

자주생산은 노동자들이 경영 위기에 빠진 기업을 관리하며 생산활동을 계속하는 형태의 쟁의를 의미한다. 제1차 석유파동 직후인 1970년대 후반에는 도산한 중소기업의 종업원들이 자주생산 방식으로 기업을 경영해 수입을 확보해가며 장기간 쟁의를 지속한 사례가 다수 출현했다. 당시 일본의 혁신 진영은 중소기업의 '도산 쟁의'에 대해 자본주의의 위기 상황 속에서 "후퇴를 거듭해온 일본의 노동운동이 상황을 반전시킬 주체적 계기"가 마련될 수 있다고 기대했다(労働問題調査会 編 1981: 517). 그러나 현실적으로 자주생산 쟁의를 전개하는 주체들은 생활자금을 조달하고 '노동자 생산 협동조합'을 만들어 일자리를 확보하는 방향으로 나아가고 있었다(木下武男 1987; 樋口篤三 1988; 石見尚 1988). 카와니시 히로스케는 '노동자 생산 협동조합'을 기업별조합 체제의 한계를 넘어서려는 신형노동조합의 하나로 간주했다. 중소 영세기업 부문에서 증가한 신형노동조합은 지역 단위로 조직된 코뮤니티 유니온이며, 기업과 업종의 경계를 초월한 일반노조였다(河西宏祐 1981: 18-19, 74-75). 이와 같이 '자주생산' 쟁의는 표면적으로는 기업이 도산한 상황에서 벌어지는 노동자의 생존권 확보 운동이라는 성격을 띠지만, 심층적으로는 노동자가 생산의 주체가 되는 대안적 사회를 지향하는 사회운동의 성격을 가진다.

㉠ 사례의 성격─대기업 내부의 자주생산 쟁의: 토시바의 계열사인 토시바암펙스(이하: 토암코)에서 발생한 자주생산 쟁의는 '일본적 노사관계'의 이면을 보여주는 사례이다. 토암코는 1964년 12월 토시바와 미국

의 암펙스(AMPEX)가 주식 지분 51:49[215]로 설립한 합작 기업으로 방송국용 VTR과 컴퓨터용 테이프메모리[216]의 공급을 사실상 독과점하고 있었다. 그러나 VTR 신제품 개발 경쟁에서 패배하여 1970년대 후반부터 토암코의 경영은 악화되었다. 고용조정 문제로 노조와 대립하던 경영진은 1982년 9월 회사를 해산했다. 이를 부당노동행위라고 주장하는 노조는 자주생산을 계속해가며 노동위원회에 구제를 요청하는 한편 민사소송을 제기했다(都築建 1988: 11; 東芝労働組合 1983: 9; 東芝アンペックス労働組合 1984: 10). 이 사건은 지방노동위원회가 기업 측의 부당노동행위를 인정하였으며, 재판소에서 화해가 성립(1990. 12. 26)되어 쟁의단은 독자적인 기업으로 재출발하게 되었다. 이 사례는 민간대기업의 상호신뢰적 노사관계가 붕괴되는 과정과 함께 노사분쟁이 노동위원회 및 재판소를 통해 제도적으로 해결되는 과정을 보여준다.[217] 또한 노조의 자립성 유지에 기여하는 '노동자 문화'의 역할, 자주생산 쟁의가 직면하는 경영관리의 문제, 외부 지원자의 성격 등 변경형 노동운동의 특징을 드러내고 있다.

ⓒ 직장투쟁과 노동자 문화 : 경영이 악화된 토암코는 고용조정에 비협조적인 노동조합에 대한 통제를 강화하기 시작했다. 1972년부터 '인포말'(informal)이라는 비공식 노무관리 조직인 '민주화위원회'를 만들고 폐쇄된 관련회사의 노조위원장 경력자를 채용해 노동운동 대책을 맡겼다. '민주화위원회'는 1973년 7월 노조 임원 선거에서 '토암코 노

---

215. 불입자본금은 설립 당시에 1억엔이었으며 1969년에 신공장이 준공되면서 5억엔으로 증자가 이루어졌다. 1973년 주주총회에서 발행주식의 25%가 의결권이 없는 우선(優先)주식으로 변경되고 이를 합작선인 미국의 X사로부터 T사가 인수하였다. T사는 의결권의 68%(51/75)를 차지하게 되었다.
216. Tape Memory: 자기테이프기록장치.
217. 「東芝アンペックス事件・神奈川地労委命令(昭 62. 12. 21)」을 주로 참조. 労働法律旬報 第1186号 1988年 2月 下旬号, 労働旬報社, pp. 40-55.

조를 좋게 만드는 모임'이라는 이름으로 공개 활동을 시작했다. 회사는 노동운동 탄압을 대행하는 외부용역 업체인 '로무야'(労務屋)를 동원하여 반공교육을 실시했다. 여기에 대항하여 노조를 지지하는 종업원들은 사상의 자유를 구호로 내걸고 '조합원을 위한 노조를 만드는 모임'을 조직하였다. 선거 결과는 노동조합 측의 승리로 끝났으나 노사 대립은 계속되었다. 토시바가 관련회사, 하청회사의 합리화를 강력하게 추진했으므로 토암코의 경영진도 더욱 강경한 자세로 노조를 상대했으며 1978년부터 노사분쟁이 격화되기 시작했다. 토암코 노조는 노동위원회에 구제를 신청(1979. 1. 18)했으며 1979년 12월 지방노동위원회가 사용자의 부당노동행위를 인정하였다(東芝アンペックス労働組合 1983: 15-16).

회사 측의 공세에 대항하여 토암코 노조가 내건 구호는 '상식에 맞는 노동운동'이었다. 노조는 춘투, 일시금, 퇴직금, 노동협약 등에 대한 교섭이나 학습회와 같은 일상적 활동에 머무르지 않고 직장투쟁을 강화하는 방침을 세웠다. 직장투쟁은 노동과정만이 아니라 생활과정도 포괄하는 넓은 의미였다. "운동회, 여름 축제[218], 스키대회, 스케이트대회, 신입 조합원 환영 버스여행, 바둑대회, 장기대회 등 조합원이 자주 사귀고 연결될 수 있도록 행사를 기획하여 분규 과정에서 어색해진 인간관계를 회복하기 위해 노력했다. 특히 "봉오도리대회는 지역사회의 쵸나이카이(町內会)[219]와 손을 잡아 지역 행사로 정착하였다"고 하는 진술에서도 드러나듯이 놀이와 문화행사도 중요한 노동조합의 활동 영역으로 삼고 있었다(東芝アンペックス労働組合 1983: 15).

---

218. 盆踊り(봉오도리). 오봉(お盆, 양력 8월 15일)이 가까워지면 주민들이 밤에 모여 집단으로 노래와 춤을 즐기는 일본 풍속.
219. 지치카이(自治会)라고도 불리며 지역사회를 관리하고 행정 연락사항을 전달하는 주민 자치 조직을 말한다.

노사 대립은 결국 경영 측에 동조하는 제2조합이 결성(1979. 2. 3)되는 결과를 초래했다. 제2조합의 분열에서 회사 해산에 이르는 과정(1979~1982년)까지 쟁의단은 '생활 전체를 망라'한 노동조합 활동을 전개했다(都築建 1987 A: 12). 구체적으로 일상생활 영역에서 노동조합의 영향력을 확보하기 위한 제1조합의 활동은 크게 세 가지로 나눌 수 있다.

가) 생활 지원: 회사의 상사 대신 노동조합 간부가 결혼식 주례를 맡는다. '장례식 돕기', '가족의 질병이나 장애 또는 주택이나 부채 문제에 대한 상담', '보육', '노동금고', '노동공제', '자동차보험', '오락' 등에 이르기까지 노동조합이 챙긴다.

나) 합성세제 추방운동과 비누 사용 운동: 자원, 행정, 기업윤리, 유통 등을 포함한 정치와 경제에 관련된 문제를 생각하는 계기로 삼는다.

다) 아침의 유인물 살포 철저화: 정보 전달과 여론 형성을 주도한다.

이와 같은 운동 결과에 대해 토암코 노조는 "당시까지 임금과 노동조건만 문제시하던 투쟁만이 아니라 주민단체가 담당하던 활동까지 포괄할 정도로 폭이 넓어졌다. 따라서 위장해산 직전에는 제2조합으로부터 조합원이 복귀하기 시작했다"고 자체적으로 평가하고 있다(都築建 1986: 2: 都築建 1988: 13).

ⓒ 자주생산과 노동의 보람: 해산 당시 토암코는 종업원이 모회사인 토시바 및 합작 파트너인 암펙스의 일본 현지법인에 재취직하도록 알선했다. 그러나 고령자, 파트타이머, 촉탁, 질병이나 요양중에 있는 자, 활동가 등은 재고용 알선 대상에서 제외되었다. 제1노조 조합원의 일부와 제2노조 조합원들은 회사가 제시한 조건을 받아들여 퇴직하였다(1982. 10. 25). 토암코 노조 서기장은 사용자의 재취직 알선 제의를 거부하고 자주생산운동 방식을 사용한 이유에 대해 '단결을 지킬 수 있는

고용의 확보'라는 명분을 제시했다. 제1조합원이었다는 이유로 차별 대우를 받을 가능성도 있었지만 종신고용 체제 하에서 중도채용자로 재취직을 하더라도 직장에서 장래에 대한 전망은 어둡다는 현실적 문제가 있었다.[220]

필자가 사례 조사를 위해 현장을 방문한 1988년 5월 당시 쟁의단에는 대학 공학부 출신 4명과 여성 11명이 포함되어 있었으며 조합원의 평균 연령은 36세였다. 실제 생산활동에는 58명 가운데 50명이 종사하고 있었다. 서기장은 쟁의단이 발휘할 수 있는 "능력의 80%를 운동"에 투입하는 애로를 호소했다.[221] 자주생산이 직면한 경영상의 애로는 재료비와 노무비의 부담보다, 투쟁비의 규모를 책정하는 일이었다. 즉, 노동조합 운동을 위해 쓰는 미가동(未稼働) 시간과 노조 상근자를 유지하는 경비 및 기타 활동비가 압박 요인이었다(都築健 1989: 12).

쟁의단이 자주생산을 시작한 초기에는 회사 해산 이전에 취급하지 않던 금형을 수주하였으나 기계가공이 가능한 소수의 숙련공에게 작업 부담이 집중되는 문제가 발생했다. 이를 해결하기 위해 조합원들은 자주적인 OJT를 실시하여 서로 능력을 향상시켰다. 조합원들은 도면 작성, 생산관리, 영업, 경영수지의 분석까지 스스로 해나가는 과정을 통해 업무에 대한 충실감이 향상되는 변화를 경험했다(矢吹紀人 1988 A: 34-35; 矢吹紀人 1988 A: 35; 矢吹紀人 1988 B: 27).

전자를 비롯한 첨단기술 분야에서는 쟁의단도 대기업의 "기술을 배우고 제휴하면서 획득"하였다(都築建 1989: 14). "재미없는 임가공 일감이라도 좋다는 것이 아니라 가슴을 펴고 긍지를 가질 수 있도록 노동의 내용을 만들어갈 필요가 있었다. 이렇게 하지 않으면 쟁의 자체에 흥미가

220. 서기장 都築健으로부터 청취 1988. 5. 28.
221. 서기장 都築健으로부터 청취 1988. 5. 28.

떨어진다. 보통의 노동자는 자기 몫의 일을 가질 때 비로소 긍지를 가질 수 있었다"는 것이 구체적인 체험에서 나온 자주생산의 방향이었다(都築建 1988 B: 38). 쟁의단은 조합원의 업무수행 능력을 향상시키기 위해 "일반 기업에서 하는 것과 같이 각자의 연구를 발표하거나, 개선 제안을 토의하는 일이 중요"하게 되었다(都築建 1989: 19). 또한 자주생산에 참가하는 노조원들이 "일반 노동자에겐 훈련되지 않은 계획성"을 발휘함으로써[222] 경영자의 논리를 이해할 필요가 있었다. 이와 같은 쟁의단의 능력 개발 과정은 성공적인 자주관리활동과 유사한 내용을 가지고 있었다.

쟁의단이 근무 규정[223]을 작성할 때 "조합원이 스스로 노동시간과 휴가를 결정하게 되었는데도 해산 이전과 다른 참신한 내용이 없다"는 문제가 나타났다. 해산 이전과 비교해 오히려 잔업 시간은 늘어나고 유급 휴가는 줄어들었다. 다만 노조 활동 시간은 시간외 근무로 인정받았다. 최소한의 직장규율을 유지하기 위해 타임카드와 작업일보는 폐지하지 않았다. 임금 배분에 대해서는 생활유지 수준을 확보한다는 방침을 전제로 해산 전의 체계를 기준으로 삼고 해마다 조금씩 증액하여 '진짜 연공서열형' 임금체계가 만들어졌다. 임금격차 설정은 유인을 제공하기 위해 필요했다. 심지어 해산 이전에 반대하던 '직무직능급'에 대해서도 "우리가 주체적으로 책임을 가지고 실시하는 체계를 만들 경우에는 생각할 필요가 있다"는 시각이 쟁의단 내부에서도 나타났다(都築健 1989: 12-13, 18-19). 작업 부담을 할당하는 "공정한 방법을 찾는 일은 불가능에 가까운" 것이 현실이었다. 자주생산이 시작된 다음에도 몇년간은 한 사람이 하향식으로 작업을 배정하며 운영하는 하향식 관리체제가

222. 서기장 都築健으로부터 청취 1988. 5. 28.
223. 1984년 5월 작성, 1987년 개정.

필요했다(都築健 1989: 1213, 18-19). 원칙적으로 작업 분담이 명령이 아니라 합의로 이루어지도록 되어 있었으므로, 리더만이 아니라 일반 조합원도 인간적 신뢰관계를 유지하고 고도의 상황판단 능력을 가질 필요가 있었다(都築建 1987 B: 54).

이상과 같이 자주생산을 추진하는 쟁의단에겐 조합원의 자발성·협력이 중요한 노동운동의 가치관, 그리고 사업체가 갖추어야 하는 경영관리 합리성 사이의 균형을 확보해야 하는 과제가 있었다. 또한 조합원들이 노동 자체에 보람을 느낄 수 있도록 직무를 재조직하고 교육을 통해 능력을 향상시키는 활동이 중요하게 부각되었다. 연공급의 성격이 강화된 임금체계의 변화는 관리감독자의 성적 사정이 배제된 자주생산의 특성을 반영하고 있다.

ⓔ 사회적 연대: 회사 해산 이전에 토암코 노조는 상급 단체에 소속되지 않은 단위 노조였다. 자주생산 쟁의에 들어가면서 '전조선'(全造船)[224]의 분회가 되었는데(都築建 1989: 4) '총평'계인 '전조선'에 가입함으로써 토시바의 본사 소재지인 도쿄 지역의 노동운동 연대 조직인 '도쿄쟁의단'의 지원을 받을 수 있었다(山根雅子 1990: 102-104). 자주생산을 진행하는 토암코 노조가 외부의 사회운동 조직이나 쟁의단과 형성한 연대 관계는 노동자 문화를 활성화시키는 효과를 가져왔다. 실제로 1970년대 후반 이후 중소기업 부문에서 급증한 도산 반대 쟁의에 참가한 노동자들은 자주생산의 의미를 쟁의 수단을 넘어서는 문화적 가치에서 찾고 있었다(労使関係調査会 編 1981: 642-648).

토암코 쟁의단은 역시 자주생산 쟁의 중인 '일본 필 요코하마 콘서트'의 음악가 집단과 공동으로 공장 인근 지역에서 정기적으로 400~

224. 전일본조선기계노동조합(全日本造船機械労働組合).

600명 규모의 공연을 개최하는 문화활동을 전개하고 있었다(都築建 1989: 4).[225] 또한 쟁의단은 사회적으로 유용한 제품을 생산해 외부의 사회운동 조직과 연대했는데, 특히 원자력발전에 반대하는 시민운동 단체인 공학사(共学舍)와 공동으로 식품에 포함된 방사능 오염물질을 탐지해 경보할 수 있는 간편한 방사선검지기를 제작해 낮은 가격으로 보급하고 있었다. 이 장치의 판매도 원자력발전소 반대 운동의 네트워크인 R-DAN[226]단체를 통해 이루어졌다. 구소련의 체르노빌 원자력발전소 사고(1986)를 계기로 시민운동 활동가들은 방사선검지기를 보급하여 식품의 방사능 오염을 감시하는 전국적인 네트워크를 자주적으로 구축하고자 노력했다.[227]

쟁의단의 입장을 지지하는 서명운동에 참가한 단체의 명부도 외부 지원자의 성격을 보여주고 있다. 카나카와현(神奈川縣) 지방노동위원회에 토시바사가 단체교섭에 응하도록 명령을 내려줄 것을 요청하는 문서에 서명한 958개 단체 가운데 노동조합이 아닌 단체는 57개였다. 이러한 단체의 내역을 보면 쟁의단 35, 카네미 식용유 중독사건[228] 환자단체 7, 소비자단체 2, 나리타(成田)공항 반대운동 조직 3, 직업병 환자단체 1, 기존 노조 내부의 소수파 조직 3, 한일민중연대운동 조직 3 등으로 구성되어 있었다. 이 문서에 서명한 노조는 '총평'계인 공무원과 공기업체

---

225. 서기장 都築建으로부터 청취 1988. 5. 28.
226. Radiation Disaster Alert Network.
227. 『全造船機械』 1987. 4. 20.; 『朝日新聞』 1986. 8. 4.; 『神奈川新聞』 1986. 8. 5.; *The Japan Times* Oct. 15. 1986.
228. カネミ油症事件. 1968년 1월~2월에 쌀을 원료로 한 식용유 제조공정에서 열촉매로 사용한 PCB(polychlorynated biphenyls)가 제품에 섞여 서부 일본 일대에 출하된 사건이다. 이 물질을 섭취한 소비자들은 우울증, 발열, 기침, 통증, 생리불순, 성장 장애, 치아 변형, 피부병 등의 심각한 중독증세를 보였다. 신고된 환자만 1만 4천명이며 1968년 10월 아사히신문 보도로 공개되었다. 1969년 2월 피해자들이 제조·유통회사를 상대로 소송을 제기해 최고재판소의 권유로 1987년 6월 25일 보상금 108억엔으로 화해가 성립되었다.

노조가 대부분이었다(東芝アンペックス労働組合 1984: 18-22). 이와 같이 연대서명에 참가한 단체는 역사상 최고의 번영과 풍요를 누리던 1980년대의 일본 사회에서 소외된 집단이었다.

ⓜ 대안적 노동자 문화의 모색: 쟁의 수단으로 출발한 자주생산은 '협동의 원리'와 '시장경쟁의 원리'를 동시에 추구해야 하는 모순에 직면했다. 이 문제를 해결하기 위하여 쟁의단은 직장생활과 지역생활을 포괄하는 문화적 변혁을 지향하고 있었다. 이 사례는 외형적으로는 안정되어 있는 자민당 장기 보수정권에 이의를 제기하는 기업별노조 체제의 한계를 극복하려는 '신형노동조합'과 사회운동의 밀접한 관계를 보여주고 있다.

③ 코뮤니티 유니온과 이주노동자 지원

㉠ 뉴카마의 노동문제와 코뮤니티 유니온: 일본에서 '뉴카마'(new comer)는 1980년대 이후 증가하기 시작한 외국인 이주자 집단을 의미한다. 여기에는 다수의 한국인 자격외 취업자가 포함되어 있다. 이들과 구분하기 위해 재일동포 사회에서는 전전 식민지 시대에 이주한 집단 및 그 후손을 올드카마로 부르고 있다. 임금체불이나 산업재해가 발생해도 불법체류자 신분인 이주노동자가 개인적으로 제도에 규정된 구제 절차를 밟는 것은 실질적으로 어려운 일이었다. 결국 뉴카마의 노동문제는 소수파 노동운동 및 이주민의 인권을 보호하는 사회운동과 연계되었다.

지역을 단위로 활동하는 신형노동조합인 '코뮤니티 유니온'은 뉴카마를 비롯한 이주노동자를 실질적으로 도울 수 있는 노동운동 조직이다. 기업별노조에 가입 자격이 없는 파트타이머가 증가하는 현실에 대응하기 위해 '총평'의 지역 노동운동 조직인 지구로(地区労) 활동가를 중심으로 1980년대 후반부터 확산되기 시작한 코뮤니티 유니온은 노조와 지역 사회운동이 결합된 형태였으며 개인 단위로 가입했다. 수도권에서는 도쿄 동부의 영세 하청공장 밀집지역인 에도가와구(江戸川区)를 근거지로 1984년에 조직된 '에도가와 유니온'이 최초의 '코뮤니티 유니온'이다. 일본 서부의 칸사이(関西) 지방에서는 1983년 결성된 오사카의 '유니온 히고로'[229]가 최초의 '코뮤니티 유니온'이다.

'코뮤니티 유니온'은 네트워크 형태의 전국조직을 형성했으며, 주요 활동은 산재보상, 도산기업 노동자와 일고 노동자의 상담이며 지역에서 전개되는 노동자 협동사업, 생활협동조합, 진료소 활동 등과 연계되어 있었다. 1993년 간행된 자료에 따르면 전국적으로 약 70개의 '코뮤니티 유니온'이 활동하고 있었다. 1명의 상근자를 유지하려면 300명의 조합원이 필요하지만 '코뮤니티 유니온'의 절반이 조합원 100명 정도에 불과하다고 애로를 호소할 정도로 개별 조직의 규모는 작았다(小畑精武 1993: 238, 241-242)[230].

ⓒ '카나가와 시티유니온'과 한국인 뉴카마: 도쿄 서남부와 인접한 케이힌(京浜)공업지대의 중심이며 재일동포의 집단 거주지가 있는 카와사키(川崎) 지역의 '카나가와 시티유니온'의 사례는 한국인이 다수 포함된 이주노동자가 겪은 노동문제를 구체적으로 보여준다. '카나가와 시티유니온'은 1985년 6월 '노동자의 조합, 카나가와 지역분회'라는 이름으로 결성되었으며 1990년 3월부터 해당 명칭을 사용하기 시작하였다.

---

229. 결성 당시의 정식 명칭은 東地域合同労組.
230. 1995. 2. 8. 면담, 카나가와 시티유니온, 히라마 마사코(平間正子).

상급 단체는 '전일본조선기계노동조합 칸토오(関東)지방협의회'이다.[231] 이 노조의 실체인 '시티유니온 카와사키'는 중화학공업 도시인 카와사키의 국철 카와사키역 근방에 있었으며 한글로 작성된 다양한 자료를 비치하고 있을 정도로 한국인 뉴카마 지원에 중점을 두고 있었다. 이곳에는 실무를 담당하는 서기장과 한국어 통역을 담당하는 가톨릭 사회운동의 여성 활동가인 마리아가 상근하고 있었다.

'카나가와 시티유니온'을 찾은 이주노동자의 규모는 1991년 외국인 노동상담을 시작한 지 4년 2개월이 지난 시점(1995년 6월말)까지 약 1,100명 수준에 달했으며 이 가운데 800여명이 한국인이었다. 정기적으로 조합비를 내는 한국인 노동자는 200명 수준이었다.[232] 피해를 호소하는 이주노동자의 상담을 접수하면 '카나가와 시티유니온'은 일단 조합비를 받고 서기장의 전결로 가입 절차를 밟았다. 피해자가 조합원이 되면 노조가 사용자와 단체교섭에 들어갔다. 의료문제를 상담하는 노동자는 '미나토마치 건강 호조회(互助会)'로 안내했다.[233] 그러나 조합원이 대부분 비정규직 노동자이므로 실질적으로 교섭 과정은 서기장 개인의 활동에 의존하고 있었다. 사용자가 단체교섭을 거부하거나 비협조적일 경우에는 상급단체인 '전조선관동지협'과 공동으로 한 달에 2회 '1일 행동'을 실시할 때 해당 기업을 방문해 시위했다. '1일 행동'의 대상이

231. 1946년 9월 1일 결성된 '전일본조선노동조합'(전선, 전조선)은 1964년에 전조선기계노동조합 (전조선기계)으로 명칭을 변경했다. 1956년에 중립노련에 가입하였으나 1972년에 '동맹'계가 분열하여 '조선중기노련'을 결성하자 '전조선기계'는 '총평'에 가입했다. '총평' 계통의 조직이었으나 노동전선 통일과 함께 '연합'(連合)의 산하에 들어갔다. 1979년부터 조선 이외의 다른 업종의 노조에도 문호를 개방하여 합동노조의 형태를 가지게 되었다. 2016년 9월 1일 '전조선기계' 본부는 해산하였으나 '전조선기계관동지협'(全造船機械関東地協)은 '전조선관동지협'(全造船関東地協)의 이름으로 활동을 계속하고 있다.

232. 『かながわ シティユニオン』, 22쪽.

233. 의료생활협동조합으로 2천엔의 회비를 내면 국민건강보험 가입자와 동일한 자기 부담 30%로 진료를 받을 수 있다.

되는 쟁점에는 노동문제만이 아니라 진폐 환자, 반핵, 한반도 출신 징용 노동자에 대한 전후 보상과 같은 다양한 현안이 포함되어 있었다. 서기장은 "불법체류자라는 취약한 신분의 조합원들이 처음에는 노조의 권유로 '1일 행동'에 참여했으나, 점차 자발적인 참가가 늘고 있으므로, '피해자 동맹'의 성격을 가진 집단이 사회세력화되기 시작하는 조짐을 느낄 수 있다"고 설명했다.[234] "일한 노동운동의 연대와 전후 보상문제 지원활동", "지역의 여러 단체와 교류 강화"라는 항목이 포함되어 있는 1994년도 운동방침[235]도 사회운동과 연계된 노조라는 '카나가와 시티유니온'의 성격을 반영하고 있다. 일본에서 불법체류자가 되었다가 '카나가와 시티유니온'을 비롯한 지원 조직의 도움을 받아 한국으로 귀국한 노동자들은 국내에서 이주노동자를 돕는 활동을 이어가고 있었다.[236] 이들이 모인 F. W. M[237]은 서울 시내에서 중국인 노동자 및 중국 교포들의 인권문제, 노동문제를 해결하는 지원활동을 벌이기도 했다.[238]

ⓒ 이주노동자 지원네트워크의 형성 : 불법취업 상태에 있는 이주노동자를 의미하는 외국인 자격외 취업자에게는 공식적인 노사관계 제도가 적용되지 않으며 각종 불이익에 노출되어 있었다. 외국인 이주노동자를 지원하는 사회운동은 '변경형 노동운동'[239]인 '신형노동조합' 운

234. 1996. 7. 12. 면담.
235. ① 거점 직장의 강화 ② 조직확대 ③ 일본인 개인 노동상담의 확대 ④ 재일 외국인 노동상담 체제 강화 ⑤ 산재 손해배상 재판 지원 ⑥ 조합원의 친목·문화활동 ⑦ 지역에 대한 선전활동 강화 ⑧ 크게 변화하는 시티유니온에 대응하는 조직을 지향 ㉮ 여러 활동의 보고와 논의를 조합 내부에서 철저하게 실시 ㉯ 기관지 발송의 충실 ㉰ 조합원에 대한 교육 계몽 활동의 강화 ㉱ 학습회 체험을 통한 상근 스탭의 질적 향상을 시도함 ⑨ 운영위원회 스탭의 충실화 ⑩ 지역(요코하마, 가와사키, 요코스카) 유니온의 활동 강화 ⑪ 일한 노동운동의 연대와 전후 보상문제 지원활동 ⑫ 회계 체제의 충실 ⑬ 지역의 여러 단체와 교류 강화.
236. 안산지역에 「시화일꾼의 집」이라는 연락처를 유지하고 있다.
237. Foreign Workers Movement.
238. 「카나가와 시티유니온 제6회 총회 의안서」(95년도 활동보고), 15쪽.
239. 河西宏祐는 기업내 좌파 소수파조합과 신형노동조합(중소 영세기업 노동자, 임시공, 파트노

동의 성격을 가지고 있다. 코뮤니티 유니온인 '카나가와 시티유니온'은 가톨릭교회, 의료생활협동조합, '총평' 좌파의 전통을 잇는 지역 노동운동, 이주노동자를 지원하는 시민운동 단체인 '카라바오[240]의 회' 등과 연결된 사회적 소수파의 네트워크를 구성하고 있었다. 이 네트워크는 마산수출자유지역에서 발생한 일본계 기업의 위장 폐업에 항의하는 '수미다전기'(スミダ電機) 노동자의 일본 원정투쟁[241]을 지원하는 '진출기업 문제를 생각하는 모임'[242](이종구·심상완·이상철 2017)과, 한국의 'F. W. M.'과도 연결되어 사회운동의 국제적 연대를 형성했다.

(3) 소수파 노동운동과 대안적 가치

소수파 노동운동은 '일본적 노사관계'의 이면에서 발생하는 새로운 노동문제와 노동운동의 전개 과정을 보여준다. 민간대기업의 상호신뢰적 노사관계는 내부의 이단자에 대한 통제를 수반하고 있다. 일본 기업의 내부는 계급의식보다 종업원 의식이 선행하는 '의사(疑似) 직장공동체'가 직장 수준의 사회관계를 주도하고 있으므로 일반 노동자의 불만은 대중적인 반란이 아니라 소수파 노동운동으로 표출되었다. 소수파

동자, 심신장해자, 중고년노동자, 여성 노동자)를 변경형 노동조합으로 분류하고 이를 중추부의 노동조합(민간대기업의 노사협조주의 노선을 취하는 기업별노조)과 구분하고 있다. 이는 변경부 노동조합에서 일본 노동운동의 활성화 가능성을 찾아보려는 입장이기도 하다. '노동자다운' 정체성을 만들어가려는 변경형 노동운동의 지향성은 ① 노동자로서 정착하는 사상 ② 풍요를 동경하지 않고 노동자다운 생활을 하려는 사상 ③ 기업으로부터 자립하려는 사상 ④ 동료와의 경쟁을 거부하는 자치의 사상 ⑤ 연대의 사상 등으로 정리되고 있다. (河西宏祐: 244-245, 282).

240. 타갈로그어, 물소라는 뜻, 필리핀 이주노동자 지원단체라는 의미.

241. 마산수출자유지역에 입주한 일본의 코일 생산업체가 한국의 임금수준 향상으로 채산성이 악화되자 팩시밀리로 종업원 450명 전원을 해고한다고 통지(1989. 10. 14)하여 일어난 사건이다. 노조 대표단이 일본에 와서(1989. 11. 15) 본사와 투쟁하였다. 1990년 6월 8일 노사가 해고를 철회하고 체불임금, 퇴직금, 생존권 대책자금을 지급한다는 합의안에 서명하였다.

242. 進出企業問題を考える会.

노동운동의 이의제기 행동은 주변부 노동자가 직면하는 문제를 사회적으로 환기시켰으며 노동조건이나 노동기본권 문제에 대한 이의제기만이 아니라 시민적 권리의 보장을 요구했다. 또한 소수파 노동운동은 경쟁보다 연대를 강조하는 대안적 가치를 추구했다.

VI-4. 마무리: 노사관계의 이원화

1989년 결성된 노조 전국 중앙조직인 '연합'은 1970년대부터 진행된 노동전선 통일운동의 결실이었다. 노동조건 개선을 위한 정책참가 활동을 강조하는 '연합'의 기반인 민간대기업 노조는 기업 수준에서도 협조적 경영참가를 지향하는 유니온 아이덴티티 확립 운동을 전개했다. 직장 수준에서는 자주관리활동이 성공적으로 정착하여 경영자가 제시한 목표를 노동자가 수용하여 내면화하는 사회적 통합 과정이 진행되었다. 1973년의 제1차 석유파동과 고도경제성장 시대의 종언이 임금인상률의 저하와 고용불안을 초래했지만 협조적 노사관계는 유지되었다. 이와 같은 '민간대기업 노사융합'의 형성은 대립적 노사관계가 남아 있던 공공부문의 민영화를 촉진하는 행정개혁으로 촉진되었다.

특히 노동시장의 유연화와 고용안정성의 저하는 기업별노조가 보호하지 못하는 주변부 노동자를 증가시키는 요인으로 작용했다. 반면 '민간대기업 노사융합'에서 배제된 노동자 주도의 소수파 노동운동도 확산되는 경향이 나타났다. '민간대기업 노사융합'의 협조적 노사관계와 소수파 노동운동의 병존은 일본 노사관계의 이원적 구조를 반영한다. 소수파 노동운동과 연대하는 다양한 사회운동은 '기업사회' 일본에 이의를 제기하는 사회적 소수파의 존재를 드러낸다. 결국 정사원 집단의 지속적 감소에 따라 기업사회라는 용어가 압축적으로 상징하는 전후 일본 사회의 통합 구조는 장기적으로 재편될 수밖에 없는 상황에 직면한 것이다.

VII장

노사관계의 안정과 사회적 균열

1989년 11월 '연합'이 결성되고 노동전선 통일이 이루어졌다. 일본 사회는 노동조건과 관련된 각급 의사결정 과정에 노동자의 참가를 허용했다. 그러나 노동시장의 유연화, 취업형태의 다양화가 진행되는 흐름 속에서 참가적 통합 구조에 편입된 정규직 노동자의 비중은 지속적으로 축소되고 있었다. 또한 1985년의 플라자 합의 이후 급속하게 진행된 해외생산의 확대와 함께 일본 경제의 소프트화, 즉 서비스업의 비중이 높아지는 현상이 나타났다. 이는 수량적 유연성이 높은 비정규직 노동자의 증가로 이어졌다. 이로써 장기고용 관행에 기반을 둔 '일본적 노사관계', '일본적 경영'이 적용되는 범위는 축소되었다.

일본 기업은 내부화된 숙련 형성 기제와 연계된 '일본적 노사관계'를 유지하며 노동력 관리의 수량적 유연성을 확보하기 위해 취업형태의 다양화를 추진하였다. 이는 장기 생활 계획을 세우기 어려운 비정규 사원의 증가와 사회적 동질성의 저하를 초래했다. 기업이 인생을 보장한다는 믿음이 사라지는 반면, 이를 보완할 사회복지 정책이나 고용정책이 가시화되지 못함에 따라 사회제도 자체에 대한 신뢰감을 상실한 집단이 늘어나게 되었다. 취업형태에 따른 고용안정성의 격차는 새로운 사회적 균열의 발생과 밀접하게 연계되었다. 기업이라는 중간집단에 소속되지 않은 고립된 개인의 증가는 사회불안으로 연결되었다.

노동전선의 통일과 '연합'의 결성은 조직 노동자의 참가적 통합이 완성됨을 의미했다. 그러나 참가적 통합 구도에 포함된 '일본적 노사관계'가 적용되는 노동자의 비중은 지속적으로 축소되었으며, 여기에서 배제된 주변부 노동자도 증가하고 있었다. 이러한 상황 속에서 '기업별 노조' 외부의 주변부 노동자를 중심으로 새로운 노동운동을 모색하는 움직임이 가시화되기 시작했다. 집단적 노사관계에서 노조의 문제해결 능력 저하와 함께 현실에 불만을 가진 노동자가 개인적으로 이의를 제기하는 노사관계의 개별화가 진행되었다.

결국 표면적인 노사관계의 안정에도 불구하고 사회적 균열은 확대되기 시작했다. '기업사회'라는 말이 상징하는 고도로 안정된 전후 일본 사회의 이미지는 퇴색하고 사회통합 수준은 저하되었다. 이는 좌절한 개인이 저지르는 각종 사건, 사고의 증가만이 아니라 외국인 혐오, 정치불안의 확대로 표출되었다. 반면 기업별노조가 보호하지 못하는 노동자를 조직하고 권리를 보호하는 새로운 노동운동은 확산되었다. 즉, 노동자 집단의 이질화, 취업형태의 다양화, 인사노무관리의 유연성 확대와 함께 노조, 기업, 국가는 단기적 편익의 추구를 넘어서는 새로운 발상과 방향 감각을 모색해야 한다는 과제에 직면했다.

VII-1. '이질화 관리'와 '새로운 시대의 일본적 경영'

일본의 고용 관행은 1970년대 후반에 본격적으로 진행된 감량경영과 고용조정을 거치면서 대폭적인 변화를 겪었다. 장기고용을 유지하며 근속기간에 따른 승급·승진을 완화시키는 방향으로 연공제가 수정되는 과정에서 기업은 인사노무관리 정책을 재구성해 노동시장의 유연성과 노사관계의 안정을 동시에 확보할 수 있었다. 그러나 거품경기의 종식과 함께 1990년대부터 본격화된 장기불황과 해외생산의 확대는 고용문제를 악화시켰으며 연공제의 존속 가능성에 대한 논의도 고조되었다. 특히 일본의 경영자들은 장기고용 관행도 종업원의 속성에 따라 선택적으로 적용할 필요가 있다는 주장을 펴기 시작했다.

V장에서 살펴본 감량경영의 결과 정사원의 규모 축소, 취업형태의 다양화, 노동력 관리의 유연화가 이어졌다. 이는 종업원 구성의 이질화(異質化)를 의미했으며, 연공제가 작동하기 어려운 환경이 만들어졌다. 1980년대 일본의 대기업은 기업의 내부 환경에서 발생한 '종업원의 질적·양적 변화' 및 '종업원의 의식과 가치관의 변화'와 기업의 외부 환경인 '시장과 기술의 변동'(그림 VII-1)에 대응하기 위해 인재조정시스템(그림 VII-2) 개념을 도입했다(稻上毅 1989: 37-38). 이질적인 종업원을 관리하는 인재조정시스템은 내부노동시장의 인재조정, 기업그룹 단위 인사관리, 업무의 외부화 등의 세 부문으로 이루어졌다. 인재조정시스템이 작동하는 '이질화 관리'를 채택한 기업은 연공적 평등주의에 입각한 규칙을 개인의 능력과 성과를 중시하는 공정 처우의 원칙으로 대체하려는 의도를 견지했다(稻上毅 1989: 39-43, 48).

〈그림 VII-1 〉기업 환경의 변화 내용

〈기업 외부환경의 변화〉

— 시장의 변화-경쟁범위의 국제화와 경쟁의 격화, 시장 수요의 고도화·개성화
— ME기술의 확산(경박단소·고도 범용성), 정보기술화

〈기업 내부환경의 변화〉

— 종업원의 질과 양-종업원의 고령화·고학력화, 지적이고 감성집약적인 기능·숙련에 대한 요구

— 종업원의 의식과 가치관-조직에 대해 수단주의적으로 '한정 개입'하는 경향.
  왕성한 근로의욕과 공존하는 승진에 집착하지 않고 "더욱 전문적인 업무를 통해 자신의 적성과
  능력을 발휘할 기회를 강조하는" 의식의 확대.

자료: 稻上毅 1989: 37-38에서 재구성.

〈그림 VII-2〉인재조정시스템의 구성

〈내부노동시장의 인재조정〉

— 혼합형 인재편성-정규 종업원의 증대 억제
  파트타임노동자·아르바이트·파견노동자의 활용
  외국인종업원 채용·인재스카우트·중도채용의 증가
  파트타임노동자 내부의 계층 분화

— 새로운 인재육성 계통- 인재간 격차의 확대, 종업원의 경력 지향 다양화
  개별관리와 적재적소 배치의 철저

— 인적자원 및 보수배분 구칙수정- 연공적 평등등주의 수정
  직종과 경력 등에 관한 관행성 규칙의 수정
  이동(異動) 규칙의 설계

〈기업그룹 단위 인사관리〉

준내부노동시장과 — 기업그룹의 성장(본체의 경량화, 위험 분산, 중고년 종업원의 수용,
기업그룹 인사관리 | 해외 자회사 급증)
                  — 그룹인사관리(종신고용권의 개념, 국제인사관리)

〈업무의 외부화〉

업무 외부화 전략-별도 회사화, 업무 처리의 하청화

자료: 稻上毅 1989:37-41에서 재구성

종업원 구성의 이질화를 전제로 인사노무관리의 유연성을 확대하는 인재조정시스템과 종업원을 기업 공동체의 구성원으로 간주하는 '일본적 노사관계'는 양립할 수 없는 개념이었다. 그러나 현실적으로 기업은 장기고용 관행을 중심으로 유지되는 '일본적 노사관계'를 즉시 폐기할 수도 없었다. 결국 사용자 단체인 '일경련'은 연공제 원리에 입각한 '일본적 노사관계'를 선택적으로 적용하자는 구상을 제시하기에 이르렀다. 1990년대 중반 이후 일본의 경영자들은 모든 종업원에게 장기고용을 보장할 수 없다는 입장을 공개적으로 밝히며 '새로운 시대의 일본적 경영'을 제시하기 시작했다. 이는 장기고용 관행의 적용 대상은 장기근속으로 축적된 능력을 활용할 수 있는 종업원으로 한정하며, 전문성을 가진 인재나 단순 노동에 종사하는 종업원은 모두 필요할 때마다 외부에서 조달해 유연하게 활용한다는 발상이었다. 종업원이 보유한 노동력의 가치에 따라 장기고용 관행을 선택적으로 적용한다는 '새로운 시대의 일본적 경영'은 기업을 공동체, 가족에 비유하며 종업원에게 인격적 충성을 요구하는 가치관을 경영자들도 부담으로 간주하게 된 현실을 반영하고 있다. 반면 기업 조직 내부에서 종업원이 장기간 활동하며 배양되는 능력의 가치를 재평가할 필요가 있다는 논의도 부각되었다. 그러나 안정된 '기업사회' 일본이라는 이미지는 더이상 통용되기 어렵게 되었다.

　1995년 '일경련'(日経連)[243]이 발표한 「새로운 시대의 일본적 경영」(新時代の日本的経営)은 기업이 인사노무관리에 대한 발상을 전환하도록 촉구하고 있다. 이 보고서는 연공적 질서의 미래에 대한 사용자 측의 견해와 앞으로 일본 기업의 인사노무관리 정책이 지향해야 하는 목표를 명

---

243. 일본경영자단체연맹(日本経営者団体連盟).

확하게 보여주고 있다. 가장 주목되는 부분은 제2장 '고용·취업형태의 다양화와 앞으로의 고용시스템의 방향'이며, 기업과 종업원 양측이 장기 계속고용을 바라고 있는 '장기축적능력 활용형 집단', 반드시 장기고용을 전제로 하지 않은 '고도전문능력 활용형 집단', 일에 대한 의식이 다양화되어 있는 '고용유연형 집단'으로 고용형태가 분화되는 경향을 지적하고 있다(그림 VII-3).

「새로운 시대의 일본적 경영」은 노동력 편성의 다원화, 즉 이질화에 대응하여 임금결정시스템을 연공 승급에서 직능 승급으로 전환하고, 인건비 총액을 통제하기 위하여 임금, 상여금, 퇴직금, 복리후생비 등을 패키지로 묶어 관리하는 방안을 제시하고 있다(표 VII-1). 이 보고서는 사내 복리후생에 대해서도 고령화에 대비하여 법정 복리비의 증가를 적

〈그림 VII-3〉 기업과 종업원의 고용근속에 대한 사고방식

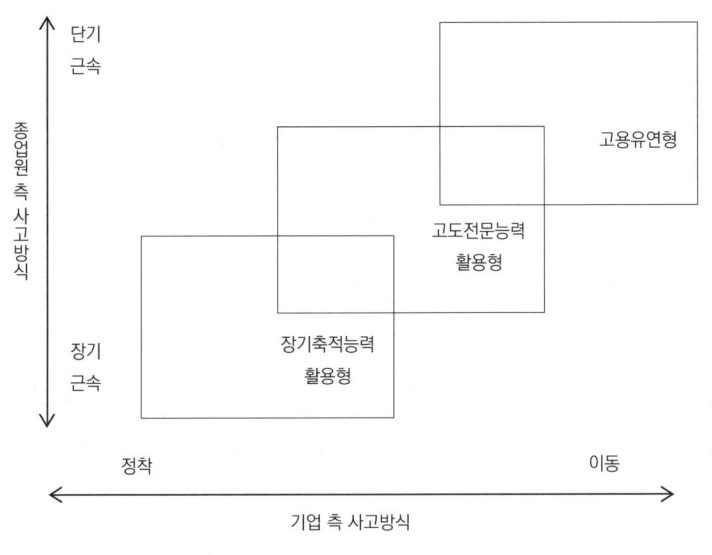

자료: 日本経営者団体連盟 1995: 32.

극 억제할 필요가 있으며, 다양화되는 종업원의 요구를 반영하여 기업이 여러 선택지를 마련해놓고 종업원이 선택하는 '카페테리아 방식'의 도입을 제안하고 있다. 또한 국제 경쟁에서 중요한 역할을 하는 화이트칼라의 생산성 향상을 위해 '재량노동'의 범위를 확대하고, 임금 관리도 블루칼라가 아니라 화이트칼라에 초점을 맞추자는 주장도 등장했다. 복선형 능력개발 체계를 도입하여 기업 외부에서도 통용되는 일전다능형(一專多能型) 인재를 양성하자는 제안은 '일본적 노사관계'의 핵심 구성 요소인 사내 교육훈련과 기업특수적 숙련의 가치가 평가절하되는 현실을 반영하고 있었다. 「새로운 시대의 일본적 경영」이 상정한 기업 조직의 미래상은 정보화 시대에 대응할 수 있도록 유연하고 기동성이 풍부하며 의사결정이 신속하고 성과를 공평하게 평가할 수 있는 동태적 조직이었다. 또한 '일경련'은 연금, 토지, 주택, 감세 등을 비롯한 거시적인 정책 문제가 증대하고 있으므로 전국 수준, 산별 수준, 지역 수준의 노사관계를 통해 대응하자고 제안했다(日経連 1995: 52-63).

〈표 VII-1〉 종업원 집단별 처우 내용

	고용형태	대 상	임금	상여	퇴직금	승진·승격	복지시책
장기축적능력 활용형 집단	기간을 정하지 않음	관리직, 총합직, 기능부문의 기간직	월급제 및 연봉제, 직능급, 승급제도	정률 + 업적 연동	공헌도 반영	직위 승진	생애 총합 시책
고도전문능력 활용형 집단	유기고용계약	전문 부문(기획, 영업, 연구개발 등)	연봉제, 업적급, 승급 없음	성과 배분	없음	업적 평가	생활 원호 시책
고용유연형 집단	유기고용계약, 승급 없음	일반직 (기능 부문)	시간급제, 직무급	정률	없음	상위 직무로 전환	생활 원호 시책

자료: 日本経営者団体連盟 1995: 32.

<표 VII-2> '일경련' 회원사의 종업원 유형별 구성 변화 (1996) (단위: %)

	장기축적능력활용형	고도전문능력활용형	고용유연형
현 재	81.3	7.1	11.6
미 래	70.8	11.2	18.0

자료: 日本経営者団体連盟 關東経営者協会 1996: 14.

　'일경련 칸토경영자협회'가 1996년 5월~6월에 '일경련' 회원사를 상대로 실시한 후속 조사의 결과를 보면 일본의 사용자들은 제조부문을 중심으로 고용의 유연화가 진행되기는 하지만 여전히 '장기축적능력활용형' 종업원이 주력이라는 현실적 판단을 하고 있었다.

　이 조사의 응답자들은 '장기축적능력활용형' 종업원은 '영업부문과 기술부문'에서, '고도전문능력활용형' 종업원은 '연구개발 부문'을 중심으로 증가한다고 판단하고 있었다. 특히 '제조부문'은 '장기축적능력활용형' 종업원이 감소하고 '고용유연형' 종업원이 증가할 것이라는 응답자가 주류였다(표 VII-3). 즉, 「새로운 시대의 일본적 경영」은 산업의 정보화와 지식집약화에 따라 재량노동에 종사하는 전문직 화이트칼라가 인사관리의 초점으로 등장하는 현실을 반영한 제안이었다(日本経営者

<표 VII-3> '일경련' 회원사의 종업원 유형별·부문별 고용량 변화 전망 (1996) (단위: %)

	증 가		불 변	감 소	
장기축적능력활용형	3.1	영업·기술	32.9	64.6	제조
고도전문능력활용형	72.8	연구개발	21.9	6.0	영업·기술
고용유연형	70.6	제조	26.3	3.4	제조

자료: 日本経営者団体連盟·關東経営者協会 1996: 15.

団体連盟·関東経営者協会 1996 : 14-15). 그러나 현실적으로 일본 기업의 주류는 경영 상태와 무관하게 장기고용 관행을 지지하고 있었다(표 VII-4).

일본의 경영자들은 장기고용 관행의 장점만이 아니라, 이와 밀접하게 결합된 직업과 생애주기의 관계, 능력 개발, 의식구조와 같은 사안이 단기간에 바뀌기 어렵다는 현실을 인식하고 있었다. 즉, 기업의 입장에서 보면 팀워크가 중요한 업무 및 경력의 축적이 필요한 직업능력 개발 등의 분야는 앞으로도 장기고용 관행이 유용할 뿐만 아니라 불황기에 고용조정을 실시해 경영 실적을 올리는 안이한 행동은 종업원의 신뢰를 저하시켜 인재 확보가 어렵게 될 수도 있었다. 장기고용을 선호하는 경영자들은 종업원의 사기를 유지하고 기능적 유연성을 향상해 직무의 재배치가 용이한 환경을 조성하는 정책이 기업의 성장에 도움이 된다고 판단했다(労働省 編 1999: 245-246).

결국 장기고용 관행의 유용성에 대한 논의는 "유능한 종업원은 누구인가"라는 질문으로 연결될 수밖에 없었다. 1995년 11월~1996년 1월에 걸쳐 이나카미 타케시 등이 기업을 대상으로 실시한 조사에서도 연구개발, 신상품의 기획과 개발, 경영 기획 등의 창조적 업무를 수행하

〈표 VII-4〉 기업의 종신고용제에 대한 입장 (단위: %)

업적의 동향	유지하고 싶다	반드시 유지하지 않아도 좋다	어느 쪽이라고 말할 수 없다	무응답
상당히 어렵다	54.5	33.7	9.9	1.9
어느 정도 어렵다	53.7	29.3	12.8	4.2
좋지도 나쁘지도 않다	58.8	25.5	13.7	2.0
업적이 좋다	55.6	41.7	2.8	0.0

자료: 財)社会経済生産性本部, 「日本的人事制度の現状と課題」, 1999.
労働省 編 1999: 쪽 103에서 재인용.

는 직장에서 중심적 역할을 수행하는 종업원은 일본적 고용 관행의 적용 대상인 장기 정착층으로 밝혀졌다. 또한 기업에서도 연공제에 대해서는 부분적인 수정을 시도하고 있으나 장기고용의 원칙은 유지하려 한다는 실정이 보고되었다(労働大臣官房政策調査部 編 1996: 147 ,175, 177, 323). 일본 기업은 직접적인 노사 갈등을 유발하는 해고를 회피하고 필요한 능력을 보유한 종업원을 확보하면서 인건비 총액의 증가를 억제하는 방향으로 인사노무관리 정책을 수립한 것이다.

실제로 1990년대의 장기불황에도 불구하고 성별이나 학력에 관계없이 근속기간은 연장되고 있었다(표 VII-5). 즉, 장기고용 관행이 급속하게 약화되는 사태는 일어나지 않았다(労働省 編 1999: 244, 243). 당시 대기업의 중간관리직을 중심으로 빈번하게 발생한 중고령 화이트칼라에게 출향과 전적을 요구하는 인사도 실태를 보면 기업집단 내부에서 일터를 옮겨 다니며 정년을 보장받는 사례가 적지 않았다. 반면 연공 질서에서 연령과 임금의 상관관계는 약화되고 있었다. 이러한 경향은 고졸 블루칼라에 비해 대졸 화이트칼라에게서 더욱 뚜렷하게 나타났다(표 VII-6). 이것은 성과주의에 입각한 임금관리가 강화되고, 종업원 사이의 경쟁이 치열해졌으며, 발탁 인사를 통해 후배가 선배를 추월할 수 있는 통로가 마련되는 상황을 반영하고 있다.

이상의 변화를 종합적으로 살펴보면 1990년대의 장기불황에도 불구하고 연공제는 급속하게 해체된 것이 아니라 완만하게 변화하며 적용 대상이 축소되고 있었다. 노사관계 당사자들은 연공제의 변화를 수용하면서 취업형태의 다양화가 초래하는 사회적 충격을 완화할 수 있도록 제도를 정비해야 한다는 입장을 보였다(笹森清 2002: 253-254; 花見忠 Dore 1997: 45; Dore 2000 B: 82; Wolferen 1999: 248; 中野麻美 2002: 221-223; 김낙년

〈표 VII-5〉 평균 근속 기간의 추이 (단위: 년)

	남성		여성	
	대졸	고졸	대졸	고졸
1978	8.8	9.9	4.4	5.2
1983	9.7	11.0	4.5	5.8
1988	10.6	12.1	5.0	6.8
1993	11.3	12.6	5.4	7.3
1998	11.9	13.4	5.8	8.8

자료: 労働省「賃金構造基本統計調査」에 의함.
労働省 編 1999: 103에서 재인용.

〈표 VII-6〉 남성노동자의 연령별 임금* 지수

	고졸 생산노동자			대졸 관리·사무·기술노동자		
	20-24	35-39	50-54	20-24	35-39	50-54
1970	100	157	156	100	227	350
1975	100	154	161	100	207	305
1980	100	165	166	100	205	314
1985	100	165	178	100	192	310
1990	100	157	180	100	182	299
1995	100	152	182	100	178	282
1998	100	150	181	100	178	275

* 기준임금
자료: 労働省 編 1999: 474-475.

2002: 408). 실질적으로 이와 같은 고용 관행의 변화는 1차 석유파동이 초
래한 불황 속에서 기업이 고용조정과 감량경영을 실시한 1970년대 후
반부터 장기적으로 진행되고 있었다. 실제로 진행된 인사노무관리 방
식의 변화는, '장기고용의 존속', '연공질서의 부분적 융해', '자기계발과
상호협조를 중시하는 직장 풍토', '근무 형태의 유연화', '사내 및 사외에

대해 더욱 개방적이고 전문 지향적인 조직 형성' 등의 내용이었다(酒上毅. 1999: 19).

그러나 사회 구성원들이 장기간 익숙했던 연공제가 해체되고 시장원리에 입각한 새로운 고용관계의 적용 대상이 확대되는 경향 자체에 불안감을 느끼는 것은 당연했다. 연공제 해체와 취업형태의 다양화 논의가 1990년대에 사회적 충격으로 다가왔던 배경에는 장기불황과 기업의 인력구조 조정으로 고용안정성의 저하를 실감한 신중간계급의 위기감이 있었다. 자민당과 사회당이 정치 무대를 과점하며 공존하는 1.5당 체제가 냉전의 종결과 함께 붕괴되고 다당화 시대가 도래하여 정치적 불안정이 만성화된 상황도 사회적 위기의식을 확산시켰다. 특히 사회의 암묵적 약속인 장기고용 관행의 약화는 미래의 고임금과 고용안정을 기대하며 열성적으로 근무한 중고령층의 사기를 저하시켰으며, 기업은 이들의 재취업을 지원할 여력을 상실한 상태였다(玄田有史 2002: 246). 반면 단기적으로 수익을 확보하기 위해 노동강도를 극대화시켜 종업원의 노동능력 자체를 파괴하는 블랙(black)기업도 출현했다. 2000년대 들어 사회문제로 부각된 블랙기업은 청년 노동자의 구직난을 이용하여 청년 노동자를 정사원으로 대량 채용하고 장시간 과중 노동을 강요하며, 이를 견디지 못하면 퇴출시키는 행태를 보였다. 한달에 80시간~200시간에 이르는 초과 근무를 하며 육체적·정신적으로 마멸되는 블랙기업 노동자에게 정사원의 신분은 사실상 무의미했다. 이러한 상황도 노동력의 활용을 극대화하는 성과주의를 강조하는 「새로운 시대의 일본적 경영」이 초래한 사회적 비용으로 해석할 수 있다(김영 2016: 244-245, 249-255). 이러한 사태는 '기업사회' 일본이라는 말에 내포된바, 기업 공동체가 종업원의 생활을 보장한다는 암묵적 합의가 파기되는 현실을 반영하고 있다.

종업원 구성의 이질화는 연공제 원리가 적용되는 내부노동시장이 축소되고 노동력 관리의 수량적 유연성을 제공하는 외부노동시장이 확대되는 추세와 연동되어 있다. 사용자 단체인 '일경련'이 제시한「새로운 시대의 일본적 경영」은 종업원을 장기축적능력활용형 집단, 고도전문능력활용형 집단, 고용유연형 집단으로 구분하고, 장기고용 관행을 선택적으로 적용하는 인사노무관리 방침을 제시하였다. 기업 현장에서 장기고용 관행이 적용되는 정사원으로 구성된 장기축적능력활용형 집단의 비중이 급격하게 축소되지는 않았다. 그러나 종업원을 가족으로 간주하던 일본적 경영이 포기된 사실 자체는 중요하다. 이로써 기업 조직의 사회통합 기능이 저하되고 사회불안이 고조되는 추세가 나타났다. 이는 '기업사회' 일본의 해체를 의미하고 있다.

VII-2. 취업형태의 다양화와 비정규 사원의 증가

기간요원에게 장기고용을 선택적으로 보장하는「새로운 시대의 일본적 경영」을 실행하려면 비교적 단순한 업무를 수행하며 채용과 해고가 용이한 고용유연형 종업원 집단을 확보해야 한다. 이는 1970년대 후반 이후 진행된 감량경영과 취업형태의 다양화 추세가 지속되어야 한다는 의미다. 즉, 고용안정성이 상대적으로 낮은 비정규 사원에 초점을 맞춘 노사관계는 더욱 중요하게 되었다. 비정규 사원의 비중은 업종과 성별에 따라 차별화되었다. 특히 성별의 문제는 기업의 고용 관행, 고용 관련 제도, 가족 내부의 성별 역할 분담 구조와 연계되어 있다. 비정규 사원의 고용규모 증가, 장기고용화, 업무범위가 확대되는 추세 속에서 기업은 이들을 조직의 일원으로 간주하고 통합적으로 관리하려 시도했다. 그러나 정사원과 비정규 사원의 노동조건 격차는 사회적 균열을 확대시키는 요인으로 작용했다.

(1) 취업형태의 다양화와 비정규직화

일본에서 비정규 사원의 고용형태는 파트타이머, 파견노동자, 임시노동자, 아르바이트, 촉탁사원 등이 있다. 임금형태, 계약기간, 근무시간 등이 정사원과 크게 다른 비정규직 노동자의 분류 기준은 자료작성 주체에 따라 차이가 있다. 총무청 '노동력조사'에서는 고용계약 기간을 기준으로 하여 임시고(1개월 이상 1년 이내 계약), 일고(1일 또는 1개월 미만 계약), 상고(임시고, 일고 이외의 피고용자)로 분류하고 있다. 이 조사는 파트타이머를 '단시간노동자'로 정의하였으며, 이는 노동시간을 기준으로 '주간 취업시간이 35시간 미만인 피고용자'라는 뜻이다. 여기에는 아르바이트와 촉탁이 포함되어 있지 않다. 또한 정규 종업원과 마찬가지로 1일 8시간 근무하는 파트타이머가 누락되는 문제가 있다. 일반적으로 '단시간노동자'가 파트타이머를 의미하는 용어로 사용되는 경우가 많다. 부업에 종사하는 학생을 의미하는 아르바이트는 파트타이머와 내용적인 차이가 없다. 반면 총무청의 '취업구조 기본조사'와 '노동력조사 특별조사'(1999)는 사내 호칭을 기준으로 파트타이머를 규정하는 포괄적 정의를 사용하고 있다. 노동성의 '파트타임노동자 총합 실태조사'(1995)와 '취업형태 다양화에 관한 총합 실태조사'(1999)에서는 정사원과 비교하여 노동시간이 짧은 '단시간 파트타이머'(A 파트타임)와 정사원과 노동시간이 같은 '기타 파트타이머'(B 파트타임)를 구분하고 있다(上林千恵子 1999: 144-147).

'취업형태 다양화에 관한 총합 실태조사'에 나타난 비정규직 피고 용자를 의미하는 비정규 사원의 비율은 1987년 16.0%, 1994년 22.8%, 1999년 27.5%로 계속 증가했다(표 Ⅶ-7). 비정규 사원 가운데는 파트타 이머의 비중이 가장 높으며 사실상 주류를 이루고 있다. 취업형태를 성 별로 구분하면 남녀간 격차가 뚜렷하게 나타난다. 1999년 조사 자료에 서 비정규 사원의 비율이 남성 14.9%, 여성 47.0%였다. 여성은 비정규 직 노동자의 지위를 가질 가능성이 남성보다 훨씬 높았다(표 Ⅶ-8).

여성 파트타이머의 증가는 전체적인 취업형태의 다양화만이 아니라 여성의 노동시장 참가 사례에도 가장 중요한 요인이 되고 있다. 총무청 의 '취업구조 기본조사'와 '노동력 특별조사'에 나타난 1995년의 상황 을 살펴보면 15세 이상 여성 경제활동 인구의 절반이 비노동력 인구로 분류되었다. 13.1%가 자영업주·가족종사자·임원이었으며 피고용자

〈표 Ⅶ-7〉 비정규 사원의 취업형태* (단위: %)

	비정규사원 합계	출향사원	파견 노동자	단시간 파트타이머	기타 파트타이머	임시, 일고	계약, 등록사원	기타
1987	16.0	1.2	0.6	9.9		2.6	0.9	0.9
1994	22.8	1.4	0.7	13.7		4.4	1.7	1.0
1999	27.5	1.3	1.1	14.5	5.8	1.8	2.3	0.7
(남성)	14.9	1.8	0.6	5.2	2.6	1.8	2.1	0.8
(여성)	47.0	0.4	1.8	28.9	10.7	2.0	2.6	0.6

* 厚生労働省大臣官房統計情報部 '就業形態の多樣化に關する總合實態調査
자료: 厚生労働省 2002: 44에서 재인용.

〈표 VII-8〉 15세 이상 여성 인구의 경제활동 참가율 (1995) (단위: 명, %)

지위	피고용자			자영업주, 가족종사자, 경영자(임원)	실업자	비노동력 인구	전체
	정규 종업원	비정규 종업원					
		파트타이머	기타				
10,000명	1,159	535	210	710	87	2,698	5,402
%	21.5	9.9	3.9	13.1	1.6	50.0	100.0

자료: 総務庁統計局, '就業構造基本調査', '労働力調査特別調査'

는 35%였다. 그러나 정규직 종업원은 피고용자의 약 6할에 불과하다(표 VII-8). 이러한 모습을 1986년의 상황과 비교해보면 10년간 여성 피고용자는 433만 명이 증가하였으나 이 가운데 7할은 비정규직 종업원이었음이 드러난다. 결국 여성 비정규직 종업원의 증가가 여성 피고용자 증가로 나타난 것이다(上林千恵子 1999: 146). 또한 서비스 경제화의 진행으로 노동시간을 유연하게 운용하는 근무 방식과 취업형태의 다양화가 진행되었으므로 업종별로 비정규 사원을 활용하는 수준이 달라졌다. 실제로 일본에서 파트타이머의 비율이 높은 산업은 도소매업·음식점·서비스업·제조업의 순으로 나타나고 있다(표 VII-9).

이상과 같은 취업형태의 다양화와 비정규 사원의 증가는 사회 전체적으로 노동비용의 상승을 통제하는 효과가 있지만 다른 한편으로는 고용안정의 수준에 따른 사회적 균열의 확대와 사회적 비용의 상승이라는 새로운 문제를 초래했다. 문화적 동질성을 전제로 '일본적 노사관계'의 우수성을 주장하는 논리만이 아니라, 일본은 풍요하고 평등한 중

〈표 VII-9〉 산업별 파트타이머* 구성비 추이 (단위 %)

	전체	건설업	제조업	도소매업 음식점	서비스업
1991	15.74	3.85	12.24	29.89	14.84
1992	16.12	4.20	12.26	30.47	15.33
1993	16.75	4.67	11.77	32.22	16.21
1994	16.82	4.01	11.51	32.96	16.26
1995	16.86	4.06	11.07	32.96	16.72
1996	17.49	4.00	11.35	33.66	17.38
1997	18.11	3.88	11.91	34.81	17.85
1998	18.86	4.41	12.15	36.11	18.71

* 정사원에 비해 노동시간이 짧은 종업원을 파트타이머의 기준으로 설정한 노동성의 '매월근로통계조사'를 기준.
자료: 勞働省 編 1999: 301.

간층이 다수를 차지하는 '신중간대중 사회'라는 낙관론의 설득력도 더욱 저하되었다. 노동자 집단 내부에서도 이질화가 진행되면서 기업별 노조 체제의 정당성은 상실되었다. 이와 동시에 기업도 정사원 집단과 비정규 사원 집단을 통합적으로 관리해야 하는 새로운 과제를 맞았다. 지속적으로 비정규 사원의 비중이 증가하는 상황에 대응하여 노사관계 제도를 정비하고 복지제도를 비롯한 사회적 안전망을 강화해야 하는 국가의 책임은 커질 수밖에 없었다. 이처럼 취업형태의 다양화는 각종 사회제도와 관행의 재편성을 촉구하는 계기가 되었다.

(2) 비정규 사원의 상시 고용화와 노동조건 격차

노동력 관리의 수량적 유연성 확보는 기업이 비정규 사원을 활용하는 가장 큰 이유라고 할 수 있다. 그러나 기업은 비정규 사원을 임시적 노동력이 아니라 상시적 노동력으로 활용하였으므로 정사원과 비정규 사원의 고용기간이 비슷해지는 수렴 현상이 나타났다. 비정규 사원을 사용하는 행동이 정상적 질서의 일부가 된 것이다.

파트타이머의 사례를 보면, 우선 노동시간이 길고, 정사원과 차이가 적어 실질적으로 풀타임 노동력이 되었다. 1999년 실시된 '취업형태 의 다양화에 관한 실태 조사'에서는 주간 평균 노동시간이 여성 정사 원 39.5시간, 여성 단시간 파트타이머 24.7시간, 여성 기타 파트타이머 35.6시간으로 나타났다(표 VII-10). 또한 1990년대 말에는 단시간 파트타 이머도 주간 평균 출근일수가 4.7일에 달하는 반면 정사원의 주5일 근 무제가 확대됨에 따라 정사원과 파트타이머의 차이는 축소되고 있었 다. 또한 정사원의 근무형태가 다양화되어 연봉제와 재량노동제가 확 산된 반면 파트타이머의 경우 장기근속화가 진행되어 승급과 관리직 으로의 승진이 인정되었으며 초과 근무시간도 늘어났다. 이처럼 실질 적으로 양자의 노동시간과 근무형태는 접근하고 있었다(上林千恵子 1999: 154). 그러나 앞에 언급한 1999년 조사에서 시간당 평균 임금은 여성 파 트타이머가 여성 정사원의 67.5%였으며, 남성의 경우는 55.0%였다. 2003년 조사에서는 이 수치가 여성 70.0%, 남성 58.2%로 나타났다(労働 政策研究·研修機構 2006: 6).

1993년에는 파트타이머의 고용과 처우에 대한 각종 기준을 설정한 '파트타임노동법'[244]이 제정되었으며, 단시간 노동자에 대한 고용관리 를 개선할 목적으로 사업주에게 조성금을 지급했다. 1994년 4월 고용 보험의 적용 기준이 일부 개정되어 '단시간 피보험자'라는 범주가 만들

---

244. 短時間労働者及び有期雇用労働者の雇用管理の改善等に関する法律.

〈표 VII-10〉 취업형태별, 성별 주간 평균 노동시간 (단위: 시간)

	피고용자 전체	정사원 전체	비정규사원									
			비정규사원 전체	계약사원	임시적 고용자	단시간 파트	기타 파트	출향사원	파견노동자			기타
									전체	등록형	상용 고용형	
전체	37.2	40.3	29.9	36.5	28.1	24.5	36.4	39.7	36.2	35.2	38.2	32.7
남성	39.5	40.6	32.6	37.6	27.3	23.4	38.6	40.0	39.4	39.0	39.4	34.1
여성	34.1	39.5	28.8	35.1	28.4	24.7	35.6	37.7	35.1	34.6	37.0	31.0

자료: 厚生労働省大臣官房統計情報部 2001: 110-111.

어졌다. 이와 함께 주간 정상 근로시간이 20시간 이상, 30시간 미만이며, 임금이 연간 90만엔 이상이고, 1년 이상의 계속 고용이 예정되어 있는 종업원은 단시간 피보험자로서 고용보험을 적용받게 되었다. 노동시간과 노동일수가 일반 노동자의 3/4 이상인 파트타이머에게는 원칙적으로 건강보험과 후생연금보험이 적용되었다. 그러나 영국이나 기타 EU 국가와 비교하면 일본은 전반적으로 파트타이머 고용에 대한 법적 규제가 엄격하지 않다고 평가할 수 있다(上林千恵子 1999: 156-159). 제도 개선의 효과를 반영하여 1995년에 35.8%였던 단시간 파트타이머의 고용보험 가입률이 2001년에는 45.1%로 개선되었다. 같은 기간 동안 정사원과 노동시간이 동일한 기타 파트타이머를 포함한 비정규직 풀타이머의 고용보험 가입률은 큰 변화가 없었지만 단시간 파트타이머와 비교하면 현저하게 높았다(표 VII-11).

반면 2001년 조사에서 본인 이름으로 후생연금이나 공제연금에 가입한 비율은 비정규직 풀타이머 70.0%, 단시간 파트타이머 28.7%로 나타났다. 아무런 공적 연금에도 가입하지 않은 노동자의 비율도 비정규직 풀타이머 8.6%, 단시간 파트타이머 17.5%로 집계되었다. 단시간 파트타이머의 30.6%가 배우자의 피부양자 자격으로 후생연금이나 공제연금에 가입하고 있지만, 이 수치가 비정규직 풀타이머의 경우는 5.6%에 불과했다. 이러한 지표는 가계 보조자의 위상을 가진 취업 주부의 비중이 높은 단시간 파트타이머의 특성을 보여준다 할 수 있다(표 VII-12). 또한 2001년 실시한 '취업형태의 다양화에 관한 실태 조사'에는 파트타이머의 22.6%가 연간 소득을 조정하고 있는 상황이 나타났다. 이들이 제시한 주요 이유는 71.7%가 근로소득이 비과세 한도인 103만엔을 초과하지 말아야 한다는 것을 이유로 들고 있었다.[245] 이처럼 파트타이머가 주력 노동자로 구성된 외부노동시장은 남녀의 가족내 역할 분담 구조와 연계되어 있었다.

이상과 같이 비정규 사원에게 적용되는 노동조건의 상태를 살펴보면, 노동시간은 정사원에 근접하고 있었지만 기타 노동조건은 정사원과 격차가 있었으며, 상당수가 고용보험과 연금의 적용을 받지 못하고 있었다. 이는 취업형태의 다양화가 초래하는 비용을 개인과 가계가 부담하는 현실을 반영한다. 결국 노동력 관리의 유연성 확보는 사회적 비용을 발생시켰으며, 비정규 사원 집단을 배제한 노사관계에 대한 논의는 더이상 의미가 없는 상황이 되었다.

---

245. https://www.mhlw.go.jp/toukei/itiran/roudou/koyou/keitai/01/kojin5-3.html. 表 34-2. 2021.2.5.21:00 접속.

〈표 VII-11〉 비정규 사원의 고용보험 가입 상황 (단위 %)

취업형태		계	고용보험 가입 상황		
			가입	미가입	불명
2001년 조사	(단시간)파트타이머 *	100.0	45.1	54.7	0.2
	기타 (비정규직 풀타이머) **	100.0	78.9	21.1	0.1
	(단시간)파트타이머	100.0	35.8	64.2	-
1995년 조사	기타(비정규직 풀타이머)	100.0	74.7	25.3	-

* 파트타이머는 정사원 이외의 노동자로서 1주 동안의 정상 노동시간이 정사원보다 짧은 노동자를 말한다.

** 기타는 정사원 이외의 노동자로서 1주 동안의 정상 노동시간이 정사원과 동일하거나 더 긴 노동자를 말한다. 1995년에는 계절노동자와 농촌에 생활근거를 두고 도시에 단기적으로 취업하는 출가(出稼) 노동자를 포함한다.

자료: 厚生勞働省官房統計情報部 編 2003: 52.

〈표 VII-12〉 비정규 사원의 공적 연금 가입 상황 (단위: %)

취업형태	계	후생연금을 비롯한 공적 연금 가입 상황				
		후생연금, 공제연금에 본인이 피보험자로 가입	배우자가 가입한 후생연금, 공제연금의 피부양배우자	국민연금에 가입	아무것에도 가입하지 않음	불명
파트타이머	100.0	28.7	30.6	23.0	17.5	0.2
기타	100.0	70.0	5.6	15.7	8.6	0.1

자료: 厚生勞働省官房統計情報部 編 2003: 52.

(3) 비정규 사원의 통합적 관리

파트타이머가 주력인 비정규 사원 집단은 외부노동시장의 수량적 유연성을 높이는 고용유연형 종업원이다. 비정규 사원의 노동조건을 파트타이머를 중심으로 살펴보면 장기근속화, 승급과 승진 제도 적용, 관리직화, 근무시간의 연장이 장기적으로 진행되었다. 정사원과 파트타이머의 경계선은 낮아졌으나 고용보장, 교육훈련 기회, 시간당 임금에서 여전히 양자의 차별은 뚜렷하게 남아 있었다. 비정규 사원에게 불리한 보상체계는 젠더에 따른 노동시장 배치의 차별화를 반영한다. 취업형태의 다양화는 남성의 임금을 가계 주수입원으로 상정한 제도와 관행의 개혁을 촉구하는 계기가 되었다.

고용규모의 조절이 용이한 비정규 사원의 증가는 기업에 편익을 제공하였으나 사회불안을 고조시키는 요인이 되었다. 불황기에는 비정규 사원 집단의 고용불안이 대형 사회문제로 발전할 가능성도 있었다. 2008년 9월 미국에서 리먼브라더스 사태와 함께 금융위기가 발생하자 일본의 실업률도 급격하게 상승하였다. 2008년 연말에는 수도 도쿄 중심부 히비야(日比谷) 공원에 실업자들이 집결해 천막을 치고 농성하는 사태가 벌어졌다. 이들은 대부분 직장에서 해고된 파견노동자나 기타 단기고용 노동자들이었다. 정부는 서둘러 숙소를 제공하고 긴급 구호조치를 실시하여 해산시켰으나 사회적인 충격은 엄청났다. 이 사건 직후 인터뷰한 민방노련[246] 서기장은[247] "히비야 공원 천막 농성을 주도한 활동가는 도쿄대 법학부 출신인 유아사 마코토(湯浅誠)[248]다. 지식인이 노

---

246. 일본민간방송노동조합연합회(日本民間放送労働組合連合会).
247. 井戸秀明, 東京 民放労連 본부에서 면담. 2009. 1. 16.
248. 1969년생, 도쿄대 법학부 대학원 박사과정 수료. 빈곤문제에 대한 평론과 저술 활동가이자 '자

동운동 현장에 참가하는 광경은 수십 년 만에 본다"라는 말로 사태의 중대성을 설명했다. 또한 해고된 파견노동자가 불특정 다수를 상대로 살상 행위를[249] 벌이는 사건이 벌어질 정도로 고용불안이 유발하는 사회 병리적 문제는 심각했다.

'기업사회' 일본이라는 신화의 추락과 함께 정규 사원으로 구성된 기업별노조의 한계를 극복하고 비정규 사원의 노동조건을 보호할 수 있는 새로운 노동운동 조직의 움직임도 가시화되었다. VI-3에서 언급한 신형노동조합은 더욱 다양화되어 지역을 기반으로 하는 '코뮤니티 유니온'만이 아니라 '청년유니온'[250], '여성유니온 도쿄'[251], '칸사이 학생 아르바이트 유니온'[252], '블랙바이트 유니온'[253]과 같이 연령, 성별 등을 반영하는 노조가 조직되었다. 또한 '연합'의 '지역유니온', '전노련'의 '로칼유니온', '전노협'의 '전국일반노조 전국협의회' 같은 전국 단위 노동운동 조직은 노조만이 아니라 개인도 가입할 수 있는 형태를 갖춘 '합동노조'를 조직해 개별적 노사분쟁의 증가에 대응하였다. 또한 노조 조직률이 낮은 중소기업 부문에서는 사원회, 친목회와 같은 종업원 조직이 노동조건 결정을 비롯한 의사소통의 통로가 되는 경향도 나타났다. 이는 1995년부터 노조 가입자의 규모 자체가 감소하여 노조의 존재

립생활지원센터 모야이'(NPO法人自立生活サポートセンターもやい) 사무국장 등으로도 활동함.

249. 2008. 6. 8. 발생한 '秋葉原通り魔事件'. 도쿄의 전기제품 상가 지역인 아키하바라 길거리에서 파견노동자 출신 범인이 행인을 칼로 무차별 공격하여 사망 7인, 중경상 10인의 피해가 발생. 'Yahoo Japan ニュース 2015. 1. 30. 07:00 게재', '週刊ポスト 2012年 7月 20·27日号'.

250. 青年ユニオン. '전노련' 계열 조직으로 2000년에 '수도권 청년유니온'(首都圏青年ユニオン)으로 출범하였으며 이후 전국 각지로 확산되었다.

251. 女性ユニオン東京,1995년 3월 결성.

252. 関西学生アルバイトユニオン. 2015년 2월 15일 결성.

253. ブラックバイトユニオン. 부업에 종사하는 학생 노조이며, 블랙(Black)은 가혹한 노동을 의미한다.

감이 희박해지는 상황을 반영한 변화이기도 하다(吳學殊 2011: 1, 5-7, 191-192, 311-316).

또한 기업도 고용규모가 증가하는 비정규 사원을 조직의 일원으로 대우하며 내부로 통합하기 시작했다. 2010년대 전반에 '연합'의 연구소가 실시한 조사에는 취업형태의 다양화가 초래한 팀워크의 저하라는 문제에 직면한 기업이 해결책으로 비정규 사원을 정사원으로 등용하는 통로를 만들고, 사내 자격 취득이나 기능경기대회 출전을 비정규 사원에게 권장하여 사기를 높이려는 사례가 등장했다. 또한 노조도 교섭력의 기반인 조합원을 확보하기 위해 다양한 형태로 고용된 비정규 사원을 조직해야 한다는 과제를 인식하고 있었다(禹宗杬 2014: 19; 鬼丸朋子 2014: 114, 116, 118; 이종구 2015: 377-379).

노동조건이 열악한 비정규 사원의 증가와 함께 불황시 고용불안이 사회불안으로 직결될 가능성도 현실화되었다. '기업사회' 일본의 해체는 기업별노조가 보호하지 못하는 노동자를 조직하는 새로운 형태의 노동운동이 활성화되고, 노조가 아닌 종업원 조직이 노사관계의 당사자로 등장하는 계기가 되었다. 기업도 비정규 사원에게 정사원으로 이동할 기회를 부분적으로 개방하고 능력개발 프로그램을 적용하여 조직통합 수준을 향상시키려 시도했다. 기업별노조도 조직 기반을 유지하기 위해 비정규 사원의 조직화를 중시하는 움직임을 보이기 시작했다.

(4) 비정규 사원과 새로운 사회통합의 과제

비정규 사원의 증가는 기업의 인건비 절감과 수익 확보에 기여했다. 파트타이머를 비롯한 비정규 사원은 서비스업 종사자와 여성 노동자를 중심으로 구성되었다. 또한 기업에 대한 소속감이 희박하고 장기적인 전망으로 생애계획을 세우기 어려운 노동자가 증가하였다. 이에 기업과 기업별노조는 조직 내부의 통합력이 저하되는 문제를 해결하기위한 대책을 강구하게 되었다. 양자는 정사원과 비정규 사원의 격차를완화하고 비정규 사원을 조직 내부로 통합하려 시도했다. 고용보장 수준이 낮은 비정규 사원의 증가는 불황이 도래할 때 사회불안이 급격하게 고조되는 요인으로 작용했다. 1970년대 후반 이후 지속적으로 진행된 취업형태의 다양화와 고용유연형 종업원 집단의 증가는 통합 수준이 높은 '기업사회' 일본의 해체를 촉진하는 요인으로 작용했다. 일본사회는 고용형태의 변화에 대응하여 새로운 사회통합 방안을 모색해야하는 과제에 직면했다.

VII-3. 숙련 전승과 지역공장집단의 재평가

「새로운 시대의 일본적 경영」이 반영하는 '일본적 노사관계'의 퇴조는 사내 교육훈련으로 축적된 숙련의 단절이라는 문제로 파급되었다.고용유연형 종업원 집단을 관리할 수 있는 기간요원은 장기축적능력활용형 종업원 집단에 속하는 정사원들이다. 제1차 석유파동 이후의 감량경영 과정에서 정사원의 채용을 억제하고 비정규 사원을 활용해 노동력 수요를 조정한 일본 기업들은 기간요원의 확보가 곤란해지는 사태를 맞았다. 1985년의 플라자합의 이후 진행된 제조업의 해외이전과함께 숙련 전승의 단절이라는 문제가 등장했다. 일본의 숙련공들도 본인들의 경험과 노하우가 해외 저임금 지역으로 유출되는 것에 맞서 제

품 내부에 응축된 지적 재산을 보호하는 운동을 벌이기 시작했다. 정부와 기업도 숙련 전승의 중요성을 강조하는 '제조기반기술진흥운동'(ものづくり運動)을 전개하기 시작했다.

반면 해외 저임금 지역에서 수입되는 저가 부품 때문에 경영 압박을 받는 일본 국내의 중소 하청 부품업체는 축적된 가공기술을 활용할 수 있는 고부가가치 제품의 생산에서 활로를 찾고 있었다. 그러나 중소 부품업체가 청년 노동자를 확보하려면 관리 방식, 작업장환경, 생활환경을 개선할 필요가 있었다. 이처럼 집단의 속성을 기준으로 종업원을 차별화하는「새로운 시대의 일본적 경영」방침은 일본의 제조업이 발휘하는 품질 경쟁력의 기반인 숙련공의 재생산이라는 과제와 부합되지 않는 문제가 나타났다. 반면 고부가가치 제품을 중심으로 2000년대 후반부터 본격화된 제조업의 국내 회귀 현상도 숙련공 확보의 중요성을 입증하는 현상으로 볼 수 있다.

(1) 숙련 전승의 위기와 '제조기반기술진흥운동'

글로벌라이제이션의 영향을 가장 많이 받는 전기기계, 전자, 정보기기 산업부문의 노동자가 참여한 '전기연합'(電気連合)의 사례를 보면 1990년대 이전까지는 산업의 해외이전에 심각하게 우려하지 않았으며 신제품 개발과 산업구조 고도화를 통해 새로운 고용기회를 창출할 수 있다는 낙관론을 가지고 있었다. 즉, 내부노동시장에 속한 정사원의 고용은 문제가 없으며 전직을 통한 업종간 노동력 재배치가 원활하게 이루어질 수 있도록 기업 안팎의 노동시장 관련 제도와 환경을 정비하는 일이 중요하다는 입장이었다(連合産業政策グループ 編 1995: 185-194; 이종구

1997. 139). 그러나 1990년대에 들어 '전기연합'도 해외법인을 포함해 전체 기업집단의 사업이 원활하게 전개되지 않으면 국내 고용도 유지할 수 없다는 사실을 인식했다. '전기연합'은 "최종 조립 메이커의 해외진출로 하청관계가 재편되므로 거래처를 상실한 중소기업의 위기가 심화되고 있다. 조립만으로는 제조업이 유지될 수 없다. 프레스, 금형 등 제조업의 기반을 형성하는 부품업체가 약화될 경우 최종 조립제품의 경쟁력도 저하될 수밖에 없다"[254]는 문제를 느끼고 있었다. 글로벌라이제이션으로 중소기업의 경영이 악화되면 원하청 관계로 연결된 생산조직 자체가 취약해진다. 그러므로 양질의 부품을 제작할 수 있는 숙련공의 재생산은 대기업에도 중요한 문제로 제기되었다.

'2007년 문제'라는 시사용어는 일본 기업이 느끼는 숙련 단절에 대한 위기감을 압축적으로 표현하고 있다. 이는 1947~1949년에 출생해 제조업의 생산현장을 장기간 지켜왔던 "단괴(団塊, 전후 베이비붐)의 세대"가 2007년부터 정년퇴직 시기를 맞이함에 따라 숙련공의 재생산이 한계에 부딪혔다는 문제의식이었다. 30세 미만 제조업 종사자의 비율은 1990년 22.5%였으나 2004년에는 17.8%가 되었으며, 이는 전산업 평균보다 2.4% 낮은 수치였다. 텔레비전 부품인 플라스마 디스플레이 패널(PDP) 제조 설비를 타이완으로 이전하자, 생산품 가운데 합격품의 비율이 20%나 저하되는 결과가 나타났다. 이는 생산 현장의 노하우와 감성은 수출할 수 없다는 사실을 보여주는 사례였다(朝日新聞 2005. 8. 26). 일본 기업은 제1차 석유파동 이후 신규 채용을 억제하고 비정규 사원을 활용해 노동력 수요를 충당하였다. 기간요원의 역할을 수행할 숙련공을 양성하지 않았으므로 생산직 노동자의 고령화가 지속적으로 진행되었으

---

254. 2005. 8. 24. 電機連合 中尾和彦 면접자료.

며, 고도경제성장기에 채용돼 경험적 숙련을 축적한 노동자의 정년퇴직이 다가오자 기업의 위기감은 고조되었다. 이를 해결하기 위해 일본 정부는 '제조기반기술진흥운동'을 전개하고, 기업은 장기근속자에게 체화된 숙련을 전승하는 작업을 서두르게 되었다.

금속산업 부문의 중소기업 노동자로 조직된 산별노조인 '연합' 계열의 JAM[255]은 민주당이 중심이 된 의원입법의 형태로 1999년 3월 "제조(ものづくり) 기반기술[256] 진흥기본법"을 제정하는 데 기여했다. 이 법은 직업훈련(양성, 기업내 훈련), 학교 교육(제조 현장의 가치), 국가 표창(기능에 대한 사회적 인식 개선)을 지원하고 있었다. 정부는 2000년 9월 "제조기반기술진흥기본계획" 추진을 각료회의에서 결정하였으며 2001년 6월부터 "제조기반백서"[257]가 간행되었다. 2000년 12월에는 내각 총리대신의 사적 자문기관으로서 "제조간담회"가 설치되었다. "제조기반기술진흥기본계획"의 내용에는 제조기반기술의 발전과 보급, 제조업 사업자와 대학 등 연구조직의 연계를 포함한 제조기반기술의 연구개발·훈련과 제조노동자의 확보, 산업단지의 조성과 중소기업의 육성을 통한 제조기반산업의 육성, 제조기반기술에 관한 학습 장려 등이 포함되어 있다(植木武人 2005: 55-56). 2005년 필자가 방문했을 당시 JAM이 해외생산의 확대를 반대하지는 않았지만 기술의 유출 가능성에 대한 위기감은 높았다. 또한 "제조기반기술 진흥기본법"이 만들어져 실제로 고용이 증가하진 않았지만 기능을 지켜야 한다는 사회적 인식이 높아졌다는 평가

255. 2005. 8. 27. 방문 조사. Japanese Associations of Metal, Machinery and Manufacturing Workers.
256. 종사자 규모를 기준으로 선정한 10대 기반기술: "설계", "절삭", "기계기구 수리 또는 조정", "용접", "프레스가공", "整毛, 방적, 製織, 剪毛, 編成, 봉제 또는 염색", "압축성형, 압출성형, 공기 분사에 의한 가공 또는 사출성형", "도장", "연마". 『ものづくり白書』, 2005年版, p. 197.
257. 『ものづくり白書』.

를 하고 있었다.

계급운동적 노동운동을 지향하는 '전노련' 계열의 JMIU[258]도 1996년 부터 정책연구에 착수하고 정부와 지자체에 중소 하청기업에 대한 각종 지원 정책, 융자와 세제혜택, 공공부문 입찰에 대한 배려를 요구했으며, 중소기업에게도 자구 노력을 강화할 것을 요청했다. 특히 JMIU는 이상과 같은 요구에 더하여 젊은이들이 매력을 느낄 수 있도록 중소기업의 노동조건 및 학교교육과 사회교육을 정비하고 개선하는 운동의 중요성을 강조했다. 적정한 노동조건의 실현과 제조 중소기업의 발전은 밀접하게 결합되어 있다는 것이 JMIU의 시각이었다. 직업교육의 재생을 위해서도 JMIU는 "일본의 교육은 성적 서열 위주이므로 직업교육이 배제되었다. 우수한 기능은 작업자가 스스로 궁리하면서 제조에 몰두하는 중소기업과 동네의 소공장인 마치고바(町工場) 현장에서만 발전할 수 있었다. 산별노조인 '도쿄토건'[259]이 운영한 '건축칼레지'[260]의 경험과 같이 기능공 양성도 노조가 맡을 수 있다. 이러한 방법으로 노조는 중소기업 소유자, 경영자와 연대하여 지역경제를 재생시키는 일이 중요하다"는 제안을 하였다(植木武人 2005: 57-58; 이종구 2007: 128-130, 134-138).

노동운동 이념의 차이를 넘어 JAM, JMIU는 노동자가 체득한 기능의 가치를 강조하며 사업자와 연대해 제조업의 해외이전이 초래하는 위기에 대처하자는 입장을 공유했다. 노사는 제조기반기술을 보존한 중소기업의 발전을 위해 ㉠ 거래질서의 확립 ㉡ 지적 재산권의 보호 ㉢ 지역 활성화와 결합된 중소기업 발전 정책이 필요하다고 인식했다. 중소

258. all Japan Metal and Information Machinery Workers Union, 전일본금속정보기계노동조합(全日本金属情報機器労働組合).
259. http://www.tokyo-doken.or.jp 동경토건일반노동조합(東京土建一般労働組合).
260. 職業能力開発短期大学校·東京建築カレッジ.

기업 경쟁력의 원천인 지적 재산권 보호와 관련해 일본금형공업회 동부지부는 2001년 실시한 실태조사를 근거로 경제산업성에 금형 복제 문제의 심각성을 강력하게 호소했다. 금형 생산에 필요한 가공데이터와 설계도면은 업계 종사자들이 장기간에 걸쳐 배양한 지적 재산이라는 성격을 가지고 있다. 해외로 생산기지를 이전한 대기업은 일본 국내 업자에게 제1호 금형을 발주하면서 도면과 가공데이터도 제출하도록 요구해 제2호 금형부터 해외에서 생산하여 제조 기반 자체를 붕괴시키는 사태가 발생할 수 있다. 실제로 이러한 피해를 입었다는 응답자가 40.3%였으며, 고객인 대기업의 요청으로 기술이전을 할 수밖에 없었다는 응답자는 14.1%로 나타났다(吉田敬- 2005: 33-39). 결국 해외생산의 확대로 일본 제조업의 경쟁력을 뒷받침하는 유연한 하청생산 네트워크를 구성하는 중소 제조업체와 지역공장집단은 위기를 맞고 있었다.

(2) 지역공장집단과 숙련의 성격 변화

나가노(長野)현의 사카키마치(坂城町)[261]와 수도 도쿄의 오타(大田)구[262]는 지역에 밀집한 소공장 집단이 유연전문화된 생산네트워크를 구성하여 정밀한 기계부품을 생산함으로써 일본 공산품의 품질 경쟁력을 뒷받침하고 있는 곳이다. 2005년 12월에 현지에서 이때 연구진과 질의응답을 교환한 사카키테크노센터[263]와 오타구 산업진흥회[264] 관계자, 경영자들

261. 2005. 12. 13 방문 조사.
262. 2005. 12. 14 방문 조사.
263. M 상공과장, U 테크노센터장, M 테크노하토사카키(テクノハート坂城) 협동조합이사장, T 테크노센터 사무국장.
264. Y大田区産業振興協会専務理事, B東京商工団体連合会雪谷民主商工会事務局長. 不況打開大田区実行委員会事務局幹事, K不況打開大田区実行委員会事務局幹事, N全労連大田区労働組合総連合議長.

은 모두 장기불황과 중국산 저가품의 유입으로 후계자들이 사업 의욕을 상실하고 있다는 위기감을 호소했다.

사카키마치의 금형공장 경영자는 "자식에게 물려주고 싶지만 다른 사람이라도 대를 잇게 하지 않으면 회사가 없어진다. 이곳만이 아니라 전국적으로 고령화가 큰 문제이므로 창업자의 기술을 전승하는 일이 지금부터 해결해야 할 과제다. 60세가 정년이나 종업원은 50~60대가 많다. 청년의 고학력화 때문에 최근에는 2년제 단대(短大), 4년제 일반대 출신을 채용했지만 금형제작 공정도 컴퓨터를 사용하여 90% 이상 자동화되었으므로 큰 문제가 없다. 나머지 10%가 수(手)작업이다. 차별화된 고유기술이 발휘되는 수작업이야말로 '장인의 손재주'[265]이므로 철저하게 가르친다. 5~10년간 현장작업을 한 다음에 관리직을 맡는다. 지원자가 많으므로 시험을 거쳐 좋은 사람만 뽑는다. 최근에는 구직난이 심하므로 기업이 사람을 고르는 상태다. 대학 정원이 증가해 대졸자가 실업난 때문에 프리타[266]가 되는 경우도 있다. 대졸자도 생산현장에 들어가면 관리직이 되고 싶다는 생각이 들지 않는다. 생산현장 경험을 쌓은 대졸자를 나중에 관리직과 현장 요원으로 분리한다"는 상황을 증언했다. 즉, 이 지역에서 필요한 노동자는 정보기술과 결합된 자동화 기계를 조작하고 전통적인 경험적 숙련도 축적할 수 있는 고학력 숙련공으로 바뀌고 있었다.

다른 자동차 부품업체의 경영자는 "금형 분야에서 한 사람 몫을 하려면 10년 경력이 필요하다. 작업량은 변동이 없지만 10년 전과 비교해 납품단가는 25~30% 인하되었다. 금형은 숙련공이 일품생산을 해야

---

265. たくみのわざ, 匠の技, 巧みの技.
266. 일본에서 만들어진 조어. 영어인 프리(Free)와 독일어인 아르바이터(Arbeiter)의 합성어로, 고정적인 직장 없이 아르바이트로 생계를 유지하는 사람을 일컫는다.

하므로 대량생산이 곤란하여 사람에 대한 의존도가 높다. 부품 생산은 자동화된 수치제어 공작기계가 처리하고 있으나 조립에는 고도의 숙련이 필요하다. 제품 도면은 주문자가 제공하지만 이 공장은 부품 도면을 그릴 능력이 있어 고난도 금형의 주문도 처리할 수 있다"면서 "납품 단가는 낮아지고 있지만 숙련공에 대한 의존도는 여전하다"는 고충을 토로하였다(이종구 2007: 143-145).

오타구의 경영자들은 "최근 10여 년 동안 일감이 없어 폐업이 많았다. 아버지가 불황에 고생하는 모습을 보고 아들이 대를 이으려 하지 않아 후계자가 부족하다. 현재 직인(職人)의 평균 연령은 60대이며 20~30대 후계자가 없다. 최근에 기능인력 양성을 위해 오타구에 공업고교를 설치했다. 대기업과 정부도 숙련공 교육에 위기감을 가지고 있다. 실업률이 4.5% 수준이지만 청년들이 지저분한 곳에 오려고 하지 않는다. 이곳의 마치고바는 종업원을 구할 때 후생노동성이 운영하는 직업안정소를 이용하지 않는다. 저임금과 복리후생의 미비로 법적인 통로를 사용하기 곤란하며 친지나 동료를 통해 사람을 구한다"는 고충을 밝히고 있었다. 이처럼 오타구에서도 숙련공의 재생산이 단절된다는 위기감이 높았다. 농촌 지역인 사카키마치의 기업은 대졸자를 생산직 노동자로 채용하고 있었지만, 수도 도쿄에 위치한 오타구의 기업은 고졸 노동자를 확보하려 노력하고 있었다(이종구 2007: 155).

2009년 11월과 2010년 2월 오타지역을 재방문했을 때는 2008년 가을 발생한 미국발 금융위기인 리먼브라더스 쇼크가 장기불황과 겹쳐 지역공장집단의 경영환경과 고용상황은 더욱 악화되어 있었다. 일본이 번영의 절정을 달리던 1983년과 2008년의 상황을 비교하면 공장 수는 47.3%, 종사자는 35.6%로 축소되었다(표 Ⅶ-13). 공장별 평균 종사자

〈표VII-13〉 오타구의 공장과 제조업 종사자의 변화

	공장(개, %):A	종사자(인, %):B	B/A (인)
1983	9,190(100.0)	95,294(100.0)	10.4
1993	7,160 (77.9)	69,003 (72.4)	9.6
2003	5,040 (54.8)	39,976 (42.0)	7.9
2005	4,778 (52.0)	37,641 (39.5)	7.9
2008	4,351 (47.3)	33,899 (35.6)	7.8

자료: 1) 不況打開大田区実行委員会事務局幹事 作成,
「産業空洞化から工場集積と地域経済を守るための東京·大田区における運動について(昌原市からの
産業空洞化調査団との懇談メモ)」, 2005年 12月 14日.
2) 2005, 2008은 工業統計調査資料에 의함. 공업통계조사의 시점은 12월 31일.

도 줄어들었다. 기업 규모가 작을수록 환경 변화에 대처할 자원이 부족
해 빨리 폐업하는 경향이 있었다(이종구 2011b: 206-207). 일자리를 제공하
는 마치고바의 절대수가 감소하면 이 지역의 강점인 유연전문화된 하
청 생산조직이 취약해지고, 기반기술의 보존, 전승, 발전을 담당하는 주
체의 재생산도 곤란해질 수 있었다. 부품의 해외생산화에서 초래되는
이러한 사태는 산업공동화의 가장 큰 문제점으로 지적되었다(山田伸顯
2009: 19-20).

한편 지자체, 노조, 경영자는 고도의 기술력을 가진 중소기업의 지역
네트워크를 살려야 한다는 입장에는 이견이 없었다. 오타노련[267]은 지적
재산권 보호 운동도 벌이고 있었다. 예를 들어 플라스틱 성형에 사용하
는 금형 시제품을 납품하면 발주자가 중국이나 해외로 유출하여 복제
하므로 금형을 제작한 사람의 노하우도 지적 재산으로 보호할 것을 정

---

267. 全労連大田区労働組合総連合.

부에 요구하고 있었다. 방문 조사 당시(2009. 11. 24) 오타노련에서도 해고 자 및 해고 통지를 받은 노동자의 상담이 증가하고 있었으며 정부가 임 금의 60%를 지원하는 고용조성금[268]을 받는 기업이 늘고 있다는 설명을 들었다.[269] 오타노련이 파악하는 고용불안의 양상을 보면 급료는 월 4~ 5만엔 정도 줄어들었고, 1주일에 3일 조업하는 공장이 증가하고 있으 며, 월 5만엔의 임대료를 지불하지 못하는 공장이 나타나고 있었다. 사 업자들이 오타구와 도쿄도를 상대로 공장 임대료를 지원해주도록 요구 했으나 명확한 회답은 없었다. 파견회사의 정사원으로 고용된 파견노 동자들도 작업량이 없으면 자택에서 대기해야 하며 임금은 60%로 줄 어들었다. 파견회사에서도 해고되면 이전에는 쇼쿠안(職安)이라고 부르 던 공공직업안정기관인 하로와쿠(ハローワーク)[270]에 가야 한다. 카마타(蒲 田), 오모리(大森)의 하로와쿠에는 50대에서 70대까지 연령에 관계없이 아침부터 줄서기가 시작되었다. 40~50대는 구인 수요도 없고 직장에 서는 고령자로 취급돼 능력이 없다는 등의 모욕적인 이유를 들어 사직 을 강요당했다. 더구나 이러한 경우에는 자발적 이직으로 처리되므로 고용보험 수급에 문제가 발생한다. 이 지역에서 젊은이를 채용하는 것 은 예외적인 일이었다. 30대 이상이 되면 재취직이 곤란하고 40~50대 가 재취직을 하면 급료가 40만엔에서 20만엔으로 50%나 줄어든다. 여 름 보너스도 줄어들었다. 그러나 급료가 줄어도 일자리를 확보하기 위 해 사장들과 같이 기업의 존속을 위해 노력할 수밖에 없다는 것이 오타 노련의 입장이었다. 오타노련이 오모리 하로와쿠 앞에서 수집한 설문

268. 雇用調整助成金을 말함.
269. 2009. 11. 24. 全国労働組合総連合 大田労働組合総連合 議長 N, 事務局長 H, 書記長 K.
270. 公共職業安定所. Hello Work.

〈표 VII-14〉 오타지역 구직자의 직전 고용형태

고용형태	인원 (명)	구성(%)
정사원	87	64.9
파트	8	6.0
아르바이트	5	3.7
기간·계약사원	15	11.2
파견	11	8.2
청부	0	0.0
자영업	3	2.2
기타	2	1.5
무응답	3	2.2
합 계	134	100.0

자료: 大田労連

조사 자료[271]는 구직을 해야 하는 실업자의 상태를 구체적으로 보여주고 있다. 연령대를 살펴보면 50대 이상이 51.5%이며, 40대 이상을 포함하면 71.6%로 대부분 중고령자들이다. 구직자의 64.9%가 정사원 출신으로 주류를 이루고 있었으며, 자영업 2.2%를 제외한 나머지가 각종 비정규직으로 나타났다(표 VII-14: 이종구 2011b: 208-211). 이처럼 직업안정 기관을 찾는 구직자의 약 2/3는 정사원의 지위를 상실한 중고령층이었다.

오타구의 산업정책 집행기관인 산업진흥협회를 방문했을 때 면담한 관계자는[272] 오타지역뿐 아니라 각지의 중소·중견기업 노동력이 젊어지는 경향을 지적했다. 그는 당시의 역동적 변화를 다음과 같이 설명한다.

"오타와 인접한 시나가와(品川) 소재 N공구(工具)의 미야기(宮城)공장 종업원의 평균 연령은 29세이다. 고도의 정밀가공을 하려면 쓸모없는 잔

271. 2009년 가을에 실시한 것으로 추정. 134명 응답.
272. 2009. 11. 24. 전무이사 Y.

소리를 하는 구형 숙련공보다 디지털 기술을 구사하고 스스로 아이디어를 낼 수 있는 젊은 세대가 낫다. 지금의 청년 노동자들은 옛날과 같이 아날로그 기술을 몸으로 익히는 것에 더하여 스스로 새로운 것을 개발할 기회를 가지면 성과가 오른다. 개인생활을 중시하는 젊은이들에게는 장시간 노동을 요구할 것이 아니라 정시에 퇴근하고 집중해서 작업할 수 있는 환경을 만들어줄 필요가 있다. 실제로 생산성이 향상되고 있는 곳에는 청년이 많다. 지방 소재 공업고등학교가 지식 흡수력이 높은 재학 시기에 실습으로 학생의 기량을 향상시켜 취직률을 높인 사례가 있다. 이들은 작업의 이유를 파악하면서 현장에서 실천하기 때문에 실력이 느는 것이다. 보편적 설계(universal design)[273]의 개념을 적용하여 작업 내용을 경노동화(輕勞動化)하면 고령자, 여성, 외국인 노동자도 생산현장에서 일할 수 있다. 실제로 상업계 여고를 졸업한 여성도 중년 남자가 하던 현장 작업을 맡아 우수한 성과를 올리는 사례가 있다. 오히려 여성은 집중력이 높고, 오타지역에서는 경량물을 취급하므로 문제가 없다. 또한 하급기술(low technology)로 감당할 수 있는 대량생산 공장은 완전 자동화하고 있다. 백수십명을 고용하여 자동차용 축전지 부품을 만드는 공장이 중국과 경쟁하게 되었으나 완전 자동화를 실현해 일본 국내 수요의 70%를 공급하는 사례도 있다."

이상과 같이 오타구의 마치고바는 기술력을 고도화시켜 다품종 소량 생산체제에 적응하고, 일본 기업이 국내에 남겨놓은 연구개발 기능과 결합하는 방법으로 활로를 찾고 있었으며, 정밀가공 기술을 바탕으로 신산업을 창출하여 고부가가치 제조업으로 변신하고 있었다. 이를 위해 경험적 숙련만이 아니라 지적 능력을 발휘할 수 있으며 정보기술과

---

273. 장애, 연령을 비롯한 개인적 조건에 구애받지 않고 기기를 사용할 수 있는 설계.

친화력이 높은 젊은 노동자를 확보하기 위한 환경 개선이 대대적으로 요청되고 있었다.

(3) 자동화와 숙련공의 지적 능력

공고를 졸업한 선반공이며 1951년부터 오타지역에서 50년 이상 선반공으로 종사한 고세키 도모히로(小関智弘)[274]가 남긴 자전적 기록과 연구자의 면담 기록은[275] 숙련공과 지역공장집단이 장기적으로 변화하는 과정을 보여준다. 고세키는 정보기술과 결합된 자동화와 인간의 탈숙련화에 대해 "NC[276]기계가 주역이 된 이후 많은 공장이 잘못된 길을 걸었다. 이제 숙련공은 필요없다, 프로그램과 세팅[277]을 할 수 있는 사람만 있으면 파트 아주머니, 아르바이트 학생도 괜찮다. 이렇게 생각하고 제조를 안이한 시스템으로 바꾼 공장은 버블 붕괴 후 곧 폐업으로 몰렸다. 대지에 뿌리 내린 기초 기술이 없이 기둥 하나 세우고 단상에 최신 기계를 늘어놓는 시스템으로 물건을 만들면 해외 신흥공업국에 지는 것이 당연하다"고 지적했다(小関智弘 2003: 220-223).

고세키는 저가 중국산의 등장으로 일본의 공장이 대량생산 방식에

274. 1933년생, 공고졸, 선반공, 논픽션 작가, 소설가. 1951년에 입직하여 2002년 봄에 현장 근무 종료, 2011년 3월 현재 42권의 출판물이 기노쿠니야(紀伊國屋)서점 목록에서 검색되었다.
275. 일본 호세이(法政)대 오하라(大原)사회문제연구소의 마치고바노동자연구회가 작성한 고세키에 대한 심층 면접 기록을 참조했다. 하기와라 스스무(萩原進) 교수, 아이다 도시오(相田利雄) 교수가 면접을 담당했으며 호세이대 경제학부에서 발행하는 학술지인 『경제지림(経済志林)』에 녹취록이 연재되어 있다(萩原進 2002a, 2002b,2003, 2004a, 2004b, 2006, 2007a, 2007b, 2007c, 2008). 고세키 본인에 대한 직접 면접은 이루어지지 못했으나 구술 자료의 객관성을 최대한 확보하기 위하여 실제 면접을 수행한 두 교수로부터 설명을 청취했다. 이러한 자료는 이종구(2011a)에 소개되어 있다.
276. numerical control, 수치제어.
277. setting 작업준비.

서 다품종 소량생산 방식으로 전환한 시점을 1992년으로 기억했다. 자동화에도 불구하고 노동자가 구식 범용선반을 사용하며 손으로 감각을 익히고 나서 NC기계를 사용하지 않으면 NC기계도 알지 못하게 되며, 모든 것이 블랙박스에 들어가는 결과가 된다는 지론을 폈다(萩原進2008: 432-437). 실제로 언론에도 1992년부터 가격파괴라는 용어가 등장할 정도로 저렴한 역수입 제품이 대량으로 유통되기 시작했다(吉田敏一2005: 20-21). 고세키는 다양한 사례를 들어 납품가를 인하하거나 하청회사에 발주하던 물량을 원청회사가 자체 생산하는 현상을 보고했다. 특히 NC기계의 보급으로 마치고바가 수행하던 다품종 소량생산 기능을 대기업이 FM[278]을 도입하여 내부화할 수 있는 가능성이 높아진 점에 고세키는 주목했다(小関智弘1997: 51, 233-235). 이는 마치고바가 고유의 위상을 확보하는 일이 더욱 어려워졌다는 의미였다. 2000년대 후반의 상황에 대해 고세키는 "마치고바는 기능을 중심으로 살아가는 사람들이 모인 집단이다. 이들은 생산조직의 맨 밑바닥에 자리잡은 불안정한 기업이지만 유동적으로 살아가는 힘도 굉장하다. 그러나 개인에게 고용불안과 저임금이라는 부담을 지우고 있으므로 앞으로 큰 사회문제가 발생할 수밖에 없다. 일본 사회 자체가 미쳐버리는 것이 아닌가 하는 생각이 든다"고 우려를 숨기지 않았다(萩原進 2008: 437-438).

마치고바와 숙련공에 대한 고세키의 이 같은 견해는 공고 출신으로 지적 능력을 활용해 기술 변화에 성공적으로 적응한 본인의 경력을 반영하고 있다. 오타의 지역공장집단은 규모가 축소되고 있으나 대기업의 연구개발 부문과 연계된 시제품 제작 기능을 발휘하고 또한 이 지역에 축적된 정밀가공기술을 활용한 신제품 개발 및 항공산업과 같은 고

---

278. flexible manufacturing system, 유연생산체제.

부가가치 창출 신산업의 개척이 진행되고 있다. 이러한 변화에 상응하는 새로운 숙련공의 이미지는 생산 현장의 수공적 감각과 정보기술 활용능력을 겸비한 생산 노동자이다(이종구 2011a:386-387).

(4) 새로운 숙련공 확보의 과제

취업형태의 다양화, 노동력 관리의 유연화, 장기고용 관행의 축소, 해외생산의 증가는 기업 내부에 축적된 숙련의 단절이라는 문제로 파급되었다. 노동운동도 노동자의 지적 재산 보호를 강조하기 시작했으며 정부는 '제조기반기술진흥운동'을 전개하였다. 특히 저가 부품의 수입으로 경영압박을 받는 중소 제조업체가 지역공장집단 내부에 축적된 가공 기술을 활용하여 고부가가치 제품을 생산하여 활로를 찾으려면 경험적 숙련과 지적 숙련을 겸비한 새로운 유형의 노동자를 확보할 필요가 있었다. 그것을 위해선 노동자의 관리 방식, 작업장 환경 개선이 중요한 과제가 되었다. 도제식 수련을 거치며 경험적 숙련을 익히는 전통적이며 공동체적인 사회관계가 지배하는 일본 중소기업의 이미지는 더이상 통용될 수 없었다. 또한 지역공장집단의 축소는 지역 공동체의 해체를 초래했다. 결국 정보화와 글로벌라이제이션의 여파로 직장과 지역사회에서 퇴장하고 고용불안을 감수해야 하는 중고령 노동자는 사회적으로도 고립될 가능성이 높았다. 이처럼 고용유연형 집단의 증가는 사회불안을 유발하는 요인으로 작용할 가능성이 커질 수밖에 없다.

VII-4. 마무리: '새로운 시대의 일본적 경영'과 '기업사회'의 해체

1995년 '일경련'은 「새로운 시대의 일본적 경영」을 발표하여 기업 내부에서 장기근속을 통해 능력이 향상되는 '장기축적능력활용형' 종업원 집단에게만 장기고용을 적용해야 한다는 요지의 방침을 제시했다. 이 방침은 전문성을 가진 '고도전문능력활용형' 종업원이나 단순노동에 종사하는 '고용유연형' 종업원은 외부에서 조달한다는 내용을 포함한다. 장기고용 관행을 선택적으로 적용하자는 '일경련'의 방침은 전후에 확립된바, 연공제에 입각한 고용 관행을 기업도 부담으로 간주하는 현실을 반영한다. 결과적으로 기업을 매개로 사회통합이 유지되는 '기업사회' 일본의 실질적 의미는 대폭 축소되었다.

「새로운 시대의 일본적 경영」은 20세기 초부터 일본의 노동 현장에 자리잡은 가치관, 즉 기업은 종업원의 정착을 촉진하는 방향으로 인사 노무관리 방침을 수립하고 실천하는 것이 당연하다는 경영자의 가치관을 파기하는 선언문이었다. 이러한 상황은 1973년 제1차 석유파동이 초래한 세계적 불황 속에서 기업이 감량경영과 고용조정을 실시하여 노동력 관리의 수량적 유연성을 확보해온 과정의 연장으로 볼 수 있다. 또한 글로벌라이제이션의 흐름 속에서 진행된 제조업의 해외이전도 비정규 사원의 비중이 높은 서비스 산업 취업자가 증대하는 요인으로 작용하였다. 이러한 산업구조의 변동은 비정규 사원의 증가를 촉진하는 결과를 가져왔다. 파트타이머는 노동력 관리의 수량적 유연성을 제공하는 비정규 사원 집단 가운데 가장 큰 비중을 차지했는데, 여성 노동자가 다수인 파트타이머의 고용기간은 장기화되었으나 정사원과 비교해 각종 노동조건의 격차는 여전히 남아 있었다.

'기업사회' 일본의 해체와 함께 기업을 공동체로 보는 경영가족주의적인 가치관도 사회적으로 설득력을 상실했다. 고용안정성이 저하된 비정규 사원 집단의 존재가 일상화되는 사회에서 개인은 장기적인 생활계획을 세우거나 안정적인 사회관계를 유지할 수 없었다. 일본적 경영, 일본적 노사관계의 바탕인 집단주의 정신의 현실적 유용성은 의문시되었다. 인사노무관리 기법의 변화를 촉구하는 지침서인 「새로운 시대의 일본적 경영」은 시장원리가 강조되는 시대적 상황을 반영하고 있으며, 경영자 스스로 기업은 공동체라는 명분을 파기하는 선언이라는 의미를 가지고 있다. 이렇듯 정사원 집단과 비정규 사원 집단 사이에 발생하는 사회적 균열이 계속 확대되면 일본의 사회통합 수준은 지속적으로 저하될 수밖에 없었다. 이러한 상황에 놓인 일본 사회는 '기업사회' 외부에 존재하는 개인의 기본권과 생활세계를 존중하는 방향으로 제도와 가치관의 개혁을 추진해야 하는 과제를 안고 있다.

나가며: 일본 연구의 객관성과 균형감각

　광복 80년이 다가오지만 아직도 한국의 인문사회과학계에서 일본에 대한 논의는 뜨거운 감자로 남아 있다. 전공을 막론하고 일본에 관해 발언하는 것만으로도 자칫 현실 정치에 휘말려 연구자의 본의와 무관하게 파동을 일으킬 가능성이 높다. 더구나 현실 사회를 다루는 사회과학자는 끊임없이 진단과 대책을 제시하라는 요구를 받으므로 애국자와 매국노 사이에서 줄타기를 해야 한다. 가장 안전하고 실속있는 처신은 미국, 유럽의 연구를 번역하여 소개하는 해설자가 되는 일이다. 그러나 서양 학계의 정평있는 연구 업적을 정독하다보면 결국 연구자가 속한 국가에 대한 치열한 문제의식을 발견하지 않을 수 없다. 일본적 노사관계는 봉건적 잔재의 소산이라는 오리엔탈리즘적 편견을 벗겨낸 로날드 도어의 대작 『영국의 공장, 일본의 공장』(British Factory, Japanese Factory)의 행간에는 일본이 아닌 영국 노사관계의 난맥상을 해소해야 한다는 문제의식이 깔려 있다. 1980년대 일본인들의 자부심을 극도로 높여준에즈라 보겔의 『일등 일본』(Japan as Number One)에도 저하되는 미국의 경제적 위상에 대한 걱정이 가득 차 있다. 이런 맥락에서 서양의 우수한 일본 연구 업적을 활용하려는 한국의 독자는 자기 사회에 대한 문제의식과 함께 서양 연구자의 시각을 비판적으로 이해할 수 있는 기본 지식과 정보를 구비해야 한다. 아무리 거칠고 미흡한 결과가 예상되더라도 한국 연구자는 독자적인 일본 연구를 추진할 필요가 있다. 한일관계는 여전히 불편하지만 지정학적으로 양국은 상호작용을 교환할 수밖에 없다. 광복 이후에도 일본으로부터 한국에 유입된 각종 문화적 품목이 대량으로 존재하는 것은 사실이다. 이런 현실 가운데 객관성과 균형감각을 갖춘 일본 연구는 한국 사회의 미래지향적 발전을 위해서도 필요하다. 이러한 배경에서 집필된 이 책의 성격과 위상은 다음과 같이 정리할 수 있다.

1. 일본 연구의 시각과 맥락

이 책은 기본적으로 산업노동연구 분야에 특화된 일본 연구의 성격을 가진다. 산업노동연구는 일본 연구의 가장 큰 주제이며, 후발 자본주의 국가인 일본이 경제적으로 성공한 비밀을 탐색하려는 외부 연구자에겐 관심이 집중되는 영역이었다. 그러나 경제적 성공에 대한 논의는 산업정책, 노사관계, 인사노무관리, 기업의 지배구조, 경영자의 성격 등을 비롯한 다양한 주제와 직결될 수밖에 없다. 이러한 주제는 모두 권력과 자원의 배분이라는 민감한 내용을 다루고 있다. 특히 산업노동연구를 중심으로 일본 사회를 고찰하는 연구자는 균형감각을 유지할 필요가 있다. 더구나 선진자본주의 국가에서 진행되는 일본 연구는 일본 내부의 연구 방향만이 아니라 여론 형성에도 영향을 미치고 있다는 점을 감안할 필요가 있다.

일본 외부에서 진행되는 일본 연구의 시각과 접근방법은 일본의 국제적 위상과 밀접하게 관련되어 있다. 1960년대 이후 미국과 유럽 학계는 서양 외부 사회로서 유일하게 근대화에 성공한 일본의 사례에 주목했다. 이러한 움직임은 냉전이 진행되던 국제정세와 밀접하게 연관되어 있으며 서방 측의 강대국들은 신생 발전도상국이 사회주의 진영으로 기울어지는 사태를 방지하기 위해 자본주의적 경로를 밟아 근대화에 성공한 일본의 사례를 제시할 필요가 있었다. 그 결과 1973년 10월 발발한 제4차 중동전쟁과 석유파동, 그에 따른 세계적인 불황을 가장 신속하게 극복한 일본의 경제적 성과는 세계적인 주목의 대상이 되었다. 또한 경제적 성공을 보장하는 '일본적 경영', '일본적 노사관계'의 비밀을 파악하고 자국에 도입하려는 실용적 목표를 가진 일본 연구가 세계적인 대세를 이루었다. 특히 일본의 문화적 특수성과 경제적 성공을 연결해 설명하려는 논리의 타당성 여부는 각지에서 뜨거운 논쟁의 주제가 되었다. 이 문제는 산업노동연구에서도 각광을 받는 연구 주제로 등장했다.

그러나 1990년대 이후 일본 경제가 장기불황을 겪자 외부의 평가는 달라지기 시작했다. 또한 글로벌라이제이션과 규제완화의 흐름 속에서 시장원리를 강조하는 신자유주의와 정합성이 있는 영미식 주주자본주의가 압도적으로 우월한 정책 담론으로 등장하였다. 일본의 강력한 산업 정책은 철폐해야 할 규제가 되었으며, 종업원의 능력을 개발하고 충성을 확보하는 장기고용은 노동력 관리의 수량적 유연성을 저하시키는 부정적 관행으로 재평가되었다. 그러나 평판의 변동에도 불구하고 일본은 국제사회에서 정치적·경제적으로 높은 위상을 유지하고 있으며, 일본 연구는 여전히 중요한 영역으로 남아 있다.

국내 학계는 해외 지역연구에 대한 정부의 제도적 지원 태세가 정비된 1990년대 전반부터 일본 연구를 본격적으로 진행할 수 있었다. 한국의 일본 연구는 시사적인 쟁점의 파악이나 국내 현안 해결에 참고가 될 정책 자료조사에 편중되는 경향이 있었다. 그 결과 장기간 지속적으로 자원과 인력이 투입되어야 하는 기초적인 연구와 자료의 축적은 상대적으로 소홀하게 취급되었다. 따라서 연구자, 정책 실무자, 기업, 시민이 일본에서 진행되는 사회 현상을 종합적으로 이해하는 데 필요한 역사적·사회적 맥락에 대한 지식과 정보가 부족한 상황은 여전히 계속되고 있다. 이 책은 산업노동연구라는 제한된 영역에서나마 맥락과 연결된 일본 연구를 수행함으로써 일본에 관심을 가진 연구자와 시민에게 균형잡힌 배경적 지식을 제공하려는 목표로 씌어졌다.

2. 고용안정성의 저하와 사회적 균열

이 책이 중점적으로 고찰한 대상은 제2차 세계대전 직전에 설치된 산업보국회로부터 패전, 전후개혁, 고도경제성장, 제1차 석유파동, 신자유주의에 입각한 행정개혁과 국제화를 거치며 1989년 '연합'을 중심으로 노동조합 전국조직의 통합이 이루어질 때까지 진행된 노사관계 제도의 변천과 노동운동의 변화다. 또한 글로벌라이제이션과 정보화의 영향을 고찰하기 위해 1990년대와 2000년대에 부각된 새로운 노동문제를 쟁점 중심으로 소개했다. 민간대기업 노사가 주도하는 협조적인 일본적 노사관계에서 배제된 소수파 노동운동의 이의제기 행동 및 글로벌라이 제이션과 산업 공동화가 중소기업 노동자에게 미치는 영향도 중요한 고찰의 대상이다. 또한 21세기의 일본 사회에서 진행되는 노사관계의 변화를 이해하기 위해 1980년대 중반 이후 진행된 기업내 국제분업의 확대와 제조업의 해외 이전이 초래한 결과에도 주목했다.

글로벌라이제이션의 진행과 함께 제조업에서도 직접부문의 생산직 노동자는 감소하고 연구개발 및 관리업무에 종사하는 간접부문 종사자 가 증가했다. 또한 서비스업에 종사하는 비정규직 노동자가 증가하는 구조적 변화가 발생했다. 장기고용을 보장하는 '일본적 노사관계'의 적 용 대상은 기업 조직 내부에서 쌓은 능력의 가치를 인정받는 '장기축적 능력활용형' 집단으로 축소되었다. 전문적 능력 보유자와 단순업무 종 사자는 필요에 따라 외부노동시장에서 유연하게 조달될 수 있는 집단 으로 간주되었다. 노동력 관리의 수량적 유연성을 제공하는 파트타이 머는 비정규 사원 집단 가운데 가장 큰 비중을 차지한다. 여성 노동자가 다수인 파트타이머의 고용기간은 장기화되고 있으나 정사원과 비교하 면 승진 기회, 복리후생을 비롯한 노동조건의 격차는 여전히 남아 있으 며, 제도적으로 가계를 보조하는 노동자라는 제약을 받는다. 취업형태 의 다양화와 해외생산의 증가는 숙련 전승의 단절과 일본 기업의 국제 경쟁력을 뒷받침하는 지역공장집단의 해체를 촉진했다. 이를 극복하기 위해 지적 능력을 갖춘 숙련공을 확보하려면 직장의 인사노무관리 관 행과 가치관을 혁신하는 발상의 전환이 필요하게 되었다. 또한 1980년 대 후반 이후 다수의 이주노동자가 유입되는 현상이 진행되면서 일본 사회는 다문화주의를 수용할 수 있도록 가치관, 제도, 관행의 변화를 촉구하는 과제에 직면해 있다.

일본의 사용자들은 종업원 집단의 속성을 기준으로 장기고용 관행을 선택적으로 적용하는 '새로운 시대의 일본적 경영'을 지향하고 있다. 이러한 현실 속에서 민간대기업의 정사원에게 적용되는 '일본적 노사관계'는 더이상 중요한 논의의 대상이 아니다. 오히려 정사원 집단과 비정규 사원 집단 사이의 노동조건 격차가 초래하는 사회적 균열과 사회통합 수준의 저하에 주목할 필요가 있다. 정사원 집단 내부도 개인의 시장적 가치를 기준으로 위상이 분화되고 있다. 고용안정성의 저하는 '기업사회' 일본의 해체를 의미한다. 일본이 사회통합 수준을 높이려면 기업이 더이상 생활을 보장하지 않는 개인을 기준으로 제도, 관행, 가치관의 개혁을 추진해야 하는 과제가 남아 있다. 그러나 이를 추진하려면 고도의 문화적 동질성을 전제로 개인을 부정하고 각종 유사 공동체 조직에 대한 인격적 충성을 요구하는 일본적 특수성론을 폐기해야 한다. 즉, 전후 일본에서 개혁적 자유주의자들이 추구해온, 시민적 주체성에 기반을 둔 민주주의의 가치를 재확인할 필요가 있다.

3. 함의: 일본 연구의 객관성과 균형감각

노사관계의 형성과 변용은 사회적 상황의 변화와 연동되어 있다. 일본의 노사관계와 노동운동이 직면한 상황을 현실적으로 파악하려면 직장에서 생활하는 일반 노동자의 입장에 초점을 맞춘 조사연구와 접근이 필요하다. 노사관계의 성격은 정치경제적 상황만이 아니라 사회통합의 상태와 직결되어 있다. 결국 사회적·역사적 맥락에 입각한 노사관계 연구가 중요하다. 이 책은 '일본적 특수성'에 입각한 문화적 결정론이나 국가·자본·지배계급의 탄압을 강조하는 음모론을 탈피해 가급적 객관적인 일본 연구의 시각과 접근방법을 제시하려 시도했다. 현재도 지속되는 식민지 지배의 과거사 문제를 둘러싼 분쟁과 무관하게 일본은 한반도에 막대한 영향을 끼치는 존재로 남아 있다. 정부, 기업, 시민사회를 막론하고 한국의 정책연구자에게 일본의 사례와 경험은 아직도 중요한 참고자료로 활용할 가치가 있다. 각종 음모론과 선입견을 배제하고 균형감각을 유지하며 일본의 현실을 고찰하는 작업은 국익이나 학문의 발전만이 아니라 시민 개인의 안녕과 복리를 위해서도 필요하다. 여기에 수록된 지식과 정보가 일본에 관심을 가진 많은 연구자와 일본 사회를 객관적으로 인식하려는 일반 시민들에게 작은 이정표라도 될 수 있기를 바라며 마침표를 찍는다.

참고문헌

〈한국어〉

가나가와 시티유니온, 1996, 『가나가와 시티유니온 제6회 총회 의안서』(95년도 활동보고),
　　1996년 4월 13일 (토).
김낙년, 2002, 「일본경제시스템」, 일본학교육협의회편, 『일본의 이해』, 태학사.
김영, 2016, 「일본 블랙기업 노무관리 연구: 청년 노동자 갈아서 버리기(使い潰し)의 기법
　　과 확산 배경」, 『산업노동연구』 22권 2호, 한국산업노동학회, 2016. 6.
김홍락, 1994, 「日本의 入管法 改正과 外國人 勞働者 政策」, 『지역연구』 제3권 제1호
　　1994년 봄, 서울대학교 지역종합연구소.
노동정책연구소 편(이종구 감수), 1993, 『일본 노동운동의 이해－전개과정과 흥망』, 노동
　　정보사.
문옥표, 1993, 「지역개발 운동과 지역 주민조직」, 『지역연구』 제2권 제3호(1993년 가을),
　　서울대학교 지역종합연구소 .
이시재 외, 2001, 『일본의 도시사회』, 서울대학교 출판부.
이종구, 1991, 「일본의 기업별노조체제와 소수파 노조의 이의제기 행동」, 한국산업사회연
　　구회 편, 『경제와 사회』 1991년 여름호(통권 제10호), 이론과실천.
이종구, 1992, 「일본식 노동운동과 일본식 생산방식」. 『일본평론』 6집, 사회과학연구소.
이종구, 1997, 「일본적 노사관계의 전환과 다원화」, 서울대학교 국제지역원, 『국제지역연

구』 제6권 제2호(1997년 여름호).

이종구, 2000, 「일본의 부패 문제와 개혁 논의」, 『사회와 역사』 제57집, 한국사회사학회.

이종구, 2002, 「세계화와 노사관계의 다원화」, 장달중 외, 『세계화와 일본의 구조전환 』, 서울대학교출판부.

이종구, 2004, 「일본 노동시장의 유연성과 고용형태의 다양화」, 『산업노동연구』 10권2호 2004, 한국산업노동학회.

이종구, 2005, 「일본 산업공동화와 노조의 제조업기반 활성화 운동」, 전국민주노동조합총연맹, 『산업공동화와 노동의 대응 방향』.

이종구, 2006, 「일본의 산업공동화와 노조의 대응」, 한국노동교육원, 『노동교육』 vol. 052 (2006년 봄호).

이종구, 2007, 「일본 제조업의 국내 회귀와 마치고바」, 국민대학교 일본연구소 편, 『일본공간』 창간호, 2007년 5월, vol.1.

이종구, 2011 A, 「일본 오타지역의 마치고바와 숙련공의 성격 변화」, 『사회와 역사』 제90집, 한국사회사학회.

이종구, 2011 B, 「일본 제조업의 해외이전과 지역공장집단ー도쿄 오타지역을 중심으로」, 『민주사회와 정책연구』 통권 20호, 민주사회정책연구원.

이종구, 2015, 「서평: 현장력의 재구축을 지향하며ー발언과 효율의 시점으로부터」, 한국산업노동학회, 『산업노동연구』 21-1.

이종구·심상완·이상철, 2017, 「일본계 외자기업의 공장 철수에 대한 한일 노동자 풀뿌리 국제연대: 1989년 수출자유지역 노조의 일본 원정투쟁 사례」, 『민주사회와 정책연구』 2018 상반기(통권 33호), 민주사회정책연구원.

한경구, 2001, 「일본의 전통적 임의결사와 근대화」, 한국정신문화연구원 편, 『동아시아의 문화전통과 한국사회』, 백산서당.

〈영어〉

Abegglen, James C., 1958, *The Japanese Factory: aspects of its social organization*, The Free Press, Glencoe.

Bamber, G. J. and Lansbury R. D., 1998, "국제비교 고용관계에 대한 소개", Bamber G. J. and Lansbury R. D., *International and Comparative Employment Relations* 3rd ed., Allen & Unwin(박영범 우석춘 역(2000), 『국제비교고용관계』, 한국노동연구원).

Clark, Rodney, 1979, *The Japanese Company*, Yale University Press, London(端伸行 訳, 1981, 『ザ·ジャパニーズ·カンパニー』, ダイヤモンド社).

Cohen, Theodore, 1983 A, *The Third Turn: MacArthur, the Americans and the*

Rebirth of Japan(大前正臣 訳, 『日本占領革命 - GHQからの証言 - 上』, TBSブリタニ カ).

Cohen, Theodore, 1983 B, *The Third Turn: MacArthur, the Americans and the Rebirth of Japan*(大前正臣 訳, 『日本占領革命 - GHQからの証言 - 下』, TBSブリタニ カ).

Cole, Robert E., 1979, *Work, mobility and Participation*, University of California Press, Berkeley.

Doeringer, Peter B. and Piore Michael J., 1971, *Internal Labor Markets and Manpower Analysis*, Routledge.

Dore, Ronald, 1973, *British Factory Japanese Factory*, University of California Press, Berkeley.

Dore, Ronald, 2000A, *Stock Market Capitalism: Japan and Germany versus the Anglo-Saxons*, Oxford University Press, New York.

Dore, Ronald, 2000B, "アングロサクソン資本主義がグローバル資本主義になるのか", 『日本労働研究雑誌』No. 486(2000年 特別号), 日本労働研究機構.

Dower, John W., 1999, *Embracing Defear: Japan in the Wake of World War II*, W. W. Norton & Company/The New Press, New York.

Friedman, David. 1988, *The Misunderstood Miracle: Industrial Development and Political Change in Japan*, Cornell University Press, Ithaca.

Goldthorpe, John H., 1984, *Order and Conflict in Contemporary Capitalism: Studies in the Political Economy of Western European Nations*, Oxford, Clarendon Press(稲上毅・下平好博・武川正吾・平岡公一 訳, 1987, 『收斂の終焉』,有新堂高文社).

Gordon Andrew, 1985, *The Evolution of Labor Relations in Japan: Heavy Industry, 1853-1955*, published by Council on East Asian Studies, Harvard University and distributed by Harvard University Press, Cambridge(Massachusetts) and London.

Hobsbawm, Eric. 1994. *Age of Extremes: The Short Twentieth Century*, 1914-1991, Michael Joseph and Pelham Books, London(이용우 역, 『극단의 시대: 20세기 역사』, 까치글방, 1997).

Lansbury, Russel D., 2000, "21世紀の雇用関係と新たな労働のあり方を探る", 『日本 労働研究雑誌』No. 486(2000年 特別号), 日本労働研究機構.

Lansbury, Russel D., 2004, "Emerging Patterns of Employment Relations in the Asia-Pacific Region", conference proceedings IIRA 5th Asian Regional Congress June 23~26 2004, International Industrial Relations Association, Seoul.

Lehmbruch, G., 1982, 「ネオ.ユーポラティズムの比較考察」, in Lehmbruch G. and Schmitter, P. C. eds., *Patterns of Corporatist Policy Making*, 1982, Beverley Hills &

London, Sage Publications(高橋進 ほか 訳, 山口定 監訳, 1986, 『現代ユーポラティム Ⅱ - 先進諸国の比較分析 -』, 木鐸社).

Levine Solomon Bernard, 1958, *Industrial Relations in Postwar Japan*, University of Illinois Press, Urbana.

Moon Okpyo, 1995, "Migratory Process of Korean Women to Japan", International Seminar on International Female Migration and Japan: Gender, Networking and Settlement, 12-14 December 1995, Tokyo.

Moore Joe, 1983, *Japanese Workers and the Struggle for Power 1945-1947*, The University of Wisconsin Press, Madison.

OECD, 1972, OECD reviews of manpower and social policies manpower policy in Japan(労働省 訳, 『OECD対日労働報告書』, 日本労働協会).

Pempel, T. J. and Tsunekawa, K., 1979, "Corporatism without Labor?: the Japanese anatomy", in Schmitter P. C. and Lehmbruch, G. eds., *Trends Toward Corporatist Intermediation*, Beverley Hills & London, Sage Publications(「労働なきユーポラティズムか-日本の奇妙な姿-」, 高橋進 ほか訳, 山口定 監訳, 1984, 『現代ユーポラティム Ⅰ-団体統合主義の政治とその理論-』, 木鐸社).

Piore, M. J. and Sabel C. F., 1984, *The Second Industrial Divide*, Basic Books Inc., New York

Reich, Robert B., 1991. *The Work of Nations*, Alfred A. Knopf.

Sabel, Charles F., 1982. *Work and Politics*, Cambridge University Press.

Sassen, Saskia. 1988, *The Mobility of Labor and Capital: a Study in International Investment and Labor Flow*, Cambridge University Press.

Schmitter, P. C., 1979, 「日本の読者のためのエピローグ」, in Schmitter P. C. and Lehmbruch, G. eds., 1979, *Trends Toward Corporatist Intermediation, Beverley Hills & London*, Sage Publications (労働なきユーポラティズムか-日本の奇妙 な姿 」, 高橋進 ほか訳, 山口定 監訳, 1984, 『現代ユーポラティム Ⅰ-団体統合主義の政治とその理論-』, 木鐸社).

Schmitter, P. C. 1982, "Reflections on Where the Theory of Neo-Corporatism has come and Where the Praxis of Neo-Corporatism may be going", in Lehmbruch G. and Schmitter, P. C. eds., *Patterns of Corporatist Policy Making, Beverley Hills & London*, Sage Publications(ネオ.ユーポラティズム理論の経緯と実践に関する省察」, 高橋進 ほか訳, 山口定 監訳, 1986, 『現代ユーポラティム Ⅱ-先進諸国の比較分析-』, 木鐸社).

Shimada Haruo, 1983, "Wage Detremination and Information Sharing: an alternative approach to incomes policy?" in The Journal of Industrial Relations Society of

Australia ed., *The Journal of Industrial Relations* vol. 25, No. 2, Jun. 1983.

Streek, W., 1989, "変化する労使関係-主体の戦略と制度の構造", 日本労働協会 編, 『新たな労使関係システムを求めて-日本労働協会設立30周年記念国際シンポジウム-』, 日本労働協会, 1989.

Takemae, Eiji, 2003, *The Allied Occupation of Japan*, (translated by Robert Ticketts, Sebastian Swann), A&C. Black, London.

Vogel, Ezra F., 1980, *Japan as Number One*, Cambridge, Harvard University Press.

Winkler, J. T., 1977, 「コーポラティズムの到來」 in Skideksky, R. ed., *The End of the Keynsian Era: Essays on the Disintegration of the Keynsian Political Economy*(中村達也 訳, 1979, 『ケインズ時代の終焉』, 日本経済新聞社).

Wolferen, Van Karel, 1999, *Bourgeoisie-The Missing Element in Japanese Political Culture*(鈴木主税 訳, 1999, 『怒れ！日本の中流階級』, 毎日新聞社) .

〈일본어〉(かな順)

相川俊英, 1996, 「東武伊勢崎線の駅前モスク-イスラム圏出身労働者が集中する沿線-」, AERA 96. 7. 15, 朝日新聞社.

青木慧, 1981, 『偽装労連-日産S組織の秘密-』, 汐文社.

有泉亨・秋田成就・戸坂嵐子, 1954, 「電気産業労働組合」, 大河内一男 編, 『日本労働組合論』, 有斐閣.

有泉亨 ほか, 1971, 「電産十月争議(1946)」, 東京大学社会科学研究所 編, 『戦後初期労働争議調査』, 東京大学社会科学研究所調査報告第13集.

石川晃弘, 1988, 「産業における社会統合」, 石川晃弘 編, 『産業社会学』, サイエンス社.

石田光男, 1985, 「賃金体系と労使関係 下」, 『日本労働協会雑誌』 1985年 9月, 日本労働協会.

李鍾久(イチョンク), 1990, "現代日本の労使関係と労働者の対応-民間大企業における参加的統合構造と異議申し立て行動をめぐって-", 日本 東京大学大学院 社会学研究科 博士 学位論文, 1990년 8月 26日 提出, 1991년 2月 13日 最終審査 合格.

李鍾久(イチョンク)・山本潔, 1992, 「Case I-1(B)K製鉄千葉製鉄所(B)」, 『工場見学記録集-日本の工場：1979～90年-』, 東京大学社会科学研究所 調査報告 第25集, 東京大学社会科学研究所 1992年 3月.

安藤良雄 編, 1979, 『近代日本経済史要覧』第2版, 東京大学出版会.

伊丹敬之, 1989, 「第3章 日本企業の人本主義システム」, 今井賢一・小宮隆太郎 編, 『日本の企業』, 東京大学出版会.

稲上毅, 1980, 「労働者参加と社会政策」, 青井和夫・直井優 編, 『社会福祉と計画』, 東京
大学出版会.

稲上毅, 1981, 「第四章 職場共同体と仕事の規制−動労の雇コミュニティ−」, 『労使関係
の社会学』, 東京大学出版会.

稲上毅, 1989, 『転換期の労働世界』, 有新堂高文社.

稲上毅, 1999, 「総論 日本の産業社会と労働」, 稲上毅・川喜多喬 編, 『講座社会学 6 労
働』, 東京大学出版会.

犬塚先, 1985, 「労働者と職場組織」, 間宏・北川隆吉 編, 『経営と労働の社会学』, 東京大
学出版会.

今井賢一・小宮隆太郎, 1989, 「第 1 章 日本企業の特徴」, 今井賢一・小宮隆太郎 編, 『日
本の企業』, 東京大学出版会, 1989.

上田利男, 1988, 『小集団活動と職場の活性化』, ぎょうせい.

氏原正治郎, 1974, 「補論 戦時労働論覚書」, 東京大学 社会科学研究所 編, 『戦後改革 5
労働改革』, 東京大学出版会.

植木武人, 2005, 「産業政策・中小企業政策と労働運動」, 労働運動総合研究所 編, 『グロ
ーバル化 のなかの中小企業問題』, 新日本出版社.

植田浩史, 2000, 『産業集積と中小企業−東大阪地域の構造と課題−』, 創風社.

植田浩史, 2004, 『現代日本の中小企業』, 岩波書店.

禹宗杬(ウー・ジョンウォン)・連合総合生活開発研究所 編, 2014, 『現場力の再構築へ−
発言と効率の視点から−』, 日本経済評論社.

禹宗杬(ウー・ジョンウォン), 2014, 「日本企業の現場力と労使関係」, 禹宗杬・連合総合
生活開発研究所 編, 『現場力の再構築へ−発言と効率の視点から−』, 日本経済評論
社.

大石嘉一郎, 1975, 「第 1 章 農地改革の歴史的意義」, 東京大学社会科学研究所 編, 『戦後
改革 6 農地改革』, 東京大学出版会.

大河内一男 編, 1956, 『労働組合の生成と組織』, 東京大学出版会.

大河内一男, 1970, 『暗い谷間の労働運動 −大正・昭和(戦前)−』, 岩波書店.

大河内一男・松尾洋, 1973, 『日本労働組合物語 戦後篇 下』, 筑摩書房.

大沢秀男, 1988, 「労働市場における供給圧力−外国人労働者の流入増加−」, 経済社会学
会編集委員会 編, 『経済と文化』, 現代書館.

大島卓, 1982, 「巨大企業の海外進出」, 木村敏男 編, 『産業構造の転換と巨大企業』, 東京
大学出版会.

大蔵省, 1985, 『財政金融統計月報』, 1985年 12月.

大沼保昭・宮島喬・江橋崇・五阿弥宏安, 1987, 「討論 外国人労働者と日本の対応」, 『法
律時報』1987年 6月, 日本評論社.

尾形隆彰, 1980, 「終身雇用と年功制のゆくえ」, 安藤喜久男·石川晃弘 編, 『日本的経営の転機−年功制と終身雇用はどうなるか−』, 有斐閣.

尾形隆彰, 1988, 「サービス経済化とサービス労働」, 石川晃弘 編, 『産業社会学』, サイエンス社.

尾形隆彰 1989, 「サービス経済化と労働者−新しい労働の世界−」, 矢沢修次郎.

岩崎信彦 編, 『地域と自治体 第17集−特集 都市社会運動の可能性−』, 自治体研究社.

置塩信雄·石田和夫 編, 1981, 『日本の鉄鋼業』, 有斐閣.

奥村宏, 1982, 「企業集団と重化学工業」, 木村敏男 編, 『産業構造の転換と巨大企業』, 東京大学出版会.

奥村宏, 『法人資本主義』改訂版, 朝日新聞社, 1991.

尾崎巌, 1987, 「産業の空洞化と雇用の未來」, 『日本労働協会雑誌』, 1987年 1月.

尾高邦雄, 1981, 『産業社会学講義』, 岩波書店.

鬼塚豊吉, 1986, 「多国籍企業」, 馬場宏二 編, 『シリーズ世界経済 I 国際的連関−焦点と回路−』, 御茶の水書房.

鬼丸朋子, 2014, 「労使協議を通じた労使関係の構築−組合員の現場力形成を通じた交渉力の維持·向上−」, 禹宗杬·連合総研 編, 『現場力の再構築へ−発言と効率の 視点から−』, 日本経済評論社.

加藤俊彦, 1974, 「改革期の日本経済」, 東京大学社会学研究所 編, 『戦後改革 7 経済改革』, 東京大学出版会.

かながわ シティユニオン, 『かながわ シティユニオン』(年度不明).

かながわ シティユニオン, 1994, 『シティユニオン活動報告 94年 8月』.

鎌田慧, 1973, 『自動車絶望工場 −ある季節工の日記−』, 徳間書店.

上井嘉彦, 1994, 『労働組合の職場規制−日本自動車産業の事例−』, 東京大学出版会.

川崎次郎, 1987, 「不健康な東芝で健康づくり運動」, 労働運動研究所, 『労働運動研究』, 1987年 7月.

川崎勉, 1982, 『日本鉄鋼業 −その軌跡−』, 鉄鋼新聞社.

河西宏祐, 1981, 『企業別組合の実態』, 日本評論社.

河西宏祐, 1982, 「電産二七年争議論」, 清水愼三 編, 『戦後労働組合運動史論』, 日本評論社.

河西宏祐, 1989, 『企業別組合の理論−もうひとつの日本的労使関係−』, 日本評論社.

河西宏祐, 1999, 『電産型賃金の世界』, 早稲田大学出版部.

河西宏祐, 2007, 『電産の興亡(一九四六年〜一九五六年)−電産型賃金と産業別組合−』, 早稲田大学出版部.

上林千恵子, 1999, 「多様化する就業形態」, 稲上毅·川喜多喬 編, 『講座社会学 6 労働』, 東京大学出版会.

木下武男, 1996,「労働組合運動」, 渡辺治 編,『現代日本社会論』, 労働旬報社.

熊沢誠, 1981,『日本の労働者像』, 筑摩書房.

熊沢誠, 1982,「スト権スト・一九七五年日本」, 清水慎三 編,『戦後労働組合運動史』, 日本評論社.

熊沢誠, 1989,「労務管理の惰力-東芝府中人権裁判分析-」, 熊沢誠,『日本的経営の明暗』, 筑摩書房.

公文俊平, 1982,「日本社会の組織化原理」, 浜口惠俊・公文俊平 編,『日本的集団主義』, 有斐閣.

栗田健, 1977,「戦後労働組合運動の系譜と課題」,『ジュリスト 増刊総合特集 No.14企業と労働』, 有斐閣.

玄田有史, 2002,「リストラ中高年の孤独な転職」,『世界』2002年1月, 岩波書店.

桑原武志, 2004,「地区別工業会の機能-東京・大阪を比較して-」, 植田浩史 編,『縮小時代の産業集積』, 創風社.

桑原靖夫, 1988,「石油危機後の国際労働力移動の動態」,『日本労働協会雑誌』1988年8月.

桑原靖夫, 1993,「国際労働力移動システムの形成と発展」, 桑原靖夫 編,『国際労働力移動のフロンティア』, 日本労働研究機構.

経済同友会新自由主義推進委員会,「経営参加小委員会研究報告書」, 日本労働協会 編, 1976,『経営参加の論理と展望』, 日本労働協会.

国際産業労働研究センター, 1988,『わが国企業における外国人雇用の実態と今後のニーズ』.

小池和男, 1977,『職場の労働組合と参加』, 東洋経済新報社.

小池和男, 1981,『日本の熟練』, 有斐閣.

厚生労働省, 2002,『厚生労働白書』平成14年版, ぎょうせい.

厚生労働省官房統計情報部 編, 2001,『平成11年就業形態の多様化に関する 総合実態調査報告』, 財務省印刷局.

厚生労働省大臣官房統計情報部 編, 2003,『パートタイマーの実態 -平成13年 パートタイム労働者総合実態調査報告-』, 国立印刷局.

神代和欣・連合総合生活開発研究所 編, 1995,『戦後50年 産業・雇用・労働史』, 日本労働研究機構.

小関智弘, 1997,『町工場の磁界』(増補新装版), 現代書館.

小関智弘, 2003,『職人学』, 講談社.

高鮮徽(ユ・ソンフィ), 1996,「横浜市A町の済州島人と韓国人労働者」, 駒井洋,『日本のエスニック社会』, 明石書店.

後藤純一, 1992,「外国人労働者受け入れの経済学的影響」,『季刊 労働法』164号 1992 夏

, 総合労働研究所.

小林謙一, 1967,「第四節 労働市場の再編成」(第五章 国家独占資本主義の再編成と
労働問題), 隅谷三喜男・小林謙一・兵藤釗,『日本資本主義と労働問題』, 東京大学出版
会.

小林英夫, 1983,『戦後日本資本主義と東アジア経済圏』, 御茶の水書房.

コミュニティ・ユニオン研究会 編, 1988,『コミュニティ・ユニオン宣言』, 第一書林.

小畑精武, 1993,「コミュニティ・ユニオン運動の到達点と課題」, コミュニティ・ユニオン
全国ネットワーク 編,『ユニオン・ニンゲン・ネットワーク - コミュニティ・ユニオン宣
言PARTⅡ - 』, 第一書林.

小山陽一 編, 1985,『巨大企業体制と労働者』, 御茶の水書房.

雇用職業総合研究所, 1986,『日本における小集団活動の実態とその展開条件に関する事
例研究報告書』.

斉藤弘子, 1994,『韓国系日本人』, 彩流社.

嵯峨一郎・熊谷徳一, 1983,『日産争議 1953-転換期の証言-』, 五月社.

佐口和郎, 1991,『日本における産業民主主義の前提: 労使懇談制度から産業報国会
へ』, 東京大学出版会.

佐口和郎, 1995,「産業報国会の歴史的位置: 総力戦体制と日本の労使関係」, 山之内靖,
ヴィクター・ユシュマン 成田龍一 編,「総力戦と近代化」, 柏書房.

笹森清, 2002,「インタビュウ 労働組合はいま何をすべきか」,『世界』2002年1月, 岩波書
店.

佐藤博樹, 1999,「日本型雇用システムと企業内コミュニティー」, 稲上毅・川喜多喬 編,
『講座社会学 6 労働』, 東京大学出版会.

島田晴雄, 1986,『労働経済学』, 岩波書店.

島田晴雄,『外国人労働者問題の解決策』, 東洋経済新報社, 1993.

塩田庄兵衛, 1954,「労働組合と政治」, 大河内一男 編,『日本の労働組合』, 東洋経済新報
社.

塩田庄平衛, 1963,「国鉄新潟争議」, 藤田若雄・塩田庄兵衛 編,『戦後日本の労働争議』,
御茶の水書房.

篠田徹, 1983,「男女雇用機会均等法をめぐる意思決定」, 中野実 編, 1983,『日本型政策
決定の変容』, 東洋経済新報社.

篠田徹, 1988,「経済・社会変容期における労働政治 - 産業政策とコーポラティズム -」,
北九州大学法学会,『北九州大学法政論集』第15巻 第3号 1988年 3月.

篠原一, 1983,「団体の新しい政治機能 - ネオ.コーポラティズムの論理と現実-」『岩波講
座 基本法学 2-団体-』, 岩波書店.

清水慎三, 1982 A,「戦後労働組合運動史序説」, 清水慎三 編,『戦後労働組合運動史』, 日

本評論社.

清水慎三, 1982 B,「総評三十年のバランスシート」, 清水慎三 編,『戦後労働組合運動史』, 日本評論社.

清水慎三, 1982 C,「三池争議小論」, 清水慎三 編,『戦後労働組合運動史』, 日本評論社.

清水慎三, 1983,「三井三池争議」,『戦後日本の労働争議』, 藤田若雄・塩田庄兵衛 編, 御茶の水書房.

白井泰四郎, 1979,『企業別組合』(9版), 中央公論社(初版 1968).

白井大四郎・花見忠・神代和欣, 1986,『労働組合読本』第2版, 東洋経済新報社.

末広厳太郎, 1954,『日本労働組合運動史』, 中央公論社.

杉山裕, 2008,「処遇のあり方をめぐる-1960年代の八幡製鉄を事例として-」, 法政大学大原社会問題研究所,『大原社会問題研究所雑誌』No. 590. 2008年 1月.

鈴木孝司, 1977,「日産自動車の合理化と仕事規制」,『ジュリスト増刊総合特集 No.14 企業と労働』, 有斐閣.

角谷登志雄, 1986,「現代日本の企業構造と労働者」, 角谷登志雄・堤矩之・山下高之 編,『現代日本の企業.経営』, 有斐閣.

隅谷三喜男 1967 A,「第五節 労働運動の展開」(第五章 国家独占資本主義の再編成と労働問題), 隅谷三喜男・小林謙一・兵藤釗,『日本資本主義と労働問題』, 東京大学出版会.

隅谷三喜男, 1967 B,『日本の労働問題』, 東京大学出版会.

隅谷三喜男, 1974,「日本的労使関係論の再檢討 下」,『日本労働協会雑誌』1974年 10月.

隅谷三喜男, 1976,『労働組合の理論』, 東京大学出版会.

隅谷三喜男, 1988,「新たな労使関係システムを求めて」,『日本労働協会雑誌』1988年 6月.

関曠野, 1987,『野蛮としてのイエ社会』, 御茶の水書房.

全日本民間労働組合連合会, 1988,『昭和63-64年度政策.制度要求と提言』.

全日本労働総同盟, 1976,「参加経済体制 実現 - 経営参加対策委員会中間報告-」, 日本労働協会 編, 1976,『経営参加の論理と展望』, 日本労働協会.

総務庁 編, 1986,『審議会総覧 - 昭和61年版 -』, 大藏省印刷局.

高木郁朗, 1991,「公労協 スト権奪還スト(1975年)-政治ストの論理と結末-」, 労働争議史研究会 編,『日本の労働争議(1945~80年)』, 東京大学出版会.

高城信義・植田浩史・山本潔, 1992,「T電気府中工場」,『工場見学記録集-日本の工場: 1979~90年 -』, 東京大学社会科学研究所調査報告 第25集, 東京大学社会科学研究所 1992年 3月.

高野実, 1958 ,『日本の労働運動』, 岩波書店.

竹内淳彦 編, 2008,『日本経済地理読本』第8版, 東洋経済新報社.

竹前栄治, 1980, 『占領戦後史 -対日管理政策の全容-』, 双柿舎.

竹前栄治, 1982, 『戦後労働改革』, 東京大学出版会.

竹前栄治, 1983, 『証言 日本占領史 -GHQの労働課の群像-』, 岩波書店.

橘川武郎, 2005, 「統計データが語る地域経済と雇用の現状」, 橘川武郎·連合総合生活開発研究所 編, 『地域からの経済再生』, 有斐閣.

田中信也, 1987, 「在留外国人出入国管理」, 『法律時報』1987年6月, 日本評論社.

田中宏, 1995, 『在日外国人 -法の壁, 心の溝』, 新版, 岩波書店.

短時間労働の活用と均衡処遇に関する研究会, 2003, 「短時間労働の活用と均衡処遇」, (財)社会経済生産性本部 生産性労働情報センター.

辻中豊, 1986, 「現代日本政治のコーポラティズム化 -労働と保守政権の二つの戦略の 交錯-」, 内山満 編, 『講座 政治学 Ⅲ, 政治過程』, 三嶺書房.

通商産業省, 1981, 『労働力移動の実態調査.日本的雇用慣行のゆくえ』, 産業能率大学出版部, 通商産業省 産業政策局企画課 編, 1989, 『第3回 海外事業活動基本調査』.

津田真澂, 1976, 「労働者重役制の発展と日本への提案」, 日本労働協会 編, 『経営参加の論理と展望 -西欧的潮流と日本的土壌-』, 日本労働協会.

津田眞澂, 1987 A, 「新二重構造時代の到来」, 『日本労働協会雑誌』, 1987年 1月.

津田眞澂, 1987 B, 『日本的経営はどこへ行くのか』, PHP研究所.

都築建, 1986, 「争議から自主生産へ -最先端技術分野での挑戦-」, 『賃金と社会保障』第934号 1986年 3月下旬号.

都築建, 1987 A, 「社会の主人公として -シンポジウムの目指すもの -」, 労働法律旬報 第1168号 1987年 5月下旬号, 労働旬報社.

都築建, 1987B, 「綜合文化としての自主生産 -東芝アンペックスの闘いと試み-」, 『現代の理論』第241号 1987年 9月.

都築建, 1988 A, 「社会の主人公をめざして -東芝アンペックス偽装解散との 闘い」, 労働法律旬報 第1186号 1988年 2月下旬号, 労働旬報社.

都築建, 1988 B, 「座談会 自主生産から生産協同組合へ」, 労働情報編集委員会, 『労働情報』増刊号 1988年 2月 15日.

都築建, 1989, 「自主生産の現況と展望」, 民間労組·労働者交流会, 『第2回合宿研究会報告集』.

手塚和彰, 1974, 「旧労働組合法の形成と展開」, 東京大学社会科学研究所 編, 『戦後改革 5 労働改革』, 東京大学出版会.

電機連合産業政策グループ 編, 1995, 『創造と革新への挑戦 -電機産業の発展と新しい労使関係 -』, 全日本電機·電子·情報関聯産業労働組合連合会.

東京商工会議所, 1988 A, 『外国人労働者の受け入れ問題に関する中間意見について』(1988. 9. 8).

東京商工会議所 1988 B,『外国人の受け入れに関する調査-概要-』.

東京芝浦電氣株式会社, 1977,『東京芝浦電氣株式会社 100年史』.

東芝労働組合, 1981,『東芝労組のあゆみ-東芝労働組合30年運動史-』.

東芝労働組合賃金対策部, 1984,『東芝の賃金関係規定・規則集』, 1984年 6月 1日.

東芝労働組合, 1985,『給與体系改訂提案資料』, 1985. 7. 9.

東芝アンペックス労働組合, 1983,『東芝の職場つぶしを許すな』, 1983年 4月 30日.

東芝アンペックス労働組合(総評・全造船機械労働組合 東芝アンペックス分会) 1984, 『濁流にさおさして』1984年 2月 29日.

戸塚秀夫, 1974,「戦後日本の労働改革」, 東京大学 社会科学研究所 編,『戦後改革 5 労働 改革』, 東京大学出版会.

戸塚秀夫・中西洋・兵藤釗・山本潔, 1976A,『日本における新左翼の労働運動(上)』, 東京 大学出版会.

戸塚秀夫・中西洋・兵藤釗・山本潔, 1976B,『日本における新左翼の労働運動(下)』, 東京大 学出版会,

戸塚秀夫, 1976,「新左翼諸党派の社会的土壌」, 戸塚秀夫・中西洋・兵藤釗・山本潔, 1976B,『日本における新左翼の労働運動(下)』, 東京大学出版会.

唐沢文夫, 1983,「扇会發足10周年に寄せて」, 近代労使研究会議,『おおぎ』第49号 1983.12.1.

富永健一, 1988,『日本産業社会の転機』, 東京大学出版会.

長岡豊・稲葉和夫, 1981,「第3章 日本鉄鋼業の技術」, 置塩信雄・石田和夫 編,『日本の鉄 鋼業』, 有斐閣.

中野麻美, 2002,「労働市場構造改革への対抗軸」,『世界』2002年 1月, 岩波書店.

中村章, 1981,『工場に生きる人びと-内側から描かれた労働者の実像-』, 学陽書房.

中村圭介, 1985,「鉄鋼業の民族大移動と雇用・所得保障-釜石製鉄所から東海製鉄への 大規模転勤の実態-」, 隅谷三喜男 篇,『技術革新と労使関係』, 日本労働協会.

中村隆英, 1986,『昭和経済史』, 岩波書店.

中久郎 編, 1980,『国会議員の構成と変化』, 政治廣報センター.

西成田豊, 1988,『近代日本労資関係史の研究』, 東京大学出版会.

西成田豊, 2007,『近代日本労働史-労働力編成の論理と実証-』, 有斐閣.

日産闘争支援連絡会, 1987,「日産自動車の諸争議に勝利し労使関係の正常化をかちと り日産を 働きやすい職場にするための私たちの要求とたたかいの方向」(全金日産自 動車支部, 日産厚木争議団), 1987年 5月 14日.

仁田道夫, 1988,『日本の労働者参加』, 東京大学出版会.

日刊工業新聞特別取材班, 1987,『新「前川」リポートが示す道』, にっかん書房.

日本経営者団体連盟全員経営小委員会, 1976,「全員参画経営」, 日本労働協会 編,『経営

参加の論理と展望』, 日本労働協会.

日本経営者団体連盟, 1995,『新時代の日本的経営−挑戦すべき方向とその具体策−』(新.
　日本的経営システム等研究プロジェクト報告), 1995.

日本経営者団体連盟 関東経営者協会, 1996,『新時代の日本的経営についてのフォロー
　アップ調査報告』.

日本銀行, 1988,『調査月報』1988年 8月,「アジア諸国の發展と日・米・アジア経済の緊
　密化」.

日本労働組合総評議会, 1988,『総評政策集 1988年版』.

野口悠紀雄, 1993,『日本経済改革の構図』, 東洋経済新報社.

野口恒, 2007,『ものづくり日本の復活』, 産業能率大学出版部.

萩原進, 2002A,「町工場の世界: 小関智弘の町工場巡礼記の研究」①, 法政大学経済学会,
　『経済志林』69-4(2002. 3).

萩原進, 2002B,「町工場の世界: 小関智弘の町工場巡礼記の研究」②, 法政大学経済学会,
　『経済志林』70-1,2 (2002. 7).

萩原進, 2003,「町工場の世界: 小関智弘の町工場巡礼記の研究」③, 法政大学経済学会,
　『経済志林』70-4(2003. 3).

萩原進, 2004A,「町工場の世界: 小関智弘の町工場巡礼記の研究」④, 法政大学経済学会,
　『経済志林』72-1,2(2004. 7).

萩原進, 2004B,「町工場の世界: 小関智弘の町工場巡礼記の研究」⑤, 法政大学経済学会,
　『経済志林』72-3(2004. 12).

萩原進, 2006,「町工場の世界: 小関智弘の町工場巡礼記の研究」⑥, 法政大学経済学会,
　『経済志林』73-3(2006. 3).

萩原進, 2007 A,「ME革命を生きた旋盤工の物語 : 小関智弘からの聞き書きの記録」①,
　法政大学経済学会,『経済志林』75-1(2007. 7).

萩原進, 2007 B,「ME革命を生きた旋盤工の物語: 小関智弘からの聞き書きの記録」②, 法
　政大学経済学会,『経済志林』75-2(2007. 10).

萩原進, 2007 C,「ME革命を生きた旋盤工の物語: 小関智弘からの聞き書きの記録」③, 法
　政大学経済学会,『経済志林』75-3(2007. 12).

萩原進, 2008,「ME革命を生きた旋盤工の物語: 小関智弘からの聞き書きの記録」④, 法政
　大学経済学会,『経済志林』75-4(2008. 3).

花見忠, 1976,「日本的経営参加論の反省」, 日本労働協会編,『経営参加の論理と展望−西
　欧的潮流と日本的土壌 −』, 日本労働協会.

花見忠・Dore R, 1997,「対談 日本経済のグローバル化と労使関係の将来」,『日本労働研
　究雑誌』No. 441 1997年 5月, 日本労働研究機構.

羽田新, 1977,「出稼ぎ労働者雇用のメカニズム」, 渡辺榮・羽田新 編,『出稼ぎ労働と農村

の生活』, 東京大学出版会, pp 63-64.

羽田新, 1987,「首都圏における出稼ぎ雇用」, 渡辺榮・羽田新 編,『出稼ぎの総合的研究』, 東京大学出版会, pp 27-28.

羽田新, 1988,「出稼ぎ雇用の変容」, 経済社会学会編輯委員会 編,『経済と文化』, 現代書館.

浜口惠俊, 1982,「日本的集団主義とは何か」, 浜口惠俊・公文俊平 編,『日本的集団主義』, 有斐閣.

早川征一郎, 1974,「官公労使関係の生成と展開-国鉄・郵政における権利関係を中心として-」, 東京大学社会科学研究所 編,『戦後改革 5 労働改革』, 東京大学出版会.

早川均, 1987,「タイにおける資本主義の浸透と農村-都市労働力移動-」, 森田桐郎 編, 『国際労働力移動』, 東京大学出版会.

平井陽一, 1991,「三井三池争議(一九六〇年)-人員整理の'質'と三鉱連離脱問題-」, 労働争議史研究会 編,『日本の労働争議(1945~80年)』, 東京大学出版会.

兵藤釗, 1971,『日本における労使関係の展開』, 東京大学出版会.

兵藤釗, 1976,「革共同革マル派と動労反合反安保闘争」, 戸塚秀夫・中西洋・兵藤釗・山本潔, 1976A,『日本における新左翼の労働運動(上)』, 東京大学出版会.

兵藤釗, 1982,「職場の労使関係と労働組合」, 清水慎三 編,『戦後労働組合運動史』, 日本評論社.

兵藤釗, 1997 A,『労働の戦後史 上』, 東京大学出版会.

兵藤釗, 1997 B,『労働の戦後史 下』, 東京大学出版会.

藤田榮史, 1985,『トヨタの發展過程』, 小山陽一 編,『巨大企業体制と労働者』, 御茶の水書房.

藤田和男, 1987,「電機獨占大企業の本格的多国籍化」,『経済』1987年11月, 新日本出版社.

藤田若雄, 1968,「労働戦線統一の提唱について」,『経済評論』1968年 12月.

藤田若雄, 1969,「告発されている従業員組合」,『全電通』第9券 第6号, 1969年 6月.

藤田若雄, 1973,「誓約集団について」,『東京通信』126号, 1973年 3月.

舟橋尚道, 1954,「労働組合組織の特質」, 大河内一男 編,『日本の労働組合』, 東洋経済新報社.

法務省 入国管理局, 1994,「入管法違反外国人の集中摘發の実施について 平成 6年 8月」.

町田幸雄, 1988,「不法就労外国人の実態」,『ジュリスト』第909号 1988年 6月 1日.

町村敬志, 1987,「低成長期における都市社会運動の展開」, 栗原彬・庄司興吉 編,『社会運動と文化形成』, 東京大学出版会.

松崎義, 1982,『日本鉄鋼産業分析』, 日本評論社.

松島静雄, 1986,『現代の労務管理とその変遷』, 日本労働協会.

松田和久·北野正一,「日本鉄鋼業の技術」, 置塩信雄·石田和夫 編, 1981,『日本の鉄鋼業』, 有斐閣.

丸山恵也, 1987,「日本的経営の空洞化とその海外移転」,『経済』1987年 11月, 新日本出版社.

三橋規宏·内田茂男·池田吉紀, 2005,『ゼミナール日本経済入門』2005年度版, 日本経済新聞社.

見田宗介, 1971,『現代日本の心情と論理』, 筑摩書房.

三宅明正, 1991,「東芝争議(一九四五〜四六年)一敗戦と「従業員組合」の生成」, 労働争議史研究会 編,『日本の労働争議(1945〜80年)』, 東京大学出版会』.

村上泰亮·公文俊平·佐藤誠三郎, 1979,『文明としてのイエ社会』, 中央公論社.

村松岐夫·伊藤光利·辻中豊, 1983,『戦後日本の圧力団体』, 東洋経済新報社.

元島邦夫, 1982,『大企業労働者の主体形成』, 青木書店.

ものがたり戦後労働運動史刊行委員会 編, 1997,『ものがたり戦後労働運動史 II-片山内閣から民主化運動の結集へ-』, 教育文化協会(第一書林 発売).

森五郎·松島静雄, 1977,『日本労務管理の現代化』, 東京大学出版会.

森五郎,1981,「日本的労使関係システムの特質と今後の展望」, 森五郎 編,『日本的労使関係システム』, 日本労働協会.

森田桐郎, 1987,「総論-資本主義の世界的展開と国際労働力移動」, 森田桐郎 編,『国際労働力移動』, 東京大学出版会.

矢野恒田記念会 編, 2000,『数字でみる日本の百年』改訂第4版, 矢野恒田記念会.

山口定,「ネオ.コーポラティズムと政策形成」, 日本政治学会 編, 1983,『政策科学と政治学-年報 政治学 1983-』, 岩波書店.

山下高之, 1986,「日本資本主義の構造変化と日本的経営」, 角谷登志雄·堤矩之·山下高之 編,『現代日本の企業·経営』, 有斐閣.

山根雅子, 1990,『自主生産労組-東芝アンペックス争議八年のたたかい-』, 木魂社.

山之內靖, 1987,「訳者のあとがき」, in Dore, R. 1973, *British Factory Japanese Factory*, Berkeley, University of California Press(山之內靖·永易浩一 訳,『イギリスの工場. 日本の工場』, 筑摩書房.

山之內靖, 1996,『システム社会の現代的位相』, 岩波書店.

山本潔, 1976 A,「第3編 がく安保決戦方針と反戦青年委員会」, 戸塚秀夫·中西洋·兵藤釗·山本潔, 1976 B,『日本における新左翼の労働運動(下)』, 東京大学出版会.

山本潔, 1976 B,「意見(3) 70年安保をめぐる国際情勢」, 戸塚秀夫·中西洋·兵藤釗·山本潔, 1976 B,『日本における新左翼の労働運動(下)』, 東京大学出版会.

山本潔, 1977,『戦後危機における労働運動』, 御茶の水書房.

山本潔, 1979,「自動車工業における労資関係機構の展開」, 東京大学社会科学研究所,

『社会科学研究』第30巻 第5号.

山本潔, 1981,『自動車産業の労資関係』, 東京大学出版会,

山本潔, 1983,『東芝争議(一九四九年)-戦後労働運動史論 第3券-』, 御茶の水書房.

山本潔, 1994,『日本における職場の技術·労働史1854~1990年』, 東京大学出版会.

依光正哲, 1988,「外国人労働者受け入れ問題への一視点」,『日本労働協会雑誌』, 1988年
　　8月.

臨時行政調査会OB会 編, 1983,『臨調と行革: 2年間の記録』, 文真舎.

労働省, 1999,『労働白書』平成11年版, 日本労働研究機構.

労働省女性局21世紀職業財団, 2000,『パートタイム労働に係る雇用管理研究会報告』.

労働省職業安定局 編 1988,『今後における外国人労働者受入れの方向-外国人労働者問
　　題研究会報告-』, 労務行政研究所.

労働省職業安定局 編, 1991,『外国人労働者問題 動向 視点』, 労務行政研究所.

労働省婦人局 編, 1987,『パートタイム労働の展望と対策』, 婦人少年協会.

労働省労働大臣官房政策調査部, 1988,『賃金引上げ等の実態に関する調査結果報告書
　　昭和62年』, 大蔵省印刷局.

労働省労働大臣官房政策調査部, 1988,『労働統計要覧』, 大蔵省印刷局.

労働省労働大臣官房政策調査部 編, 1996,『知的創造的労働と人事管理』, 大蔵省印刷局.

労働情報編集委員会, 1988,『アジアの労働運動』労働情報増刊号.

労働政策研究·研修機構, 2006,『労働政策研究報告書サマリー-雇用の多様化の変遷:
　　1991~2003-』No.68. 2006. 8. 31.

渡辺治, 1987,「現代日本社会の権威的構造と国家」, 藤田勇 編,『権威的秩序と国家』, 東
　　京大学出版会.

渡辺雅男, 2004,『階級 社会認識の概念装置 』, 彩流社.

渡辺紀暢·稲上毅·川喜多喬, 1987,「連載インタビュー-どう拓く労働組合の未來(1)-」,
　　『日本労働協会雑誌』, 1987年7月.

渡辺幸男, 1983,「貿易摩擦と部品産業への影響-カラーテレビと関連部品産業の事例研
　　究-」, 日本労働協会 編,『貿易摩擦と雇用.労使関係』, 日本労働協会.

찾아보기

기업사회 일본과 노동운동의 형성

초판 1쇄 발행 2022년 9월 5일

지은이 이종구
펴낸이 안병률
펴낸곳 북인더갭
등록 제396-2010-000040호
주소 10364 경기도 고양시 일산동구 고봉로 20-32, B동 617호
전화 031-901-8268
팩스 031-901-8280
홈페이지 www.bookinthegap.com
이메일 mokdong70@hanmail.net

ⓒ 이종구 2022
ISBN 979-11-85359-45-8 93910